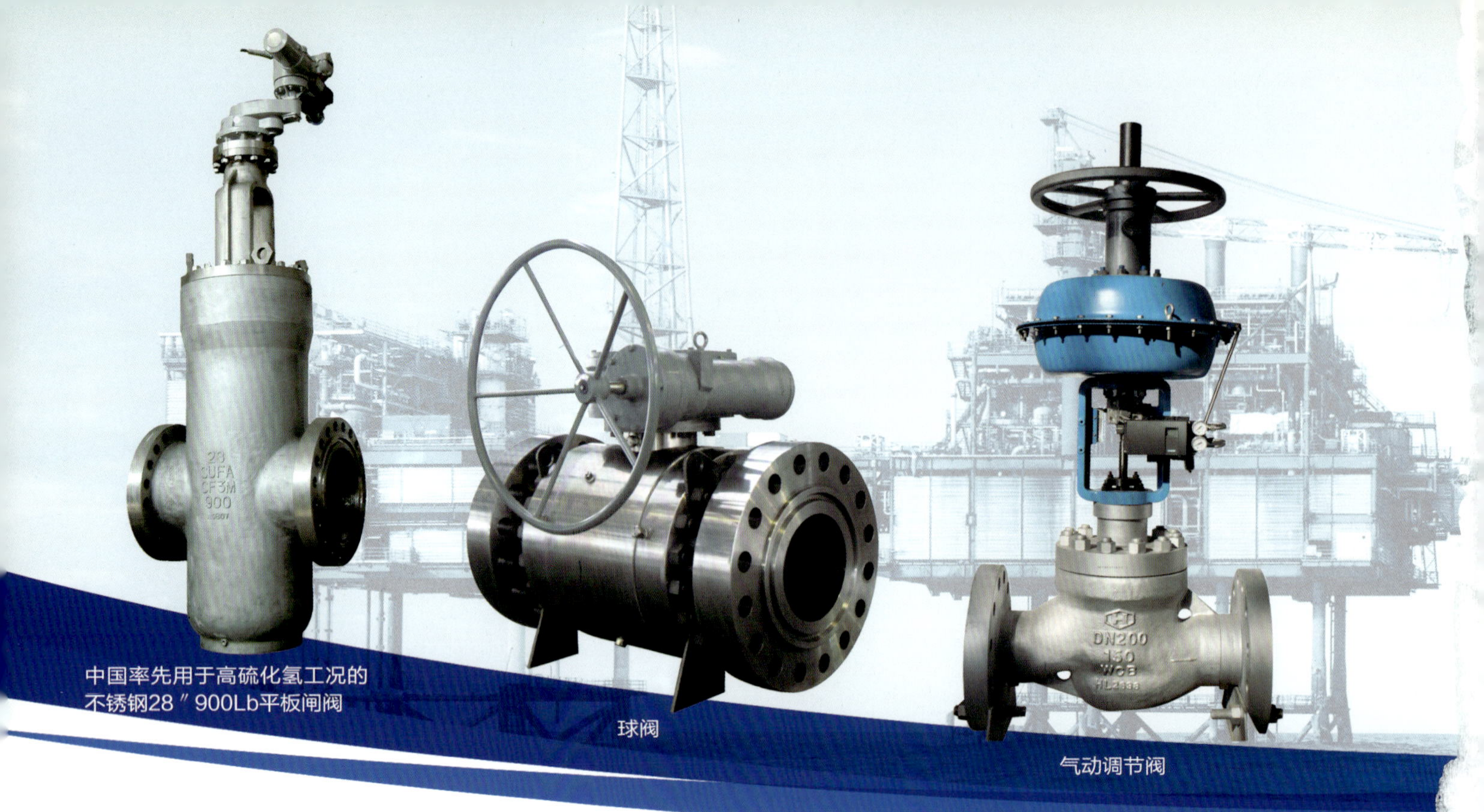

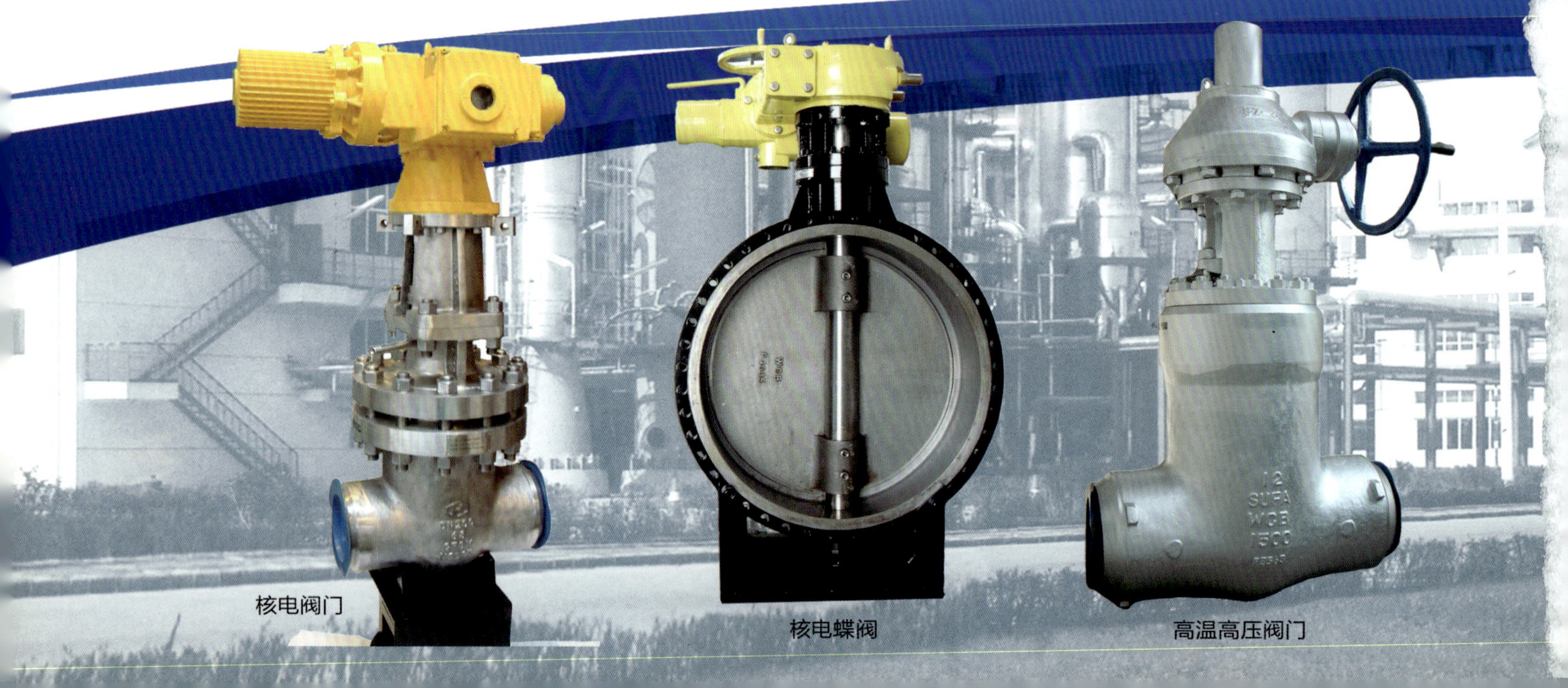

截止阀 　　加氢阀 　　核一级比例喷雾阀

主蒸汽隔离阀

中核科技多次承担国家、省级重大科研项目，不断进行技术攻关，取得了丰硕的科研成果。公司参与的百万千瓦级核电站泵阀国产化项目，获得国家能源科技进步奖一等奖；公司自主技术研发的核级阀门产品获得国家四个相关部门联合签发的“国家重点新产品”证书；公司承担着 “核能开发项目”关键阀门国产化任务，是AP1000核电关键阀门国产化技术支持单位。

目前，中核科技的研发重点已转向高端前沿的核电阀门研发，如三代核电爆破阀、行波堆大口径钠阀、主蒸汽隔离阀、主给水隔离阀、主给水调节阀、比例喷雾阀以及高压大口径闸阀等，这些关键阀门的成功研发，表明公司已经具备百万千瓦级核电机组大部分阀门的设计、制造能力。

在核燃料真空阀及浓缩铀生产关键阀门研发上，中核科技也取得重大突破，高真空耐压阀、电动/手动鱼雷真空阀、电动/手动转筒真空阀、高真空耐压调节阀等四大类关键阀门已基本实现国产化，产品总体性能达到或超过进口产品水平，成为国内核燃料专用阀门的骨干生产企业。

几十年来，中核科技紧跟先进制造和检测技术的发展方向，引进先进的制造和检测试验装备，不断开展技术创新，追求技术领先，致力于为客户提供优质的阀门产品和服务。

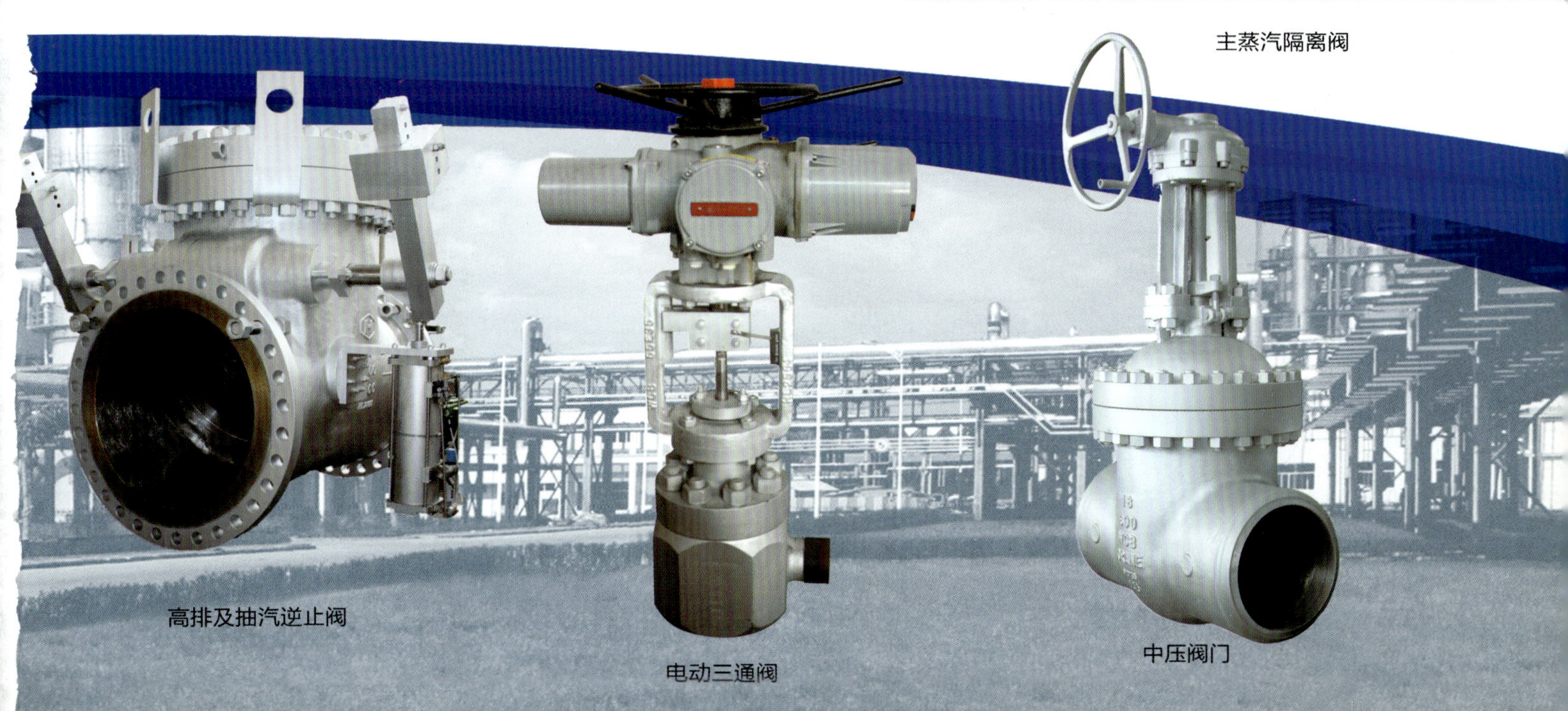

高排及抽汽逆止阀　　电动三通阀　　中压阀门

日立泵制造（无锡）有限公司是株式会社日立制作所和日立（中国）有限公司双方投资的外资企业，公司注册资本为 3.25 亿元。主要从事火力发电机组辅泵——循环水泵、锅炉给水泵，核电站循环水泵，大型水利工程、引水调水、城市防洪、化工、楼宇用轴流泵、混流泵、各种规格的离心泵及其附属设备的研制和销售。公司的经营方针是：把安全、质量、信誉作为经营基础，为员工创造能实现自我价值的工作环境，以先进的技术和优异的质量建立世界领先的水泵制造企业，为社会作出贡献。

中国机械工业年鉴系列

中国通用机械工业年鉴

2016

中国机械工业年鉴编辑委员会
中国通用机械工业协会 编

《中国通用机械工业年鉴》2016年刊设置综述、专文、行业概况、企业概况、统计资料、产品与项目、大事记和附录等栏目，集中反映2015年通用机械行业的发展情况，详细记载了泵、风机、阀门、压缩机、真空设备、干燥设备、减变速机、气体分离设备等分行业的发展情况，提供了通用机械行业的经济指标。

《中国通用机械工业年鉴》主要发行对象为政府决策机构、机械工业相关企业决策者和从事市场分析、企业规划的中高层管理人员以及国内外投资机构、贸易公司、银行、证券、咨询服务部门和科研单位的机电项目管理人员等。

图书在版编目（CIP）数据

中国通用机械工业年鉴. 2016/中国机械工业年鉴编辑委员会，中国通用机械工业协会编. —北京：机械工业出版社，2016.10

（中国机械工业年鉴系列）

ISBN 978-7-111-55235-2

Ⅰ. ①中… Ⅱ. ①中… ②中… Ⅲ. ①机械工业—中国—2016—年鉴 Ⅳ. ①F426.4-54

中国版本图书馆CIP数据核字（2016）第251205号

机械工业出版社（北京市西城区百万庄大街22号　邮政编码 100037）

责任编辑：魏素芳

北京宝昌彩色印刷有限公司印制

2016年10月第1版第1次印刷

210mm×285mm・12.25印张・22插页・314千字

定价：280.00元

凡购买此书，如有缺页、倒页、脱页，由本社发行部调换

购书热线电话（010）68997968、68997975

封面无机械工业出版社专用防伪标均为盗版

中国机械工业年鉴系列

作为『工业发展报告』

记录企业成长的每一阶段

中国机械工业年鉴

编辑委员会

中国通用机械工业年鉴

优化产品结构

发展自主品牌

中国通用机械工业年鉴
执行编辑委员会

中国通用机械工业年鉴

优化产品结构

发展自主品牌

中国通用机械工业年鉴
编辑出版工作人员

总　编　辑　石　勇

主　　　编　李卫玲

副　主　编　刘世博　曹　军

执行主编　朱彩绵

责任编辑　魏素芳

编　　　辑　陈美萍　王海臣

地　　　址　北京市西城区百万庄大街22号（邮编100037）

编　辑　部　电话（010）88379828　传真（010）68997966

市　场　部　电话（010）68997975　传真（010）68997968

E-mail:cmiy@vip.163.com

http://www.cmiy.com

中国通用机械工业年鉴

优化产品结构
发展自主品牌

中国通用机械工业年鉴特约顾问单位特约顾问

特约顾问单位	特约顾问
江苏海鸥冷却塔股份有限公司	吴祝平
北京京城压缩机有限公司	王军怀
陕西鼓风机集团有限公司	印建安
上海鼓风机厂有限公司	蔡精毅
四川空分设备（集团）有限责任公司	单金铭
莱芜天元气体有限公司	齐登业
杭州福斯达深冷装备股份有限公司	葛浩俊
大连大高阀门股份有限公司	于传奇
中核苏阀科技实业股份有限公司	彭新英
上海电气阀门有限公司	周玉虹
沈阳盛世高中压阀门有限公司	李　勇
宣达实业集团有限公司	叶际宣
大连海密梯克泵业有限公司	乔贵楠
上海凯士比泵有限公司	朱永焕
日立泵制造（无锡）有限公司	松井志郎
湖南凯利特泵业有限公司	康秀峰
中国电建集团上海能源装备有限公司	程道俊
重庆江北机械有限责任公司	陈锦秀
重庆水泵厂有限责任公司	李方忠
上海金日冷却设备有限公司	李麟添
大连斯频德环境设备有限公司	周华东

前　言

2015 年，我国国民经济总体保持稳定增长，但仍面临较大下行压力。通用机械行业服务的电力、冶金、石化、煤炭等领域的市场需求大幅下降，产能过剩问题更加突显。面对国民经济发展的新常态及发展环境的变化，通用机械行业大力推进产业转型升级，虽然营业收入和经济效益增速有所放缓，但自主创新水平和为国民经济发展提供装备的能力得到进一步提高，特别是重大装备国产化有了重大突破。

2015 年，通用机械行业规模以上企业 5 498 家，资产总计 8 464 亿元，同比增长 5.01%。全行业累计完成固定资产投资 2 566 亿元，同比增长 16.94%；实现主营业务收入 9 476 亿元，同比下降 2.05%；实现利润总额 600 亿元，同比下降 6.81%；完成出口交货值 965 亿元，同比下降 5.87%。

2015 年，一大批首台（套）国产装备陆续研制成功并投入使用。为煤化工提供的国产 10 万 m^3/h 大型空分装置已开始安装调试，为其配套的大型空分透平压缩机经过厂内全负荷试验，通过国家验收；天然气长输管线燃机驱动管线压缩机组和为 120 万 t/a 乙烯配套的裂解气压缩机已投入工业性运行；百万千瓦超（超）临界关键阀门、泵和风机国产化率达 80%，百万千瓦核电关键泵阀全面实现国产化。

中国通用机械工业协会与中国机械工业年鉴编辑委员会希望通过《中国通用机械工业年鉴》，系统、广泛地宣传通用机械行业在转型升级、高端制造、“两化融合”以及推进重大技术装备国产化等方面取得的成就，展望行业由大到强的发展前景，进一步促进行业的技术进步和经济可持续发展。

在《中国通用机械工业年鉴》2016 年版的编撰过程中，得到了通用机械行业各有关企事业单位和相关用户的大力支持，中国通用机械工业协会与中国机械工业年鉴编辑委员会在此表示衷心的感谢，并将一如既往地为各界朋友提供真诚的服务。

中国通用机械工业协会名誉会长：隋永滨

2016 年 9 月

索

引

优化产品结构

发展自主品牌

中国工业年鉴出版基地

广告索引

专题索引

综合索引

优化产品结构
发展自主品牌

中国机械工业年鉴系列

《中国机械工业年鉴》

《中国电器工业年鉴》

《中国工程机械工业年鉴》

《中国机床工具工业年鉴》

《中国通用机械工业年鉴》

《中国机械通用零部件工业年鉴》

《中国模具工业年鉴》

《中国液压气动密封工业年鉴》

《中国重型机械工业年鉴》

《中国农业机械工业年鉴》

《中国石油石化设备工业年鉴》

《中国塑料机械工业年鉴》

《中国齿轮工业年鉴》

《中国磨料磨具工业年鉴》

《中国机电产品市场年鉴》

《中国热处理行业年鉴》

《中国机械工业集团年鉴》

编辑说明

一、《中国机械工业年鉴》是由中国机械工业联合会主管、机械工业信息研究院主办、机械工业出版社出版的大型资料性、工具性年刊，创刊于1984年。

二、根据行业需要，中国机械工业年鉴编辑委员会于1998年开始出版分行业年鉴，逐步形成了中国机械工业年鉴系列。该系列现已出版了《中国电器工业年鉴》《中国工程机械工业年鉴》《中国机床工具工业年鉴》《中国通用机械工业年鉴》《中国机械通用零部件工业年鉴》《中国模具工业年鉴》《中国液压气动密封工业年鉴》《中国重型机械工业年鉴》《中国农业机械工业年鉴》《中国石油石化设备工业年鉴》《中国塑料机械工业年鉴》《中国齿轮工业年鉴》《中国磨料磨具工业年鉴》《中国机电产品市场年鉴》《中国热处理行业年鉴》和《中国机械工业集团年鉴》。

三、《中国通用机械工业年鉴》由中国通用机械工业协会和中国机械工业年鉴编辑委员会共同编撰，2002年开始出版，自2006年起由两年出版一次改为每年出版。2016版设置综述、专文、行业概况、企业概况、统计资料、产品与项目、大事记和附录等栏目，集中反映2015年通用机械行业的发展情况，详细记载了泵、风机、阀门、压缩机、真空设备、干燥设备、减变速机、气体分离设备等分行业的发展情况，提供了通用机械行业的主要经济指标。

四、《中国通用机械工业年鉴》主要发行对象为政府决策机构、机械工业相关企业决策者和从事市场分析、企业规划的中高层管理人员以及国内外投资机构、贸易公司、银行、证券、咨询服务部门和科研单位的机电项目管理人员等。

五、在年鉴编撰过程中得到了中国通用机械工业协会及各分会、行业专家和企业的大力支持和帮助，在此深表感谢。

六、未经中国机械工业年鉴编辑部的书面许可，本书内容不允许以任何形式转载。

七、由于水平有限，难免出现错误及疏漏，敬请批评指正。

中国机械工业年鉴编辑部

2016年10月

目　录

综　述

专　文

行业概况

企业概况

统计资料

产品与项目

大　事　记

附　　录

Contents

Overview

Feature

A Survey of Industry

A Survey of Enterprises

Statistical Data

Products & Items

Chronicle of Events

Appendix

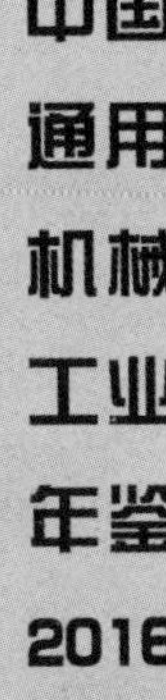

综述

介绍2015年通用机械行业整体发展情况及进出口情况，公布气体净化设备行业“十三五”发展规划

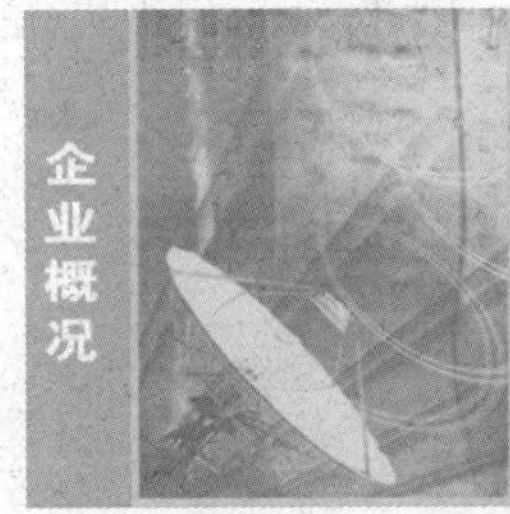

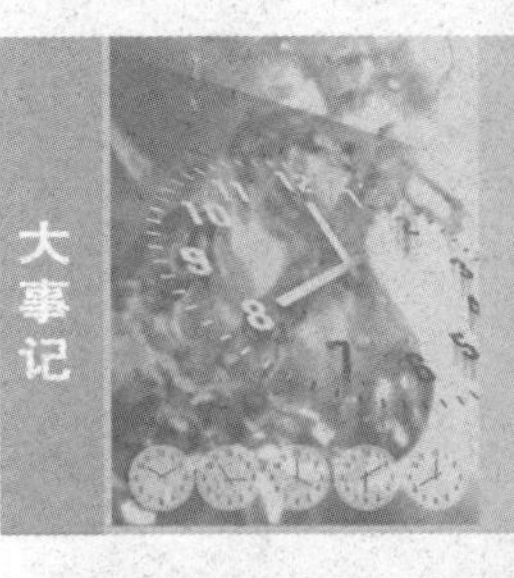

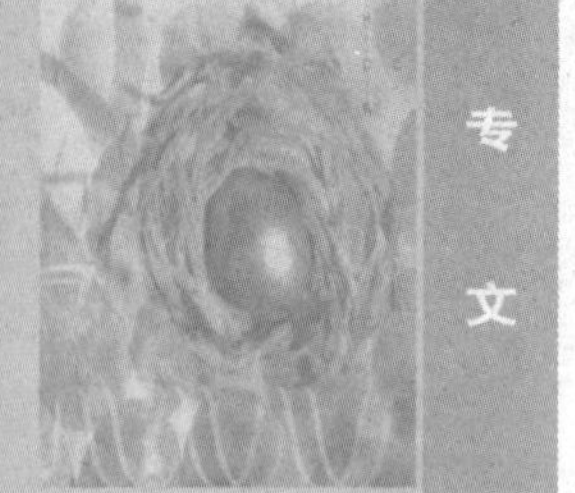

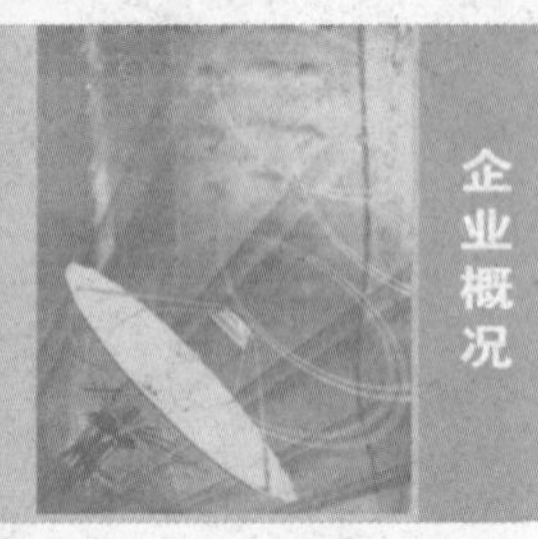

综述

2015 年通用机械行业经济运行情况分析

2015 年，世界经济增长乏力，国际市场持续低迷而且竞争环境加剧。国内经济发展进入新常态，正处于结构调整的关键阶段，发展增速明显放缓。国家宏观调控频出，投资结构发生了很大变化，持续加大对基础设施建设和民生建设的投资，铁路建设、智能制造、棚户区改造及地下管廊建设等领域的投资不断提速。通用机械行业服务的电力、冶金、石化、煤炭等领域的市场需求大幅下降，产能过剩问题更加凸显。面对国家经济发展的新常态及发展环境的变化，通用机械行业坚持科学发展观，实施创新驱动发展战略，深入推进转型升级，重大装备国产化、产业转型升级、国际市场开拓、资本市场进入、两化融合等都取得了可喜的成绩。整个行业呈现出调整、转型、升级、降速、提质的发展特征。

一、行业总体概况

2015 年，通用机械行业规模以上企业 5 498 家，其中：泵类产品生产企业 1 308 家，风机产品生产企业 477 家，压缩机产品生产企业 526 家，阀门产品生产企业 1 806 家，气体分离及液化设备生产企业 474 家，其他通用机械生产企业 907 家。全行业拥有总资产 8 464 亿元，同比增长 5.01%；实现主营业务收入 9 476 亿元，同比下降 2.05%；实现利润总额 600 亿元，同比下降 6.81%。

按大中小型企业划分：大型企业共 94 家，实现主营业务收入 1 628 亿元，同比下降 17.39%；实现利润总额 89 亿元，同比下降 28.87%。中型企业共 618 家，实现主营业务收入 2 752 亿元，同比增长 0.78%；实现利润总额 194 亿元，同比下降 4.6%。小型企业共 4 786 家，实现主营业务收入 5 096 亿元，同比增长 2.47%；实现利润总额 317 亿元，同比增长 0.47%。

按控股类型划分：国有控股企业共 162 家，实现主营业务收入 883.8 亿元，同比下降 9.47%；实现利润总额 29.38 亿元，同比下降 46.74%。私人控股企业共 4 353 家，实现主营业务收入 6 482.44 亿元，同比增长 0.53%；实现利润总额 407.49 亿元，同比增长 1.15%。外商控股企业共 522 家，实现主营业务收入 1 205.23 亿元，同比下降 8.53%；实现利润总额 97.82 亿元，同比下降 15.04%。2015 年通用机械行业主要经济指标完成情况见表 1。

表 1　2015 年通用机械行业主要经济指标完成情况

行业名称	企业数（家）	主营业务收入		利润总额		出口交货值	
		本年累计（亿元）	同比增长（%）	本年累计（亿元）	同比增长（%）	本年累计（亿元）	同比增长（%）
合计	5 498	9 476	−2.05	600	−6.81	965	−5.87
泵及真空设备	1 308	2 155	0.36	150	−1.64	239	−5.93
风机	477	890	−2.77	57	−13.79	61	−0.57
压缩机	526	1 903	−8.74	115	−4.63	193	−2.60
阀门	1 806	2 566	−0.47	172	−5.78	344	−8.58
气体分离及液化设备	474	780	3.28	57	0.07	70	4.95
其他通用机械	907	1 183	−0.93	49	−24.61	58	−15.49

注：因四舍五入，分项之和与合计数略有出入。

二、行业经济运行特点

2015 年,通用机械行业主要经济指标较上年下降,增速创近年来的低点。产量、主营业务收入、利润总额、出口交货值均出现负增长,各行业发展不均衡。

1. 主要产品产量出现负增长

2015 年,统计的 6 种产品产量有 5 种同比下降,只有阀门略有增长,产量增幅创新低。其中:泵产量 11 749.25 万台,同比下降 3.56%,增幅较上年同期下降 9.23 个百分点;风机产量 1 816.65 万台,同比下降 4.21%,增幅较上年同期下降 11.03 个百分点;压缩机产量 517.68 万台,同比下降 10.13%,增幅较上年同期下降 10.67 个百分点;阀门产量994.11万 t,同比增长 1.32%,增幅较上年同期提升 1.27 个百分点;气体分离及液化设备产量 6.09万台,同比下降 17.03%,增幅较上年同期下降 18.84 个百分点;减速机产量 592.28 万台,同比下降 6.59%,增幅较上年同期下降 9.62 个百分点。

2. 工业增加值稳中有升,增速回落

2015 年,机械工业工业增加值同比增长5.5%,较上年下降 4.5 个百分点。通用机械分行业中,泵、阀门、压缩机行业工业增加值同比增长 2.2%,低于上年 6.5 个百分点;风机行业工业增加值同比增长 5.2%,低于上年 6.3 个百分点;其他通用机械行业工业增加值同比增长 3.5%,较上年提升 3.8 个百分点。全年工业增加值增速呈回落企稳态势,上半年行业增加值增速快速回落,三季度增速回落速度趋缓,四季度略有回升。

3. 行业固定资产投资增速放缓,设备更新保持高速增长

据国家统计局统计,2015 年通用机械行业计划总投资 4 026.77 亿元,同比增长 6.54%,较上年同期增速下降 10.83 个百分点。

自年初累计完成投资 2 566.02 亿元,同比增长 16.94%,较上年同期下降 8.81 个百分点。本年新增固定资产 2 146.05 亿元,同比增长 23.69%,较上年同期下降 13.03 个百分点。

行业固定资产投资增速放缓,其中,基本建设投资降温,设备更新投资保持高速增长。设备更新投资 204.01 亿元,同比增长 39.36%,较上年提升 0.28 个百分点。2015 年通用机械行业固定资产投资完成情况见表 2。

表 2　2015 年通用机械行业固定资产投资完成情况

行业名称	计划总投资		自年初累计完成投资		本年新增固定资产	
	本年累计（亿元）	同比增长（%）	本年累计（亿元）	同比增长（%）	本年累计（亿元）	同比增长（%）
合计	4 026.77	6.54	2 566.02	16.94	2 146.05	23.69
泵及真空设备	785.19	-7.39	497.08	0.88	403.01	-5.96
风机	343.51	0.05	214.27	2.32	206.62	29.04
压缩机	360.32	-8.63	219.08	15.66	186.47	67.55
阀门	765.92	1.88	513.41	21.74	422.67	19.37
气体分离及液化设备	299.52	15.93	192.64	35.93	139.50	15.23
其他通用机械	1 472.30	24.37	929.54	25.74	787.76	40.71

注:因四舍五入,分项之和与合计数略有出入。

4. 进出口增速下降

2015 年,国际经济复苏不及预期,国内经济发展进入新常态,行业进出口呈负增长。一方面,世界经济增长乏力,国际市场需求下降,使得我国通用机械产品出口下降;另一方面,国内经济增长方式在发生变化,我国高端装备国产化率提高,从而抑制了进口增长。

据对通用机械行业 48 个税号产品统计,2015

年通用机械行业主要产品进出口总额241.01亿美元,同比下降9.77%,比上年同期回落14.62个百分点。其中:出口142.24亿美元,同比下降3.83%,比上年同期回落12.77个百分点;进口98.77亿美元,同比下降17.15%,比上年同期回落17.33个百分点。进出口顺差为43.47亿美元,顺差较上年同期增加14.77亿美元。

2015年,全行业完成出口交货值965亿元,同比下降5.87%,较上年回落12.87个百分点。在统计的6个分行业中,除气体分离及液化设备行业同比增长4%外,其他行业均为下降,其他通用机械行业同比下降12%以上。

5.2/3以上产品出厂价格指数持续下行

在统计的通用机械行业9种产品出厂价格数据中,3种产品的出厂价格指数累计同比在100%及以上,其中,轴流通风机为100.6%,鼓风机为100.1%,气体分离及液化设备为100%。6种产品出厂价格指数累计同比在100%以下,其中,动力式泵为98.5%,容积泵为99.6%,真空泵为98.7%,离心通风机为98.1%,压缩机为98.8%,阀门为98.5%。离心通风机、压缩机价格指数陡降,容积式泵、动力泵、真空泵、轴流风机、阀门价格指数持续低位运行。

6.主营业务收入、利润总额增速下降

2015年,通用机械行业实现主营业务收入9 476亿元,同比下降2.05%,增幅较上年同期下降7.67个百分点,同比增速是近年来的低点。其中:泵行业增幅较上年下降7.5个百分点,风机行业增幅较上年下降12.65个百分点,压缩机行业增幅较上年下降8.85个百分点,阀门行业增幅较上年下降6.13个百分点,气体分离及液化设备行业增幅较上年提升1.67个百分点,其他通用机械行业增幅较上年下降11.51个百分点。

通用机械行业实现利润总额600亿元,同比下降6.81%,增幅较上年下降8.12个百分点。其中:泵行业增幅较上年下降3.31个百分点,风机行业增幅较上年下降20.66个百分点,压缩机行业增幅较上年下降3.24个百分点,阀门行业增幅较上年下降10.25个百分点,气体分离及液化设备行业增幅较上年提升6.88个百分点,其他通用机械行业增幅较上年下降23.56个百分点。

7.获利能力下降,亏损额增大

2015年,通用机械行业主营业务收入利润率为6.05%,比上年同期下降0.26个百分点,行业企业获利能力下降。

全行业共有601家企业亏损,亏损面10.93%,比上年提升2.06个百分点;累计亏损额51亿元,同比增长90.8%,亏损额接近翻番。其中:大型企业亏损面20%,亏损额20亿元;中型企业亏损面9.87%,亏损额11亿元;小型企业亏损面11.09%,亏损额20亿元。外商控股企业亏损面19.92%,比上年上升3.38个百分点;亏损额9亿元,同比增长9.36%。

8.重点企业经济运行情况

据中国通用机械工业协会对行业140家重点企业统计:完成工业总产值673.97亿元,同比下降8.24%,较上年同期回落9.19个百分点。其中,60家企业工业总产值与上年相比持平或增长,其余80家企业均为下降。

140家企业实现营业收入638.91亿元,同比下降8.04%,较上年同期回落10.91个百分点。其中,59家企业营业收入与上年相比增长,81家企业营业收入下降。

140家企业实现利润总额48.02亿元,同比下降4.7%,较上年回落4.47个百分点。其中,56家企业利润总额与上年相比持平或增长,84家企业利润总额下降,有27家企业亏损。

123家企业上报订货量806.481亿元,同比下降10.08%,较上年回落7.05个百分点。其中,43家企业订货量与上年相比增长,80家企业订货量下降。

应收账款、产成品库存居高不下,增速比上年同期大幅提升。其中:产成品库存68.65亿元,同比增长10.49%,较上年下降2.96百分点。应收账款266.57亿元,同比增长9.99%,较上年上升5.5个百分点。

从重点调查企业看，企业订货量持续下降，生产任务严重不足，面临的形势严峻，下行压力仍然较大，企业两极分化加剧，行业经济运行面对极大的挑战。

三、行业发展亮点

行业重点企业在面对传统市场需求全面下滑、新型市场有效需求不足的形势下，强化内部管理，提高产品品质，在调整结构、转型升级、技术创新、科研攻关、市场开拓等方面取得丰硕成果。

沈阳鼓风机集团股份有限公司多年来坚守主业，主攻高端，不断加大科技投入，瞄准国家重大技术装备，创造多项国内首台（套）产品。其中：天然气长输管线20MW电驱压缩机已批量化生产，彻底改变了长期依赖进口的局面，“20MW级变频电驱压缩机组研制及工业性应用”获得2015年中国机械工业科学技术奖特等奖；10万m^3/h空分装置压缩机组全速全压试车成功，实现首台国产化；国内最大大型透平压缩机组研发（实验）中心投入使用。

杭州制氧机集团有限公司结构调整、转型升级取得丰硕成果。自2009年开始投建气体工程以来，已运营气体公司28家，2015年气体业务收入已达公司总收入的50%，实现了纯制造业向制造服务业的转型。2015年，杭氧集团为神华宁煤研制的6套10万m^3/h空分设备交付客户，成功跻身世界空分设备制造业五强。

陕西鼓风机（集团）有限公司与捷克EKOL公司正式签署股权转让协议，斥资约3.18亿元收购捷克EKOL公司，约占中国对捷克投资总额的17%，此举标志着陕鼓集团在国际化发展道路上迈出了坚实的一步。

2015年7月，四川空分设备（集团）有限责任公司签订了一套10万m^3/h空分设备供货合同，标志着四川空分设备（集团）有限责任公司正式进入特大型空分设备制造商行列。

上海鼓风机厂有限公司降本增效，精简管理机构，管理层次趋向扁平化，大力推进成本管控。公司聚焦国家战略，积极跟踪国家重点项目，坚持技术领先，签订了石岛湾高温气冷堆核电项目压缩机订单。

大连深蓝泵业有限公司加大科技攻关力度，船用深井液货泵、LNG船用潜液泵、LNG液力透平、LNG低温潜液泵以及“华龙一号”额外热量导出泵、重要厂用水泵、低压安注泵、高压安注泵、设备冷却水泵的国产化研制等取得重大突破或打破国外垄断。产品市场前景广阔，为企业未来发展打下了坚实的基础。公司投资1.2亿元建设低温液体泵试验台，可进行大型低温液体泵的试验测试。

利欧集团股份有限公司投资建造一座年产200万台（套）的农业用泵数字化工厂，建设周期为2014年10月—2017年10月。该数字化工厂包含注塑车间、机加车间、装配车间，自主设计研发自动化总装生产线及自动化零部件生产线，最后通过物联网技术将制造过程中的每个车间、每台设备、每个检测结果进行实时采集，实现产品从设计、加工、检测到装配的全流程智能化、数字化管理。项目建成后，关键设备智能化率将达到83.6%以上，制造过程的数控化度达到86%以上，生产效率提高56%以上，人员减少46%以上，产品不良品率降低12%，能源利用率提高45%，运营成本降低30%，产品研制周期降低28%。

广东省佛山水泵厂有限公司坚持做品质、做品牌，成功中标印尼地热电站机组项目。高效节能产品KPS系列单级双吸离心泵列入《节能产品政府采购清单》，为优先采购目录产品。公司大力推进股份制改造，2015年7月30日，公司更名为广东肯富来泵业股份有限公司，并于8月20日正式挂牌成立。

山东华成集团主攻高端真空成套设备技术改造项目，利用公司在齿轮传动领域的装备优势和技术优势，实施精密减速机再制造项目，对国内外废旧高端减速机回收利用后进行分解、拆装、组合，在再制造过程中进行优化，提高再制造产品整体性能，使其达到或超过原有产品性能。再制造产品节能减排效果明显，和制造新品相比，节能60%、节约原材料70%。2015年，减速机再制造为公司创造了很好的经济效益。

宁波鲍斯能源装备股份有限公司成功研发出

5款BHE系列二级节能螺杆主机，该系列主机比单级螺杆主机节能10%以上。公司独创的三级节能高效中压螺杆式空气压缩机，适用于PET吹瓶、医药、食品、橡胶轮胎、水电、钻井、军工等领域。公司设立了全资子公司宁波鲍斯节能项目管理有限公司，从事合同能源管理业务。

北京航天石化工程公司加大研发投入，研发投入占销售收入19.7%。公司研制出多项高端安全阀新产品，丰富了产品谱系，提升了企业的综合竞争力。同时，拓展火电、低温、LNG等行业业务，为企业今后发展占得先机。

中核苏阀科技实业股份有限公司研制的百万千瓦核电站主蒸汽隔离阀通过国家能源局鉴定验收。中核苏阀科技实业股份有限公司认真组织开展各项生产经营工作，采取种种措施，落实年度各项重点工作部署，公司通过考核，将各项成本费用中可控性费用的支出总额压缩控制在预算目标要求以内，使得利润总额同比略有上升。公司承接的加氢阀、真空阀，包括外贸销售订单总量及结构有所改善，部分产品附加值相对较高，有效提升了公司整体毛利水平。

此外，由大连大高阀门有限公司等11家阀门企业攻关研制的48″900Lb全焊接管线球阀通过国家能源局鉴定。由上海电气阀门有限公司等3家企业攻关研制的56in(1in＝25.4mm)大口径全焊接管线球阀通过国家能源局鉴定，上海阀门厂有限公司主蒸汽安全阀研制成功并通过用户验收，兰州高压阀门有限公司研制的极高压力氧气阀和1 500℃高温阀门通过甘肃省和用户鉴定验收。

当前，杭州制氧机集团有限公司、陕西鼓风机(集团)有限公司、江苏金通灵流体机械科技股份有限公司、浙江亿利达风机股份有限公司、山东省章丘鼓风机股份有限公司、南方风机股份有限公司、开山集团、苏州通润驱动设备股份有限公司、柳工(柳州)压缩机有限公司、利欧集团股份有限公司、南方泵业股份有限公司、湖南耐普泵业股份有限公司等企业成功上市进入资本市场，通用机械行业上市公司达40多家。

四、行业发展中存在的问题

(1)市场严重需求不足，未来预期乏力。2015年，行业重点企业累计订货量同比下降10.08%。产成品库存下降，应收账款增幅回落，资产负债率下降，从侧面反映出市场需求的不足。

(2)应收账款同比增长5.06%，占流动资产的36%以上，且居高不下。资金周转率放缓，资金占用加大，经营风险加大。

(3)出口乏力。一是世界经济增长乏力，国际市场持续低迷；二是国际市场对我国产品的出口有围追堵截之势。

(4)产能严重过剩，恶性竞争充斥于行业各个层面，严重影响企业盈利能力和未来发展。

(5)行业发展面临经济发展“新常态”，转型升级面临的最大困难是企业创新能力薄弱，行业中原创技术较少。

(6)高端装备国产化步履艰难，用户排斥国内首台(套)产品的使用。

(7)行业整体发展水平良莠不齐，除发展的技术瓶颈外，企业管理、产品制造全过程管控等仍与外资企业有一定差距。

五、行业面临的形势和任务

(1)国家仍处在结构调整的关键阶段，经济下行压力依然较大，短期内需求难有转机。据统计，2015年粗钢产量下降2.1%，水泥产量下降4.9%，发电机机组下降13.8%，原油加工量增长3.8%，天然气增长2.9%，石化、电力、冶金等传统市场新开工项目很少。

(2)市场的国际化程度逐步提高，行业竞争格局和内容都将发生改变，全方位竞争态势显现。国际化竞争将在行业各个层面出现，而且竞争内容从产品价格、品牌、营销、服务体系等全方位展开；国外企业也开始参与降价竞争，未来的市场将会出现更加激烈的竞争局面。

(3)新一轮兼并重组及关、停、并、转已在行业出现。由于传统市场需求持续下滑，兼并重组已在行业中出现，已有企业主动和被动退出。通过新一轮的兼并重组和关、停、并、转，消化过剩产能，优化行业资源，改善行业竞争环境。

(4)加强企业内部全过程的管控及各项管理制度的执行力，要有管控的持之以恒的长效机制、监督机制、评价体系、考核制度。

(5)创新驱动、智能转型、强化基础、绿色发展是企业发展的立足之本。企业一方面面临国内需求的严重不足，一方面需要面对市场不断提升的对产品质量和性能的更高要求，同时还要面临国内外同行业日益激烈的竞争。因此，企业唯有坚持创新驱动、智能转型、强化基础、绿色发展的理念，以新的发展理念和思维方式来赢得市场。

(6)聚焦国家投资导向，不断寻求细分市场，用新需求开辟新市场，不断开发原有产品的新的应用功能。长期以来，企业大多是以市场为导向，产品生产和研发跟着市场需求走，在当前产能普遍过剩的情况下，企业应该不断开发新需求，就是“供给侧”发力，引导市场，使通用类产品向更加广阔的新型专业化应用领域拓展。

(7)积极进入资本市场，以得到更好更快的发展。企业通过上市，解决发展所需要的资金，改变从银行等传统金融机构获得资金的渠道，降低资金成本，为企业的持续发展获得长期稳定的融资渠道；提高企业知名度，增强企业的品牌效应，积聚企业的无形资产；企业的经营管理更加公开透明，为企业长远健康发展引入良好的机制，开拓更大的发展空间。

(8)面对当前国内外经济大环境，行业企业以《中国制造2025》为指引，努力提高自主创新能力，加快转变经济发展方式，提升企业自身竞争优势。

随着“十三五”规划、“中国制造2025”和“一带一路”等一系列发展战略的实施，通用机械行业将会有一个持续稳定的发展环境。预计2016年通用机械行业主营业务收入将保持3%以内的增速，出口交货值将有2%以内的增速，利润增速会比2015年有所回升。

〔撰稿人：中国通用机械工业协会李多英〕

2015年通用机械行业进出口分析与需要关注的问题

一、2015年通用机械行业进出口情况

据海关统计，2015年通用机械行业进出口总额859.38亿美元，同比下降6.16%。其中：进口额245.26亿美元，同比下降15.02%；出口额614.12亿美元，同比下降2.08%。进出口顺差由2014年的338.57亿美元增加到368.86亿美元，主要原因是进口减少。

1. 绝大多数产品进口下降，仅有真空泵进口增长

2015年，受国内市场需求影响，进口增速逐月下降。全行业8种主要产品中，7种产品进口同比下降，1种产品进口同比增长。

进口下降幅度大的产品有3种：一是气体分离设备，进口额3 113.2万美元，同比下降76.73%；二是气体压缩机，进口额12.28亿美元，同比下降30.14%；三是塑料机械，进口额15.87亿美元，同比下降22.48%。

进口下降的还有：液体泵进口额27.25亿美元，同比下降15.95%；制冷用压缩机进口额9.94亿美元，同比下降14.61%；制冷空调机械进口额3.01亿美元，同比下降4.09%；工业用除尘器进口额7.42亿美元，同比下降6.87%。

进口增长的1种产品是真空泵，进口额5.9亿美元，同比增长11.61%。

8种产品中进口额最多的是液体泵，进口额27.25亿美元；其次是塑料机械，进口额15.87亿美

元;再次是气体压缩机,进口额12.28亿美元。

2. 多数产品出口下降,气体分离设备出口高速增长

2015年,由于国际市场需求疲软,出口增速逐月下降,1—8月出口还有所增长,从9月份开始小幅下降。全行业8种主要产品中,3种产品出口同比增长,5种产品出口同比下降。

出口增长的产品中:气体分离设备出口额6.29亿美元,同比增长116.39%;真空泵出口额2.07亿美元,同比增长5.93%;塑料机械出口额19.09亿美元,同比增长2.01%。

出口下降的产品是:液体泵出口额41.8亿美元,同比下降7.48%;气体压缩机出口额25.46亿美元,同比下降8.75%;制冷用压缩机出口额31.22亿美元,同比下降4.28%;制冷空调机械出口额56.18亿美元,同比下降2.53%;工业用除尘器出口额9.64亿美元,同比下降2.95%。

8种产品中出口额最多的是制冷空调机械,出口额56.18亿美元;其次是液体泵,出口额41.8亿美元;再次是制冷用压缩机,出口额31.22亿美元。

总体来看,全行业出口形势不容乐观,但气体分离设备出口形势很好。全行业进口连续下降,但真空泵进口势头仍十分强劲。

二、2016年进出口展望

国际货币基金组织2016年1月19日发布《世界经济展望报告》,预测2016年和2017年全球经济将分别增长3.4%和3.6%,均较2015年10月该组织发布的预测数据下调0.2个百分点。

报告认为,全球经济活动的回升预计将更为缓慢,特别是新兴市场和发展中经济体。全球经济前景面临的风险与新兴市场经济体增长普遍减缓、中国经济正处于再平衡调整之中、大宗商品价格下跌、美国逐步退出宽松的货币政策等因素有关。通过需求支持措施和结构性改革,提高实际和潜在产出已变得更加紧迫。

报告对全球主要经济体2016年和2017年的增长预测进行了调整。其中:美国经济增速均为2.6%,均较上次预估值下调了0.2个百分点;欧元区的经济增速均为1.7%;日本分别增长1.0%和0.3%。

报告认为,随着美国退出异常宽松的货币政策,美元可能进一步升值,全球融资条件可能收紧,这将带来不利的公司资产负债表效应和融资挑战。由于借贷成本高企和大宗商品价格下跌,许多以大宗商品出口为导向的经济体面临挑战。

报告指出,新兴市场和发展中经济体将面临不同的增长轨迹。其中,中国总体增长基本符合预期,2016年和2017年增速预计分别为6.3%和6.0%。

从国际市场需求分析,我国部分通用机械比较优势依然存在,同时新的竞争优势逐步形成,企业抵御风险、拓展市场和创新发展能力明显增强。我国企业的国际竞争力将有所提高,对外贸易和对外投资相互促进的局面正在形成。

2016年5月9日,国务院发布《关于促进外贸回稳向好的若干意见》,从5个方面提出了14条促进外贸创新发展、努力促进外贸回稳向好的政策措施:一是加强财税金融支持,二是巩固外贸传统竞争优势,三是培育外贸竞争新优势,四是着力优化外贸结构,五是进一步改善外贸环境。

当前我国已与22个国家和地区达成14个自贸协定,尤其是中韩、中澳自贸协定的实施,有利于扩大我国机械产品出口。但是,机械工业部分产品产能严重过剩,企业生产经营仍然面临较多困难。同时也由于我国劳动力成本上升,以及资金、环保等投入要素价格上涨等因素,造成出口成本增加,为进一步扩大出口带来众多困难。

根据上述情况分析,预计2016年从下半年起有可能逐步由负增长转为略有增长,出口增速要高于进口增速。

三、需要关注的几个问题

1. 重视国际市场需求调查,及时掌握需求信息

当前国际市场总体需求不旺。我国机械工业对美国、东盟十国出口情况较好,出口同比有所增长;对欧盟、日本和部分新兴经济体、发展中国家出口难度增加,出口普遍下降。

要根据国际市场需求情况,随时调整出口产品结构,把握人民币适度波动时机,努力扩大出口。对发展中国家要努力推销我国具有优势的产品,如通用机械中的各种泵、阀门、节能环保机械、塑料机械等。对欧美市场急缺的一些产品,包括一些他们不生产又有需要的中小型通用机械、零部件等,积极开展营销推广工作。

2. 优化产业结构,推进转型升级

坚持把推动经济结构战略性调整作为转变经济发展方式的主攻方向。加快对传统产业改造升级优化,对产能严重过剩或落后的产品,如一般通用液体泵、阀门、部分制冷空调机械、部分气体压缩机、一些塑料机械及其零部件等,通过市场配置和政府采取的措施逐步调整和转移。

新增投资必须投向新兴产业、高档产品,补充现有优势产品配套能力的不足;大力发展基础元件、基础工艺;从进口产品中选择发展重点,瞄准其基础技术和产品,实现替代进口。招商引资应择优选资,克服盲目性。对于新兴产业要慎加选择评估,不能一哄而上。

3. 积极参与"一带一路"建设

我国与东盟贸易发展很快。2015 年,我国机械工业与东盟的双边贸易额为 706.04 亿美元,同比增长 2.16%。当前双方已启动自贸区升级版的谈判,共建"一带一路"。一批基础设施项目如电站、高铁、公路等已经或即将动工,其中通用机械及其零部件将迎来发展机遇。

印度市场潜力很大。2015 年,我国机械工业与印度的双边贸易额为 123.78 亿美元。要继续努力在公路、铁路、电站、供水等项目方面提供所需的通用机械产品,进一步开拓发展双边贸易。

中亚五国中以哈萨克斯坦和土库曼斯坦与我国双边贸易额较大,丝绸之路经济带的开发和基础设施建设的发展,必将为我国通用机械产品出口带来商机。

大力发展与巴基斯坦合作的中巴经济走廊建设(从我国新疆喀什到巴基斯坦西部瓜达尔港),特别是一批基础设施项目(如电站、输变电线路、铁路、公路、港口等)所需的通用机械及其零部件将具有良好的出口前景。

〔撰稿人:郑国伟〕

气体净化设备行业"十三五"发展规划

一、气体净化设备行业概况

气体净化设备是指除去压缩气体中的主要污染物(包括油、水和固体颗粒等)的设备,主要包括干燥器、过滤器、气/液分离器、冷却器、排污阀、冷凝液处理器等。

据中国通用机械工业协会气体净化设备分会初步统计,2015 年全国共有气体净化设备生产厂家 200 余家,实现产值 30 亿元左右,生产冷干机 15 万台左右、吸干机 5 万台左右。

我国气体净化设备行业经过 20 多年的发展,各企业纷纷通过消化吸收国外技术并再创新,设计和制造加工能力有了很大提高。当前已经在冷干机的节能、零气耗吸干机、天然气用吸干机、溶解式干燥机、二氧化碳回收系统等方面做了大量科研工作,并取得一定的成效。行业内也逐渐形成了西安超滤净化工程有限公司、杭州日盛净化设备有限公司、南京赛格净化设备有限公司、广东省肇庆化工机械厂、上海阿普达实业有限公司、贝克欧(上海)净化系统科技有限公司、上海英格索兰压缩机有限公司、广州市汉粤净化科技有限公司、南京顺风-派尼尔空气和气体净化设备有限公司、上海翰烨气源净化科技有限公司、无锡市华灵过滤设备有限公司、无锡优元工业机械有限公司、无锡纽曼泰克气源净化设备有限公司、重庆联合机器制造有限公司、杭州山立净化设备股份有限公司、杭州科林爱尔气源设备有限公司、上海铠泊洱气体技术有限公司及深圳市宏日嘉净化设备科技有限公司等一大批有实力的骨干企业。这些企业各有特色，有些企业年产值过亿元，有些企业出口产品比例超过20%，有些企业主攻天然气方向。另外，生产干燥器控制系统的西安厚德科技发展有限公司和广州市康珑电子有限公司、提供露点仪的密析尔仪表（上海）有限公司、提供氧化铝和冷凝器的浙江汇龙过滤材料有限公司、生产电子排水阀和电磁阀的上海日益自动化元件有限公司、提供四通阀和组合阀的杭州中力阀门有限公司等相关配套企业密切联系行业，他们各具特色，与专业净化设备厂协作配合，取得良好效果。

合肥通用机械研究院是全国压缩机标准化技术委员会气体净化设备分会和中国通用机械工业协会气体净化设备分会的挂靠单位，是国家压缩机检测中心和压缩机技术国家重点实验室依托单位，负责组织制定各类压缩空气净化技术方面的国家标准和行业标准，开展了行业协会活动，进行技术、经济、市场信息交流和咨询服务；承担着冷干机和吸干机生产许可证检测及发放工作。

二、“十二五”气体净化设备行业取得的成果

在“十二五”期间，气体净化设备行业企业以节能为契机，加大产品研发投入，在新产品开发、高端制造、标准专利等方面都取得了重大进步。

合肥通用机械研究院组织制定了压缩空气质量测试方法、干燥器测试方法、过滤器试验方法等6项国家标准，完成了压缩机技术国家重点实验室气体净化设备实验平台的建设，研制出应用于吸干机上可代替四阀结构的组合换向阀的专利产品。

杭州日盛净化设备有限公司开发出了SSD（纯不锈钢）系列和PD（铝制板翅式）系列模块化冷干机、ZERO PURGE系列零气耗吸干机等一批节能产品；“高效节能内循环吸附设备”获国家火炬计划支持；进入欧美市场的过滤器滤芯通过了欧洲AEA实验室的检测认证；推进EMC能源合同管理、配套建站供气（销售产品变成销售气体）等多销售服务模式。

西安超滤净化工程有限公司在大型天然气及工艺气干燥器、军用干燥器、精密高压过滤器等方面有强势发展，高压干燥器成功应用于我国新型舰船；大型压缩热吸附干燥器实现零气耗、低露点和智能控制。公司成为全球最大的天然气专用脱水装置制造供应商。

西安厚德科技发展有限公司在“十二五”期间，联合合肥通用机械研究院制定了冷干机和吸干机控制器两项标准；针对新兴的余热、鼓风外加热再生零气耗干燥器，不断推出新的智能控制终端，体现触摸屏、网络、露点控制等新技术；与西安超滤净化工程有限公司联合开发的远程监控维护系统，能够实现远程监视、诊断、修改、编译，并在唐钢成功运行。

上海翰烨气源净化科技有限公司以冷干机和吸干机为主，近年来对零耗气吸干机、组合式吸干机、铝合金换热器等特色产品进行了开发。通过对市场的预测和分析，开始从节能和露点稳定性作为切入口研发循环式智能型冷干机。

南京顺风－派尼尔空气和气体净化设备有限公司积极拓展思路，在二氧化碳及含有机物气体回收装置方面进行了研发，形成了系列特色产品。

无锡纽曼泰克气源净化设备有限公司的产品涵盖压缩空气系统中除空压机之外的各种后处理设备，处理气量从0.3m^3/min到700m^3/min。在沼气提纯系统、页岩气净化系统、天然气干燥机、制氮机方面进行了研发投入。

无锡市华灵过滤设备有限公司专业生产各类过滤器，产品多元化，适合多种用途，建有比肩国际先进水平的过滤器性能试验系统。

无锡优元工业机械有限公司近年来积极开发“四机一体”高效蜂巢式铝合金换热器冷冻干燥器，具有结构紧凑、传热效率高、重量轻等优点；在吸干机方面一直积极推广应用零气耗双冷却器吸附干燥器和鼓风型零气耗吸附干燥机。

无锡迈格艾尔净化设备有限公司规模虽小，但在高压（35MPa）、低压（0.1～0.2MPa）等非标型干燥器及特殊气体干燥器领域具有建树。

上海阿普达实业有限公司旗下有多个公司，生产油滤芯、干燥器、压缩机油及除尘设备等多种产品，规模及产值逐年扩大，效益良好。

上海英格索兰压缩机有限公司以微热、余热吸干机及 $10m^3/min$ 以下冷干机为主打产品，为公司压缩机配套并有部分外贸。

贝克欧（上海）净化系统科技有限公司主营德国贝克欧公司净化产品，其中高压吸附式干燥器、膜式干燥器、冷凝液排放阀、在线含油检测等产品极具特色。

杭州山立净化设备股份有限公司的企业规模及产量在杭州地区首屈一指，在行业中也名列前茅。产品包括标准型冷干机、大型吸干机、撬装机、组合式干燥器及模块化吸干机等。

杭州科林爱尔气源设备有限公司的冷干机、吸干机、过滤器品种齐全。部分冷干机用换热器采用APV 板式换热器，具有更好的效率。

广州市汉粤净化科技有限公司的干燥器、过滤器、油分离器等多种产品均衡发展。近年来针对天然气等特殊气体的干燥和过滤设备、零耗气的节能吸干机等产品进行设计，攻克可靠性、防爆等级等指标；在合同能源管理的节能产品和设备的远程维护、监控系统等方面投入大量人力和物力。

深圳市宏日嘉净化设备科技有限公司通过对行业需求进行分析，共开发出两个系列旋风式高效气水分离器（处理气量为 $2.4\sim70.0m^3/min$）和 4 个系列高效压缩空气过滤器（处理气量为 $0.5\sim50.0m^3/min$）；产品从铝合金壳体压铸、滤芯制造、整体装配、试验检测全部自己控制。公司每年投入产值的20%进行技术改造和升级，共拥有各种专利授权20件。

整体来看，在“十二五”期间，不少企业取得了长足发展，各企业已经开始开阔思路，向着各自擅长的产品或领域进行了一定拓展。

三、气体净化设备行业发展中存在的问题

（1）竞争加剧，同质化竞争激烈，造成产品价格低，产品质量良莠不齐，真正的品牌优势尚未形成。

我国共有200～300家压缩空气干燥净化设备生产企业，产品同质化竞争激烈，许多企业为了抢夺市场，片面地考虑价格策略，而不重视质量。恶性竞争给气体净化设备制造企业带来沉重压力，许多企业产能过剩，但这只是在低端产品方面。大多数企业的产品还满足不了高端市场需求，这种矛盾制约着行业发展。

行业中虽然形成了一批骨干企业，但真正做大做强的企业还没有，在众多的生产企业中，无论产品的技术水平、制造能力，还是企业规模，和国外知名品牌相比都有一定的差距。在过滤器方面，大多是通过价格优势替换相同规格型号的国外产品，没有形成自己的品牌。整个行业更是缺少一些能够打入欧美市场的具有国际知名度的大品牌。

（2）创新能力弱，缺乏研发平台和共性技术研究。

创新能力弱、技术含量低、后劲不足在行业内比较普遍。这主要体现在：大多数企业都是边接订单边设计，产品研发属于被动性的；研发投入占销售收入的比重仍然处于较低水平；研发人员占从业人员的比重相对偏低；企业对人才培养和重用，不能很好地发挥他们的聪明才智；企业缺乏研发试验平台。

研究平台和试验台的建设是企业的短板。大多数企业没能力、没资金投资建设产品的各种试验台，如干燥器性能试验台、过滤器性能试验台和各主要零部件的试验台等。

（3）人才匮乏。

气体净化设备行业属于一个比较新的行业，大学院校中也没有专门的课程与之对应，且该行业涉及交叉学科多，造成了人才培养困难，制造企业不能招聘到受过专业教育培训的技术人员，只能招聘到相关专业的人员。大多数企业是从仿制国外产品起步，相关技术资料和设计经验缺乏，所以很难培养出业务熟练、技术精湛的人才，导致行业内真正有真才实学的技术人才少之又少。

（4）标准制修订滞后。

现行干燥器标准只有《一般用冷冻式压缩空气

干燥器》和《一般用吸附式压缩空气干燥器》两个标准，缺少干燥器的能耗测试及要求标准。过滤器、膜式干燥器及相关配件产品标准大多还处于空白状态。

四、气体净化设备行业“十三五”发展思路与目标

1. 经济增长点分析

我国经济已进入新常态，这种新常态表现在市场需求疲软、行业中低端产品产能严重过剩，行业将面临重新“洗牌”。“十三五”气体净化设备行业新的经济增长点有以下几方面：

(1)节能产品替换以及 EMC 合同能源管理模式。

当前市场上大部分吸干机都是高能耗产品，即使是现在比较热门的压缩热再生干燥机，宣称耗气仅1% ~3%，实际耗气都在10%以上，或者耗气量达标但露点性能差，节能市场空间巨大。在钢铁、化工、制造工厂等领域的节能减排任务十分艰巨，对于工厂已有净化设备的升级换代，可以帮助其完成节能任务和目标，净化设备企业应瞄准这些领域。如富士康曾累计从杭州日盛净化设备有限公司采购低气损压缩热设备，用于替换原有的冷干机设备，后来为进一步降低能耗，又从杭州日盛净化设备有限公司批量采购零气耗压缩热设备，用于替换原有的1%气耗压缩热设备，并且为每台设备单独配置了热水回收装置，使节能效果达到极致。另外，与 EMC 合同能源管理相结合，推广真正的节能型产品，也将逐渐获得市场的广泛认可。

(2)高端行业。

国内干燥器主要集中在中低端市场，产品技术含量低，价格竞争激烈，在高端电子、医药、生物制药、食品、造船、海上平台、军工等领域主要还是采用国外品牌，要提高产品品质，扩大高端行业的市场份额。在“十三五”期间，与民生有关的制药和食品工业用净化空气设备和高端制造业用净化空气设备将会大幅增加。

(3)制造服务业和新市场。

空压机及干燥器一体的租赁或直接销售干燥净化压缩空气在国外市场已经很成熟，当前国内市场还不是很成熟，但像核电大修等特殊行业已逐渐采用该方式，这也是压缩空气市场的一个发展趋势。这需要政府出台一些政策及法规，推动及促进此市场发展。

另外，国家对环境保护等强势关注，为气体净化设备打开新的市场。天然气脱水装置、二氧化碳回收、高效的环保工质开发利用以及空气净化、烃类物等高效过滤等，在“十三五”期间将有更多的需求。气体净化设备生产企业应积极跟踪市场，放开思路，把技术和产品推广到更多的行业和更大的市场中去。

(4)拓展国际市场。

要想做大做强，还必须坚持“走出去”战略，拓展海外市场。利用国内国际两个市场，着力拓展出口通道，积极利用“一带一路”政策，将气体净化设备产品随着我国对外投资和工程总承包项目“走出去”，并充分利用优惠政策扩大产品出口。国内冷干机的出口已逐渐形成规模，产品分布于世界各地，外销相对内销而言，低价竞争少，资金回转快。吸干机类产品受限于压力容器标准的要求，造成价格偏高，缺少竞争优势，出口量相对比较少，国外市场上吸干机主要采用的还是欧美高端品牌。这一方面需要国家标准化管理部门加强与国外标准化管理部门的沟通与协调，促进国内 GB150 标准被世界其他国家标准化(或产品认证)部门认可，打破欧美国家的技术壁垒；另一方面，也需要国内吸干机厂家不断提高产品品质，扩大出口市场的份额。

2. 发展思路

以国家产业政策为导向，瞄准国内国际两个市场，围绕国家节能、减排和环保政策，加大技术创新力度，加快创新平台建设，实施技术装备“走出去”战略，形成有国际竞争力的气体净化设备企业。

3. 发展目标

“十三五”期间，气体净化设备制造业的发展目标是产品从重视“量”的增长到重视“质”的增长，淘汰落后产能，提高高端产品比例，形成一批做大做强的骨干企业。

(1)行业经济保持适度增长。“十三五”气体净化设备行业经济增长速度保持在5% ~6%。

(2)中高端产品的比例明显提高。行业内企业必须尽早树立练好内功的意识,加大中高端和节能产品研发力度,稳定中端产品行业的市场份额,扩大在高端行业的份额。到2020年,产品的设计、制造关键技术达到国际先进水平,使我国从气体净化设备产品“产量大国”变成产品“质量强国”。

(3)大中型企业的数量进一步扩大。到2020年,全行业形成产值过3亿元的企业2~3家,产值过亿元的企业6~10家。

(4)推进重点骨干企业“两化融合”。气体净化设备行业在“十三五”期间进一步向信息化方向迈进:一方面在产品设计开发、控制系统以及企业管理方面,充分利用信息化的优势促进企业和产品的发展;另一方面,在远程智能维护系统方面实现远程监视、远程诊断、远程修改、远程编译,并建立服务器终端,提供大数据支持,为系统节能、产品性能、远程维护提供信息支撑。

(5)加大产业结构调整。为解决低水平产品生产能力过剩的矛盾,围绕“控制、淘汰、改造、提高”进行结构调整,及时向政府相关部门提供产品淘汰建议,配合政府制定产品淘汰目录,引导企业以市场为导向,压缩、淘汰落后产能,促进企业技术进步和产业结构升级,从低端产品向高端产品发展。

4. 发展重点

(1)积极关注高端电子行业、医药、生物制药、食品、饮料、烟酒、石化、新能源、海上平台、军工、造船、国防、科研等行业的新上项目、工艺改造、节能改造和EMC等项目,帮助用户提出压缩空气质量要求,进行节能改造,为用户提供优质产品。

(2)新产品开发。气体净化设备产品的类型单一,短期内应不会出现颠覆性的新型产品。但生产企业应在现有产品基础上进行优化研究,开发新型产品进行技术储备并拓展新市场。如在现有吸干机产品中推进干燥剂的回收再利用,在现有冷干机中使用新型环保制冷剂,避免净化产品使用过程中造成环境的污染。在新型产品方面,包括:膜式干燥器和吸收式干燥器的开发和应用;去除二氧化硫等污染物的特殊行业用过滤器;蓄能型冷干机;高可靠性的高压吸附式干燥器。

(3)共性技术。干燥剂的动态吸附曲线研究;过滤器的特性研究;凝聚式过滤器的设计理论和试验研究;吸干机和活性炭过滤器的寿命研究;如何在现场合理配置气体净化设备;压缩空气质量和能耗在线监测技术研究。

(4)标准化工作。尽快制定干燥器的各项节能标准,制定凝聚式过滤器、油水分离器等产品标准。

5. 政策建议

(1)加大技术基础平台建设。

我国气体净化设备行业经过多年发展,设计、制造水平有了较大提高,但在产品的可靠性和性能方面与国际先进水平存在较大差距。鼓励现有的国家级科研平台(如压缩机技术国家重点实验室中气体净化平台)积极开展共性研究,帮助企业进行产品诊断,为企业产品提供技术服务;鼓励企业加快产品试验、检测等技术基础平台建设,为产品开发、性能测试等提供基础保障。建议政府相关部门在政策和资金上给予扶植。

(2)培育人才队伍,扶植科研项目。

气体净化设备行业涉及学科多,人才培养困难,产品看似简单但深入研究复杂。国家或地方政府应鼓励各企业加大人才培养力度,通过科研带动人才培养,在科研项目和人才培养方面给予支持。

(3)以龙头企业带动产业规模发展。

培育一批有国际竞争力的企业,按照行业特点和市场规划实现行业的联合,推动气体净化设备生产企业的产业结构调整和资源整合,增强企业竞争力。在无锡、杭州、上海等气体净化设备生产企业比较集中的地区,可根据上下游配套关系,结合本地区制造业门类齐全的特点,形成若干个气体净化设备产业集群。通过产业集聚强化专业化分工,优化生产要素配置,降低创新成本,提高产业竞争力。

(4)对制造服务业和EMC能源合同管理进行规范化。

制造服务业和EMC能源合同管理在国内还不是很成熟,对制造服务业和EMC能源合同管理进行规范化,加大对节能改造项目的补助,这不仅有利于气体净化设备行业的发展,而且对国家的节能减排起到重要的作用。

〔撰稿人:中国通用机械工业协会气体净化设备分会李金禄〕

走科技创新之路　实现可持续发展

——访江苏海鸥冷却塔股份有限公司总经理吴祝平

京城压缩机：做行业细分市场的领先者

——访北京京城压缩机有限公司总经理王军怀

走科技创新之路 实现可持续发展

——访江苏海鸥冷却塔股份有限公司总经理吴祝平

《中国通用机械工业年鉴》编辑部 魏素芳 陈美萍

吴祝平

男，1953年出生，江苏常州人，中共党员，现任江苏海鸥冷却塔股份有限公司总经理。在国内相关行业协会承担过以下职务：中国冷却塔研究会第一任轮值主席、中国通用机械工业协会副会长、中国通用机械工业协会冷却设备分会理事长、常州西太湖科技产业园商会第二届副会长。

江苏海鸥冷却塔股份有限公司（以下简称江苏海鸥）位于常州武进经济开发区，交通便捷，人文荟萃。公司成立于1993年，注册资金6860万元，是国内规模较大的冷却塔设计和生产民营企业，先后成为国家电力公司火电机组主要辅助设备推荐厂商，中国石油天然气集团公司炼化设备一级供应商、中国石化集团公司物资装备供应商、中国石油集团能源供应商、上海宝钢集团冷却设备供应商和中国大唐集团A级设备供应商。江苏海鸥作为国内规模较大的玻璃纤维增强塑料冷却塔设计和生产企业，被国际冷却塔权威机构CTI（美国冷却技术协会）吸收为成员单位，是中国通用机械工业协会冷却设备分会理事长单位。在2010年桂林冷却塔年会上，江苏海鸥被认定为冷却塔研究会第一届轮值会长单位。2015年7月，江苏海鸥正式成为中核集团合格供应商，2015年9月获得知识产权管理体系认证证书。

江苏海鸥占地面积7.8万m^2，资产总值8.68亿元，现有员工285人，其中大专以上人员170人。2009年被江苏省科技厅认定为江苏省高新技术企业，并通过了ISO9001质量管理体系认证、ISO14001环境管理体系认证、GB/T28001职业健康安全管理体系认证、GB/T29490企业知识产权管理体系认证。2009年又通过江苏省高新技术企业08版新标准的认定。自2008年起，一

海水塔

一、重视科研，实现成果转化

直被中国人民银行授权信用评价机构——江苏恒大信用评价公司、常州市企业信用评审委员会认定为“AAA”级企业。经过长期的积累和发展，公司主体生产工艺不断完善，生产能力不断扩大，产品质量不断提高，产品品种规格不断增加，2015年实现销售收入45870.86万元。

目前，江苏海鸥已发展成为冷却塔科研和生产一体化的大型企业，冷却塔各项生产技术指标一直领先于全国同行，在规模、市场、质量、技术、成本、效益等方面都走在全国同行的前列，“海鸥”冷却塔产量、产值、利税已连续10年获全国同行业之首。江苏海鸥作为我国目前规模较大的多品种玻璃纤维增强塑料冷却塔的生产基地，为电力、石化行业建设作出了重大贡献。

江苏海鸥于2004年投资100多万元建立了国内可测项目多、技术水平先进的冷却塔实验基地。为了扩大生产规模，提高产品质量水平，江苏海鸥于2010年投资1000万元对冷却塔实验基地进行改造和扩建。通过近几年来不断更新和完善，公司目前拥有冷却塔实验中心1座，横流塔填料热力性能、阻力性能试验室1座；逆流塔填料热力性能、阻力性能试验室1座，喷头性能试验室1间，除水器性能试验室1座，逆流塔气流流场模拟装置1套，ϕ2m标准风道的轴流风机性能试验装置1套，冷却塔产品综合试验台1台，风机运行平台1座，理化性能试验仪器10余套，冷却塔热力性能检测仪器30多套。

江苏海鸥重视自主研发，近三年先后投入研发费用

钢结构塔

FRP 塔

高传热性冷却塔薄膜式填料（IC）、三溅式喷头（NS）、太阳能驱动机力通风冷却塔。新产品的销售收入占产品销售收入的85.09%，为我国冷却塔技术的进步起到了推进作用。

2011 年，江苏海鸥与国核电力规划设计研究院、上海核工程研究设计院、中广核工程有限公司一起承担国家科技重大专项课题“超大型冷却塔关键技术研究”“AP1000 国产化核电厂厂用水系统机械通风冷却塔设计研发”和“核电抗震机力塔设备研制”，这些合作项目的开展，将为我国核电国产化奠定坚实的基础。

2015 年，江苏海鸥正式成为常州大学企业研究生工作站。

至今，江苏海鸥参与制定了冷却塔国家标准 GB/

4911.97 万元，占近三年销售收入的 3.59% 以上，为组织科研攻关提供了资金保障。企业建设了江苏省超大型高效节能冷却塔工程技术研究中心，建有 3900m^2 的研发大楼，由企业总经理任中心主任，中心下设技术开发室、技术应用研究室、小试实验室、中试实验室、分析检测室、工程设计室、情报研究室、综合室等 8 个部门。该研究中心配备了专业研发团队和专业的研发、检测设备，为企业的新品研发和关键技术攻关提供了技术支撑。

江苏海鸥目前开展的科研及产品开发活动有 6 项，分别为闭式冷却塔工艺及结构标准化设计研究、高效浊水塔薄膜填料的研制、旋转型喷头的研制、浮动式淋水消声填料的研制、二代消雾节水型冷却塔的研制、太阳能节能节水型冷却塔的研制。通过不断地开发研究，目前公司拥有高新技术产品 10 项，分别为超大型（自然）通风冷却塔高位集水装置、超大型机力通风冷却塔、大型机力通风冷却塔塔群、高淋水密度机力通风冷却塔、节水环保型冷却塔、无线网络多参数远程监测系统、消雾型冷却塔、

低噪声塔，北京郑常庄电厂

T50102—2014、GB/T18870—2011、GB/T7190.1—2008、GB/T7190.2—2008 及协会标准 CCTI TL001—2014；已经获得实用新型专利 45 项、外观设计专利 10 项、发明专利 7 项，其中，2013—2015 年获得实用新型专利 23 项、发明专利 4 项、外观设计专利 6 项、软件著作权 1 项、江苏省高新技术产品 6 个、常州市高新技术产品 4 个。这些专利产品已在江苏海鸥的冷却塔中得到广泛使用，并取得了显著的经济效益。

闭式塔

二、研发新品，开拓市场

江苏海鸥的消雾节水型冷却塔产品突出关键技术点，有别于同行业产品的特点如下：

（1）无需额外增加外部热媒（热水或蒸汽），利用冷却塔自身回水，通过换热器与外部冷空气换热后进行消雾和节水，工艺成熟合理、能耗低，符合节能环保产品的要求。

（2）自主研发设计的三维空气混合器（专利号 ZL 2015201843404），采用多流程、多流道的结构形式，多流程的结构形式主要是保证充足的混合时间，多流道的结构形式能保证出填料的饱和湿热空气与来自翅片管管束的干热空气在水平和垂直两个方向上能进行充分地混合，保证混合的均匀性。并通过 CFD 流体仿真工作站进行混合效果仿真，能根据不同的塔型结构设计出最佳的安装形式和安装条件，确保最佳的混合效果，最终得到零雾型的消雾效果。

（3）设计了冷却塔干式运行条件下的真空虹吸引水系统，解决了换热器中集气导致配水不均匀、换热器排气等关键技术问题，且大大降低水泵的静扬程，一般降低 4 ～ 5m 的水泵静扬程，非常节能环保。

（4）设计了消雾节水在线监测及控制系统，能根据外界的环境温度和湿度来自动控制干冷和湿冷的进风风量，从而控制好消雾和节水效果，运行方便。

（5）设计了一键式消雾节水运行操作系

消雾塔

自然塔

塔、太阳能蓄能化冰冷却塔、太阳能超低温冷却塔，填补了国内空白，达到国际先进水平，并成功实现产业化生产。

2010 年，江苏海鸥与北京玻璃钢设计研究院共同合作开发并完成的国产碳纤维传动轴，成功打破了国外企业对该产品的垄断地位。通过国产化，大幅降低了产品的成本。

统，能一键对消雾节水和不消雾节水进行运行切换，操作安全、简便，维护费用低。

公司研发的 NH 型机械通风冷却塔被北京新华节水产品认证有限公司授予节水产品认证证书。

2007 年，江苏海鸥研制的海水冷却塔，填补了国内空白，达到国际先进水平，并通过江苏省高新技术产品认证，该产品成功实现产业化生产，2009 年实现产值 1795 万元。

2008 年，江苏海鸥研制的超大型机力通风冷却塔，达到国内领先水平，并通过江苏省高新技术产品认证，该产品成功实现产业化生产，2009 年实现产值 5241 万元。

2008 年，江苏海鸥研制的大型机力通风冷却塔塔群，达到国内领先水平，并通过江苏省高新技术产品认证，该产品成功实现产业化生产，2009 年实现产值 13545 万元。

2009 年，江苏海鸥研制的高淋水密度机力通风冷却塔，达到国内领先水平，并通过江苏省高新技术产品认证，该产品成功实现产业化生产，2009 年实现产值 2937 万元。

2010 年，江苏海鸥研制的太阳能驱动机力通风冷却

2011 年，江苏海鸥研制的消雾节水型冷却塔达到国内领先水平。这是一种环保型冷却塔，该产品成功实现产业化生产，不仅给企业带来了很好的经济效益，而且较好地推动了国家节能环保产业政策的顺利实施，并在行业内起到了很好的示范和引导作用。

江苏海鸥以科技为依托，以市场为导向，已形成以“海鸥”牌冷却塔、水处理药剂、水处理设备共同发展之格局。产品应用于石化、冶金、电力、轻工、医药、食品等经济发展的各个领域，销售网络覆盖全国各个省市。“海鸥”牌冷却塔国内市场占有率达到 60% 以上。近几年，国外市场不断拓展，产品已大批量进入东南亚、南亚、西亚、中东、非洲、欧美等国际市场。

三、创可持续发展型企业

1. 着眼长远，研究制定公司发展战略

2012 年，根据国内外市场情况，结合公司实际，提出了“二拓展（拓展新市场、拓展新产品）、一创造（创

造新的运行模式）的公司总体战略目标，预计到“十三五”末期，公司实现年销售收入8亿元，实现利润8000万元。

2. 建立健全现代企业管理制度和运营机制

依照公司法，江苏海鸥先后组织建立了企业法人治理结构，建立了以股东大会为最高权力机构、董事会为经营决策机构、监事会为监督机构，总经理负责制的经营管理机构，并实现了董事长与总经理分设。整合组织机构，明确各部门工作职责，加强了内部牵制，调动了部门积极性。

建立职工代表大会制度，通过职工代表大会制定了薪酬、财务、内控等公司各项管理规章制度体系并有效执行；组织建立了公司质量、环境管理体系并取得了认证证书，有效提高了产品质量。

3. 科学经营，强化企业信息管理，努力推动公司高速平稳发展

自吴祝平担任总经理以来，江苏海鸥累计实现主营业务收入达42亿元，企业多年被评为武进地区纳税大户，仅2015年就上缴地方利税达6502.3万元，创造了良好的经济效益和社会效益，为地方经济建设作出了贡献。

早在2007年企业全面实施包括进销存、财务、生产、人力资源、商业智能等企业ERP信息管理系统，使企业各职能部门之间建立了高速的信息通道，及时准确的信息传递实现了企业对市场变化的快速反应，从而保障了企业高速平稳发展。

4. 以人为本，提升企业文化，凝聚员工队伍，创建和谐企业

江苏海鸥先后为员工宿舍安装了热水器、空调、网络，大幅度提高了员工食堂伙食补贴标准，为全体员工办理了5项社会保险，缴纳了住房公积金，认真履行了企业的社会责任。

公司针对不同岗位人员，定期进行健康体检；组织各项活动，丰富员工业余生活，增强了企业的凝聚力。公司先后多次获得武进经济开发区工会工作先进单位、先进党组织等荣誉称号。

5. 回馈社会，积极参与支持慈善事业

在江苏海鸥成立10周年之际，公司没有举行盛大的庆祝典礼，而是把节省下的费用50万元捐赠给希望工程，在连云港市赣榆县厉庄镇兴建占地面积约6700m^2（10亩）、建筑面积近3000m^2、可容纳400余名师生的海鸥希望小学，同时捐资1000万元成立海鸥慈善基金，帮助困难人群。

汶川地震发生后，吴祝平带头向灾区人民捐款，在他的带动下全厂职工自发组织捐款活动，共计27万余元。

2012年7月，江苏海鸥再为海鸥希望小学捐赠35万元。

吴祝平自1997年担任江苏海鸥总经理以来，全身心地投入到冷却塔行业，把江苏海鸥从一个名不见经传的乡镇企业做强做大。当前，江苏海鸥已成为国内同行业中的龙头企业，并正在朝着国际化企业进军。

10台NH-4508型冷却塔，巴西坎迪奥塔电厂

京城压缩机：做行业细分市场的领先者

——访北京京城压缩机有限公司总经理王军怀

《中国通用机械工业年鉴》编辑部 魏素芳 陈美萍

王军怀

1986年毕业于陕西机械学院（西安理工大学）企业管理工程专业，大学本科。2002—2004年，首都经贸大学产业经济学专业在职研究生。曾任北京蓄电池厂厂长、北京建安特工程公司等4家企业总经理，北京叉车总厂副厂长、北京起重机器厂党总支书记、北京建筑机械厂厂长、北京重型汽车制造厂厂长，北京京城机电控股有限责任公司战略规划与科技部副部长、非经营企业管理部部长、安全环保部部长。2015年4月调任北京京城压缩机有限公司党总支书记、总经理、法定代表人。

《通机年鉴》：京城压缩机一直专注于压缩机的研发和生产，现已成为行业内颇具影响力的企业。请介绍一下京城压缩机的发展历程。

王军怀：京城压缩机是北京市国资委旗下的全资高新技术国有企业，注册资金1.4亿元，目前总资产3.2亿元。

如果说历史，我们公司也近乎百年老店了，前身是1926年成立的“京都市政公所修理厂”，1959年经公私合营成为“北京第一通用机械厂”，2002年改制重组为“北京京城环保产业发展有限责任公司”，2012年更名为“北京京城压缩机有限公司”。公司之所以能有今天的影响力，和这几十年的传承是分不开的，尤其是“北一通”时期，开创了中国制造隔膜式压缩机（简称膜压机）的先河，并且一直将膜压机的领先优势保持到现在，使我们成为中国压缩机制造领域的重点骨干企业。我们一直是中国通用机械工业协会的常务理事单位，曾是两届副会长单位，一直是压缩机分会的副理事长单位。

我们与台湾复盛公司的合资企业北京复盛机械有限公司，专业从事双螺杆空气压缩机的制造经营已经20多年，在行业内也颇具影响力。

我们将秉承“崇尚品牌，追求卓越”的经营理念，用我们的专业技术为所有客户提供更优质的产品和全过程的技术服务。

《通机年鉴》：请介绍一下京城压缩机的主导产品及其在重点项目中的应用情况。

王军怀：我们公司是压缩机的专业制造商，主要产品有活塞式压缩机（简称活塞机）、膜压机和核安全级膜压机三大类。应该说，公司的“天坛”牌压缩机都是主导产品。

活塞机一直在石油化工、煤炭矿山、钢铁冶金等领域得到广泛应用，为这些行业的发展起到过不可或缺的作用，尤其是石油化工中石油气、天然气的收集和煤炭制造天然气的应用，为清洁能源的使用作出了贡献。

我们在保持膜压机行业领先优势的前提下，不断研发创新，品种不断增加，应用领域不断扩大，目前在军工、航空航天、气体、硅化工、医药、科研等领域都有应用。我们为空军、海军和二炮等军工领域都提供过产品，给许多机场和卫星发射基地配套。我们不但给国内几乎所有的气体公司提供产品，还给法液空、林德、梅塞尔等国际知名气体公司配套，硅化工行业也到处有我们公司服役的机器。

核安全级膜压机的研发成功，为我们国家核电国产化作出了巨大贡献，迄今为止我们已经为国内30多座核电站提供了60多台压缩机，并且还有部分出口，用于国外的核电站。

值得一提的是，我们承接的国家重大专项高温气冷堆压缩机试制项目，在国家重大装备办的关心支持下，已经试制完成，成功应用于石岛湾核电站。

《通机年鉴》：作为业内核安全级压缩机生产企业，京城压缩机是如何确保核级压缩机这类具有特殊要求产品的品质的？

王军怀：一是要从思想上重视。民用核安全标准是业内安全等级要求最高的，对于核级压缩机产品的生产，要严格执行民用核安全标准，让每一位员工都意识到自己肩负着安全生产的重担，必须用高度的社会责任感去对待。

二是从体系上予以保障。产品的安全性、可靠性是要靠产品质量来保障的，公司虽然于2009年率先取得了《中华人民共和国民用核安全设备设计许可证》《中华人民共和国民用核安全设备制造许可证》，但证书的取得不是给我们打了包票，而是提出了更高的要求，于是我们在公司质量、职业健康和环境三体系规范运行的基础上，建立了要求更高的民用核安全设备质量保证体系，由总经理直接领导重大项目办，确保该体系有效运行，并依据该体系要求开展各项设计、制造和管理工作，使所有节点得到完全控制。在多年核安全级压缩机的制造过程中，不断完善公司质量保证体系建设，在技术、制造及质保能力等方面都有了很大程度的提高。

三是文化制度的保证。以“安全第一、质量第一”为方针的核安全文化理念始终贯穿于整个项目执行过程中，严格按照民用核安全相关法律法规执行。从产品开始设计到产品交付使用的整个流程都有文件记录，每个环节都确保做到“四个凡事”（即凡事有人负责、凡事有章可循、凡事有人监督、凡事有据可查）。同时，将核安全级压缩机项目纳入公司《重大项目实施管理办法》，作为重点项目实施管理。定期就核安全法律法规进行培训，提高全员的核安全意识，确保核安全级压缩机的产品质量。

《通机年鉴》：请介绍一下京城压缩机开展产学研合作的情况，以及今后产品研发的重点方向和目标。

王军怀：科学技术是第一生产力。近几年，我们与中科院力学研究所合作的膜压机缸体部件参数化软件、膜压机流体模拟仿真软件、活塞机结构设计与分析软件，与北京科技大学合作的膜片热定型工艺的研发、新材料膜片的研发，与西安交通大学合作的膜压机膜腔曲面设计软件开发、膜压机强度校核软件开发，都充分证明了这一点。这些合作项目均已完成并且取得了诸多成果，不仅解决了原来产品中的问题，而且使产品技术水平有了大幅度的提高。

今后产品研发的重点方向：加氢站压缩机和压缩机运行远程监控；膜压机缸体部件环槽结构与配油盘结构的比较分析，效率、能耗指标对比分析；膜压机油腔液压油流场运动分析；压缩机机组振动分析。我们将专注于压缩机产品研发及质量保证，不断打造标准化、流程化、模块化、平台化的现代经营管理体系，以求实现设计更合理、效率更高、能耗更低，不断提高产品的品质。

《通机年鉴》： 外资企业的压缩机在国内市场占有相当的比重，京城压缩机是如何利用自身优势同外资企业同台竞技的？

王军怀： 京城压缩机主要从以下几方面开展工作，利用自身优势与外资企业同台竞技。

一是制定膜压机标准占领制高点。作为国际上唯一的膜压机标准，膜压机行业标准 JB/T 6905—2004《隔膜压缩机》是由京城压缩机制定的。2016 年 8 月，我们公司又承接了全国压缩机标准化技术委员会提出的该标准修订工作，此项工作已开展。另外，作为国内率先取得核安全级膜压机设计和制造资质的压缩机企业，首个核电用膜压机标准 JB/T 12566—2015《核电用隔膜压缩机技术条件》也由京城压缩机制定。

二是加大开展产学研合作投资及专利投入，提升产品软实力。近 5 年来，公司投入近 200 多万元与西安交通大学、中科院力学研究所、北京科技大学等高等院校合作开发了一系列膜压机设计、校核软件，其中对缸体部件、膜腔曲面、膜片材料及工艺等课题进行深入攻关及优化设计，将国内膜压机产品进行升级换代，提升技术水平，以期通过提高设备原有效率、运转可靠性、易损件寿命来提升客户的满意度。现已有 3 项软件申请专利并实际应用，在产品开发设计中取得了很好的验证效果。目前已拥有新型缸体部件、独特的供油装置、优良的密封装置、可靠的缸体油压调节装置及自动轻载启停装置等多项自主知识产权及核心专利技术，在膜压机行业始终保持技术领先地位。

三是开发试制 GD8 超大型膜压机。公司研发并试制验收成功的 GD8 超大型膜压机，填补了世界上超大型膜压机的设计制造空白。GD8 项目是公司独立自主创新研发的一个典范，研发中攻克了多项技术难点，如高压大直径缸体部件的结构设计等，使我们的技术水平更加完善、成熟，走到了膜压机技术研发的前沿。我们不仅仅是开发出一个新产品，同时还开发出多项具有自主知识产权的膜压机专用设计软件，极大地提升了公司的研发水平和设计手段，使产品设计的安全性和可靠性得到保证，这些设计软件目前已全部应用在公司的膜压机产品设计过程中。在研发中还形成了多项发明与实用新型专利，加强了公司膜压机的技术储备。在项目研发中，我们还采用了“产学研”合作的形式，与院校合作，充分利用各自的优势，合作开发了膜压机专用设计软件、新材料、新工艺，并应用于 GD8 大型膜压机的设计、制造过程中，使各自的优势得以充分发挥，形成较为成

熟的合作经验。在GD8项目的研发中，年轻的设计人员得到了锻炼，能力有了较大的提高，使公司有了充足的人才储备，具备了可持续发展的能力。公司具有了长远的、强大的竞争实力。

从市场角度看，GD8超大型膜压机可以代替目前在炼油、乙烯、PTA加氢、煤化工事故氮装置等项目中已使用的国内外中小型活塞机。

如今GD8超大型膜压机已具备投入市场的能力，我们积极关注该机型相关意向订单，并在营销手段上及激励政策上给业务经理提供优惠政策，力求早日打入市场，实现京城压缩机新的增长点。同时，随着大型膜压机业绩的增长，逐步占领国内外膜压机市场。

四是占据行业业绩及地域优势，为客户提供全方位技术服务。京城压缩机作为国内资深的膜压机制造商，在行业内有良好的口碑和行业业绩。我们具有多年的设计、生产膜压机的经验和强大的技术服务团队，而且与外资企业相比，我们采购制造成本低、备品备件供应便利，公司地处北京，交通便利。对国内用户而言，我们能快速提供现场技术支持和服务，并向用户承诺专业技术工程师定期免费到用户现场巡检产品运行状况，建立用户技术服务档案，可根据用户需求派遣专业技术工程师前往用户现场，对机组运行情况进行检测分析，提出相关指导性建议。

《通机年鉴》：京城压缩机建立了怎样的人才管理机制？如何让员工发挥最大的潜能？

王军怀：首先通过不断形成关心人才、爱惜人才、尊重人才的企业文化，为员工搭建人才成长的平台以及完善公司薪酬激励机制等方式来建立健全员工的成长机制。其次，不断完善企业的用才、容才机制，让各类人才在不同的岗位上创造更大的价值，真正做到人尽其才。再次，京城压缩机坚持“能上能下，能进能出”的人才制度方向，形成进得来、出得去、留得住的用人机制。

要发挥员工最大的潜能，首先要尊重人才。当今社会，满足基本的生存条件只是人们最基本的需求，人们更看重的是自我价值的实现和尊重需求。其次，要建立完善的薪酬激励机制。京城压缩机遵循因岗定薪、优秀晋级的原则，对公司原有薪酬体系进行了梳理和调整。全新的薪酬体系完善了员工薪酬体系的增长与激励机制，建立了员工晋级通道，最大限度激发广大员工的积极性，进而实现公司与员工共同成长。薪酬体系将员工分为业务、技术、工人和管理四类，业务人员以收入回款业绩为基础，不封顶不保底；技术人员以创新及处理实际问题为依据，实行绩效工资；工人按技能定级，以任务量确定绩效，体现工匠精神和按劳取酬；管理人员以公司绩效为基础，公司绩效决定其绩效薪酬，体现共同价值观。再就是建立人才成长机制，这也是企业稳健发展的需要。建立人才成长机制不仅仅是企业所拥有的人才有了晋升的通道，使他们拥有体现更高价值的机会，更重要的是给了他们努力工作、发挥潜能的动力源泉。

《通机年鉴》：京城压缩机“十三五”作何规划，制定了怎样的发展目标？

王军怀：公司今年上半年的经营收入较上年同期实现了较大的增长，主要原因是四个转型升级执行到位，即：管理升级，苦练内功，强化基础管理，全面提升企业内在竞争力；营销升级，全面提高产品全过程的技术服务，开辟新的市场，开拓新利润增长点；产品升级，研发高端产品，提升现有产品水平，占领高端制造市场；制造升级，疏解普通制造环节，强化核心制造单元，提高产品质量，提升产品竞争力。

“十三五”期间，公司将通过利用机加工、结构件富余产能和盘活土地资源的两个创收和企业盈利积累的雄厚资金实力，通过资本层面的运作，联合相关同行业伙伴，形成集团公司，力争“十三五”末进入国内行业前三名。通过实施转型升级战略，公司将成为品质高端、产品领先、享誉市场的专业压缩机制造和服务供应商。

介绍2015年江苏省阀门行业发展情况、永嘉泵阀产业发展情况，公布压缩机行业标准“十三五”规划

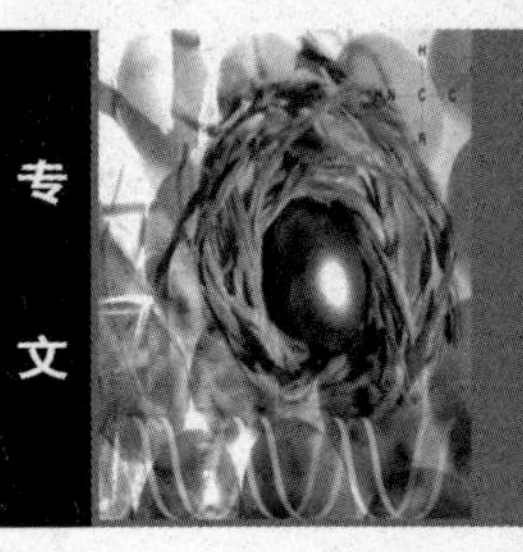

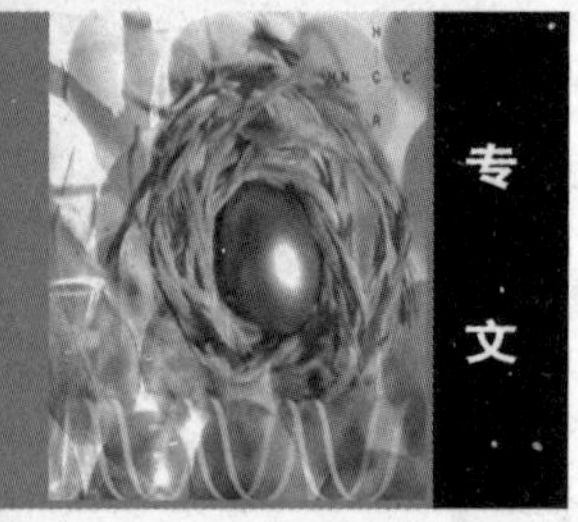

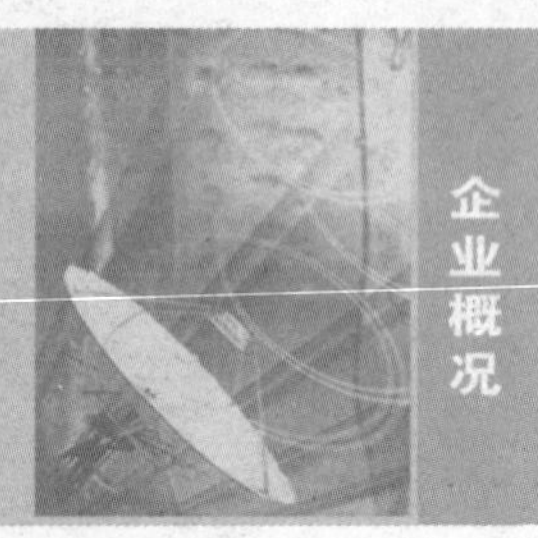

专文

2015年江苏省阀门行业发展概况

2015年,江苏省阀门生产企业面对国内外各种不利因素,以发展与稳定为目标,在困难中找出路,在市场中寻找客户和订单。通过挖潜增效,坚持科技创新,着力开发新产品,提高新产品附加值,以新产品和替代进口产品为市场发展方向,以加强内部管理来应对市场和行情的变化,从而适应终端用户的需求。全行业出现了发展放缓的迹象,主要指标小幅下降,其他一些指标仍有所增长,标志着江苏省阀门行业经过调整后仍处于稳步增长发展中。

一、经济运行情况

2015年,江苏省阀门工业协会根据50家会员企业主要指标分析,江苏省阀门行业产销经济指标增速明显放缓,全行业整体下行,沿袭上年度下降后再度出现下降局面。其中,工业总产值和工业销售产值均出现小幅下降,利润总额同比下降较多。

1. 工业总产值小幅下降

据统计,2015年江苏省阀门工业协会50家主要骨干会员企业(包括电装、铸件等相关的配套企业)完成工业总产值103.4亿元,比上年下降6.34%。下降主要原因是全行业受大环境影响,主要终端用户石化行业许多项目停产或缓建,直接影响了阀门的采购量。由于行业产能过剩,低水平、同质化、价格战的竞争,导致行业出现近10年来少有的困难。不少企业订单较少,开工不足,资金周转困难,货款欠款多,尽管原辅材料价格下跌,但由于销售困难,企业生产量不足,出现了全行业生产指标小幅下降的现象。

2015年,江苏省阀门工业协会参与统计的会员企业中,产值超10亿元的企业有苏州纽威阀门股份有限公司和江苏苏盐阀门机械有限公司,产值为5亿~10亿元的企业有中核苏阀科技实业股份有限公司和江苏神通阀门股份有限公司,产值为3亿~4亿元的企业有扬州电力设备修造厂有限公司、江苏万恒铸业有限公司和江苏亿阀集团有限公司。其中产值列前3位的企业是:苏州纽威阀门股份有限公司产值21.50亿元,同比下降21.4%;江苏苏盐阀门机械有限公司产值13.60亿元,同比增长20.8%;中核苏阀科技实业股份有限公司产值9.27亿元,同比下降14%。值得一提的是,南通龙源电站阀门有限公司完成工业总产值5 351万元,同比增长40.8%,增幅列全行业首位。扬州电力设备修造厂有限公司实现逆势中增长31.7%,增幅列全行业第二位,该企业的品牌电装产品近几年替代进口产品,被行业广泛采用,逐渐占据市场更多的份额。宝鼎阀业有限公司、扬州恒春电子有限公司工业总产值增幅分别为35%、24%。

2. 工业销售产值同比下降

2015年,在全球经济持续下行、行业形势继续严峻的情况下,50家会员企业完成销售产值99.4亿元,比上年下降4.15%,这是江苏省阀门行业连续10多年增长后,销售指标第二年出现下降的局面。

工业销售产值增幅名列前茅的企业是:南通龙源电站阀门有限公司完成工业销售产值5 218万元,同比增长39.5%,增幅列全行业第一位;其次是江苏九龙阀门制造有限公司,完成工业销售产值1.86亿元,同比增长24.7%,增幅列第二位;江苏苏盐阀门机械有限公司完成工业销售产值13.1亿元,同比增长23.4%,增幅列第三位。全行业中有22家企业工业销售产值实现增长,有26家企业工业销售产值下降。

2015年,行业中几家骨干企业销售有所放缓或有所下降,其中:苏州纽威阀门股份有限公司完成工业销售产值23.2亿元,同比下降20.1%;中核苏阀科技实业股份有限公司完成工业销售产值10.1亿元,同比下降1.4%;江苏万恒铸业有限公司完成工业销售产值3.94亿元,同比下降15.1%;江苏亿阀集团有限公司完成工业销售产值3.7亿元,同比下降8.4%;江苏盐电阀门有限公司完成工业销售产值2.56亿元,同比下降7.4%。

上述这些企业销售下降的主要原因是产品结构的问题,上游阀门企业订单不足也导致下游配套铸件、电装企业的生产任务锐减,同时受低油价的影响,API6A产品订单不足,也带来了相关配套企业订单严重滑坡。此外,外贸订单不足也是一些专攻外贸的企业订单下降的一大因素。

3. 利润总额下行率加大

2015年,江苏省阀门行业各企业面对严峻的市场形势,逆势而上,始终坚持“以人为本、科技领先”的经营宗旨。50家会员企业实现利润总额9.74亿元,比上年下降27%。在产销放缓的同时,全行业实现的利润相当不理想,下行率加大。订单不足,生产实绩下降,是导致企业效益和利润下降的主要因素。另外,虽然外部配套原材料成本下降,但工资上涨、其他管理成本费用上升,带来效益全面下降。还有的企业阀门产品价格低廉,由于行业同质化的竞争,导致承接好多订单都是无利可图,在供大于求的情况下,一些企业为了生存,小订单也承接下来,让企业的员工有活可做。

据汇总分析,2015年江苏省阀门行业中利润总额增幅较大的企业有:江苏苏盐阀门机械有限公司实现利润1.42亿元,同比增长29%;中核苏阀科技实业股份有限公司实现利润8 494万元,同比增长11.9%;江苏应流机械制造有限责任公司实现利润1 125万元,同比增长24.3%;常州兰陵自动化设备有限公司实现利润210万元,同比增长320%,列增幅第一位;扬州恒春电子有限公司实现利润120万元,同比增长108.3%,列增幅第二位。

4. 出口交货值不容乐观

据统计,2015年参与统计的会员企业完成出口交货值31.27亿元,比上年下降15%,这也是连续10多年外贸出口增长后,首次出现下降的局面,说明外贸经济并不乐观。由于受国际低油价的影响,阀门产品需求下降,许多相关的项目缓建、减产或停产,给阀门产品出口带来一定的冲击。

从汇总数据分析来看,江苏省阀门行业出口大户仍是苏州纽威阀门股份有限公司,出口交货值为18.3亿元,同比下降17%。江苏盐电阀门有限公司完成出口交货值2.0亿元,同比下降13.2%;江苏南通高中压阀门有限公司完成出口交货值2.2亿元,同比增长3.7%;江苏万恒铸业有限公司完成出口交货值1.7亿元,同比下降11.7%。出口交货值增幅较大的是:苏州工业园区思达德阀门有限公司完成出口交货值7 939万元,同比增长16.7%;南京肯特复合材料有限公司完成出口交货值4 500万元,同比增长12.5%。而盐城奥克阀门有限公司完成出口交货值2 830万元,同比下降达49.5%;苏州道森阀门有限公司完成出口交货值2 772万元,同比下降47.8%;江苏亿阀集团有限公司则同比下降36.9%。

从以上数据分析,2015年外贸形势仍较为严峻,一些企业维持现状都有点困难,只有走开辟国内市场的新路,实施两条腿并行的发展模式,才能扭转外贸下行的压力。

5. 企业利税同步下降

根据50家会员企业汇总,2015年实现利税总额为13.0亿元,比上年下降23.5%。全行业人均创利税为98 345元/人,比上年减少23 956元/人。剔除利润总额净上缴税收为32 907万元,比上年下降6.7%。

从报表分析来看,产销的下降导致企业获利也相应减少。由于企业成本这几年居高不下,再加上大环境的影响,企业各方面费用增加,企业效益滑坡。

2015年,实现利税总额较多的企业是:苏州纽威阀门股份有限公司利税总额130 307万元,同比下降23.5%;江苏苏盐阀门机械有限公司利税总额20 306万元,同比增长6.2%;中核苏阀科技实业股份有限公司利税总额14 476万元,同比增长

32.1%,列行业利税增幅首位;江苏神通阀门股份有限公司利税总额6 281万元,同比下降50%;江苏万恒铸业有限公司利税总额5 299万元,同比下降38.1%;江苏亿阀集团有限公司利税总额5 276万元,同比下降24.5%。

人均创利税名列前茅的是:江苏苏盐阀门机械有限公司为279 697元/人,中核苏阀科技实业股份有限公司为157 177元/人,苏州安特威阀门有限公司为131 579元/人,江苏竹箦阀业有限公司为138 462元/人,江苏亿阀集团有限公司为121 287元/人。

6. 资产总值与负债总额一增一减

根据2015年江苏省阀门行业统计数据汇总:全行业资产总值151.1亿元,比上年增长11.5%。增长原因主要是随着行业生产规模的扩大,企业添置固定资产,增加技改投入,补充新设备,或改造生产性设施。

2015年,全行业负债总额为58.2亿元,比上年下降0.3%。主要原因在于,国家信贷资金紧缩,企业间资金面并不宽敞,销出的产品货款拖欠较多,企业流动资金占用较多,导致企业应收款不多,企业资金流动不畅,增加了企业债务。有的企业产品销得多,而回收资金并不多;有的企业为了生产,不得不增加银行借款,确保企业的正常运转。同时,企业采购原材料的货款拖欠较多,企业赢利差,难以偿还债务。多种因素导致行业债务居高不下,也给企业发展增添了沉重的负担。

苏州纽威阀门股份有限公司、中核苏阀科技实业股份有限公司、江苏神通阀门股份有限公司3家上市公司为资产大户,资产总值分别为37.2亿元、18.8亿元、17.8亿元。此外,江苏苏盐阀门机械有限公司资产总值为10.7亿元,江苏亿阀集团有限公司资产总值为4.57亿元,江苏万恒铸业有限公司资产总值为4.08亿元,扬州电力设备修造厂有限公司资产总值为3.62亿元,苏州高中压阀门厂有限公司资产总值为3.18亿元。

7. 工资总额下降,人均收入增加

据统计,2015年江苏省阀门行业工资总额为60 949万元,比上年下降6.5%;平均人数11 039人,比上年减少695人;而人均工资收入为55 212元/人,比上年增加243元/人。虽然工资总额下降,但人均工资收入反而增加,企业达到了减员增效又增收的目的,说明行业调整结构后,生产效益在增加,这也是行业出现的新变化。

行业中人均工资收入前5名分别为:苏州奥村阀门有限公司为94 267元/人,宝鼎阀业有限公司为93 000元/人,江苏圣业阀门有限公司为88 667元/人,中核苏阀科技实业股份有限公司为80 358元/人,南通市电站阀门有限公司为79 568元/人。

二、产品研发情况

2015年3月,在苏州举行了由中国机械工业联合会组织的苏州安特威阀门有限公司双阀一体式盘阀国家级新产品鉴定会。经过行业专家和终端用户单位质询和讨论,一致认为该双阀一体式盘阀综合性能达到国际领先水平,正式通过了国家级新产品鉴定。该产品采用具有自主知识产权的双旋转阀芯,设计了双阀合一结构,可单独使用也可同时操作,解决了原进口阀门金属粘结、憋压、卡涩及寿命短的关键问题,提高了系统的可靠性和经济性,节约了安装空间。特别是该新产品已在云南大为、中原大化、中石化、神华宁煤等20多套煤气化装置终端用户使用,结果表明使用性能优越,无故障寿命不低于4年,是同类进口产品使用寿命的5倍以上,其价格仅为进口产品的1/3,彻底打破了国外产品在国内的垄断局面。该产品获得发明专利1项、实用新型专利3项,并已获得壳牌公司唯一的盘阀认证。此双阀在壳牌工艺上的锁斗、锁渣、锁灰场合都有良好业绩,成为其全球推荐产品,并已广泛应用于壳牌、西门子GSP等煤化工工艺系统中,并在新投建项目中也占有一席之地。

2015年1月,苏州道森阀门有限公司推出了给水泵最小流量阀,又称给水泵再循环阀,这是一种在苛刻工况下使用和具有特殊使用性能要求的调节阀,是用于电站锅炉给水系统配套的关键阀门,用于对给水泵的保护。最小流量调节阀是电厂压差最高的阀门,也是电厂运行工况最恶劣的阀门之一。在高压差工况下运行的阀门,需要选择和设计有效的节流结构来降低介质的流速,使高压差、高流速所带来的强烈的振动和噪声以及高速流体对零件的冲刷破坏得到抑制,并使阀门的调节性能得到改善,能够按泵的流量要求进行连续、稳定的调节。

2015 年 2 月,苏州道森阀门有限公司推出了 API6A 系列上装软密封固定式球阀,主要适用于采油进口装置和管线设施的在线安装球阀。当前这种阀门已在国内一些重点采油井口装置和管线设施等实地场所安装采用,并取得了成功,用户反映良好,已成为 API6A 系列中又一新型质优、性能可靠的球阀。该上装软密封固定式球阀除了在密封上进行创新外,还针对高温高压工况下的材料选用作了大胆尝试,具有开关力矩小、操作方便及灵活等常规球阀的特性,而且选用对氧化和还原环境的各种腐蚀介质都具有非常出色的抗腐蚀能力的不锈钢阀门主体材料,内件采用耐磨、耐冲刷、抗硫的硬质合金制造,密封形式为软密封,可达零泄漏,体盖等装配处设置多道可靠密封,对球体和阀座密封面喷焊 STL6,上下支撑轴喷涂碳化钨,增强其硬度和耐磨性,并设置防静电装置,使球、杆和阀体之间时时保持导电连续性,从而可将球体与阀座开关过程中产生的静电通过阀体引到大地,防止静电火花可能引起的火灾或爆炸等危险。该阀门具有在管线上拆卸简单迅速、维修方便快捷等特点,节省了修理成本,提高了阀门检修工作效率。

2015 年 4 月,常州电站辅机总厂有限公司自主研发的 1200kgm 高转速智能型电动执行机构试制成功。该高转速智能型电动执行机构是我国当前输出扭矩最大、转速最高的产品,填补了国内空白,广泛应用在石油管道、电厂等需要快速关闭的大口径阀门中,可替代进口设备,具有广阔的市场前景。

2015 年 4 月,扬州恒春电子有限公司成功将蓝牙无线通信和以太网有线通信应用于电动执行机构。同时,扬州恒春电子有限公司承担的“高压大口径阀门配套大扭矩执行机构”正申请国家科技成果转化项目。

2015 年 5 月,江苏省机械行业协会和江苏省阀门工业协会联合组织专家在常州溧阳对江苏竹箦阀业有限公司研发的蓝色弹性座喷涂阀门进行了江苏省级新产品鉴定。鉴定委员会认为该产品处于国内同类产品先进水平,正式通过省级新产品鉴定。该产品采用食品级涂料和密封材料,满足饮用水水质对阀门的要求;启闭件采用 EPDM 包覆技术,满足了耐腐蚀长寿命的要求;闸阀阀体底部无凹槽,无脏污堆积,流通阻力小;闸阀阀杆梯牙采用滚压工艺,减小了启闭扭矩,提高了阀杆的精度与使用寿命;橡胶瓣止回阀低压差开启,启闭时间短,可以达到消除和减少水击的作用。同时,阀体、阀盖等阀门承压件均采用静电粉末喷涂,与传统油漆涂装比较,可以回收利用,没有排放污染。粉末采用卫生级树脂涂装,粉末涂层对介质无二次污染,涂层在机械冲击、耐化学腐蚀、耐磨损、电化学方面都有很好的性能,大大增强了产品的耐腐能力。

2015 年 3 月,中核苏阀科技实业股份有限公司在江苏省科技成果转化专项资金项目中所承担的“核电关键阀门研发及产业化”项目荣获苏州市科学技术进步奖一等奖。

2015 年 4 月,中核苏阀科技实业股份有限公司承担的“CAP1400 爆破阀整机研制方案设计”通过验收,这标志着中核苏阀自主设计的 CAP1400 爆破阀得到了上海核工程研究设计院的认可,CAP1400 爆破阀研制全面进入制造和试验阶段。验收组认为“CAP1400 爆破阀整机研制方案设计”相关工作符合合同和研制任务书的要求,研制过程中自主开展的爆破阀剪切过程动态仿真分析以及拉力螺栓和剪切盖的匹配分析是技术亮点,一致同意该项目通过合同验收。

2015 年 8 月,由中核苏阀科技实业股份有限公司与上海核工程研究设计院联合研发的 CAP1400 主蒸汽隔离阀模拟件出厂试验圆满完成,具备向 CAP1400 提供主蒸汽隔离阀的能力。主蒸汽隔离阀(MSIV)位于安全壳外,安装在压水堆核电厂二回路主蒸汽系统管道上,是一个极其重要的阀门,是核电厂的重大关键设备之一。每条主蒸汽管线安装一台主蒸汽隔离阀,包括阀门本体、执行机构以及控制系统。主蒸汽隔离阀的快速关闭时间为2~5s。

2015年9月,由中国核动力研究设计院、国家能源局科技装备司、中核集团核动力事业部科研处等组成的专家组对中核苏阀ACP100模块式小堆主给水调节阀及旁路调节阀进行了现场验收。专家组一致认为,中核苏阀主给水调节阀及旁路给水调节阀各项性能指标均符合规范要求,它的研制成功提升了国家核电设备的技术水平,将打破国外在该核电站关键设备上的技术垄断,提高核电站关键设备的国产化率,在一定程度上降低了核电站建设的投资。

2015年10月,由中核苏阀科技实业股份有限公司和陕西物化所团队研制的CAP1400示范工程DN250爆破阀工程样机在中核苏阀核电阀门事业部进行首次功能试验。此次试验样机为DN250低压爆破阀,试验取得了预期的结果,阀门成功打开。在试验的同时,还进行了压力、载荷等参数的采集,为后续研制及验证试验提供基础数据。

2015年12月,中核苏阀科技实业股份有限公司等承担的"LNG项目低温轴流式止回阀国产化研制"验收会在江苏苏州召开,该项目是由中国石化天然气分公司、中石化洛阳工程有限公司、中国石化工程建设有限公司和中核苏阀科技实业股份有限公司共同承担研制的。LNG项目低温轴流式止回阀采用稳态流量的一体式阀体与阀座、导向套稳定运动组件、阀座特殊密封等创新结构,经试验验证可以满足LNG项目轴流式止回阀超低温工况下的密封及动作寿命要求;根据《LNG项目低温轴流式止回阀试验大纲》的要求,完成了样机的常规性能、低温-常温高压氦气密封试验、整机低温疲劳寿命循环试验和常温流量系数试验,并通过了第三方(合肥通用机电产品检测院)的检测,试验的各项指标达到技术条件要求。LNG项目低温轴流式止回阀的特点:首先,密封具有可靠性,阀门在LNG超低温高压工况下需可靠密封,保障常温、低温、冷热交变时的密封安全;其次,动作具有可靠性,阀门在LNG超低温高压工况下能灵活动作,需解决常温与低温配合间隙、选材、深冷处理和机加工精度等问题;保证运动件在低温下不发生超微观的变形。

2015年,常州兰陵自动化设备有限公司开发成功自主研发的新一代多回转阀门电动装置,并投放市场供应,深受用户欢迎。该新一代多回转阀门电动装置,不仅体积小、重量轻,结构新颖,而且控制精度高,性能也优越,使用起来更加灵活、安全可靠,价格比原来下降了40%。在此基础上,公司结合在煤矿防爆行业多年经验研发的矿用隔爆兼本安型一体式阀门电动装置,具有极高的技术含量。2015年2月,该电动装置取得国家泵阀产品质量监督检验中心颁发的累积运行30 000次后质量正常的寿命试验检验报告。

2015年7月,苏州高中压阀门厂有限公司双板止回阀国产化项目通过了中国石油化工股份有限公司南京阀门供应储备中心组织相关单位和专家的出厂验收。该公司研制的仪征-长岭原油管道复线工程仪征至九江段双板止回阀国产化项目样机(32″H76Y900lb),经讨论,鉴定结果为:采用先进的设计方法和制造工艺,产品结构设计和材料选择合理。该产品各项指标满足技术协议及有关标准的要求,阀门阀体采用整体锻造且内置式阀轴设计,防吹出结构合理,阀门无外泄漏点。阀板优化设计,启闭灵活,密封可靠。阀门样机的泄漏量远低于API 598标准及双板止回阀国产化项目技术协议所规定的泄漏量。

2015年10月,苏州锦鹏机电设备制造有限公司为五洲阀门有限公司定制JP-S5000型特大阀门试验台一次性调试成功,并在用户现场完成了NPS56-Class900阀门高压水、高压气试验。该阀门试验台是为五洲阀门有限公司生产全焊接大口径管线球阀全性能检测及出厂检测要求而设计制造的,该设备重量达128t。为了确保这台阀门试验台达到五洲阀门有限公司的检测要求,苏州锦鹏机电设备制造有限公司对阀门试验台精心设计,对每个承载件均进行受力分析,关键零部件均采用进口产品。

2015年12月，扬州电力设备修造厂有限公司的两项科技成果“现场总线控制系统(FCS)配套电动执行机构”和“石化系统用隔爆型电动装置”两种新产品通过国家级高新技术产品认定。“石化系统用隔爆型电动装置”充分体现绿色设计理念，环境友好，无污染物排放，大大提高企业自主创新和制造能力，提升企业电动装置的市场竞争力，对石化市场的开拓具有十分重要的意义。该项目的实施，提高了石化、环保、市政工程、火电厂等相关行业的阀门配套水平。“现场总线控制系统(FCS)配套电动执行机构”拥有自主知识产权，提升了总线型产品性能，拓宽产品选型范围，适应现代工业发展的需求，给企业带来更好的经济效益，同时打破我国智能现场总线型电动执行机构长期由国外垄断的局面，推动我国发电机组高端智能装备的国产化和工业过程控制系统信息化的发展。

2015年，阜宁县中洲阀门有限公司成功开发了具有特色的锻造体、圈类零件有成熟的锻造工艺技术和碾环特色加工技术。该公司碾环特色加工技术的环类零件经过碾压后，具有几大优点：一是材料利用率高，生产效率高。与其他锻造件相比，碾环零件更接近于成品，这样既减少了加工量，又节约了原材料，省料、省时，降低了锻件价格。二是内在质量特别优良。碾环变形是径向压缩、周向延伸，环件金属纤维圆周连续致密、有序排列和环件使用中的受力和磨损相适应，所以碾环产品的强度高且耐磨，内在质量特别优良。三是碾环产品价格低、质量好。适用于碾环的产品：管道安装中用的法兰盘，球阀中的阀体、球体、支撑圈，齿轮、轴承内外圈、圆柱、圆环、多台阶圆环等。

〔撰稿人：江苏省阀门工业协会盛根林〕

2015年永嘉泵阀产业发展概述

一、产业发展现状

2015年是永嘉泵阀产业整体形势极其艰难的一年，国内外市场大幅紧缩，需求锐减，企业订单减少、开工不足，资金短缺，债务沉重，技工流失。2015年，永嘉泵阀产业完成工业总产值272.6亿元，其中97家规模以上企业泵阀产值98亿元，同比增长6.91%。

2015年，永嘉泵阀企业产品出口2.51亿美元，同比下降15.67%，占全县外贸出口总额的39%。

2015年，永嘉县泵阀行业有7家企业被评为县功勋企业，占总数的35%；15家泵阀相关企业被评为县巨龙企业，占总数的50%；31家泵阀企业被评为县明星企业，占总数的31%。超达阀门集团股份有限公司荣获2015年度永嘉县工业发展“自主创新突出贡献奖”一等奖，保一集团有限公司和伯特利阀门集团有限公司荣获2015年度永嘉县工业发展“自主创新突出贡献奖”三等奖。“永一安全阀”荣获浙江省名牌产品称号。

二、产业发展举措

2015年，面对严峻的市场形势，永嘉县政府、泵阀行业协会和生产企业采取了一些积极的措施，共同推进永嘉泵阀产业发展。

1. 科技创新

2月7日，泵阀行业协会与中国联通浙江分公司召开座谈会，商讨签订战略合作协议事宜，并于4月2日正式签约，为联合研制开发智慧泵阀铺平了道路。当前，泵阀行业协会已向联通浙江分公司支付60万元的研发经费，购置了5台大型数据服务器，截至2015年年底，不仅完成了“阀门智能工业数据采集终端设备研发(防爆、防尘、防水)”“云服务平台业务管理后台研发”“云服务平台手机App研发”“云服务平台微信公众号研发”“英国罗托克电动执行器对接”“浙江罗托克电动执行器对接”“超达集团内部压力测试”“浙江罗托克客户测试”，而且包含防爆外壳的云服务终端和业务系统已经通过超达阀门集团组织的内部测试，各项指标符合企业和项目的需求；浙江罗托克已经将云服务系统应用于某水库阀门的远程监控项目，经济效益初步显现。5月7日，泵阀行业协会在永嘉县委常委、县政府党组副书记郑焕东的带领下，组织行业内重点企业负责人前往浙江理工大学考察对接，与浙江理工大学机电学院举办产业技术对接会，就泵阀产业的转型升级、技术难题与机电学院的教授、专家进行了深入的探讨，并就下一步的产学研合作事宜交换了意见。5月24—28日，由泵阀行业协会黄胜丰会长带队，组织相关行业重点企业、政府部门负责人共计20余人赴北京、天津就发展系统流程装备产业进行技术对接和考察学习交流活动。

2. 平台建设

经过两年多的不懈努力，“全国泵阀产业知名品牌创建示范区”20项创建指标已全部完成，自评得分980分，达到申报验收标准（800分以上），圆满完成了筹建任务。12月14日，验收申请材料上报省质监局，即将迎来国家质检总局、省质监局组织的专家组考核验收。7月17日，省泵阀协会与台州学院、浙江大学台州研究院、浙工大－工业泵研究所等科研机构在台州联合成立“流体机械及装备协同创新中心”。该中心重点研究服务方向：高性能工业流程泵的设计研发与技术创新、真空工业装备的设计研发与技术创新、高端液压器件的研发与技术创新和基于“互联网＋”的流体装备及系统的研发、技术集成等。

3. 组织制定联盟标准

2月10日，泵阀行业协会与浙江省阀门标准化技术委员会、国家阀门质量监督检验中心联合向省质监局申报了石油、石化、天然气及相关工业用《钢制闸阀》《钢制截止阀和升降式止回阀》《钢制旋启式止回阀》《钢制球阀》等4个阀门标准项目立项，标准草案已上报省标准化研究院，在进一步修改完善之中。4月29日，协会参与起草制定的《阀门的检验和试验　第1部分：美洲系列》和《阀门的检验和试验　第2部分：欧洲系列》两个浙江省地方标准在杭州通过专家评审，并于10月15日由浙江省质量技术监督局发布实施。10月9日，由协会直接作为起草单位之一的《阀门零部件（阀杆）通用行业标准》被全国阀门标准化技术委员会立项，起草工作有序开展。10月20日，由协会牵头组织的《磁力离心泵》联盟标准审定会在永嘉县市场监督管理局召开，经过专家组的认真审查，标准顺利通过审定，并于11月1日发布实施。

4. 承接政府职能

承接省商务厅的泵阀产业预警监测项目，连续12个月对行业中的出口龙头企业的生产量等11个产业损害指标和当月新签出口订单产品数量变化等4个外贸订单指标逐一上报，要求监测企业安排专人从事产业损害预警监测数据的报送工作，泵阀行业协会获得省商务厅购买服务项目资金2.8万元。8月11日，温州市质量技术监督局召开关于改革和加强行业协会质量工作会议，将永嘉泵阀行业协会列为全市“承接政府职能，参与质量共治”的六大行业协会之一。当前已经申请建立了永嘉县泵阀产品质量安全风险监测点、质量维权联络室和先进质量管理孵化基地（由伯特利阀门集团承办）。

此外，据11月11日《永嘉县人民政府关于印发永嘉县推进政府职能向社会组织转移工作总体方案的通知》（永政办发〔2015〕101号）文件，将协会列为全县首个职能转移行业协会试点单位，拟将经信、工商、质监、科技等部门的部分职能转移给协会，并承诺给予相应的财政支持。

5. 参加行业活动

10月17日，由温州市人民政府主办、市经信委承办、永嘉泵阀行业协会协办的中国泵阀（温州）高端论坛暨产学研合作对接会在温州国际会展中心举行。论坛邀请了中国通用机械工业协会执行副会长兼秘书长张雨豹、兰州理工大学教授杜兆年等专家分别围绕泵阀行业发展形势、人才团队建设、创新管理和核电理念、智能制造路径分析、国内外阀门标准发展趋势、阀门质量分析等主题作了阐述。泵阀行业协会组织会员企业负责人、技术负责人 60 多人参加了会议。由泵阀行业协会协办的 2015 温州(金鹰)泵阀展览会于 10 月 23—25 日在永嘉瓯北举行,展会共设 300 多个标准展位,共有来自全国各地的 200 余家泵、阀门和管道类产品等相关企业参展,3 天的展会共有 10 000 多名客商参观采购。此次展会为泵阀中小企业进一步开拓市场、促进产品交流互动、推进产业转型升级等搭建了有效平台。9 月 23—24 日,泵阀行业协会牵头组团参观了在苏州召开的 2015 阀门世界亚洲博览会,并在江苏省阀门工业协会领导的陪同下考察了苏州思达德阀门有限公司和苏州安特威阀门有限公司。

6. 积极建言献策

泵阀行业协会积极建言献策,为政府制定产业转型升级与可持续发展政策提供建议。6 月 8 日,协会认真编写并向永嘉县委、县政府提交了《关于加快促进永嘉泵阀产业向系统流程装备产业转型发展的调研报告》,报告内容包括“产业现状”“把握产业发展的外部环境”“分析产业发展的自身条件”“明确产业发展的重点方向”和“促进产业发展的具体建议”等五大部分。该报告详细分析了全行业面临的外部环境、产业自身的优势和劣势,发展的路径和重点方向,以及具体意见和建议,提出了产业发展思路与解决方案,有效地发挥了协会作为政府部门“参谋”的作用。

7. 搭建融资平台

泵阀行业协会与金融机构建立起长期良好的战略合作伙伴关系,尽最大可能为会员企业提供高效便捷的融资服务。在与平安银行合作贷出 1.2 亿元、与邮政储蓄银行合作贷出 1 亿元的基础上,6 月 3 日,协会与温州民商银行总行签订战略合作协议,为泵阀行业小微企业争取到 1.5 亿元的小额信用贷款,由协会成立信贷审核小组,负责会员企业的贷款推荐工作,努力解决行业中小企业的融资难题。

8. 开展人才引进和培育工作

为满足会员企业对中、高级人才的需求,协会于 3 月 8 日、3 月 15 日和 6 月 14 日在温州红太阳宾馆联合温州鸿扬 · 99 人才连锁运营中心举办了 3 场泵阀行业中高级人才交流会,并积极动员会员企业参加,为会员企业招揽人才搭建了有效平台。由永嘉县总工会主办,泵阀行业协会和街道工会、永嘉县第三职业中学联合承办的永嘉县首届职业技能运动会——泵阀行业车工、钳工竞赛于 8 月 18 日在永嘉县第三职业中学举办,共有 60 多名企业员工报名参赛,评出一等奖、二等奖、三等奖共 13 名,协会获优秀组织奖。

9. 开展宣传活动

全面开展宣传活动,维护永嘉区域品牌,提高泵阀产业的影响力。全年共编辑出版《泵阀纵横》杂志 3 期、《中国泵阀之乡》报纸 34 期、《产业外贸预警》简讯 4 期,更新网站信息 880 条。同时,还建立了泵阀行业微信群和微信公众号,时时发布相关消息。

〔撰稿人:浙江省泵阀行业协会陈丐荣、周思聪〕

压缩机行业标准“十三五”规划

一、概述

压缩机作为压缩气体、输送流体、提供动力的装备,在石油、化工、机械、煤炭、舰船、医药等各个领域得到广泛应用。我国压缩机行业历经 60 多年的发展,已形成一个稳定的、重要的产业领域:往复式工艺压缩机向着大型化方向发展;高效、低能耗的变频螺杆及环保无油的螺杆机成为发展趋势;单螺杆空压机向着中高压方向发展;随着环保节能产业政策的不断推进，二氧化碳回收用压缩机、煤层气压缩机等专用压缩机不断推出新品；传统的动力用活塞、螺杆空压机向着智能化、可靠性方向发展；大型化、节能型干燥器，高效、低压降过滤器成为发展的必然趋势。

压缩机标准作为衡量产品优劣、检测产品性能、优化产品系列、引领新品发展的重要支撑，为行业的发展起到了积极的推进作用。当前，压缩机行业现行有效标准共96项，其中，国家标准25项、机械行业标准71项。在现行标准中，基础通用标准和方法标准涵盖了所有需要的测试和技术交流；产品标准涵盖了往复活塞、隔膜、螺杆、滑片等各种空压机，覆盖了天然气、石油化工、氢气、乙炔气、二氧化碳等各种介质压缩机，同时配以材料标准、零部件标准等，形成了一个既有通用标准、又有专用标准，既有主导产品标准、又有配套的测试方法标准及辅助的零部件和材料标准这样一个相对齐全、配套的标准体系。

二、"十二五"标准化工作总结

"十二五"期间，压缩机行业根据自身发展情况和市场需求，积极落实国家产业政策，努力将科研成果转化为标准项目，制修订了一批行业急需的标准，既满足了国家和行业对产品节能认证和考核的要求，又提升了行业产品的整体水平。同时，结合技术和产业的发展趋势，对行业标准化现状进行了梳理，对未来几年的标准需求做出整体规划，并对重点领域的重点标准进行了分析，编制出《压缩机专业"十二五"技术标准体系》，基本覆盖"十二五"期间压缩机行业标准的需求，为行业标准化工作提供了指导和依据，使压缩机行业标准制修订工作更具系统性、规范性和适应性。

三、"十三五"标准化工作面临的形势

我国经济经过10年的高速增长，重化工业建设基本完成。压缩机行业面向的冶金、电力、石化、煤炭等领域已形成产能过剩的局面，新上项目越来越少，预计"十三五"仍呈下降趋势。但能源领域依然是国家战略发展重点，也是压缩机行业服务的重点；石化、冶金等领域的各类装置在长周期运行方面要求突出，能量回收与利用等领域也将会更加重视；污水与废气处理的任务将更加繁重；交通运输建设需要更多新兴压缩机产品。因此，需要压缩机标准化紧密配合，以适应行业的发展，具体分析如下：

1. 能源建设

国家将加大核电建设力度，核电设备标准体系已在研究建立，核电压缩机标准体系将不断完善，并需制定一批核电压缩机产品标准及配套标准。

国家能源局规划将加大煤层气开发力度，开展低耗排采、定压集输等地面开发技术与重大装备研发，这给煤层气压缩机的研发生产展现了广阔的前景，相应配套产品标准的跟进是产品质量的根本保证。

2. 节能减排

节能减排仍将是"十三五"期间我国的重要战略措施，国家不仅要求新的压缩机产品及净化设备高效节能，而且要求对在用压缩空气系统进行节能改造。国家发展和改革委员会、环境保护部、国家能源局发布《关于印发〈煤电节能减排升级与改造行动计划（2014—2020年）〉的通知》，推行更严格的能效环保标准，为此需要有更好的压缩机能效标准，包括节能产品标准、能效限定标准和在用系统能效评价标准等。

3. 环保和余热回收

污水处理、空气净化已成国民关注焦点，今后几年发展潜力巨大，用于水处理的水蒸气压缩机、小型低压螺杆压缩机市场前景看好；充分利用余热、压缩热而形成的各类余热干燥器、零气耗干燥器已成发展潮流。这些均需有新标准或对老标准修订完善才能给予支撑。

4. 典型的量大面广产品的发展需求

螺杆空气压缩机近年来在国内占领半壁江山，从20世纪的引进机头组装到当前国内自主开发螺杆型线、自主生产加工转子机头，形成大批量生产，年产量30多万台。螺杆空压机也从传统的喷油螺杆机到无油螺杆机、变频螺杆机、永磁螺杆机、膨胀螺杆机，品种多样，体现环保、节能和智能化。所以需要相应的螺杆机头产品及出厂试验标准、永磁电机螺杆标准等以规范产品的有序发展。

5. 石化等领域在用设备长周期运行

我国压缩机年产约3 000万台，其中，石化、化工、炼油等行业用各类工艺压缩机约3 000台，其余大多为空气压缩机。而分布在全国各地的在用压缩机更是以数十倍的数量级存在。

现役压缩机尤其是工艺压缩机，在合成氨、尿素合成、聚乙烯合成、石油精炼等工艺流程中起着关键的作用，被喻为工厂的心脏。而动力用空压机则成为工厂的动力中心。国家特检局、中石化装备处已启动在役动设备标准保障系统工程，“十三五”期间在用压缩机的在役性能检测、操作维护规程、维修评定等标准，以及为大型工艺压缩机主机配套的主要零部件的设计、制造标准将被关注并逐步制定。

6. 交通运输领域

随着天然气汽车、电力客车等环保汽车的持续发展以及动车高铁的快速发展，加气站压缩机、电动大巴用小型压缩机、铁路动车用微型压缩机得到不断发展，新产品不断涌现，原有的标准需要更新，新产品需有标准支撑，这也给压缩机标准化带来新的需求。

7. 国际国外标准的影响

国际标准化组织ISO/TC118“压缩机、气动机械和气动工具”技术委员会，当前发布有压缩机、压缩空气质量及相关测试标准共27项，其中，压缩机标准12项（包括基础、性能试验、安全、石化流程用压缩机、压缩空气系统能效等）、压缩空气质量及测试方法标准15项（包括干燥器规范、压缩空气质量等级及测试、过滤器吸能试验等）。

在这些标准中，压缩机标准已转化11项，2013年发布的压缩空气系统能效评价将是我国能效评价标准制定的参考依据，“十三五”期间将组织立项转化。压缩空气干燥器规范，压缩空气质量等级，压缩空气含油、含湿和固体粒子检测，以及过滤器试验8项压缩空气质量方面标准已转化完成，2项过滤器测试方法标准正在转化中，压缩空气气态污染物测定等其余4项应考虑在“十三五”期间转化。

美国的API618石化用压缩机等已被国际标准采纳，我国已转化了相应的国际标准。英国、德国、法国均制定有压缩机术语标准、安全标准、性能试验标准，其内容等效于相应的国际标准，这些国际标准也已转化为我国标准。

四、“十三五”标准化工作指导思想、基本原则和发展目标

1. 指导思想

以国家产业政策为导向，抓住能源、绿色、低碳、智能发展的战略方向，围绕保障安全、优化结构和节能减排等长期目标，以压缩空气系统能效标准、煤层气压缩机标准、水蒸气压缩机标准、螺杆压缩机标准等为切入点，全面建设和完善压缩机标准体系，满足国家各领域对压缩机标准的需求。

2. 基本原则和发展目标

（1）产品标准的技术水平应能体现当今国内外产品的先进技术，并全面体现能效要求。新制定的产品标准应能引领行业产品的发展趋势。

（2）标准化列项应符合国家产业政策，紧扣市场需求；应与科研课题紧密联系，尽快将科研成果转化为标准化成果。

（3）期望至2020年，全国压缩机标准化技术委员会归口的压缩机专业标准数量达到120个，标龄控制在5～10年。

（4）形成较为完善和稳定的标准体系，基础标准、产品标准、方法标准、材料标准、零部件标准协调配套。

五、“十三五”标准化工作主要任务

（1）按照“十三五”标准发展规划，重新整理和完善压缩机标准体系，合理安排各项标准的制修订计划。

（2）全面采用国际标准，将ISO已有的且适合我国的压缩机标准尽快转化成我国标准。

（3）形成容积式空气压缩机全系列产品标准能效规定，为全面实现能效评价及认证奠定基础。

（4）制定完成压缩空气质量检测的全系列标准，包含油、湿度、粒子、油蒸气、气态物、液态水、微生物、颗粒浓度等八大检测类别。

(5)逐步建立核电压缩机标准体系、石化领域在用压缩机检维修标准系列。

(6)制定一批节能压缩机、环保压缩机、中高压压缩机等新型产品标准,满足市场发展。

(7)编制标准宣贯材料,每年开展一次标准宣贯,并试行标准化人员、检测人员资格培训制。

六、"十三五"标准化工作重点领域和重点项目

1. 能源领域

——压水堆核电厂用压缩机通用技术要求;

——核电用螺杆压缩机　技术条件;

——煤层气压缩机;

——井口气回收用往复活塞压缩机;

——容积式空气压缩机流量在线测试方法。

2. 节能减排领域

——压缩空气系统能效评估;

——一体式永磁变频螺杆空气压缩机;

——往复活塞压缩机气量无级调节装置;

——零气耗压缩空气干燥器(包含在吸附式干燥器内)。

3. 环保和能量回收

——水蒸气压缩机;

——螺杆膨胀机;

——余热回收式压缩空气干燥器(包含在吸附式干燥器内);

——压缩空气过滤器。

4. 矿山、冶金、纺织等领域

——螺杆空气压缩机机头　试验方法;

——螺杆空气压缩机机头　技术条件;

——一般用喷水螺杆空气压缩机。

5. 石化领域

——往复压缩机操作维护规程;

——往复压缩机维修及评定规范;

——石油开采用高压往复活塞氮气压缩机;

——往复压缩机主要零部件设计规范;

——工艺流程用往复活塞压缩机主要零部件技术条件。

6. 交通运输领域

——机车、动车用全无油润滑往复活塞空气压缩机;

——电力客车用涡旋空气压缩机。

7. 食品、制药、国防等领域

——吹瓶用中压压缩机;

——高压无油氧气压缩机;

——高压无油氦气压缩机。

需要说明的是,上述提及的产品均指对应的产品标准。压缩机行业"十三五"期间拟制定的标准项目见表1。

表1　压缩机行业"十三五"期间拟制定的标准项目

序号	项目名称	标准级别	制修订	采用的国际先进标准号
1	机车、动车用全无油润滑往复活塞空气压缩机	GB/T	制定	
2	压缩空气系统能效评估	GB/T	制定	ISO 11011: 2013
3	容积式空气压缩机流量在线测试方法	GB/T	制定	
4	压水堆核电厂用压缩机通用技术要求	GB/T	制定	
5	压缩空气过滤器　试验方法　第3部分:固体颗粒	GB/T	制定	ISO 12500-3: 2009
6	压缩空气过滤器　试验方法　第4部分:水	GB/T	制定	ISO 12500-4: 2009
7	压缩空气　第5部分:油蒸气及有机物含量的测试方法	GB/T	制定	ISO 8573-5: 2001
8	压缩空气　第6部分:气态污染物含量的测试方法	GB/T	制定	ISO 8573-6: 2003
9	压缩空气　第7部分:微生物污染物含量的测试方法	GB/T	制定	ISO 8573-7: 2003
10	压缩空气　第8部分:固体粒子质量浓度的测试方法	GB/T	制定	ISO 8573-8: 2004
11	压缩空气　第9部分:液态水的测试方法	GB/T	制定	ISO 8573-9: 2004

（续）

序号	项目名称	标准级别	制修订	采用的国际先进标准号
12	压缩空气净化　术语	GB/T	制定	ISO 8573－4: 2012
13	煤层气压缩机	JB/T	制定	
14	井口气回收用往复活塞压缩机	JB/T	制定	
15	粉粒输送用干式螺杆空气压缩机	JB/T	制定	
16	全无油润滑高压往复活塞氧气压缩机	JB/T	制定	
17	全无油润滑往复活塞氮气压缩机	JB/T	制定	
18	往复活塞压缩机气量无级调节装置	JB/T	制定	
19	全无油润滑往复活塞氦气压缩机	JB/T	制定	
20	PET 吹瓶用无润滑往复活塞空气压缩机	JB/T	制定	
21	水蒸气压缩机	JB/T	制定	
22	一体式永磁变频螺杆空气压缩机	JB/T	制定	
23	核电用螺杆压缩机　技术条件	JB/T	制定	
24	螺杆空气压缩机机头　试验方法	JB/T	制定	
25	螺杆空气压缩机机头　技术条件	JB/T	制定	
26	螺杆膨胀机	JB/T	制定	
27	一般用喷水螺杆空气压缩机	JB/T	制定	
28	中高压螺杆空气压缩机	JB/T	制定	
29	移动螺杆空气压缩机	JB/T	制定	
30	电力客车用无油涡旋空气压缩机	JB/T	制定	
31	容积式压缩机用铸钢件技术条件	JB/T	制定	
32	一般用压缩空气过滤器	JB/T	制定	
33	压缩空气系统用旋分式气水分离器	JB/T	制定	
34	膜式压缩空气干燥器	JB/T	制定	
35	高压空气干燥过滤装置	JB/T	制定	
36	压缩空气过滤器滤芯　技术条件	JB/T	制定	
37	压缩空气过滤器压铸铝合金壳体　技术条件	JB/T	制定	
38	净化设备用自动排污阀	JB/T	制定	
39	往复活塞压缩机主要零部件设计规范　第 1 部分:曲轴	JB/T	制定	
40	往复活塞压缩机主要零部件设计规范　第 2 部分:连杆	JB/T	制定	
41	往复活塞压缩机用聚醚醚酮(PEEK)阀片	JB/T	制定	
42	往复活塞压缩机气量无级调节进气阀	JB/T	制定	
43	往复活塞压缩机气阀气密性试验方法	JB/T	制定	
44	往复活塞压缩机铝镁合金轴瓦	JB/T	制定	
45	工艺流程用往复活塞压缩机零部件　技术条件　第 1 部分:机身	JB/T	制定	
46	工艺流程用往复活塞压缩机零部件　技术条件　第 2 部分:气缸	JB/T	制定	

（续）

序号	项目名称	标准级别	制修订	采用的国际先进标准号
47	工艺流程用往复活塞压缩机零部件　技术条件　第3部分：活塞	JB/T	制定	
48	工艺流程用往复活塞压缩机零部件　技术条件　第4部分：气阀	JB/T	制定	
49	无油往复活塞压缩机用填充聚四氟乙烯活塞环	JB/T	制定	
50	压缩机用空冷器	JB/T	制定	
51	容积式空气压缩机进气消声滤清器	JB/T	制定	
52	往复压缩机操作维护规程	JB/T	制定	
53	往复压缩机维修及评定规范	JB/T	制定	
54	螺杆压缩机操作维护规程	JB/T	制定	
55	螺杆压缩机维修及评定规范	JB/T	制定	

〔撰稿人：全国压缩机标准化技术委员会任芳〕

中国通用机械工业年鉴2016

行业概况

从生产发展情况、市场及销售、科技成果及新产品、基本建设及技术改造、企业结构调整等方面报道我国通用机械行业各分行业的发展情况

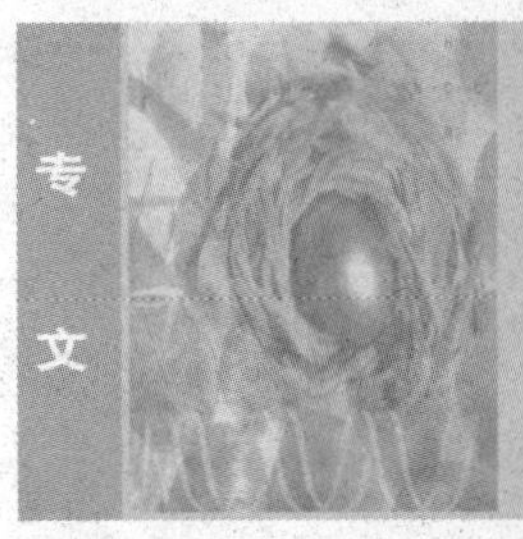

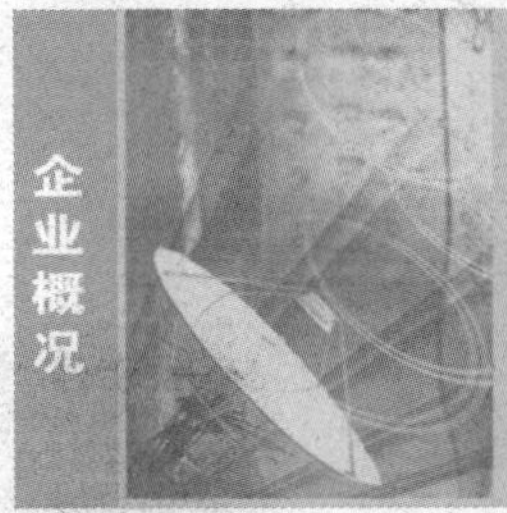

综述

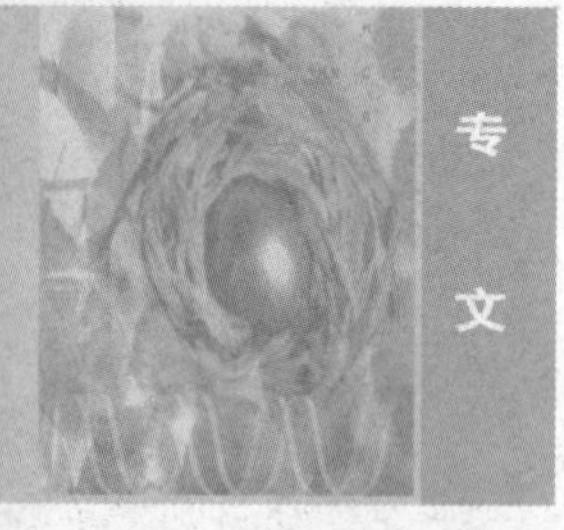
专文

行业概况

企业概况

统计资料

产品与项目

大事记

附录

行业概况

2015 年泵行业概况

一、生产发展情况

2015 年,中国通用机械工业协会泵业分会有 450 家会员单位,其中,企业会员 426 家(含团体会员 3 家:永嘉县泵阀工业协会、博山泵业商会、天津螺杆泵专业委员会)、科研院所和大专院校 24 家。泵行业发展遇到了较大的压力,经济运行面临着严峻考验,但下行压力也倒逼企业加速转型升级、加快结构调整步伐。

2015 年,泵业分会参与统计的 179 家会员企业完成工业总产值 503.4 亿元,同比增长 1.7%,增速比上年同期提高 0.8 个百分点。调整可比因素,同比下降 1%。实现销售产值 489.3 亿元,同比增长 1.8%,增速比上年同期提高 0.7 个百分点。调整可比因素,同比下降 0.8%。完成工业增加值 143.1 亿元,同比下降 0.9%,增速比上年同期提高 7.5 个百分点。调整可比因素,同比下降 3.9%。

从企业所在地区完成工业总产值来看,除西南地区略有增长以外,其他地区均为下降。其中:东北地区同比下降 0.1%,华北地区同比下降 4.4%,西北地区同比下降 18.6%,华东地区同比下降 0.7%,中南地区同比下降 2.4%,西南地区同比增长 3.9%。

据上报的 179 家会员企业统计,工业总产值超过亿元的企业有 97 家,共完成工业总产值 473.3 亿元,占泵行业工业总产值的 94%。65 家重点骨干企业共完成工业总产值 327.7 亿元,比上年同期增长 1.7%。其中,工业总产值同比下降的企业有 30 家,与同期比,工业总产值下降 20% 的企业有 9 家。2015 年泵行业工业总产值前 20 名企业见表 1。

表 1　2015 年泵行业工业总产值前 20 名企业

序号	企业名称	工业总产值(万元)	同比增长(%)
1	上海东方泵业(集团)有限公司	259 598	-7.2
2	上海凯泉泵业(集团)有限公司	251 855	-7.3
3	上海连成(集团)有限公司	218 311	1.5
4	上海熊猫机械(集团)有限公司	201 018	0.5
5	利欧集团股份有限公司	161 727	2.7
6	南方泵业股份有限公司	160 705	6.7
7	中国电建集团上海能源装备有限公司	149 143	7.2
8	新界泵业集团股份有限公司	124 504	0.8
9	丰球集团有限公司	123 461	-5.9
10	上海凯士比泵有限公司	96 561	1.6
11	山东长志泵业有限公司	77 535	1.3
12	广州市白云泵业集团有限公司	74 819	10.2
13	广东凌霄泵业股份有限公司	74 795	-0.7
14	安徽三联泵业股份有限公司	70 286	-9.9

（续）

序号	企业名称	工业总产值（万元）	同比增长（%）
15	襄樊五二五泵业有限公司	69 450	2.8
16	大连深蓝泵业有限公司	69 226	-4.9
17	沈鼓集团核电泵业有限公司	66 215	174.8
18	广东肯富来泵业股份有限公司	64 826	-8.3
19	大耐泵业有限公司	57 927	-21.3
20	石家庄工业泵厂有限公司	55 597	-5.0

2015 年，上海凯泉泵业（集团）有限公司在严峻的外部经济形势下，重点进行了生产模式、业务模式的创新。公司进一步优化生产模式，同时以四分厂为试点，大力引入德国制造工业 4.0 系统，推动工业制造向自动化发展。通过推进工业 4.0，不断提高生产力和生产效率，不断打造先进制造体系。公司对销售网络也进行了部分整合，员工的工作效率得到很大提高，人才资源的配置更加合理，促进了企业经济效益最大化。公司还积极推行事业部制，同时强调要加强事业部与分公司的合作。事业部制能保证客户的需求、市场的需求能够更快地反馈到总部、分厂，保证能够更快、更专业地解决客户的实际需求。

山东硕博泵业有限公司的产品素以工艺精湛、质量优良、性能稳定可靠享誉国内外市场。公司拥有高效双吸中开泵、石油化工流程泵、高压除磷泵、立式斜流泵、锅炉给水泵、矿用泵、脱硫泵、各类清水泵、泵类电气系统、自动变频供水设备等 51 个系列、460 个品种、3 200 余种规格的泵类产品。2015 年，公司面对复杂多变的发展环境和经济下行压力持续加大的严峻形势，坚持以市场第一、效益优先为目标，加大市场运作力度；以提升综合管理能力为主线，强化管理考核；以技术创新为动力，注重新产品研发向结构调整推进；以提高订单交付率为保障，有效提高生产效率。

上海东方泵业（集团）有限公司作为泵行业的领军企业之一，生产、销售稳步增长。企业重视品质的培育，在外购件质量控制方面有独特的检验手段，为保证产品的整体质量打下了坚实的基础。在水利、市政方面销售业绩较突出，2015 年，相继在渭南市东雷抽黄灌溉工程、汾南泵站一二级泵站技改中标，成为企业新的增长点。

山东华成集团有限公司根据国内外市场的形势及行业发展方向和市场需求，积极推动泵类产品在高端市场、科技前沿领域的应用，引领泵类产业的大型化、智能化、数控化发展。公司积极响应国家“走出去”和“一带一路”战略，注重国外市场的开拓，已经形成了印度、俄罗斯、美国、德国等市场的销售网络。当前，公司实施的真空成套设备技术改造项目，引进了加工中心、智能机器人等国际先进技术和设备，提高了产品加工、装配精度和试验、检测水平，项目产品在先进核电、国防风洞试验、煤制油、煤制气、页岩油气开采及深加工等重点领域实现了产业化。

湖南湘电长沙水泵有限公司通过引进与自主研发，当前产品已形成了 50 多个系列、1 000 余个品种、2 500 多个规格。主要产品有大型立式斜流泵、立式凝结泵、核电用泵、船用挖泥泵、高效（多级）中开泵等，适用于能源、环保、国防军工等领域。2015 年，在外部环境不利的形势下，通过拓市场、抓管理，全年完成工业总产值 46 422 万元，实现销售收入 49 568 万元。完成订货 64 860 万元，同比增长 24%，下半年扭亏 2 500 万元。公司推进信息化建设，对 CAPP 系统持续测试，新版本已验证并在工艺中使用；对 CRM 和 PDM 系统优化；对计算分析软件 ANSYS、SolidWorks 等版本升级，更好地满足设计、分析应用。

2015 年，襄阳五二五泵业有限公司顶住市场压力，坚持“以经济效益为中心”的工作思路，强化市场思维和问题导向，扎实推进全面深化改革，持续深入实施全价值链体系化精益管理战略，取得了较好的经营业绩。公司完成工业总产值6.9亿元，同比增长2.8%；实现主营业务收入5.76亿元，同比增长7.1%；利润总额为6 556万元，同比下降16.2%。公司泵产品产量6 180台，较上年同期减少97台。

昆明嘉和科技股份有限公司是研发、生产和销售耐腐蚀、耐磨蚀、耐高温特种工业泵设备，并提供系统集成及维护与支持服务的国家级高新技术企业，一直致力于为国内外硫磷化工、有色冶炼、石油化工、煤化工等行业提供具有国内领先水平的高端泵类装备。公司已研发、生产、销售20多个系列、1 000多个规格的产品，获专利64项（发明专利2项）。公司研发具有自主知识产权的JSB合金系列新材料30多种，获两项发明专利；实现了JHB高温浓硫酸泵、JFZ耐腐蚀耐磨蚀离心泵和JHG低温位热能回收装置用泵的以国代进，填补了国内空白。产品广泛应用于国内磷化工、有色冶金、石油化工、煤化工等行业，并出口埃及、巴布亚新几内亚、刚果、韩国、土耳其、伊朗、印度、约旦、越南、赞比亚等10多个国家，深受用户好评。

江苏振华泵业制造有限公司是国内专业的舰、船用水泵配套企业，主要产品包括舰船用各型水泵、油泵、航煤泵、对外消防、执法水炮系统、变频恒压供水装置、压力水柜、水力风机、水幕系统、各种减振装置等，广泛配套于远望号、雪龙号科考船，中海油、中石油、中石化海洋平台以及各型海工船，交通部各型救生船、打捞船，国土资源部各型科考船、调查船，各型海监、渔政、海关、公安边防、海事执法船，各型挖泥船、工程船，中远、中海、中外运各型运输船，各型客滚、轮渡船，各种浮船坞及各型出口船。2015年，公司紧紧围绕“以品牌战略为统领，以人才战略为核心，以科技创新为动力，以优质产品为保证，以诚信经营为宗旨”的发展战略目标，根据年初制定的各项任务指标，进一步开拓创新、与时俱进、奋力拼搏，全面完成各项经济指标。公司获得省科技成果转化专项资金1项、省军民融合专项资金1项，并获得省科技型领军企业称号。

石家庄工业泵厂有限公司（原石家庄工业泵厂）是隶属于世界500强冀中能源集团的大型国有企业，是集研发、设计、制造、营销、服务为一体的大型工业泵专业制造企业。公司先后研发了具有自主知识产权的渣浆泵、脱硫泵、化工泵、多级煤泥泵、耐磨双吸泵、船用泵等系列产品。2015年，公司主要产品产量7 605台（套），完成工业总产值55 597万元，实现销售收入56 003万元，利润总额为1 506万元。

湖南天一奥星泵业有限公司是中国长城资产管理有限公司下辖的一家全资子公司，是原机电部泵类产品生产的骨干企业。公司主要生产符合API610标准BB1、BB2、BB3、BB4、BB5、OH1、OH2、OH3、OH4、VS1、VS4、VS6型泵以及通用型单级双吸中开泵、节段式多级泵、立式长轴泵、潜水泵、消防泵。2015年，公司实现销售收入20 611万元，同比增长36.73%；利润总额为1 015万元，同比增长35.62%。

重庆水泵厂有限责任公司面向冶金、石化、核能、国防、海洋石油、矿浆长输、煤化工等国民经济重点和新兴领域的关键泵设备国产化开展自主研发和攻关工作，成为国家重大技术装备国产化在关键泵设备自主研发制造领域的重点扶持和依托企业。公司全面参与泵行业及核能、石化、冶金等行业工业泵能效标准的制定，按照国际同类泵产品的先进能效标准为冶金行业节能改造以及核电关键泵国产化等提供高效优质泵产品。通过开展产学研合作，公司在高效泵设计理论及应用、泵系统节能方案优化、矿山物料长距离管道输送等方面引领行业节能减排关键技术的发展潮流。公司与江苏大学联合开展的“高效离心泵理论与关键技术研究及工程应用”项目荣获2014年度国家科技进步奖二等奖。公司拥有百余项专利技术为支撑的自主核心技术，先后荣获5项国家级科技奖励，并获得机械工业科技进步奖、能源科技进步奖一等奖、全国机械工业先进集体、全国企事业知识产权先进单位、重庆市优秀新产品一等奖、重庆市技术创新示范企业等殊荣。“山城”牌高端离心泵、往复泵和泵系统已成为具有行业代表性和领先技术优势的著名国产品牌，赢得国内外众多领域和客户的充分信赖。

广州市白云泵业集团有限公司是集科研、制造、营销、安装、服务为一体的大型高新技术企业集团，主要生产各类泵、给水设备、水处理设备、泵用控制设备等系列产品，是国内泵行业知名企业、广东省泵业龙头企业。公司现拥有资产数亿元，旗下拥有五大生产基地。公司主要产品有消防泵、离心泵、轴流泵、空调泵、污水泵、化工泵、给水设备、泵用控制柜等。2015 年，公司工业总产值增长10.2%，工业增加值增长 12.1%，销售收入增长10.2%，利润总额增长 18.8%。

二、市场及销售

2015 年，泵业分会参与统计的 179 家会员企业实现主营业务收入 479.4 亿元，比上年同期增长1.4%，增速比上年同期提高 0.2 个百分点。调整可比因素，同比下降 1%。2015 年泵行业主营业务收入前 20 名企业见表 2。

表 2　2015 年泵行业主营业务收入前 20 名企业

序号	企业名称	主营业务收入(万元)	同比增长(%)
1	上海凯泉泵业(集团)有限公司	261 237	-10.1
2	上海东方泵业(集团)有限公司	238 569	-7.6
3	上海连成(集团)有限公司	213 516	4.4
4	上海熊猫机械(集团)有限公司	208 054	0.4
5	南方泵业股份有限公司	159 932	6.9
6	中国电建集团上海能源装备有限公司	150 690	11.7
7	利欧集团股份有限公司	141 038	5.4
8	丰球集团有限公司	123 425	-5.9
9	新界泵业集团股份有限公司	122 840	6.8
10	上海凯士比泵有限公司	96 116	1.5
11	山东长志泵业有限公司	76 616	1.3
12	广东凌霄泵业股份有限公司	76 518	2.9
13	安徽三联泵业股份有限公司	70 013	-36.1
14	大连深蓝泵业有限公司	68 392	-4.3
15	广州市白云泵业集团有限公司	66 803	10.2
16	大耐泵业有限公司	63 046	-17.1
17	广东肯富来泵业股份有限公司	61 801	-14.2
18	襄樊五二五泵业有限公司	57 596	7.1
19	沈鼓集团核电泵业有限公司	56 849	150.0
20	石家庄工业泵厂有限公司	55 833	-3.0

2015 年，泵业分会参与统计的 179 家会员企业实现利润总额 36.6 亿元，比上年同期下降 3.2%，增速比上年同期回落 4.5 个百分点。调整可比因素，同比下降 5.1%。在 179 家企业中，盈利的企业有 147 家，亏损的企业有 32 家。企业亏损面较上年同期继续扩大。65 家重点骨干企业实现利润总额 25.4 亿元，比上年同期下降 2.3%。2015 年泵行业利润总额前 20 名企业见表 3。

表3　2015 年泵行业利润总额前 20 名企业

序号	企业名称	利润总额(万元)	同比增长(%)
1	南方泵业股份有限公司	25 418	9.0
2	上海连成(集团)有限公司	21 097	1.5
3	上海凯泉泵业(集团)有限公司	18 579	-15.5
4	上海东方泵业(集团)有限公司	17 199	-11.4
5	利欧集团股份有限公司	16 924	-4.1
6	上海熊猫机械(集团)有限公司	16 741	-35.1
7	新界泵业集团股份有限公司	14 046	29.4
8	广东凌霄泵业有限公司	12 719	-5.8
9	丰球集团有限公司	12 105	34.3
10	山东长志泵业有限公司	8 964	1.3
11	中国电建集团上海能源装备有限公司	8 015	12.9
12	赛莱默水处理系统(沈阳)有限公司	7 801	47.2
13	四川自贡工业泵有限责任公司	6 997	30.0
14	襄阳五二五泵业有限公司	6 556	-16.2
15	江苏振华泵业制造有限公司	6 455	21.8
16	广州市白云泵业集团有限公司	6 061	18.8
17	济宁安泰矿山设备制造有限公司	5 592	24.8
18	上海阿波罗机械股份有限公司	5 209	382.3
19	安徽三联泵业股份有限公司	5 156	-62.7
20	广东肯富来泵业股份有限公司	5 100	-13.2

2015 年,泵业分会参与统计的 179 家会员企业实现利税总额 58 亿元,比上年同期下降 3.7%,增速比上年同期下降 1.5 个百分点。调整可比因素,同比下降 5%。

2015 年,泵业分会参与统计的会员企业中,67 家出口企业完成出口交货值 52.3 亿元,比上年同期增长 0.5%,增速比上年同期回落 1.3 个百分点。2015 年泵行业出口交货值前 20 名企业见表 4。

表4　2015 年泵行业出口交货值前 20 名企业

序号	企业名称	出口交货值(万元)	同比增长(%)
1	利欧集团股份有限公司	118 060	2.1
2	新界泵业集团股份有限公司	48 840	3.2
3	君禾泵业股份有限公司	43 058	-2.1
4	丰球集团有限公司	42 258	-5.4
5	广东凌霄泵业股份有限公司	30 849	7.4
6	大连深蓝泵业有限公司	18 509	-18.7
7	南方泵业股份有限公司	17 436	13.8

(续)

序号	企业名称	出口交货值(万元)	同比增长(%)
8	安徽莱恩电泵有限公司	15 560	-32.9
9	赛莱默水处理系统(沈阳)有限公司	14 505	-2.5
10	湖南凯利特泵业有限公司	8 462	
11	石家庄强大泵业集团有限公司	7 274	-45.8
12	安徽三联泵业股份有限公司	7 258	-3.4
13	沈阳启源工业泵制造有限公司	7 161	12.0
14	山东长志泵业有限公司	6 895	1.3
15	重庆水泵厂有限责任公司	6 290	
16	上海凯士比泵有限公司	6 173	54.6
17	广东肯富来泵业股份有限公司	5 548	-8.3
18	广东永力泵业有限公司	4 688	24.2
19	上海东方泵业(集团)有限公司	4 156	-21.9
20	山东颜山泵业有限公司	3 944	

2015 年,泵行业经济效益综合指数为 215.80%,比上年同期提高 1.18 个百分点。从经济效益综合指数所反映的指标来看,在评价和考核企业盈利能力的核心指标中:总资产贡献率为 9.36%,同比下降 1.33 个百分点,低于国家标准值(10.7%)1.34 个百分点;反映企业的资本完整性和保全性及增值情况的资本保值增值率为 127.36%,同比上升 24.08 个百分点,高于国家标准值(120%)7.36 个百分点;反映企业经营风险的资产负债率为 48.02%,同比下降 5.89 个百分点,低于国家标准值(60%)11.98 个百分点,资产负债率是逆指标,该指标数值越低(低于 60%),说明企业无经营风险;反映企业经营状况、资金利用效果、衡量企业流动资金周转快慢,即再生产的速度的流动资产周转率为 1.10 次,同比加快 0.06 次,低于国家标准值(1.52 次)0.42 次;反映企业投入的生产成本及费用的经济效益的成本费用利润率为 8.28%,同比下降 0.24 个百分点,高于国家标准值(4.51%)3.77 个百分点;反映企业生产效率和劳动投入的全员劳动生产率为 188 200 元/人,同比增加 3 300 元/人;反映企业产品产、销衔接状况的产品销售率为 97.20%,同比提高 0.17 个百分点,高于国家标准值(96%)1.2 个百分点。2015 年泵行业经济效益综合指数前 20 名企业见表 5。

表 5　2015 年泵行业经济效益综合指数前 20 名企业

序号	企业名称	经济效益综合指数(%)
1	赛莱默水处理系统(沈阳)有限公司	522.38
2	沈阳启源工业泵制造有限公司	465.76
3	沈阳潜水泵业有限公司	440.03
4	昆明嘉和科技股份有限公司	416.47
5	上海边锋泵业制造有限公司	412.93
6	江西新瑞洪泵业有限公司	412.54
7	中国电建集团上海能源装备有限公司	407.74

（续）

序号	企业名称	经济效益综合指数(%)
8	广东凌霄泵业股份有限公司	402.59
9	江苏振华泵业制造有限公司	398.72
10	上海阿波罗机械股份有限公司	388.37
11	江苏海狮泵业制造有限公司	369.94
12	重庆明珠机电有限公司	360.90
13	蓝深集团股份有限公司	352.92
14	武汉特种工业泵厂有限公司	350.19
15	上海东方泵业(集团)有限公司	343.27
16	襄樊五二五泵业有限公司	331.61
17	石家庄联合盛鑫泵业股份有限公司	331.52
18	湖南凯利特泵业有限公司	325.44
19	宜兴宙斯泵业有限公司	322.84
20	山东长志泵业有限公司	318.28

沈鼓集团核电泵业有限公司现有51个系列、579个品种的泵类产品，主导产品为AP1000核主泵、HSC1000－1型上充泵、HDF1000型电动辅助给水泵、HYR100余热排出泵、LDTP安全壳喷淋泵、LDTA低压安注泵、HCX型重要厂用水泵、常规岛用泵、MDG型超(超)临界高压锅炉给水泵、HTC型高压锅炉给水泵、DG型高压锅炉给水泵、KSY型输油管线泵、YNKn型前置泵、LDTN型立式凝结水泵、H型立式斜流泵、D型/GD型/DQ型多级离心泵、Sh型中开式离心泵等产品，广泛用于核电、火电、国防军工、石油、化工、冶金、煤炭、城市给排水、造船等领域。为中核、国核、中广核重大工程提供配套设备，为国家100万kW超临界火电项目提供配套设备。完成的民品火电重点项目：河北蔚州能源2×660MW、华润五间房2×660MW超(超)临界机组全容量给水泵中标，实现660MW超(超)临界机组全容量给水泵零的突破。2015年核电市场资源少，仅有红沿河5号、6号机组(安全壳喷淋泵、低压安注泵、重要厂用水泵、循环水泵)、K2K3(凝结水泵、堆腔注水泵)、桃花江凝结水泵、国核MP10卧式离心泵项目进行了招标。共取得主机订单4个，合计10 320万元，其中取得红沿河5号、6号机组循环水泵订单，备件取得865.8万元，其中CAP1400主泵备件442万元。公司以市场需求为导向，依托核电、火电用泵设计、制造的优势，大力开发新领域用泵，着重于城市供水、海水淡化、煤炭、环保、污水处理、消防等领域用泵，提升公司产品在这些领域的市场占有率。

2015年，襄阳五二五泵业有限公司签订合同总额6.4亿元，同比减少6 000万元；货款回收6.5亿元，同比持平；货款回收率95.97%。在磷复肥、氧化铝、硝酸3个传统行业市场合同额过亿元，继续保持稳定态势；在烟气脱硫市场领域合同额4.8亿元，同比减少8 000万元。2015年市场萎缩，对公司目标市场的影响较大，公司加快推进新产品开发和新市场拓展，提出并明确了“完善化工渣浆泵，巩固传统市场；开发渣浆泵，开拓采矿冶金市场；以磁力泵为切入点，开发化工流程泵，拓展石化、煤化市场；以核级铸件为切入点，进入核电用泵市场；加强与国际知名泵制造企业合作，拓展外贸市场，打造有国际竞争力的大型工业泵制造集团”的发展战略。

山东硕博泵业有限公司面对严峻的市场挑战，把市场开拓放在首位。董事长带头每月对重点用户、重点市场进行走访、调研，对重点投标项目和重点产品报价组织专人进行价格评审，有效提高项目中标率。将3个市场营销部细分为7个市场营销部，把4名副总协管市场调整为主抓市场，明确责权利，强化市场管理。各片区领导带头到营销一线跑市场、了解用户需求，加大对外沟通力度，及时反馈客户信息，广泛收集和筛选项目信息，部分市场业绩得到提升，既维持了市场覆盖面，又提升了重点项目、重点产品的营销力度，有效增强了公司应对市场风险的防控能力。公司适时调整经营策略，根据不同地区、不同市场，灵活制定沙钢办事处、东北办事处销售政策；提高公司知名度，加强与客户的合作交流，3月份在邯郸举办产品交流会，参加在沙钢和唐钢召开的钢铁行业工业设备采购研讨会、在南京召开的2015中国国际煤化工技术交流会、在苏州召开的通用机械设备节能会议。公司充分利用各种社会资源，坚持两条腿走路的营销模式，积极发展代理商，2015年，公司在烟台、莱芜、潍坊、成都等地设立合格经销商并授牌，充分发挥当地资源优势，实施产品分级销售，进一步巩固开拓市场。公司主要在泵站节能升级改造、环保产业用泵、水泵项目三个领域逐步开展工作。当前已改造完成金晶集团循环水泵站，正在进行山东大海新能源循环水泵站、山东晋煤明水化工泵站、山东鲁维制药泵站等项目洽谈，新的营销模式已逐渐形成。2015年，参加了俄罗斯和埃塞俄比亚展会，到菲律宾调研市场，让国外用户增加对公司的了解。2015年，公司完成工业总产值24 096万元，同比下降7.92%；完成工业增加值8 254万元，同比下降8.58%；实现销售收入21 258万元，同比下降14.68%；利润总额为1 545万元，同比增长8.80%；泵产量5 711台，同比下降28.23%。

2015年，江苏振华泵业制造有限公司共生产12 733台各类型水泵；完成工业总产值2.63亿元，同比增长12.5%；实现销售收入2.38亿元，同比增长9%。公司积极开拓军品、民品船舶市场，民品平均市场占有率为60%，军品平均市场占有率为80%。

湖南湘电长沙水泵有限公司面对火电市场萎缩的严峻形势，在调整市场结构、巩固火电市场的同时，力拓核电、外贸、军品、配件等领域业务，以形成多点支撑的市场局面。在传统产品方面，确保了包括江苏、广东等100万kW机组及一大批60万kW、30万kW机组项目中标。在核电方面，签订了CAP1400核电循泵项目，合同过亿元。此外，还签订了红沿河、宁德、秦山、阳江等核电产品合同。在外贸方面，通过重点策划，争取到土耳其AYAS项目及越南永新一期项目。2015年，公司对3家贸易性子公司进行了整合，主打中小泵和节能改造市场。

石家庄工业泵厂有限公司拥有高效的营销团队和完善的营销服务体系，产品市场已覆盖国内30多个省份，广泛应用于矿山、冶金、煤炭、电力、环保、疏浚、化工等多个行业，产品国内市场占有率50%以上，并出口俄罗斯、土耳其、南非、印度、蒙古等20多个国家。2015年，产品销售7 393台(套)。公司通过采取“联合作战”机制，业务区域间实现高效沟通协作，快速满足跨区域客户需求。公司实现了市场服务、技术服务、综合服务与市场快速对接，人员配置一岗多能、联动高效，形成了全方位立体式的售前、售中及售后服务体系，旨在为客户提供满意优质的服务。

广东肯富来泵业股份有限公司是一家集研发、生产、销售于一体的专业制泵企业，专注于工业领域泵装备应用研究，有着60多年的泵产品设计和制作经验，主要生产离心泵、真空泵及其成套机组等泵产品。2015年，国内外经济不景气，投资项目大幅减少，市场萎缩，竞争加剧。公司主要经济指标比上年有所下滑，全年所获取订单数量与上年基本持平，但由于石化、造纸、煤炭、钢铁等传统优势行业的产能过剩，影响到真空泵机组和大规格的KPS泵等主导产品的销售，导致大合同少，订单金额下降，各项指标完成得并不理想。公司国外新增订单与上年基本持平。真空泵销售虽然比上年有所下降，但销售数量和新增订单有所增加，尤其是保持了电站泵和化工成套机组等高技术含量、高附加值产品的持续出口。

三、科研成果及新产品

2015年,沈鼓集团核电泵业有限公司共承担集团技术创新项目11项,其中,结转9项、新立2项。项目包括公司AP1000主泵、CAP1400主泵、轴封主泵和主给水泵系列等重大项目和火电百万级全容量给水泵、CENTER主泵等样机制造项目。自立技术创新项目共计29项,其中,结转28项、新立1项。7项已结题,12项具备结题条件,项目取消4项,待结转6项。公司采取对重点项目重点跟踪的方法,使项目管理工作更有针对性,提升了工作效率;组织政府科研项目的申报和实施管理,获得政府资金支持。

上海凯泉泵业(集团)有限公司在重大新产品的研发方面成绩显著。2015年2月,上海凯泉泵业(集团)有限公司和上海核工程研究设计院联合研制的AP1000压水堆核电站余热排出泵(核三级)样机顺利通过鉴定。AP1000压水堆核电站余热排出泵消化吸收国内外先进技术,通过自主研发,掌握了拥有自主知识产权的余热排出泵设计开发关键技术,并实现成果的技术升级。公司研制的1 000MW级核电机组重要厂用水泵、消防水泵、凝结水泵和水环真空泵4种产品样机顺利通过鉴定。应用于百万千瓦核电机组、火电机组的HKVA80D型水环真空泵机组是上海凯泉泵业(集团)有限公司独立研发的国内首创产品,样机的技术指标达到国际先进水平,打破了国内核电用水环真空泵被国外公司垄断的局面,填补了国内空白。用于南水北调工程中的亚洲最大的4.5m轴流泵产品顺利交货并一次调试成功,国投集团30万kW机组北部湾电厂的主循环泵改造产品也顺利交付使用,并连续安全运行,顺利通过验收,受到了客户的好评。中缅原油管道云南瑞丽泵站倒灌泵和给油泵、大唐黄岛电厂海水淡化高压泵项目顺利签订。2015年,公司以690万元的研发费用取得了中国科学院上海应用物理研究所MSR高温熔盐工程样泵——四代核电主泵研发项目。

大连深蓝泵业有限公司为了进一步满足低温泵的市场和推动低温泵的国产化进程,完成了低温试验台的建设项目,投资总额1.2亿元。公司通过多年的研发、创新,在低温深冷领域不断取得重大突破,已在大型空分装置、百万吨乙烯、LNG接收与存储、LNG液化工厂、煤制天然气、丙烷脱氢等领域逐步开始应用并获得成功。当前已经完成陕西杨凌、浙江16万m^3 LNG储罐,广州协鑫LNG发电厂项目及广西防城港3万m^3 LNG储罐等高压潜液泵的交货和试验验证。在核电领域,2015年取得了突破性进展,先后完成了CAP1400项目5种核级泵,华龙一号7种关键核二级、核三级泵样机试验见证,并在防城港3号、4号机组中标低压安注泵等4种核二级泵,实现了核二级泵零的突破。在军工和海工领域,先后完成了7种军工泵、1种17.5万m^3船用500kW LNG潜液泵的试验并取得了订单的突破,实现了海工领域LNG潜液泵首次国产化,打破了国外垄断,填补了国内空白。

山东硕博泵业有限公司坚持以科技提升带动产品升级。研发部门结合市场需求,先后完成MD多级矿用泵、IRN新型凝结泵、300HB斜流泵、RHC高温泵等6种产品的设计研发和生产;测绘了凯士比和酉岛高温多级泵、节段式除磷泵等一些国内外先进的高压泵,弥补了公司在高压泵方面技术与生产制作方面的不足。公司全年共完成科技申报工作30余项,其中资金申请类9项;先后完成了硕博高新技术企业、市级企业技术中心、淄博市火电用泵工程技术中心的申报;在先后取得三体系认证、生产许可证后,8月份在各部门的积极配合下,获得了煤安证证书,为矿用产品的销售奠定了基础;申请专利4项。

昆明嘉和科技股份有限公司坚持走自主创新发展之路,以市场为导向,建立政产学研用相结合的创新体系,完成国家科技部火炬计划项目"JHB高效节能大型高温浓硫酸液下泵产业化"和"JFZ耐腐蚀耐磨蚀泵产业化",国家重点新产品"JHG低温位热能回收装置用泵""JFZ节能型耐腐蚀耐磨蚀化工泵"和"JZJ节能型渣浆泵",云南省重点新产品JHC、JHA、JHE系列石油化工流程泵。2015年形成具有自主知识产权的专利共8项：一种水平中开式双蜗壳多级离心泵（2015 2 0064479.5），一种改进泵体排液结构（2015 2 0064480.8），一种径向剖分两端支撑式两级化工离心泵（2015 2 0064492.0），一种立式多级筒袋泵（2015 2 0064493.5），石化专用离心泵轴承部件（2015 2 0064494.X），一种改进的机封轴套（2015 2 0064500.1），卧式多级离心泵平衡轴向力定位装置（2015 2 0064799.0），泵用轴承箱体（2015 3 0028511.X），转化率100%。同时完成JHD、JHDT新产品样机鉴定。

襄阳五二五泵业有限公司长期坚持以特种冶炼技术为基础，以磷复肥、硝酸和氧化铝等三大传统领域为基础市场，以烟气脱硫用泵、特种钢铸件、冶金矿山用泵为新的目标市场进行产品研发工作。公司开发高耐磨、强耐腐和耐磨耐腐兼顾的材料，同时材料的冶炼工艺、成分控制、铸造工艺和热处理技术等均已成熟。2015年成功承担了3项省部级、市级科技计划项目，已完成2项，1项正在开展中。公司泵产品有30多个系列，基本覆盖磷复肥、硝酸、氧化铝、烟气脱硫和冶金矿山用泵需求。2015年，公司完成了95个泵型成果转化，其中，新泵型37个、改型泵58个。

利欧集团股份有限公司长期坚持技术创新，完成了大型高扬程离心泵、混流泵流体数值（CFD）分析技术研究和优秀水力模型设计，对该项目的立项研究，填补了国内在该领域的空白。公司进行了火力发电超（超）临界机组冷凝泵、循环泵、斜流泵技术研究、产品开发及成果产业化，该项目的核心研究为高效水力模型、高转速转子振动、大功率机组噪声等；进行了无传感器热水循环泵恒压、比例、定速、自适应、超低消耗功率运行模式的数学模型建立，通过研究建立循环泵的恒压、比例、定速、自适应、超低消耗功率的运行数学模型，以实行水泵的控制功能，同时降低硬件成本；进行了基于磁场定向控制（FOC）技术的同步永磁同步电机（PMSM）智能控制器研制，此项目为高效水力模型的配套研究项目。

2015年，新界泵业集团股份有限公司加强技术创新，提升产品的竞争力，全年进行新产品开发和改进的项目共84项，完成了QDX新一代铁壳潜水电泵、BL2－20热水型不锈钢多级泵、井泵，PUM小功率热水离心泵、QB60L1旋涡泵、PW热水离心泵、4SG（m）系列外销井泵等系列产品的批量上市。

2015年，兰州水泵总厂把技术创新放在突出位置，并以创新增实力、创新促发展为治企理念，使技术工作切实起到了引领企业发展的作用。企业共开发近百个新产品，同时对原有的产品按市场需求进行系列化升级，新产品对企业销售的贡献率达到70%。其中，HDM600和HDM1000多级重工位化工流程泵的成功研发，根据测试结果和专家考评，产品达到国内领先水平，可代替进口，已经装备到煤化工的高端市场，实现了该系列产品的国产化。

石家庄工业泵厂有限公司为高新技术企业、省级企业技术中心，拥有强大的科研队伍，产品研发能力雄厚，并建有材料开发实验室、物理实验室、化学实验室、3D扫描设备、金相分析软件、铸造成型模拟软件等软硬件设施。当前，公司申请专利19项（其中国家发明专利3项）。2015年完成了350DT－1000DT型脱硫泵、550ZJ渣浆泵、200HG化工泵等新产品开发，新产品年销售额达8 000多万元，占企业产品总量的15%。

湖南天一奥星泵业有限公司成功研发了中石化管道储运公司东黄复线安全隐患整治工程原油输送泵KSY1700－105×2，该泵流量为1 700m³/h，扬程为210m，4泵串联，承压等级10MPa；研发了中海油海上平台注水泵KDY100－150×8，该泵流量为100m³/h，扬程为1 480m，试验压力为25MPa。公司取得多工况高扬程单级双吸离心泵、单级双吸径向剖分离心泵、立式长轴液下泵、首级双吸次级单吸的两级卧式水平中开泵、双级单吸径向剖分离心泵、水平中开双进口泵6项国家级实用新型专利证书。

重庆水泵厂有限责任公司建立了以国家核能关键泵技术研发平台、重庆市企业技术中心和重庆市工业泵工程技术研究中心为基础的三位一体技术创新体系，拥有一支涵盖机械、电气、容器、材料、控制及工程等多学科专业人员的技术团队。公司与江苏大学、重庆大学、兰州理工大学、清华大学、浙江大学、华中科技大学以及核动力院等国内一流科研院所建立长期密切合作关系，结合技术研发课题开展项目合作，通过以企业长期积累的独有技术和成功经验为基础，充分发挥科研院所在基础研究和理论分析方面的学科优势，促进公司在面向钢铁、石化、核电、海洋石油、湿法冶金、煤化工以及国防等国民经济重点领域和新兴领域的关键泵设备国产化中不断取得丰硕成果。2015 年，公司完成新产品及研发项目 17 项，包括 HSDZ160 - 65 中压安注泵、CBYL - 300 压裂泵组、5D7P - 40/20. 0 - IA 柱塞泵、HSDZ50 - 170 上充泵样机等新产品以及大流量首级双吸 BB3 型泵开发、“华龙一号”中压安注泵及应急硼化泵研发、K2K3 新上充泵样机研发及鉴定、5D5P 型油田往复泵开发设计、3D14M580/9. 0 - ⅠA 超大型液压隔膜泵设计开发等项目。公司取得专利 21 项，其中，发明专利 3 项、实用新型专利 18 项。

湖南湘电长沙水泵有限公司以市场为导向，加大新产品开发力度。2015 年，完成了 CAP1400 循环泵、厂用泵、余排泵图样设计，样机均通过国家级鉴定。核电项目完成了阳江 5 号、6 号机组混凝土蜗壳泵图样转化。

2015 年，广东肯富来泵业股份有限公司在大力做好技术支持工作的同时，继续加大新产品研发力度，不断提升产品性能，以满足日益变化的市场需求。在真空泵研发方面，完成了 8 种新规格的真空泵产品研制、7 种规格的真空泵产品技术改进工作。研发的离心泵产品如下：完成 3 个规格 KPP 泵的设计和试制、15 个规格 KPP 泵的改进，其中，KPP 泵全系列共规划 54 种规格，已有 36 种规格 KPP 泵通过了性能试验验证；完成了 2 个规格小流量 KHP 泵设计和试制，其中 2 台准备交货给客户；完成了更大流量的 KHP800 - 125 ×7 泵设计，额定流量达 $800m^3/h$，单级额定扬程为 125m，扩充了 KHP 泵谱覆盖范围；完成了 80 - 600、60 - 800 两个规格的 KPS 泵全新设计；KPS 全系列当前已达 54 个规格，且有 53 种成功完成样机试制；完成了两个当前最大规格的 KCC 泵的水力性能改进工作、7 个规格 XA 泵改进设计工作。另外，还完成了一个规格的 KDP 产品设计，为公司进军更高温度、更高压力、更高端的双壳体多级泵的应用领域打下基础。2015 年，公司共申请并已获受理 2 项发明专利，申请并授权 6 项实用新型专利和 1 项外观专利。其中“一种水环真空泵机组中的大气喷射器控制系统及其控制方法”申请国际发明专利已受理，这是公司首次申请国际发明专利。另外，公司还参与 6 项国家及行业标准的制修订工作。公司的煤气净化脱硫脱氰真空压缩装置获广东省机械工程学会三等奖，真空泵再度被认定为广东省名牌产品。

四、基本建设和技术改造

2015 年，襄樊五二五泵业有限公司特种工业泵制造建设项目加工厂房已交付试生产。装配测试厂房、宿舍楼、员工食堂、消防水池、工厂大门、室外道路管网已于 2015 年 8 月 21 日通过了地方政府单项工程验收，现已交付调试试生产。项目规划、“三同时”、防雷、消防等各项验收工作已完成。项目计划概算总投资 32 500 万元，截至 2015 年 12 月底，项目累计使用资金 29 572 万元。

山东硕博泵业有限公司为适应未来的企业发展，已在博山经济开发区征地 20 万 m^2（300 亩）建设新厂区，新增防爆机电产品、石化用泵、高压除磷泵等高技术含量的新产品项目。当前新厂区建设审计、监理、施工招投标及相关建设手续已完成，综合车间南北向三个车间桩基础、承台、排架柱施工已完成。

昆明嘉和科技股份有限公司为深入贯彻落实“中国制造 2025”，积极推进重大产业工程，研制和开发了“大型炼油、煤化工关键用泵机组研发应用及装配测试生产建设”项目，该项目是基于先进的工厂管理理念、突出的科技技术、高端装备制造、先进的测试技术、提高智能化制造水平、推进工业转型升级而建设的，具有示范效应。项目通过“大型炼油、煤化工关键用泵机组”，特别是加氢进料泵机组等高端装备的研发，建设高性能的试验测试平台，满足大型炼油、煤化工关键用泵机组的性能测试，新增关键加工设备，满足项目产品的加工精度和加工能力，新建装配线提高产品装配质量，新建模拟仿真分析系统、产品制造过程中的智能识别系统、设备的数控系统，完善项目产品的检验检测设备和设施，确保具有自主知识产权的高端装备加氢进料泵机组等产品的性能和质量达到国际先进水平，实现以国代进，满足国内大型炼油、煤化工装置用泵需求，形成产业化生产能力并逐步进入国际市场。项目实施后，达产年实现新增销售收入8 740万元（含税），新增销售税金为600万元，新增利润总额为1 235万元。通过产品产业成果转化、现代化管理和运作模式，形成新的经济增长点和竞争优势，提升非公有制高新企业技术创新能力。该项目的实施，将对我国大型炼油、煤化工装置关键用泵的国产化产生引领示范作用，可推动泵产业的转型升级，并对大型炼油、煤化工装置的安全稳定运行、减少环境污染产生积极的作用。

石家庄工业泵厂有限公司成功引进国际先进的消失模铸造和V法铸造生产线，实现了泵类产品核心铸件批量生产。区别于树脂砂工艺，消失模产品铸件结构和尺寸精度高，外表光洁美观，组织结构致密度高且使用寿命长久，一经问世便得到了广大用户的认可。公司开展大型铸件V法工艺试验，成功试产600DT、700DT等大型脱硫循环泵蜗壳，当前在建的V法铸造工艺生产线年内投产运行，可实现大型渣浆泵、中型脱硫循环泵核心零部件铸件的批量化生产。

湖南天一奥星泵业有限公司斥资1 000余万元对试验平台和泵综合测试系统进行升级改造，最大测试功率达4 500kW，可实现自动化操作，方便快捷，测试数据精度高，符合GB 3216—2005 1级精度。

〔撰稿人：中国通用机械工业协会泵业分会王国轩、朱文兰　审稿人：中国通用机械工业协会泵业分会胡晓峰〕

2015年风机行业概况

一、生产发展情况

2015年，中国通用机械工业协会风机分会共有会员单位204家。其中：企业会员193家，大学、研究院所等11家。在风机分会193家企业会员中，有大型企业12家、中型企业37家、小型企业144家。193家企业按经济类型划分，有国有企业13家、集体企业7家、股份制企业6家、民营企业108家、民营股份制企业40家、中外合资企业11家、外商独资企业8家。

据风机分会对135家风机生产企业上报的2015年度数据统计：年末从业人员人数合计50 573人，比上年减少1 426人；固定资产原价为1 864 813万元，比上年增加252 783万元；固定资产净值为1 277 076万元，比上年增加34 474万元；全员劳动生产率为198 127元/人，比上年降低22 387元/人。

2015年，参与统计的风机生产企业共完成工业总产值3 823 886万元，比上年下降13.9%。其中：风机产值2 101 490万元，比上年下降13.1%，占工业总产值的55%；风机配件产值270 863万元，比上年增长3.9%，占工业总产值的7%；其他产品产值1 451 533万元，比上年下降17.6%，占工业总产值的38%。2015年，除了轴流压缩机和空调风机的产值有所增长外，其余风机产值均有不同程度的下降。特别是离心压缩机、能量回收透平机组、离心鼓风机、罗茨鼓风机产值连续两年都在逐步下降，产能过剩问题更加突显。

2015 年各类风机产值完成情况：离心压缩机产值 524 947 万元，比上年下降 24.2%；轴流压缩机产值 141 049 万元，比上年增长 6.8%；能量回收透平机组产值 45 893 万元，比上年下降 36.8%；离心鼓风机产值 110 667 万元，比上年下降 1.5%；罗茨鼓风机产值 95 982 万元，比上年下降 11.3%；离心通风机产值 547 622 万元，比上年下降 14%；轴流通风机产值 457 372 万元，比上年下降 5.8%；旋涡风机产值 16 916 万元，比上年下降 19%；空调风机产值 75 729 万元，比上年增长 50.3%；其他风机产值 85 313 万元，比上年下降 23.6%。

从 2015 年各地区工业总产值完成情况来看：东北地区完成工业总产值 1 202 529 万元，比上年下降 24.3%；华北、西北地区完成工业总产值 620 150 万元，比上年下降 9.3%；华东地区完成工业总产值 1 283 798万元，比上年下降 7.7%；中南、西南地区完成工业总产值 717 409 万元，比上年下降 7.9%。

2015 年，风机行业 135 家企业中工业总产值超亿元的企业有 44 家，比上年减少 4 家。其中：1 亿～5 亿元（不包括 5 亿元）的企业 34 家，5 亿～10 亿元（不包括 10 亿元）的企业 3 家，10 亿～20 亿元（不包括 20 亿元）的企业 3 家，20 亿～50 亿元（不包括 50 亿元）的企业 2 家，50 亿～100 亿元（不包括 100 亿元）的企业 1 家，超过 100 亿元的企业 1 家，大部分企业产值比上年下降，只有少数企业比上年有所增长。2015 年风机行业工业总产值前 20 名企业见表 1。

表 1　2015 年风机行业工业总产值前 20 名企业

序号	企业名称	工业总产值（万元）	同比增长（%）
1	沈阳鼓风机集团股份有限公司	1 020 657	−29.7
2	陕西鼓风机（集团）有限公司	529 958	−8.3
3	山东格瑞德集团有限公司	290 335	0.2
4	重庆通用工业（集团）有限责任公司	207 959	34.6
5	南阳防爆集团股份有限公司	162 326	−27.1
6	浙江上风实业股份有限公司	135 468	0.7
7	上海鼓风机厂有限公司	100 567	−4.5
8	浙江亿利达风机股份有限公司	81 359	19.4
9	江苏金通灵流体机械科技股份有限公司	79 149	−7.6
10	中航黎明锦西化工机械（集团）有限责任公司	51 084	−21.7
11	成都电力机械厂	49 569	−21.2
12	锦州新锦化机械制造有限公司	49 252	73.4
13	佛山市南海九洲普惠风机有限公司	48 824	1.4
14	山东省章丘鼓风机股份有限公司	45 393	−19.6
15	湖北省风机厂有限公司	42 407	10.5
16	浙江金盾风机股份有限公司	37 584	6.5
17	湖北双剑鼓风机股份有限公司	33 255	−9.8
18	长沙赛尔透平机械有限公司	30 921	0.1
19	浙江义乌星耀风机有限公司	29 467	−10.0
20	广东肇庆德通有限公司	26 404	−9.2

2015 年,参与统计的风机生产企业共完成工业增加值 1 001 989 万元,比上年下降 12.6%。其中:东北地区完成工业增加值 237 176 万元,比上年下降 17.5%;华北、西北地区完成工业增加值 288 477万元,比上年增长 7.6%;华东地区完成工业增加值 313 423 万元,比上年下降 12%;中南、西南地区完成工业增加值 162 913 万元,比上年下降 30.7%。

2015 年,参与统计的风机生产企业共完成新产品产值 1 297 880 万元,比上年下降 15.5%。其中:东北地区完成新产品产值 349 005 万元,比上年下降 48.5%;华北、西北地区完成新产品产值 131 851 万元,比上年增长 1.5%;华东地区完成新产品产值 401 627万元,比上年下降 1.3%;中南、西南地区完成新产品产值 415 397 万元,比上年增长 0.6%。2015 年风机行业新产品产值前 20 名企业见表 2。

表 2　2015 年风机行业新产品产值前 20 名企业

序号	企业名称	新产品产值(万元)	同比增长(%)
1	沈阳鼓风机集团股份有限公司	281 894	-49.4
2	重庆通用工业(集团)有限责任公司	194 049	43.0
3	陕西鼓风机(集团)有限公司	119 905	1.6
4	南阳防爆集团股份有限公司	100 642	-30.3
5	浙江上风高科专风实业有限公司	70 112	2.4
6	浙江亿利达风机股份有限公司	59 155	17.4
7	江苏金通灵流体机械科技股份有限公司	45 574	-11.2
8	锦州新锦化机械制造有限公司	31 963	922.2
9	浙江金盾风机股份有限公司	30 802	20.7
10	山东省章丘鼓风机股份有限公司	29 781	0.4
11	湖北双剑鼓风机股份有限公司	24 805	3.7
12	长沙赛尔透平机械有限公司	24 643	0.1
13	百事德机械(江苏)有限公司	18 825	40.7
14	浙江明新风机有限公司	17 596	6.3
15	平安电气股份有限公司	17 519	-9.3
16	湖北省风机厂有限公司	17 124	-0.8
17	鞍山风机集团有限责任公司	16 618	3.7
18	浙江义乌星耀风机有限公司	15 981	-12.2
19	安徽安风风机有限公司	12 078	-16.7
20	浙江双阳风机有限公司	12 056	-1.4

2015 年,参与统计的风机生产企业共生产风机 9 216 767 台,同比下降 4.1%。在统计的 10 个品种风机产品中,能量回收透平机组、轴流通风机比上年增长,轴流压缩机与上年持平,离心压缩机、离心鼓风机、罗茨鼓风机、离心通风机、旋涡风机、空调风机、其他风机等均低于上年同期,而且下降幅度比较大。

2015 年,参与统计的风机生产企业中,生产离心压缩机的企业仍是 10 家,但大部分企业的产量都有所下降。其中:沈阳鼓风机集团股份有限公司生产 116 台,比上年减少 154 台;陕西鼓风机(集团)有限公司生产 91 台,比上年减少 11 台;江苏金通灵流体机械科技股份有限公司生产小型离心压缩机268台，比上年增加34台；上海鼓风机厂有限公司生产8台，比上年增加6台；重庆通用工业（集团）有限责任公司生产2台，比上年减少1台；中航黎明锦西化工机械（集团）有限责任公司生产5台，比上年减少3台；锦州新锦化机械制造有限公司生产12台，比上年减少17台；长沙赛尔透平机械有限公司生产15台，比上年减少5台；安徽科达埃尔压缩机有限责任公司生产12台，比上年增加8台；湖北双剑鼓风机制造有限公司生产1台，与上年持平。生产轴流压缩机的企业仍然是沈阳鼓风机集团股份有限公司和陕西鼓风机（集团）有限公司，生产能量回收透平机组的企业有陕西鼓风机（集团）有限公司和中航黎明锦西化工机械（集团）有限责任公司。此外，生产离心鼓风机的企业有27家，生产罗茨鼓风机的企业有23家，生产离心通风机的企业有107家，生产轴流通风机的企业有96家，生产旋涡风机的企业有2家，生产空调风机的企业有11家。2015年风机产品产量见表3。

表3　2015年风机产品产量

产品名称	产量（台）	同比增长（%）
合计	9 216 767	-4.1
离心压缩机	530	-21.2
轴流压缩机	53	0.0
能量回收透平机组	36	5.9
离心鼓风机	4 318	-14.4
罗茨鼓风机	34 192	-12.1
离心通风机	864 266	-10.4
轴流通风机	1 476 081	47.6
旋涡风机	136 440	-29.2
空调风机	6 625 453	-9.3
其他风机	75 398	-24.7

二、重大技术装备及关键设备完成情况

2015年，沈阳鼓风机集团股份有限公司在重大装备国产化研制方面硕果累累。沈鼓集团自主研发的我国首套10万m^3/h等级空分装置用压缩机组在沈鼓集团营口生产试验基地“国家能源大型透平压缩机组研发（实验）中心”完成各项试验，并顺利通过出厂验收。这标志着我国高端制造再获重大突破，煤炭深加工核心装备跻身世界先进行列。沈鼓集团成为继西门子、曼透平之后的全球第三家能够生产该设备的企业。10万m^3/h等级空分装置用压缩机组由首次采用国际先进的轴流+离心共轴技术的空压机和多轴多级齿轮组装式增压机组成，很好地满足了空分流程中大流量、高压比、高性能的工艺要求。沈鼓集团先后攻克了大轮毂比高效叶轮设计、转子高可靠性设计、高端加工工艺研究、机组智能控制系统开发、机组装置成套设计等40余个瓶颈性技术难题。该机组在我国首个自主建设的10万kW功率等级试车台位上完成了全速、全压、全负荷性能试验，综合性能指标达到国际先进水平。10万m^3/h等级空分装置压缩机组在国际市场上价格常常是国产设备的2~3倍，而且设备的供应周期长。沈鼓集团10万m^3/h等级空分装置用压缩机组将应用在神华宁煤集团400万t/a煤间接液化制油项目中，此规格机组的国产化示范应用和产业化推广，将在打破国外技术和市场垄断、扩大国产市场份额、带动风机行业技术进步和推动煤炭深加工产业发展等方面产生巨大的经济和社会效益。沈鼓集团承担了中国航空工业第一集团公司沈阳发动机设计研究所的FL-62风洞用轴流压缩机组国产化研制项目，根据合同既定研制计划开展工作，已经完成产品的设计，关键部件采购合同签订工作完成，采购件陆续到厂，当前加工制造在进行中。沈鼓集团承担的国家科技计划项目大型离心式压缩机节能关键技术及应用课题已经完成相关研究内容。

平安电气股份有限公司在重大技术装备及关键设备的研制方面，主要进行了矿用局部通风机和矿用主通风机的研究。基于当前通用钢制的局部通风机重量大，运输、安装、维修困难，以及噪声高等缺陷，公司提出了低噪轻型局部通风机的开发，项目于2014年12月立项实施，当前已完成关键零部件的试制和试验，下一步将进行整机试验和性能改进工作。该产品采用复合材料制作，整体注射成型，其工艺性好，节省成本，整机轻便，噪声低。针

对当前国内普遍运行的矿用轴流主通风机存在的安全隐患以及生产成本高的现状，也是适应科技进步、节能环保的更高要求，公司开展非直联对旋轴流主通风机研发，项目于2015年立项实施，已完成方案设计和样机图样设计，关键零部件试制正在进行中，下一步将进行样机试制和试验。

湖北省风机厂有限公司磁悬浮高速三元流离心鼓风机项目实施周期为36个月，自2013年1月至2016年1月。自立项以来，公司与S2M公司密切合作，并成立项目研发小组，于2013年年底完成气动设计研发工作，2015年3月完成整机方案的评审，2015年10月完成样机试制。样机试制成功将替代国内小流量的多级低速离心鼓风机和部分齿轮增速的单机高速鼓风机，并大力推进污水处理、气体增压等行业的节能改造。当前该项目产品已进入市场推广阶段。

南通大通宝富风机有限公司为CAP1400国核示范国家重大项目提供了安全壳循环冷却风机，为四川白马示范电厂600MW CFB循环流化床一次、二次风机节能改造项目提供了VZ58III－VZ58III－2570 F/S1和VZ58III－2960 F/S1大型通风机，并获得了中国电力科学技术进步奖一等奖。

三、市场及销售

2014年，风机行业经受了国内外市场需求不足的严峻考验，风机产品订货和销售严重下滑，企业利润持续下降，进入2015年不但没有好转，而且是雪上加霜，大多数企业陷入了深深的困境之中。各企业在有限的市场中顽强拼搏，继续积极采取措施，以抓住机遇不错过、抢占市场不放过的毅力，认真贯彻实施国家“一带一路”战略和“能源装备走出去”的行动计划，通过调整产品结构，坚持以创新求发展，开展清仓挖潜、节能降耗等活动，拓展企业生存空间，使风机行业又一次度过了更为艰难的一年。

2015年，参与统计的风机生产企业共完成工业销售产值3 839 430万元，同比下降11%。其中：东北地区完成工业销售产值1 187 283万元，比上年下降18.1%；华北、西北地区完成工业销售产值623 422万元，比上年下降10%；华东地区完成工业销售产值1 272 980万元，比上年下降6.3%；中南、西南地区完成工业销售产值755 745万元，比上年下降6.8%。

2015年，参与统计的风机生产企业共实现主营业务收入3 672 297万元，同比下降9%。其中：东北地区实现主营业务收入922 942万元，比上年下降12.3%；华北、西北地区实现主营业务收入593 560万元，比上年下降4.1%；华东地区实现主营业务收入1 341 242万元，比上年增长0.7%；中南、西南地区实现主营业务收入814 553万元，比上年下降6.1%。2015年风机行业主营业务收入前20名企业见表4。

表4　2015年风机行业主营业务收入前20名企业

序号	企业名称	主营业务收入（万元）	同比增长（%）
1	沈阳鼓风机集团股份有限公司	759 961	－29.5
2	陕西鼓风机（集团）有限公司	510 877	－1.5
3	山东格瑞德集团有限公司	368 554	28.5
4	重庆通用工业（集团）有限责任公司	260 901	19.3
5	南阳防爆集团股份有限公司	165 709	－28.9
6	成都电力机械厂	125 170	10.7
7	浙江上风高科专风实业有限公司	118 053	2.1
8	上海鼓风机厂有限公司	101 331	－3.3
9	江苏金通灵流体机械科技股份有限公司	89 425	5.7
10	浙江亿利达风机股份有限公司	79 270	14.8
11	锦州新锦化机械制造有限公司	49 252	73.4

（续）

序号	企业名称	主营业务收入(万元)	同比增长(%)
12	佛山市南海九洲普惠风机有限公司	44 422	4.1
13	山东省章丘鼓风机股份有限公司	44 228	-18.9
14	中航黎明锦西化工机械(集团)有限责任公司	40 758	-7.3
15	湖北省风机厂有限公司	36 245	
16	浙江义乌星耀风机有限公司	33 887	-3.3
17	浙江金盾风机股份有限公司	33 557	8.6
18	湖北双剑鼓风机股份有限公司	31 114	-5.5
19	山东中昊控股集团有限公司	25 137	42.8
20	浙江明新风机有限公司	24 381	6.2

2015年，参与统计的风机生产企业主营业务成本为2 868 134万元，同比下降9.9%。其中：东北地区主营业务成本为764 224万元，比上年下降22.7%；华北、西北地区主营业务成本为438 223万元，比上年下降7.1%；华东地区主营业务成本为1 009 871万元，比上年下降2.8%；中南、西南地区主营业务成本为655 816万元，比上年下降3.8%。

2015年，风机行业有46家企业产品出口，比上年增加2家，出口额比上年有小幅上升，出口交货值为208 844万元，比上年增长6.5%。出口交货值占工业销售产值的5.44%，增幅同比提高0.9个百分点。其中：东北地区出口交货值为89 377万元，比上年增长57.6%；华北、西北地区出口交货值为45 059万元，比上年下降15.4%；华东地区出口交货值为48 236万元，比上年下降10.6%；中南、西南地区出口交货值为26 172万元，比上年下降18.4%。出口交货值小幅增长，主要是东北地区出口额增长幅度较大，对其他地区的负增长起到了全行业的拉长作用。2015年风机行业出口交货值前20名企业见表5。

表5　2015年风机行业出口交货值前20名企业

序号	企业名称	出口交货值(万元)	同比增长(%)
1	沈阳鼓风机集团股份有限公司	48 538	-2.12
2	陕西鼓风机(集团)有限公司	43 095	-18.25
3	锦州新锦化机械制造有限公司	25 245	707.32
4	广东肇庆德通有限公司	12 357	-9.61
5	罗滨森(大连)通用设备有限公司	9 731	2.81
6	上海鼓风机厂有限公司	8 697	-2.97
7	浙江亿利达风机股份有限公司	8 656	3.83
8	南阳防爆集团股份有限公司	7 789	-38.11
9	浙江格凌实业有限公司	7 256	-2.16
10	上海哈龙风机电器有限公司	5 255	0.48
11	张家港市英德利空调风机有限公司	4 733	8.88
12	四平鼓风机股份有限公司	4 034	56.17
13	重庆赛力盟电机有限责任公司	4 001	13.37

（续）

序号	企业名称	出口交货值(万元)	同比增长(%)
14	重庆通用工业(集团)有限责任公司	3 535	35.8
15	中达电机股份有限公司公司	3 416	
16	浙江兴益风机电器有限公司	2 421	5.22
17	威海克莱特菲尔风机股份有限公司	2 401	15.05
18	鞍山风机集团有限责任公司	1 829	29.17
19	山东章晃机械工业有限公司	1 252	15.93
20	山东省章丘鼓风机股份有限公司	1 150	-7.11

2015年,参与统计的风机生产企业共实现利润总额209 961万元,比上年下降19.3%。其中:东北地区利润总额为-13 332万元,比上年下降143.7%;华北、西北地区利润总额为97 255万元,比上年增长6.1%;华东地区利润总额为84 732万元,比上年下降9.6%;中南、西南地区利润总额为41 306万元,比上年下降7%。风机行业比上年同期利润下降的企业有80家,占上报企业总数的59.2%;亏损企业有27家,比上年增加12家,累计亏损额65 196万元,比上年增长208.2%。2015年风机行业利润总额前20名企业见表6。

表6　2015年风机行业利润总额前20名企业

序号	企业名称	利润总额(万元)	同比增长(%)
1	陕西鼓风机(集团)有限公司	92 066	6.1
2	重庆通用工业(集团)有限责任公司	19 095	203.3
3	山东格瑞德集团有限公司	17 673	93.6
4	南阳防爆集团股份有限公司	13 635	-40.2
5	锦州新锦化机械制造有限公司	13 517	267.0
6	浙江亿利达风机股份有限公司	13 499	22.4
7	浙江上风高科专风实业有限公司	6 802	-3.2
8	山东中昊控股集团有限公司	6 299	46.9
9	山东省章丘鼓风机股份有限公司	6 158	-28.6
10	浙江金盾风机股份有限公司	5 237	3.5
11	成都电力机械厂	4 204	20.7
12	江苏金通灵流体机械科技股份有限公司	4 082	133.3
13	鞍山风机集团有限责任公司	4 037	34.6
14	上海通用风机股份有限公司	4 014	4.9
15	湖北省风机厂有限公司	3 811	44.9
16	浙江格凌实业有限公司	3 764	-26.5
17	浙江双阳风机有限公司	3 338	687.3
18	浙江义乌星耀风机有限公司	3 100	-4.5
19	百事德机械(江苏)有限公司	2 906	8.6
20	浙江明新风机有限公司	2 850	29.9

2015年，沈阳鼓风机集团股份有限公司面对的微观经济层面因投资减缓、项目减少，市场环境和竞争环境更加复杂多变，受外部市场需求、产业政策等因素叠加影响，经济下行压力较大。集团采取了有针对性的、强有力的措施，虽难以保持经济指标连连攀升趋势，但基本保持平稳态势。主要措施和做法是：主动适应经济发展新常态，紧盯存量市场，加速转型，努力开拓新市场和海外市场。2015年，在主导市场低迷的情况下，集团狠抓油品升级、管线和服务市场订货，并通过政策引导鼓励各子公司在细分市场深挖自身潜力，从调整产品结构、销售结构、服务理念等方面入手，实现新市场和服务市场的突破。一是调动全集团资源全面推进新市场开发工作，完成新市场战略规划，确定未来集团新市场方向和实施路径。成立了海工装备等产业4个新市场工作组，完成了新市场战略初稿讨论，走访了覆盖设计院、典型客户、成套工艺商、重点大学及科研院所等近70家单位，大部分市场开发已找到依托项目或目标依托单位；同时围绕新市场发展前景、压缩机未来发展方向和集团新市场实施路径等展开讨论，确定主要市场工作方向和后继工作重点，为集团全面推进新市场开发战略奠定了基础。二是整合营销资源，使营销战略管理体系实现常态化运行。制定了2015年度营销战略执行重点，明确重点市场开拓目标和工作重心。集团还针对可能面对的市场风险开展了评估，以市场和客户为切入点建立市场需求的调研和反馈机制，将暴露出的产品技术问题列入科研计划予以落实。三是提升服务人员业务水平，改善服务质量。2015年进一步完善现场总代表制度，编制现场问题处理流程作业指导书，完成对呼叫中心的升级改造，以及开展对服务人员的培训。通过一系列的改进措施，服务人员的业务水平和工作效率显著提高，服务反应速度大幅提升。四是牢牢掌握存量市场信息，全面策划开展对机组的升级改造。2015年在传统行业市场严重下滑，石化、煤化工、天然气等优势行业项目急剧减少的情况下，集团公司及时调整方向，狠抓油品升级、机组改造等新市场和服务市场。完成对已出厂离心机组的分布及使用情况进行排查，为集团在2016年全面推进机组升级改造项目奠定了良好的基础，提供了准确的数据支撑，明确了工作方向。五是响应“走出去”战略，结合“一带一路”思想，建立适应沈鼓集团发展的海外布局。重新梳理国际事业部与子公司的沟通机制，建立“一对一”的对接方式。在传统优势市场成立了服务营销团队、往复机和化工泵的专业化销售团队，打造了能满足海外总包和项目融资的服务平台和管理团队。此外，在欧美初步打造了海外人才贸易团队，为营销本土化迈出了坚实的一步。与此同时，与中石油集团、天辰工程公司、法液空等公司签订战略合作协议，标志着沈鼓集团境外项目执行水平及海外竞争力又迈上了一个新的台阶，为集团国际化转型奠定了坚实的基础。

2015年，陕西鼓风机（集团）有限公司以市场为导向，培育和发展新的业务增长点。2015年3月，陕西省天然气股份有限公司与西安陕鼓动力股份有限公司签署了“靖边至西安天然气输气管道三线系统工程（二期）燃驱离心式压缩机组项目”的采购合同。该项目是陕西省天然气股份有限公司建设的“气化陕西”工程的重要部分，是减少燃煤排放、治污降霾、惠及民生的重点工程，陕鼓动力将为该项目的3座压气站提供6套燃气轮机驱动的离心式压缩机组，这是陕鼓动力继2014年承揽3套中海油黄岩燃气轮机驱动管线压缩机项目后，在天然气管线输送领域的又一重大突破。2015年，陕鼓动力成功中标新能能源公司20万t/a稳定轻烃项目，为该项目中的净化冷冻站提供2台氨制冷压缩机组。在此次二期20万t/a稳定轻烃项目中，陕鼓动力为用户提供了有针对性的技术方案和商务方案，再一次赢得了用户的青睐。陕鼓动力全资子公司——西安陕鼓通风设备有限公司成功签约黄骅信诺立兴精细化工股份有限公司4万t/a奈法苯酐工程项目中的三联机组，这是陕鼓通风公司签订的首个包括鼓风机、汽轮机、发电机在内的三联机组（一拖二）项目，该项目将替代原先的电机加鼓风机配置，回收用户工艺系统产生的余热后，带动汽轮机并拖动鼓风机及发电机，实现了能源的循环利用。该项目实施后每年可为用户节约2 400万元的电费，满足用户节能降耗的需求。在加强国际合作方面，2015年，为印度JSW钢铁公司4 300m^3高炉提供的AV90－14轴流压缩机组试车成功，运转中性能稳定，各项指标均达到要求，受到用户的肯定与好评。该机组是陕鼓动力当前出口至印度市场的最大轴流机组，该机组的成功试车对陕鼓动力在“一带一路”战略的指引下持续拓展海外市场具有积极的意义。2015年，离心压缩机、轴流压缩机、能量回收透平机组、离心鼓风机等产品出口到伊朗、印度尼西亚、印度、越南、哈萨克斯坦、土耳其等国家，出口额达41 840万元。

2015年，上海鼓风机厂有限公司继2014年产销值首次突破10亿元大关后，产销值再次突破10亿元。近几年，国家相继出台了涉及节能减排、大气污染防治等政策，公司赖以生存的火电、冶金、矿井等市场领域受到了一定的冲击，原本激烈的市场竞争进一步加剧，企业生存环境越发艰难，所面临的困难与压力也是前所未有的。对此，公司保持持续发展是企业经营的根本之道，围绕“发展与改革”两大主题展开，明确了首要任务是保持企业稳定发展，并通过深化企业改革满足企业发展的需求。2015年，公司实现销售收入10.2亿元，仍然取得了较好的成绩。采取的主要措施：①攻坚克难、努力拼搏，坚守十亿平台。2015年，公司制定保持稳定的总体经营策略，努力克服市场萎缩和激烈竞争带来的不利影响，尽最大努力去拼市场、抢订单，产销值目标是要稳定在10亿元以上。②确立“聚焦国家战略、坚持技术领先、积极拓展市场”的方针。随着国家节能减排政策出台，核电建设项目重新启动，山东荣成石岛湾高温堆项目正式投入建设，这是国内首套商业机组，成功与否关系到上鼓公司的未来发展。公司专门成立工作组，在制造过程中发挥督导、协调作用，以保证时间节点和制造质量满足用户需求；及时总结经验并建立相关流程，为后续项目提供成熟的工艺流程和制造流程。③坚持和强化“两头在内，中间在外”的战略决策。生产要树立紧贴市场的理念，以满足用户需求为第一要务。对短平快项目、抢修项目重点排产，积极利用社会资源，合理安排生产资源，产销衔接总体良好。进一步整合外协供应商队伍，相关职能部门对供应商交货周期、响应度、任务量、产品质量、人员结构等进行综合评估，分层梳理。其中对整体评价较好的供应商重点培育，并定期根据上述数据进行动态调整。④继续积极推进制造＋服务的经营方式。上半年由相关部门通过对产品服务中心的调研，制定了备品备件销售承包方案，方案凸显激励效应。经过半年的运行，效果明显。同时，进一步推进4S店建设，4S店的成功运营填补了偏远地区服务的短板，降低了服务成本，公司也获得了良好的盈利空间。2015年，公司的离心通风机、轴流通风机出口到老挝、印度、印度尼西亚、赞比亚、越南、塞尔维亚、土耳其等国家共67台，出口额达8 000余万元。

2015年，重庆通用工业（集团）有限责任公司在销售工作中取得了很好的业绩。一是风电叶片持续高速增长，全年实现新增订货16.1亿元，同比增长13.24%；销售回款14.5亿元，同比增长100%。二是销售结构进一步优化，传统产品订货总量实现5.6%的增长，其中板管蒸发冷却式制冷空调新增订货1.28亿元；单级高速离心鼓风机新增订货3 630万元，同比增长76%；环保公司新增订货3 624万元，同比增长13.13%。三是新产品、新技术获得市场认可，三元流离心通风机自9月份上市以来，获得了用户和市场的肯定，为公司初步打开了工业风机节能改造的市场；单级高速离心鼓风机经过艰难的市场开拓后，下半年实现了市场新的突破。2015年，公司的离心通风机出口到美国、俄罗斯、伊朗、安哥拉、吉尔吉斯斯坦、老挝、印度尼西亚、印度、波兰、菲律宾等国家，出口额达3 800余万元。2015年，公司获得多项大订单的中标。在内蒙古大型民营企业乌兰集团135万t/a合成氨、240万t/a尿素一期工程项目设备采购招标中，成功中标当前世界单体最大尿素装置工程氨压缩机设备采购单，合同总金额4 000万元，公司当年新增压缩机订单达到7 000万元的同期历史最好水平，进一步扩大了公司在化工行业大产能合成氨装置中的市场地位。公司中标华能集团山东发电公司价值1 200万元的曝气风机订单。此次中标的曝气风机机组均用于某火力发电厂脱硫项目。该系列机组现已在电力、污水处理、化工等行业得到全面拓展,曾先后在四川广安、新疆伊犁川宁等项目中广泛应用。公司中标俄罗斯最大的水泥生产商风机订单,是继2015年年初公司的风机产品成功进入美国市场后,成功中标俄罗斯最大的水泥生产商——欧洲水泥集团20余台风机产品订单。公司中标中东地区伊朗某球团项目价值1 000余万元风机订单。据了解,本次招标的伊朗FST CO公司其经营范围涉及矿产金属行业、能源行业、水工业、国际和国内的融资等多方面,该批风机产品将用于该公司某球团项目。仅2015年就为伊朗地区提供了80余台风机产品,销售额达6 000余万元。本次订单的成功签订,为进一步巩固和扩大中东市场打下了良好基础。

2015年,江苏金通灵流体机械科技股份有限公司在经济下行压力持续加大、外部需求疲软的大背景下,面对市场风云变幻的大环境及错综复杂的形势,研究对策,较好地完成年初公司下达的生产经营任务和管理目标。从整体来看,订单数据比上年有一定的下滑,其他经济指标均有小幅提升。公司围绕年初制定的目标,对营销管理进行大胆的改革。首先,根据市场情况及公司的发展战略需要调整了营销机构,成立了金通灵营销中心,产品销售业务分南、北两大片区,下辖23个省级办事处,服务部门6个,新机构的设置使区域主管的精力更专注,工作更细致,对重点客户的服务更周到。全年千万级的合同数量总共8笔,以河南义煤石化项目为代表,单笔合同接近2 000万元。其次,完善了销售费用管理、薪酬管理及激励制度,充分体现了公平、公正性,同时对资金回笼提出了更高的要求,一手抓销售合同执行各阶段资金回笼,另一手抓陈欠款的追讨工作。2015年清理52家企业款项,追讨资金4 904万元。鼓风机类产品凭借多年的技术沉淀与业绩积累,成功中标神华宁煤400万t/a煤炭间接液化项目,具体涉及循环风机、燃烧风机、稀释风机等,进一步拓展了煤化工领域。同时也进入了中石化、中石油工艺系统风机。压缩机类产品进一步明确了电力行业脱硫氧化风机地位。公司研发的国内最大的离心蒸汽压缩机(每小时蒸发量达202t)成功中标伊犁川宁生物项目,经过多次的技术交流,当前该项目已成功投入使用,得到用户认可。公司签订的首个为工业园区内企业集中供气的区级集中式高压空气站已成功投产杭州联投能源项目。汽轮机营销工作取得重大突破,全年共签订10台,其中,太阳能光热发电应用4台、汽机拖动1台、热电联产5台,下半年公司与德龙钢铁有限公司签订了1×40MW高温超高压中间再热煤气发电工程设备供货及安装合同,合同总金额达11 600万元。汽轮机产品基本实现光热发电、余热利用、垃圾发电、生物质发电、汽机拖动等主要应用领域全覆盖。公司完成了20台700N推力的小型涡轮喷气发动机及10台(套)发射架,用于JTL-1型高亚声速无人靶机的配套试验,获得了用户的高度评价。2015年,公司出口离心鼓风机及其他风机172台,出口到加拿大、美国、博兹瓦纳、委内瑞拉、土耳其、尼日利亚及柬埔寨等国家,出口额达1 000余万元。

2015年,四平鼓风机股份有限公司面对日益严峻的市场形势,主动适应新变化,积极采取应对措施,加强市场形势分析与预测,千方百计狠抓承揽订货和货款回收,确保企业在困境中正常运行。一是在国内建材、冶金市场需求不断下滑的情况下,全力抓好国内、国外两个市场,盯紧每一个项目信息,加强运作,努力提高合同中标率,并大力争取出口项目。全年出口离心通风机500余台,出口到印度尼西亚、俄罗斯、孟加拉、埃及、越南、缅甸、刚果、印度、柬埔寨、蒙古、伊朗、巴基斯坦、沙特阿拉伯、马来西亚、土耳其、巴西、塔吉克斯坦、莫桑比克、老挝等国家,共实现出口交货值4 034万元,同比增长56.2%。二是进一步加强销售队伍管理,由销售经理亲自带队跑市场,做到跑勤、跑细,严格项目投标及合同签订,不轻易丢掉每一个订单。三是针对公司领导的变化，加强对重点大客户的工作衔接和走访，加强沟通，保持良好的合作关系。四是以主要大客户为重点，在狠抓当期货款的同时，认真梳理应收账款，逐个厂家核实清理，清回2014年以前老货款近8 000万元，在保证全年回款任务的同时，减少了坏账损失。

山东省章丘鼓风机股份有限公司继续深入市场调研，开发市场需求的新产品，并把已经开发的罗茨鼓风机、离心风机、重型机械、泵产品形成系列化、成套化，拉长做大，重点开发高效节能的新产品，特别是污水处理行业急需的产品。在开拓新的经济增长点的同时，增强企业自身抵御市场风险的能力。公司按照“拉长主业、上新创新、合资合作、发展大章鼓”的思路，拉长做大风机主业，在现有产品基础上不断创新。公司产品主要销往电力、化工、水泥、水处理、钢铁冶炼等行业。罗茨鼓风机销售量比较好的有引进日本公司技术开发的RR系列罗茨鼓风机(罗茨真空泵)、L型罗茨鼓风机、3H型低噪声三叶罗茨鼓风机、ZR系列大型罗茨鼓风机；引进美国技术开发的ZG高速高效罗茨鼓风机、ZW型三叶罗茨鼓风机。采取的主要措施：①以透平产品作为支撑，及时调整对空悬风机、单级高速风机及通风机的销售政策，加大攻关和支持办事处的力度，收到了较好的效果。②新产品取得了历史突破，水环真空泵、空悬浮产品、单级高速产品都取得了阶段性进展。产品在新领域的应用情况：海水脱硫领域得到了较大的发展，煤化工原料气脱硫的应用也取得突破性的进展，在焦化厂烟气脱硫中通风机产品有效发展。③小产品得到大收益。为适应市场和提高销售人员的积极性，先后两次调整了小风机产品(ZW和ZG)的销售政策，尤其是调整风机价格及销售政策，收效特别显著。④有的放矢拿订单。为了适应电厂的采购模式，只有先加入了电厂“短名单”后，才会有资格参与后续脱硫工程公司的投标工作。为了鼓励电厂所在地办事处做好加入“短名单”工作，公司做出了鼓励单级高速离心鼓风机、通风机等新产品做入电厂“短名单”及后续工作的规定。⑤多管齐下搞清欠，保证资金回笼。公司调整了对3年以上质保金回收的销售政策，极大地刺激了办事处的清欠力度，取得了较为明显的效果。对不能及时形成对账或超过两年的欠款单位，督促监督提交法律程序，确保呆账、坏账不增加。实现了现有应收账款单位每月清对一次，做到了每笔欠款的准确回款时间，对应收欠款的把握程度大大提高。⑥细化分工，构建桥梁，建设和谐团队。销售公司将市场二部合并市场部，并成立了脱硫项目组及水处理项目组，加强了专业技术对口支持力度，并进行了细化和行业分工，明确了职责，提高了对外技术服务质量。为提升外勤人员素质，每人腾出4周的时间来公司进行学习，先后有45名销售人员进行了学习。通过技术培训，加强了销售人员的内外联系。2015年，公司出口实现销售收入183万美元，出口的主要国家有土耳其、阿拉伯联合酋长国、缅甸、新加坡、韩国、越南、印度尼西亚、菲律宾、泰国、马来西亚、沙特阿拉伯、印度、巴基斯坦、约旦、伊朗、哈萨克斯坦和俄罗斯等。

2015年是浙江金盾风机股份有限公司上市第一年，公司继续奉行“敬业负责，协力开拓”的企业精神，按照年初既定目标，公司技术、经营、效益再上新台阶，还取得了诸多新突破。①经营指标圆满完成。2015年，在国内外经济下行压力之下，公司销售业绩稳步增长，全年销售收入同比增长11.6%，圆满完成了年初既定的经济效益指标。②销售业绩稳步提升。2015年，公司充分利用自身技术优势和政策扶持，积极稳妥开展地铁、隧道行业主营业务，同时加大造纸、核电、船用类产品的营销推广力度，继而实现了3.86亿元的销售业绩。以行业产品细分，地铁、隧道风机合计占销售总额的75.8%，继续保持快速发展势头，稳步拓展既有的北京、杭州、成都、南宁和长春等市场；造纸行业完成较大突破，销售收入首次逾2 000万元；在核电项目上表现不俗，呈现良好格局；工民建类销售保持适度规模，但出现一定萎缩，短平快的项目较少，在一定程度上影响了公司在该行业的市场销售。③市场开拓卓有成效。在对原有市场占有情况充分分析和调研的基础上，公司通过产品推介会、行业展览以及地区办事处建设等多途径推动市场的开拓工作。在地铁方面，首次打入武汉、石家庄、厦门等地；在隧道方面，借助国家新建和改建基础设施，相继取得安平高速、和榆高速、紫之隧道、兰渝铁路等项目的供货合同；在船用方面，借助公司已有的核级通风设备许可证书，同武器装备部门保持了有效联系。④服务理念渐趋成熟。在售前和售中，公司技术部门积极配合销售部门完成公司重要项目的选型、图样、项目方案等各类技术支持；公司十分重视客户反馈，配置专业人员进行及时有效的沟通处理，致力达成客户零抱怨。此外，为更好地落实责任，尽力将质量问题消灭于源头，公司积极推动技术、制造、质保等相关部门与销售部实现通力合作，不仅对每月售后情况进行分析，而且总结原因，提出解决方案。全年产品维修成本与上年同期相比有了明显下降，顾客满意度也大大提高。

2015 年，浙江明新风机有限公司围绕年初制定的工作目标，积极落实上级部门的各项工作要求，确保企业实现稳步增长。主要产品产量同比增长 0.91%。公司直接出口产品主要为轴流通风机，客户主要分布于韩国、意大利、阿拉伯联合酋长国等地。配套出口的产品主要为变压器用风机、冷却用轴流风机。其中，变压器用风机客户主要分布在委内瑞拉、美国、印度尼西亚等地，冷却用轴流风机客户主要分布在澳大利亚等地。2015 年，公司出口轴流通风机 253 台，实现销售额 211 万元。公司凭着“质量、品牌、诚信、服务”的理念，扩大了销路。近年来，公司生产和销售的重点是冷却用轴流风机、变压器用风机、烟叶烘烤风机。公司凭借技术优势、科学的管理、优质的产品和服务，赢得了市场。当前，公司的产品销售遍及浙江、上海、山东、广西、陕西、云南等，在国内主要城市设有办事处。同时，公司市场部充分利用现有的销售网络，开发产品市场，并有选择地参加全国相关行业展示会。公司还组织技术和应用交流会，以提高公司知名度，并通过网络加大对产品的宣传。

2015 年，由于行业内市场需求疲软、产能过剩矛盾突出、竞争激烈，长沙鼓风机厂有限责任公司产品销售受到较大的影响，业务拓展面临巨大压力，企业获利空间进一步受到挤压，产、销、利等指标明显下降，企业的经营规模和经济效益明显下降，与年度预期有较大的差距。面对严峻的形势和巨大的压力，公司坚持搬迁建设与生产经营并重的方针，以“紧盯市场稳定经营规模，整顿秩序支撑销售提升；工艺改善提高产品品质，服务延伸满足客户需求；管理重构激活内生动力，搬迁新建谋划转型升级”为工作重心，采取一系列措施，努力扭转不利形势。全体员工合力攻坚，积极推进各项工作的开展，保持了企业的平稳运行。①强化“以网点管理为基础，以 330 项目管理为重点，延伸服务管理为核心”的营销管理体系，修订完善销售承包与考核方案，强化片区管理和指标考核，以政策激励为驱动，提高销售人员的积极性和效率。②加大市场调研力度，拓展特殊应用领域及个性化市场，明确未来市场的发展方向；积极开拓出口市场，出口业务有较明显的增长。③灵活把控销售价格，抓住回款的关键指标；把握合同质量，对货款回笼保持常态化管理和监控，并加大清欠力度，加大对应收账款特别是账龄较长欠款的管理，保证回款率。④开通电子商务平台，并引入移动互联网营销管理软件，利用红圈营销管理工具，提高出口业务和售后服务的工作效率，为 2016 年加强客户资源管理和信息管理，实现总部和片区之间有效对接和互通联动做好准备。⑤整合优化售后服务体系，重点规范了原厂内技协风机修理的内部流程，实现了外部服务于内部的终配的统一。2015 年，罗茨鼓风机出口到法国、越南、俄罗斯、白俄罗斯、埃及、巴西、孟加拉等国家，出口额达 1 388 万元。

成都电力机械厂于 1987 年、1997 年、2002 年先后引进德国 KK&K 公司的静、动叶可调风机生产技术，并依托引进技术，在消化、吸收的基础上不断提高和增强企业的市场竞争力。2006 年与德国 KK&K 公司组建成都凯凯凯电站风机有限公司，2009 年又组建了合资生产车间，联合设计、装配 60 万 kW、100 万 kW 级机组配套的 AP 动调轴流风机。2013 年成功并购 TLT，对确立工厂在国内电站风机高端市场中的地位有十分重要的作用。“十二五”期间，工厂“以稳增长，保市场”为主要目标，巩固电站风机市场占有率40%以上。截至2013年，工厂具有独立设计、制造30万~60万kW火电站各种离心式和轴流式引风机、送风机、一次风机、排粉机及其他各种电站辅机的能力和经验，产品用户分布在全国29个省(区、市)，并有成套产品出口印度尼西亚、巴基斯坦、印度、越南、泰国。另有风机定子部件出口到澳大利亚、美国、芬兰、瑞典、法国和德国等国，为企业进入国际市场、实现“走出去”战略奠定了基础。

湖北省风机厂有限公司主导产品是离心鼓风机、离心通风机、轴流风机，产品广泛应用于机械、化工、电厂、采矿、煤炭、石油、冶炼、粮食、环保、船舶、军工、造纸等行业。2015年，公司赖以生存的钢铁、化工行业用风机大幅萎缩，虽然钢铁仍是订单大户，但份额比上年下降11%，订货合同完成年度目标的73%；销售发货完成年度目标的80%；销售回款完成年度目标的70%；库存总量控制在目标范围内，客户交货满足率达到目标要求。公司成功中标武汉地铁6号线，为公司地铁风机增添了新业绩，有助于进一步扩大地铁市场；单级高速三元流风机也增加了新的业绩，电力市场氧化风机市场不断扩大。2015年，离心鼓风机、罗茨鼓风机、离心通风机少量出口到土耳其、赞比亚、泰国、越南、刚果(金)等国家，出口额达510多万元。

平安电气股份有限公司专注于矿井通风工程(通风、除尘、降温)与矿山环保工程(水、大气、土壤污染治理)的设计、施工、技术服务及相关专用设备的制造、销售，为客户提供各类个性化、专业化的解决方案，主要服务于煤矿、非煤矿山、煤电、煤化工、冶炼、矿区环境治理及隧道、地铁、地下工程等行业客户。公司主营业务为矿用通风设备的研发、生产、销售及服务，主要产品为矿用主要通风机、矿用局部通风机(含智能局部通风成套装备)、除尘器等。同时，由较单一、传统的销售策略转变为多渠道、多手段、多媒介的营销策划，更加关注客户体验和服务。公司加大对非煤风机市场的拓展，主导产品销售领域由煤矿领域向非煤领域拓展，包括隧道、金属矿山等风机市场，利用平安品牌、煤矿通风的领先技术和现有营销资源优势，推广非煤风机，助推公司销售业绩的增长。公司大力推广通风系统4S服务，包括风机销售(Sale)、零配件(Spare-part)、售后服务(Service)、信息反馈(Survey)，组织具备职业资格的专业化服务团队(公司)，为用户提供主通风机系统选型方案、安装调试、使用操作、维护保养、配件储备、故障处理、改造升级、信息反馈等全方位的服务，做主通风机系统终身服务解决方案。公司集中优势资源，聚焦优质客户，在大型矿业集团深度交流，全面了解客户需求，推广智能局部通风成套装备。2015年，由于受市场的影响，公司风机产量、销售收入、利润总额等指标同比均有不同程度的下降。

山东格瑞德集团有限公司为用户提供的系列产品有：中央空调主机系列、末端系列、净化设备系列、冷却塔系列、通风人防系列、复合材料系列等十大系列、130多个品种，销售遍及全国30多个省、市、自治区，远销美国、澳大利亚、苏丹、马来西亚、泰国等40多个国家和地区，用户涵盖轨道交通、地产住宅、石油石化、军工、医药、电力等各大领域，多项工程荣获国家优质工程奖、中国建筑工程鲁班奖、煤炭行业“太阳杯”工程奖、山东“泰山杯”工程奖等。公司推出的风机墙空气处理机组比传统中央空调系统运行费用节约20%以上，比单台普通空调风机节能30%以上，比纺织行业用轴流风机节能50%以上。产品高效节能，同时也具有安全环保、性能稳定、超低静音、可设计性强、体积小、维护方便、维修费用低、微振动等特点，风机墙空气处理机组填补了国内空白，被列入国家火炬计划。

上海德惠特种风机有限公司产品用于石油化工、汽车涂装、环保、船舶、垃圾焚烧、电力、冶金、光电、轻工、建筑等行业。2015年，公司开发了碾磨风机系列产品。在造纸、粮油、玻璃机械行业整体销售情况基本保持不变，其他行业产品销售低于往年。鉴于上海石化对周围环境的影响，上海市政府强调上海石化必须拿出样板环境整治方案来改善空气质量。经过招投标,公司获得了参与上海石化首套环境样板整治工程项目,这是公司当前研制的最大规格的F型双支撑双吸离心通风机产品,已顺利完成组装待发。

由于受国家宏观调控,水泥生产企业产能调整,天津市天鼓机械制造有限公司市场份额减少,流动资金紧张,货款回收困难,企业采取了积极的应对措施。①大力开发市场,总经理亲自抓市场及销售,在不断开拓新的领域的同时,承揽了一些出口合同,满足生产需要。②增加新产品研发投入,通过加强与科研院所和相关院校的合作,加大新产品开发,为市场竞争提供强有力的技术支撑。③加强管理,完善各项规章制度,稳定职工队伍,调动员工的积极性和创造性,建立健康和谐的企业文化,加强对各项管理工作的考核力度,促进企业和谐、稳定、健康发展。④开展节约降耗、向管理要效益活动。从原材料采购、产品设计、工艺技术保证、设备保障和加强质量管理、生产管理等各环节入手,在采购价格的合理降低及严格各项成本费用控制、降低应收账款等环节上有了很大进步。

2015年,威海克莱特菲尔风机股份有限公司仍然在轨道交通、能源、海洋工程、制冷这四大领域拓展业务,公司主营业务保持不变,主要是设计开发、生产销售轨道交通风机、冷却塔和空冷器风扇、海洋工程风机、能源通风冷却设备、制冷风机、特种工业通风机及其配件。公司围绕年初制定的经营目标,推行"注重客户体验、注重产品质量、注重从设计开发关注成本、而非过分追求营业收入"的效益理念,在市场份额、营业收入等方面稳中有增的基础上,通过针对毛利率较低产品的优化设计,提供满足客户质量、成本、交货期综合要求的解决方案。同时,公司注重内控制度完善建设和风险防控,针对发生的问题采取培训、建立审批流程等措施,加大推进应用信息化手段进行策划、实施、监督等流程管理,不断完善公司法人治理结构,形成了研发、市场、财务、质量、人员等方面的数据积累。2015年,公司实现营业收入20 146.8万元,同比增长3.82%;实现利润2 092.5万元,同比增长31.17%,实现了年初预计的经营目标。

中航工业黎明锦西化工机械(集团)有限责任公司紧紧把握国内经济新常态的发展态势,抓住中央大力发展"一带一路"的有利契机,与哈萨克斯坦的巴甫洛达尔炼油化工厂成功签订了价值6 000多万元的焦炭塔制造订单,并以这份订单为"媒",赢得了信任与更多的合作机会。2015年年初,与哈萨克斯坦的巴甫洛达尔炼油化工厂焦炭塔制造达成了合作意向,签订了项目所需的4台焦炭塔的制造合同,制造如期完工,工程质量得到了海外承包商及哈萨克斯坦客商的肯定。继焦炭塔合同之后,巴甫洛达尔炼油化工厂又与中航工业黎明锦西化工机械(集团)有限责任公司签下该项目的10套浮头换热器的订单。

罗滨森(大连)通用设备有限公司创建于2010年,是一家通过探索风机设备及相关领域的创新科技,为全球提供可信赖的风机产品解决方案的国际型"智造"企业,以美国Robinson公司的技术和质量标准致力于风机产品的研发设计、渠道销售及创新服务,并与美国Robinson公司形成长期战略合作关系。公司主营产品有风机设备、配件、消声器、工业密封系统制造加工及进出口,建立了一整套符合自身特点的技术研发、产品制造、质量控制、资金运作、市场策划、客户服务的运营体系。罗滨森公司建立之初,便制定了绿色、环保,资源综合利用的循环经济发展战略,产品服务领域涉及电力、冶金、建材、煤炭、石油化工、地铁隧道、机车、环保等。罗滨森公司通过采用先进的研发装置和软件,克服国内当前存在风机和系统不匹配、高效风机低效运转、不耐磨损和腐蚀、1 050℃高温无风机可选用的问题,实现了进口风机国产化的制造能力。2015年,公司完成工业销售产值23 700万元,同比增长0.03%。出口产品主要是离心通风机、轴流通风机,完成出口交货值9 731万元,同比增长2.81%。全年营业收入23 699万元,同比下降0.14%,其中主营业务收入20 002万元,同比增长0.46万元。

2015年,河北骞海鼓风机制造有限公司生产风机65台(套),其中用于冶金行业23台、电力行业14台、环保行业12台、矿山行业12台、水泥行业4台。全年签订产品销售合同6 500万元,同比下降4.4%。

2015年,湖北双剑鼓风机股份有限公司完成各类风机2 029台,比上年减少163台。其中:离心鼓风机完成701台,比上年减少44台;离心通风机完成307台,比上年减少114台。实现销售收入31 114万元,比上年减少1 803万元;实现利润1 441万元,比上年减少655万元。虽然企业受经济环境的影响,经济指标在低位徘徊,但产品升级换代步伐明显加快。2015年,公司产品销售市场前5位依次是煤炭、矿山、冶金、化工、电力行业。煤炭行业销售风机240台,其中,离心鼓风机172台、离心通风机63台;矿山行业销售风机205台,其中,离心鼓风机145台、离心通风机56台;冶金行业销售风机160台,其中,离心鼓风机121台;化工行业销售风机158台;电力行业销售风机97台。2015年出口离心鼓风机10台,创汇额56万美元;出口离心通风机60台,创汇额250万美元,出口到秘鲁、朝鲜、越南、印度、伊朗、马来西亚等国家。

2015年,南通大通宝富风机有限公司整体经营情况良好,销售收入达到2.35亿元。各项资产运行效率大幅度提高,存货周转率、应收账款周转率同比增长50%以上。新产品拓展取得了较大业绩,单级高速鼓风机、核风机、风阀等产品合同订单有了较大突破,蒸汽压缩机研发和标准化已迈出更加坚实的步伐。离心鼓风机、罗茨鼓风机、离心通风机等产品出口到印度尼西亚、塞内加尔、泰国、越南等国家,出口额为2 497万元。

四、科研成果及新产品

2015年,风机分会根据135家企业统计:在科技研发方面累计支出98 802万元,同比减少37.7%,科研经费支出占主营业务收入的2.7%;共完成新产品377种、96 265台,分别比上年减少293种、20 028台;获国家及部、省、市级科技进步奖和优秀新产品奖等30多项。

2015年,沈阳鼓风机集团股份有限公司围绕集团发展战略和市场急需,加大技术创新,实施创新驱动,增强企业发展的动力和活力,创新体系与能力建设进一步提高。沈鼓集团国家级企业技术中心在全国1 063家国家认定企业技术中心评估中获得了91.1分和第17名的优秀成绩,在通用机械行业位列第一名。2015年累计完成新产品开发170种、292台。风机类研发成果获批国家、省、市科研立项10项,获得市级以上科技奖励13项。获得实用新型专利授权9项,发明专利授权4项,软件著作权1项。国家、省部级科研项目的完成情况主要包括:①60万t/a天然气液化装置用双混合冷剂离心压缩机组(列入辽宁省企业技术创新计划)以山东泰安60万t/a天然气液化装置用双混合冷剂离心压缩机项目为依托,充分发挥已有技术优势,与国内多家院校进行联合攻关,解决了大型天然气液化装置用冷剂压缩机整机集成设计和制造等多项技术难题,实现了大型天然气液化装置用冷剂压缩机的自主化研制。该项目针对该机组工艺介质密度大、组分多,采用先进的热物性计算程序准确计算出混合冷剂的物性参数,研发了高效模型机,并根据LNG工艺流程变化大的特点对整机进行了优化,确保压缩机组高效率的同时,使机组满足多工况运行需求。开发了高稳定性转子结构,有效地控制转子的长径比,确保了大分子量机组高压力下的稳定性。首次采用线元素三元叶轮和叶轮整体铣制技术,有效避免了焊接质量缺陷及热变形,提高了叶轮强度,保证了其气动性能。研制出压缩机组全压、全功率试验系统,进行了代用气体的闭式循环性能试验,验证了机组现场运行的可靠性和高效性。②80万t/a乙烯装置乙烯制冷压缩机组(列入辽宁省企业技术创新计划)依托中国石油化工股份有限公司武汉分公司80万t/a乙烯项目,沈鼓集团首次自主开发研制80万t/a乙烯装置用乙烯制冷压缩机组。机组在设计上采用先进热力计算软件和优化设计程序、高效三元叶轮等先进技术,保证了机组安全、长周期的稳定运行。压缩机轴振动 $<13\mu m$,不但满足API标准要求的 $25.4\mu m$ 的要求,也优于技术协议 $20\mu m$ 的要求。该机组为国内首台80万t/a乙烯装置用乙烯压缩

机组，采用多项自主研发的新技术、新工艺，优化了乙烯压缩机整体技术方案，实现了二次加气和一次抽气的工艺流程要求，并针对低温特性给出了最佳性能匹配参数。针对低温运行要求，优化了转子和机壳结构，完成了低温材料的选型，实现了 -102℃ 环境下机组的稳定运行。采用双平衡盘结构，解决了缸内大抽气量所致轴向大推力问题，保证了满负荷运行的安全可靠性。确定了转子在多个变温工况条件下的横向振动及稳定特性，保证了转子全工况下运行的可靠性。采用磨料流加工方法和外表面毫克能工艺手段，降低了叶轮表面粗糙度值，保证了叶轮气动性能。2015 年，沈鼓集团在风机类产品新技术、新材料、新工艺方面取得科研成果百余项，填补了多项国内、企业技术空白。如：超大流量轴流加离心压缩机的研制成功，标志着沈鼓集团已全面掌握了 10 万 m^3/h 空分压缩机技术，成为世界上第三家能够制造大型空分压缩机核心装备的企业，填补了国内空白，达到世界同行业的先进水平，打破了国外企业对该行业市场的垄断局面。以国家重点工程惠州 120 万 t/a 乙烯项目为依托，攻克了大型乙烯制冷压缩机核心关键技术，成功研制出 120 万 t/a 乙烯装置乙烯制冷压缩机，效率达到进口同类机组水平，稳定性、可靠性、经济性与进口机组相同，填补了国内空白，全面实现了国产化。PCL 专用小流量系数高能头高效模型级的系列开发，大大提高了沈鼓集团在天然气输送的支线压缩机的竞争力，将成为新的利润增长点。研究基于电磁激振器的转子系统对数衰减率测试技术，获取了气流激振力对离心式压缩机转子系统的影响规律，提出改善离心式压缩机气流激振的有效措施，在保证机组稳定运转方面给出了新思路。通过研究耐高温耐冲蚀浆料复合涂层，研究的 SG-A2 涂层系统应用于产品过流部件后可明显提高装置部件的耐腐蚀能力，同时，涂层耐冲蚀能力较强，可以对压缩机或汽轮机的过流部件起到有效的保护作用，延长产品的有效使用时间。通过对窄流道叶轮高效率电火花加工技术的研究，实现了多种压缩机叶轮的高效加工，并可将成果推广到不同直径、不同材料压缩机叶轮的整体加工中，提高叶轮的整体加工效率。在产品技术引进、合作生产方面，2014 年，沈鼓集团与美国汉威科技股份有限公司签订动力站用压缩机整体设计技术及成套技术引进合同，当前汉威公司已经提供动力站机组本体及装置图样，沈鼓集团正开展样机加工制造，预计 2016 年完成样机研制并开展样机试验。2015 年，沈鼓集团完成科技成果应用与转化项目 40 余项，助力企业新产品开发与原产品技术升级，实现上亿元的直接经济效益。沈鼓集团当前拥有 6 家高新技术企业子公司，整个集团新产品产值所占比例达到 60% 以上。2015 年，沈鼓集团研发投入为 25 251 万元，占企业总销售收入的 5.13%。2015 年，根据国家战略发展和行业整体技术提升需求，共计承担或参研的国家级科技计划项目（风机类）9 项，其中，国家“973”计划项目 6 项、国家“863”计划项目 1 项、国家科技支撑计划项目 1 项、国家海洋工程装备科研项目 1 项。

2015 年，陕西鼓风机（集团）有限公司研制生产了静叶可调轴流压缩机组、硝酸装置四合一能量回收机组、多用途离心压缩机组、煤气透平同轴鼓风机组、大型高炉透平发电装置、整体齿轮式 PTA 装置压缩机组等新产品 123 台，经陕西省工信厅鉴定均达到国内先进水平。6 万 m^3/h 空分装置用压缩机组 2015 年获得中国石油和化学工业联合会科学技术进步奖三等奖、中国机械工业科学技术奖二等奖，0.6m 跨声速、连续式循环风洞用轴流压缩机制造技术研究获得中国机械工业科学技术奖二等奖，烧结余热能量回收与烧结主抽风机联合机组获得中国机械工业科学技术奖三等奖。以技术咨询方式引进了瑞士 RIKT 单轴压缩机基本级开发、管线压缩机气动设计合作咨询、硝酸 NO_X 压缩机气动设计合作咨询、产品气压缩机气动设计合作咨询等项目。在完成新技术、新工艺、新材料方面取得了多项成果，如立式干气密封氦气风机装配及试车、水蒸气压缩机转子平衡技术、闭式叶轮的加工技术、端面齿加工技术、叶轮锻件胎模锻技术、轴流隔叶块毛坯成形新方法、筒式压缩机外缸碾环技术等，均获得了较好的经济效果，大大降低了产品制造成本。2015 年 9 月，陕鼓动力公司为宝钢湛江 5 050m^3高炉提供全国产化的高炉鼓风机组顺利完成了 72h 热负荷试车，其气动性能和机械性能等各项指标均满足设计要求。宝钢湛江 5 050m^3 高炉鼓风机组是陕鼓动力、宝钢集团、中冶赛迪创新研发模式、三方联合进行技术攻关的结晶，该高炉鼓风机首次采用轴向进气、焊接机壳、全新防喘振和防阻塞等多项新技术。

上海鼓风机厂有限公司坚持技术领先，不断增强企业的技术研发能力、创新能力和新技术的市场运用能力，为打造科技高端上鼓注入新内涵。2015 年进一步加大科技投入，科技创新项目立项 9 项，已经有 6 项全部完工。新技术实际运用获得重要进展：荣城高温气冷堆核电项目所需的主氦风机和燃料球输送压缩机合同已进入生产制造环节，特别是作为世界首台（套）第四代核电示范工程，成功运行后，将会成为核电领域新的里程碑。2015 年，公司开展的科研项目包括高温气冷堆核电站燃料球输送用氦气压缩机组、高温气冷堆核电站氦气压缩机关键技术与成套设备、空气压缩机、大型煤矿瓦斯高效抽放多级风机设备、高效超（超）临界百万级燃煤发电技术配套一次风机技术研制、高效超（超）临界百万级燃煤发电技术配套引风机技术研制、60 万 kW 超（超）临界发电机组用大型轴流风机、低温风洞压缩机组初步设计研究、清洁生产工艺用氦气风机技术等。

2015 年，重庆通用工业（集团）有限责任公司技术创新工作稳步推进，成果显著。①重通集团首台为阳泉煤业集团设计制造的 KLDPYP - C 离心式丙烯压缩机组，在业主方、监理方组成的专家组的共同见证下，一次性通过验收，标志着重通集团在化工制冷领域的一次全新技术突破。该机组设计理念先进、工艺结构特殊、主要性能优越，先后采用适应丙烯介质的特殊分离装置，确保机组介质纯度，从而降低不凝气体带来的功率损耗；其轮盖密封和级间密封采用特殊结构和材料，杜绝泄漏隐患发生。特别是气动设计环节，克服了应用新工质带来的一系列困难，提高了气动评估精度，确保机组安全可靠、运行平稳。由业主方、监理方组成的专家组在生产现场进行了数小时见证机组连续试运行，其转速、噪声、温度、振动等各项技术指标完全符合设计要求，且部分技术指标参数优于同类型其他压缩机组。②完成为宝钢集团某冷轧项目定制生产的离心式冷水机组的性能测试，实测结果表明：该机组与前期同类型机组相比，COP（能效比）由 4.6 提高到 5.4，性能提升 18%，这是继 2014 年重通集团双级离心式冷水机组性能获得突破达到一级能效水平后，制冷/压缩机研究所提升产品性能工程的又一新突破。通过对关键产品部件叶轮进行全新设计，全程运用设计软件对流道进行优化设计，经过 ANSYS 的分析，科学合理地减少了叶轮重量；对换热器进行了优化设计，使之与机组整体匹配，提升机组性能；同时，机组采用双油过滤器结构，由前后压差表检测油过滤器进出口压差，有效保证了产品性能的科学性、可靠性。③承担的首个“国家级大型先进压水堆及高温气冷堆核电站”重大专项子课题“MS01 水冷离心式冷水机组研制”项目原型机，顺利通过了由上海发电设备成套研究院、上海核工业设计院、中核集团等单位组成的专家团的试验见证。该原型机组具有独立完全的自主知识产权，采用相互匹配运行的独立双制冷循环系统、高效宽范围的压缩机气动设计、逆流串联高效换热器设计等一系列先进技术，结构先进、性能优越。本次原型机试验严格按照国际标准，专家团现场见证了机组在 10%、25%、50%、75%、100% 负荷工况点的运行状况及测试数据。专家团一致认为，该原型机的各项性能指标均满足设计要求，重通集团完全具备针对 AP、CAP 系列核电站专用高标准的定制化参数机组的研发实力，完全具备核电站专用离心式冷水机组的产品生产、制造及质控能力，完全拥有核电站大型双机头离心式冷水机组的全性能试验测试能力。2015 年，重通集团荣获“国家技术创新示范企业”称号。全年新申请专利 48 项，获得授权专利 43 项，其中发明专利 3 项，累计授权专利已达 187 项。在传统产品方面，2015 年新产品技术研发项目共计40项，年内已经完成12项。三元流离心通风机在短期内实现了首台的研制和应用，MVR鼓风机成功通过工业试运行验证，MS01水冷离心式冷水机组通过国家科技重大专项样机鉴定，5MW高温高效热泵机组、磁悬浮小流量单级离心鼓风机等正进行样机运行测试。风机专用CAD参数化设计系统的开发，对缩短产品设计周期、提高产品质量和标准化程度发挥了积极作用。全通流数值模拟、气动噪声评估、数据挖掘等方法的应用，有效地提高了各类产品的气动分析水平和优化设计能力。“化工用氨大型压缩机和制冷机”荣获2015年中国机械工业科学技术奖二等奖，船用离心式制冷机荣获重庆市科技成果奖，工业风机、工商业用蒸汽压缩循环冷水机组被评为2015年重庆名牌产品。在风电叶片方面，根据用户需求共完成CGI1.8－51.9、CGI2.0－57A、CGI2.0－54.2、CGI2.0－57C、CGI2.0－59.8A等6款叶片的研制，并已进入量产，成为当前市场主销机型，其中CGI2.0－59.8A叶片是当前国内2.0MW级别最长的叶片。预埋叶根连接技术在部分产品上成功运用，大大提升了叶根连接的承载能力。对风轮叶片增升减阻，海上风电叶片防腐材料、碳纤维等项目进行了立项预研究，为后续新产品的开发提供了技术储备。风电叶片等复合材料循环再造项目取得了试验阶段的成功。风电叶片CGI93P3/2.0MW被列为2014年国家级重点新产品，弱风区兆瓦级风电叶片获重庆市高新技术产品奖和科技成果奖。

2015年，江苏金通灵流体机械科技股份有限公司抓研发，促创新，成绩显著。全年研发费用约3 000万元，申请专利10件，均为发明专利。①鼓风机产品，完成2个系列三元流叶轮设计，第一个系列已制造待测试；完成2个多级产品的三元流设计，通过了内部技术验收，形成自己的设计方案；完成了GC862蒸汽循环风机三元流风机整机设计制造；完成了低温升蒸汽压缩机的调研、设计开发，样机处于制造过程中；完成2个项目系统节能服务测试测定。②压缩机产品，研发了电动机、汽轮机拖动JE72000空气压缩机，二级电动机驱动JE36000压缩机、JEV147单吸双支撑大流量蒸汽压缩机等产品；进一步完善JE60000、JE72000空气压缩机标准机型，JEV147、JEV60、JEV50、JVE40、JEV35、JEV30、JEV25系列蒸汽压缩机；完成伊犁202T大型蒸汽压机的安调和数十项难题的攻关，于9月底完成验收，获得客户的好评。JEM0－20A磁悬浮电机的试制，攻克部件、加工工装难题，完成试运行；对蒸汽压缩机的齿轮箱进行了系列化、标准化的规范工作，在转子动力学方面增加了齿轮风阻计算，针对高压比轴承失效问题进行研发、优化、验证工作。③汽轮机产品，完成了国内首台(套)产品：太阳能光热发电领域用15MW中温高压再热汽轮机、12MW高温高压再热式汽轮机，生物质气化发电领域的10MW高温高压再热式汽轮机。完成了800kW背压式汽轮机、7 500kW抽背式汽轮机的设计开发，并实现了生产交付；完成了200kW太阳能示范项目汽轮机的设计，该型号汽轮机采用径流－轴流式结构，为小功率饱和蒸汽汽轮机系列化和市场推广打下坚实基础；完成了6MW抽凝汽轮机的改造设计工作，该改造机型设计效率高，在华东地区具有示范意义，可作为下一步的汽轮机改造市场示范项目。④小型涡轮喷气发动机及无人机产品，完成了100KG发动机图样的初步设计，对70KG发动机高原试验检测。全年进行了7架次的飞行试验，获取了大量的技术数据，为靶机的改进和完善提供了可靠的技术支撑。⑤工艺创新，开发叶轮铰制孔专用磁吸钻，改进铰制孔加工工艺，提高了磁吸钻、钻头、铰刀的利用率，保证了铰制孔加工质量；完成钛材、FV520B材料、航空铝6061－T6材料的焊接试验工作；完成了D34O煤气风机超窄流道叶轮焊接件替代锻件的工艺设计开发，完成了整机的制作，运转实验后效果良好。改进气动结构，改变隔声消振方法，降低了高压高转速风机噪声；将单吸F式后脱硫装置的引风机固定端轴封改成梳齿密封结构，减小泄漏，避免固定端轴承损坏；将多级风机原来的铅密封更改为铝片式密封，提高密封的刚度，减少振动引起的变形，节约了密封制作成本，延长了使用寿命。

四平鼓风机股份有限公司加强新产品开发和“三新”推广应用，推进企业技术进步。2015 年，公司完成了煤化工行业煤提纯工艺系统所需 550 ~ 600℃风机开发，并完成了 10 台订单的生产制造。在新技术、新材料、新工艺推广应用方面，完成了内孔滚压技术应用，并取得了良好的效果；通过市场调研和自制拉床、自制手动打砂设备，分别解决了大型风机叶轮键槽加工和工件打砂不到位的问题；针对工件断续焊部件经雨水后产生锈蚀现象进行了调研和工艺试验，并在出口产品上进行了应用，使问题得到了解决；制作了 4 – 73 – 17 模型机并进行了试验，为今后产品选型提供了参考；重新整顿了堆焊工艺标准；进一步完善生产制造和设计过程中出现的不规范、不合理现象。

2015 年，山东省章丘鼓风机股份有限公司在新产品、新技术、新工艺、新材料研制开发中取得了多项成果。①罗茨鼓风机方面：完成了 RRG – 400MHSⅢP 型罗茨鼓风机的试制，该风机是公司设计加工的首台 2205 双相不锈钢材质风机；完成 MB45 风机机械密封的样机试制工作；完成 TRRE – 190 型非标双级串联罗茨鼓风机试验，该型风机是为满足用户安装空间要求设计的特殊布置方式，积累了大型双级串联罗茨鼓风机中间冷却器的布置经验；完成 RRD – N、RRE – N、RRB – N 型分体机械密封的集装化机械密封升级改造工作；完成 ZR7 – 800 风机叶轮的减重设计；完成 ZL103WD 型罗茨鼓风机分体结构机壳的设计改造工作，改进设计后，风机不再需要底座，单台风机减轻重量 1 100kg，大大降低了生产成本。②透平机械方面：针对大型铸造风机体积大、吨位重的特点，工艺部设计开发了大型翻转架来确保风机安装工作安全可靠；针对单级高速风机出口需带变径管和消声器要求，对消声器进行了规划和设计；C40 – 1. 2ZN 型铸造带碳环密封风机是公司首次尝试在铸造风机上加装机械密封以替代焊接风机，为后续产品研发、改造提供基础；针对铸造风机轴封漏油问题，通过轴承压盖底部排油孔设置，从而杜绝轴封漏油问题。③科技成果的应用带来很好的效益。在罗茨鼓风机产品方面：完成 LRC420、LRA303 型水环真空泵的设计开发，扩宽了市场领域；完成罗茨式水蒸气压缩机 MRRF – 250NWS3 型风机的样机试制工作；完成 HFD – 100 型扭叶罗茨鼓风机的样机试验。从试验结果来看，与 3HD – 100 风机相比，降噪约 3dB，节能约 2% 左右；完成多种型号的非标双级串联罗茨鼓风机、3HE – 140NJZ 型集装机械密封罗茨蒸汽压缩机、双端面干气密封罗茨鼓风机等多项新产品的设计开发工作。在透平机械产品方面：单级高速风机成为业绩增长的主要拉动力量，先后开发设计 8 种新型号，并对现有产品进行系列化设计，设计出 5 种模型机；设计开发 2 种新型焊接风机、2 种新型不锈钢焊接碳环密封风机、4 种新型铸造结构多级离心鼓风机，并首次尝试设计开发 C40 – 1. 2ZN 型铸造风机、碳环密封风机。在重型机械产品方面：开发的首台年产 30 万 t 矿渣立磨机在用户使用现场一次性试机成功，今后将逐渐替代当前市场上广泛使用的高能耗的建材用球磨机；完成首台大型 MQ3660 湿式格子型矿磨机；设计完成 MQ2745 湿式格子型矿磨机、周边出料自磨机、陶瓷磨机、粉煤灰磨机等各种非水泥磨机。在泵产品方面：开发了 ZGTX – 300 – 500、ZGTXT – 350 – 500 型脱硫循环泵，TZJK – 250 – 550 型大流量小扬程泵，ZGT250 – 450、ZGT50 – 300 型脱硫泵，TZJS – 100 – 600、TZJE – 150 – 420、TZJD – 50 – 430、TZJS – 300 – 700G 型渣浆泵。在通风机产品方面：在常规风机系列化设计基础上，完成 7 种大型“量体裁衣”通风机系列产品设计；设计开发的不锈钢通风机，除了用于食品行业外，还有两种大型结构的已经成功进入焦化厂脱硫脱硝行业。在气力输送产品方面：完成 2 种不同材质的高压旋转阀和 8 种不同类型的供料器的开发；完成系列碳钢加速室、TD100S 型不锈钢分路阀和 GMCY26 – 2000 – B 除尘器的设计。

2015 年，浙江金盾风机股份有限公司科技创新取得了丰硕成果。①公司坚持自主创新与产学研紧密结合，依靠多学科技术优势，实现了多领域研发项目的较大突破。尤其是专门成立“核电用干冰去污系统通风柜开发”“‘华龙一号’安全壳连续通风系统轴流风机”项目小组，组织强有力的研发团队，通过数月的努力，完成了项目的各项技术攻关任务，经测试，各项性能指标完全满足技术要求，为公司全面走向核电市场奠定了基础。“地下空间污染空气智能化净化装置”已经通过省级新产品鉴定会，鉴定专家一致认为该新产品技术先进，填补了国内空白。②申请多项专利，实现公司持续稳定发展，增强公司发展后劲，有效管理和保护知识产权。2015 年，共申请“核电用干冰去污系统通风柜”等 8 个发明专利和 11 个实用新型专利。③多项技术创新取得权威认定。2015 年公司集中优势力量，不断优化产品结构，提高产品性能，致力于节能、节材及降噪的多维度改善工作，使产品更具市场竞争力，助推企业更好更快地发展。当前，单向地铁隧道轴流风机和可逆转地铁隧道轴流风机获得“浙江制造”认证。同时，由公司自主研发的“隧道及地铁通风智能化 ESP 系统（地下空间污染空气智能化净化装置）”通过浙江省科技厅组织的新产品成果鉴定。公司自主研发拥有自主知识产权的地铁隧道智能通风系统和三代核电核岛通风系统风机，已成功中标巴基斯坦核电项目。

浙江明新风机有限公司每年将不少于销售额的 5% 作为研发经费投入开展自主研发，2013—2015 年分别投入 1 111 万元、1 321 万元、1 410 万元的研发经费。2015 年，公司实施科技成果转化项目共 13 项，其中承担省级新产品 3 项，获授权实用新型专利 6 项，受理实用新型专利 4 项，对主要产品的核心技术拥有自主知识产权。2015 年公司继续实施 2014 年立项的 2 项新产品项目——网罩型冷却用轴流风机、直升机试验用轴流风机，其中，直升机试验用轴流风机列入上虞区重点专项引导项目。2015 年新开发的项目：①BZF 防爆轴流风机，是公司与同济大学、浙江大学共同研制开发的，具有防爆防腐能力强、效率高、性能稳定、运行可靠、安装方便、外形美观等特点，经冰轮集团、宝丰、冰山等多家蒸发式冷凝器生产厂家配套使用，均给予高度评价。②DBF 双速变压器用风机，风机效率≥73%。本项目风机在不改变性能参数的情况下，重新设计了一种新的叶形，从而使叶轮的效率大大提高。叶片采用比较轻的铝合金材料，叶片外形采用扭曲处理，使得风机的噪声相对降低。风机采用高低速双速运行，高速能满足在夏天高温环境冷却风量不够的紧急情况下使用，低速在平常的情况使用噪声更低、更加节能。该风机噪声低、性能稳定、效率高、运行可靠、寿命长，广泛用于大中型变压器散热冷却系统。③自加热冷却用轴流风机，是配套在蒸发式冷凝器、空冷器及冷却塔等设备上的一个重要部件。该产品在风机进风口增加了加热管。当工作人员进入内部维护时，开启加热管的加热功能，去除白雾后，不仅使得设备内部的视线变得清楚，而且使工作环境变得暖和，工作人员可以在舒适的工作环境下完成维护工作。2015 年，公司获得授权实用新型专利 6 项，受理实用新型专利 4 项。

2015 年，上海通用风机股份有限公司试制完成 CF11－38 1000C 800℃高温离心风机。CF44 高效后向离心通风机是在引进先进国家风机技术的基础上，通过产学合作研制生产的，主力机型达到一级能效，可广泛用于工矿企业、高级宾馆、写字楼、影剧院、商场、医院等建筑物通风换气。经上海市科委鉴定，达到国内领先和国际先进水平。

山东海福德机械有限公司加强技术创新，提高产品竞争力。公司根据市场需要，不断丰富产品品种，优化产品结构，2015 年设计生产了 MD350 型三叶罗茨鼓风机、MJ200C 密集成组型三叶罗茨鼓风机等，制造了 HSR 系列不锈钢风机及回转风机，设计生产了多级离心风机，进一步提高了产品的市场覆盖面，满足了更多客户的要求。公司进一步完善双级串联风机的结构和配置，对冷却器、带轮、连接管路及其他附件进行了优化和改进，使得机组更紧凑、结构更合理、性能更优良。

威海克莱特菲尔风机股份有限公司加强技术研发和市场拓展，2015 年研发投入 909.2 万元，研发投入占营业收入的 4.51%。研发项目主要有：AKG TJL365－2A 风机项目、株洲时代 TJL390－1C 风机项目、GEA 应急发电机组散热器用通风机项目、TJL500－9 风机项目、带襟翼大型轴流通风机、

TJL1070风机项目、TJL390－5系列风机项目、CRH2变流器冷却风机项目、CRH5型牵引通风机项目、PAG低温材质叶轮项目。基于上述主要研发项目及以往的技术研发积累，2015年在轨道交通、新能源、大型电站石化空冷、海洋工程等市场有了新的突破，为未来新增市场订单打下了基础。

2015年，长沙鼓风机厂有限责任公司研制了C系列多级离心鼓风机，经湖南省风机产品质量监督站鉴定，该产品处于国内领先水平。公司为神华包头煤化工有限责任公司研制的MC120多级离心鼓风机，适用于煤化工生产线领域中介质的吸送，填补了国内同行业离心鼓风机应用的空白；为镇海石化工程股份有限公司研制的JRE－195DABE型硫黄回收增压机，经湖南省风机产品质量监督站鉴定为国内首创。化工专用高效节能氯气循环压缩机获得湖南省首台（套）重大技术装备认定及奖励，C系列多级离心鼓风机的研发与应用被列为雨花区重大科技计划项目。

2015年，湖北省风机厂有限公司由湖北省科技厅组织对公司两项成果召开鉴定会。鉴定委员会专家一致认为：DTF系列城市隧道通风地铁轴流风机整体技术处于同类产品的国际先进水平，隧道射流风机整体技术处于国内领先水平。

平安电气股份有限公司实施的2015年湖南省百项重点新产品推进计划——低噪全塑局部通风机，已经完成样机所有零部件的图样设计，其关键零件——电动机机座的塑料模具已经制作完成，完成了电动机的组装，并进行散热及耐温试验，已完成整机模具的制作，将进行整机组装性能试验和工业性试验。

罗滨森（大连）通用设备有限公司与美国ROBINSON、英国HOWDEN、德国VENTI OELDE、加拿大FLOWCARE、澳大利亚TAT等世界著名风机公司达成长期战略合作关系，深入交流风机设备研发技术及相关领域的创新科技，并与瑞典SKF公司组建磁悬浮轴承项目组，与东北大学风机专业签署了产学研合作协议，成为其试验基地，充分发挥产学研一体化的综合优势，增强创新能力，提升企业的核心竞争力。2015年，公司试制完成了GA2－12.5轴流局扇、CKD9D牵引风机、T600/360制动电阻风机、JC160HJ离心通风机、JC160QJ离心通风机、JC160NB离心通风机等新产品。

此外，湖北三三重工有限公司（原武汉鼓风机有限公司）研发了小流量高压头多级离心鼓风机，该产品具有体积小、设计生产成本低、制作周期短等优点，在当前市场具有一定的竞争力。南通大通宝富风机有限公司研制了低振型高转速空调风机和带调节门大流量高效空调风机，以及DPCB41和DPCB51单级高速离心鼓风机。

五、质量及标准

1. 质量管理

截至2015年年末，风机分会193家企业会员中，已有181家企业通过了ISO9000质量管理与质量保证体系认证，占企业会员的93.8%。

沈阳鼓风机集团股份有限公司贯彻“策划”理念，提升产品质量管理水平。集团开展强化质量指标统计、质量成本分析、现场质量督查、质量责任制考核、异常和8D管理等工作，健全和完善了集团质量管理活动。2015年，集团党、政、工、青联合开展“质量主题教育活动”，提升全员质量理念，有效促进质量改进和提升。活动中各部门讨论整改措施820条，提出好的经验做法143项，具有较强应用和推广价值的有33项。同时，完善各类规章制度、管理流程、技术规范要求、改进过程控制方法等23项。集团召开质量总结大会，全面总结质量工作经验以利于企业更好地发展；继续开展“两个零”工程，落实“两个遏制”活动，集团整体质量管理维持稳定态势。2015年，集团综合主件主项抽查合格率97.74%，零部件抽查合格率98.26%，标志着产品实物质量继续保持在一个稳定、较好的水平。2015年集团全面实施招标采购管理，严格执行招标管理制度，并对授权招标的子公司的招标执行情况进行监督考核；完善供应商评价体系，从质量检验、生产管理、客服反馈等多个角度建立起全方位的日常信息反馈流程和统计数据反馈流程；整顿压缩供应商，全年招标物资共计63类、12万余件产品,签订框架协议的物资共计56种,比上年同期增长55.3%。此外,通过修订质量目标,明确了主要配套件关键控制指标,提高了配套件采购质量。

四平鼓风机股份有限公司加强质量管理和质量改进,严格质量控制,促进产品质量稳定提高。一是不断加强质量保证体系建设,完成了年度管理评审,并通过了广州中鉴认证有限责任公司的外部质量审核,组织了一次内部审核,对外审和内审中发现的一般不合格和观察项进行了整改,保证质量管理体系的符合性、适宜性和有效性。二是强化了进货、过程和最终检验的质量控制。尤其是以出口土耳其等产品为重点,严格进厂物资的检验与控制,通过加强日常质量检验,加大抽检、巡检力度,严格工艺纪律检查,严把过程和最终质量关,使产品内在和外观质量均有了明显提高。三是针对年度计划中安排和内外部反馈的质量问题,进一步加强了质量改进工作。通过落实各项改进措施,使叶轮焊接质量得到了稳定提高,轴承箱裂纹漏水问题大幅度减少,铆焊件外观质量和涂装质量明显加强,全年“三包”费用同比下降50.8%。

2015年,山东省章丘鼓风机股份有限公司在提高产品质量方面采取的措施如下:①公司拥有各类先进的生产设备和检测设备近900余台(套),其中包括日本、捷克、中国台湾引进的加工中心、数控龙门镗铣床、数控专用铣床、数显镗铣床等精大稀设备100余台,满足了现有风机生产加工精度、检测要求,使公司产品精度、可靠性及质量安全保持了相对稳定。通过对先进加工设备定时保养、检修,进行质量攻关、质量培训等,保持风机精度、效率、可靠性稳定。②严格控制检验。在进货检验方面,确保批次受检率100%的前提下,重点加大关键物资如轴承、铸件等的检验力度,及时检验供方的产品,反馈质量信息,对不合格的供应产品及时进行退货、换货等。在过程检验方面,确保零部件100%受检,对关键件回用的,加强回用管理制度,并做好检验状态的标识。始终将风机安装和发货作为检验的重点,确保风机受检率100%,杜绝风机带有隐患出厂。③在不断提高产品质量、满足客户需求的同时,认真践行对消费者的道德承诺和社会责任。公司始终坚持“质量第一”的方针,强化职工的质量意识,要求全体员工本着对社会、对企业负责,对个人负责的态度,按照“做就做到最好”的工作理念,在全公司内开展做“精品工程”的号召,深入开展“学习型组织”和“5S管理”活动,不断完善质量考核体系,推行多项管理举措,不断提升生产管理水平,加强各项制度执行落实力度,加强对干部职工的培训,提升全员质量意识,推动公司的健康发展。

成都电力机械厂产品质量得到较大提升,采取的主要措施如下:①完善制度并严格执行。工厂根据“人、机、料、法、环”各环节出现有损产品质量的行为,完善了《外协件产品质量管理考核办法》《产品质量考核细则》《车间标准化作业考核办法》,对违反标准化作业、工艺、技术要求的行为、结果进行记录并及时与相应车间进行沟通,通过产品质量信息反馈单传递质量问题的解决方案及处理结果验证,并根据以上对应考核办法进行考核,既解决了问题又起到警示作用。②检验表单化。建立了各种零部件检验表单,首先由操作者进行自检填写,然后由本单位人员互检,最后由厂质量控制部质检员对质量控制点内容进行专检并与操作者和互检人员填写数据进行对比,如有差异将互相再检。通过这一措施的实施,将质量问题控制在萌芽状态。③组织培训,提高员工质量意识。工厂实时组织各车间进行标准化作业的培训,强调按照标准作业减少出错的概率。同时,厂质量控制部也加强内部人员产品结构、质量控制点设置原因等培训,强调正确行使监督和服务职责对质量控制工作有效开展的重要性。④通过厂外质量信息反馈,逆向查找问题。工厂建立了质量信息反馈、加强内部质量控制制度,根据外部反映存在的问题有针对性地完善各部门标准化作业。同时形成质控、技术、生产、装配、仓储等车间部门的交流沟通机制,及时完善图样、工艺、流程以弥补缺失,形成对产品质量问题的封闭。通过这一逆向工程,及时找到了多起困扰业主现场的质量问题根源。通过以上措施,工厂外部损失年均下降20%。

浙江明新风机有限公司持续开展ISO9001质量管理体系认证、ISO14001环境管理体系认证和GB/T28001职业健康安全管理体系“三合一”管理体系宣贯活动，通过对产品的严格控制，确保产品符合用户的要求。通过对产品标识和质量记录的有效控制，明确了产品分类，统一各环节产品名称、规格及参数，显著提高了产品的合格率。

平安电气股份有限公司制定了严格的质量管理体系，规范质量手册、程序文件、企业标准、检验规程、作业指导书和质量记录文件，严格执行《质量检验管理制度》《质量管理考核制度》等。坚持以“技术领先，品质卓越；顾客满意，持续改进”为方针，实现质量目标，顾客重大投诉为零；在质量体系审核过程中，系统性、区域性不符合项为零；产品一次交验合格率达99%。

2. 标准化管理

2015年，全国风机标准化技术委员会（简称风机标委会）完成的风机行业各项标准化工作如下：

（1）重点领域标准的制定工作。根据国家标准委及工信部的规定要求，风机标委会重点做好以重大技术装备、智能制造装备等为代表的高技术含量标准制定；着眼于推动绿色发展、提高资源利用率，大力开展节能环保、新能源装备、机械产品再制造等方面标准的制定。例如：风机行业各类产品的能效等级标准“一般用途罗茨鼓风机能效限定值及能效等级”“煤矿用通风机能效限定值及能效等级”等标准的制定。在标准的立项上，注重项目的系统性和完整性，使标准体系结构更趋合理、层次分明，不断推进标准体系的系统化、综合化。

（2）标准的制修订工作。2015年，风机行业共完成制修订标准17项，其中，国家标准2项、行业标准15项。

《工业通风机　用标准化风道进行性能试验》标准为国家标准的修订项目，该标准的修订，为保证产品质量、保证产品性能起到了重要的作用。该标准已于2015年8月和11月进行了两次标准的研讨，有15家企业参加通风机性能试验标准的修订工作。

制定了ISO13347－3 2004《工业通风机　在标准化实验室条件下通风机声功率的测定第三部分：包络面法》标准。当前我国还没有一项真正能够反映通风机噪声对整个环境影响的测量标准。ISO13347－3 2004《工业通风机　在标准化实验室条件下通风机声功率的测定　第三部分：包络面法》标准对声功率级的测量能够真正反映噪声对整个环境的影响。其技术内容规定了声学环境、试验装置、测量表面特点、测量表面的布置等。将其转化为国家标准，作为环保方法类标准，为提高我国通风机产品质量检测与国际接轨、提高产品的国际竞争力、提升我国通风机行业的产品质量有着非常重要的意义。该国际标准转化为国家标准，将填补我国风机噪声声功率测试布置方面的空白。

风机标委会组织制定了《一般用途罗茨鼓风机能效限定值及节能评价值》和《煤矿用通风机能效限定值及能效等级》两项能效标准。能效标准的制定为加强节能管理、推动节能技术进步、规范和引导用能产品市场，提供了检验的依据。《一般用途罗茨鼓风机能效限定值及节能评价值》标准适应罗茨鼓风机制造及应用领域的发展需求，整体提升罗茨鼓风机制造水平，促进了罗茨鼓风机设计、制造技术的进一步发展。《煤矿用通风机能效限定值及能效等级》标准制定后，将科学规范煤矿用通风机的能效限值，与煤矿用通风机节能认证配套，促进煤矿用通风机节能认证。

为淘汰技术落后产品、提高产品的安全质量和制造水平、推动技术进步，风机标委会根据企业及市场的需求，作为“十二五”规划的重点项目，完成了《防爆屋顶通风机》标准的制定。《防爆屋顶通风机》标准的制定，填补了该专业领域的空白，进一步规范了风机市场的秩序，增强了产品的安全性，完善了风机行业安全标准的体系。

（3）标准宣贯工作。为了更好地宣传贯彻风机行业标准，使标准在企业得到有效实施，根据国家标准委、工信部的相关要求，风机标委会于2015年9月对JB/T 8941.1—2014《一般用途罗茨鼓风机

第1部分:技术条件》、JB/T 8941.2—2014《一般用途罗茨鼓风机　第2部分:性能试验方法》、JB/T 10213—2014《通风机　焊接质量检验技术条件》和JB/T 10214—2014《通风机　铆焊件技术条件》4项标准进行了标准宣贯。此次宣贯会,邀请了长沙鼓风机厂有限责任公司和沈阳鼓风机集团股份有限公司的专家进行了宣讲。

(4)国际标准化工作。风机标委会承担国际标准化组织ISO/TC117技术委员会对口的标准化技术业务工作。为了加强国际标准化的交流与合作,加快风机行业与国际接轨的步伐,提高我国风机行业实质参与国际标准的能力,应国际标准化组织ISO/TC117的邀请,4月12日,风机标委会组织人员赴法国里昂参加第29次国际标准化会议。参加此次会议的有沈阳鼓风机集团股份有限公司、西安陕鼓动力股份有限公司和浙江金盾风机股份有限公司的代表共计5人。会议有来自中国、美国、俄罗斯、英国、德国、法国、意大利等11个ISO成员国家的34名代表出席。

此次会议讨论了《风机性能标准》《实验室方法进行声功率级试验》《能源效率等级》和《节能控制方法评估》等标准。会上确定了ISO5801《工业通风机　用标准化风道进行性能试验》技术性的内容,讨论了《能源效率等级》及《节能控制方法评估》标准。同时确定了2016年4月在北京召开ISO/TC117第30次国际标准化会议,会议由风机标委会承办。

(5)标委会的组织建设情况。风机标委会每年要调整委员单位及委员,2015年吸纳标委会委员4人,调整委员2人。

六、基本建设及技术改造

2015年,风机行业共完成固定资产投资196 993万元,同比下降14.6%。其中,设备购置119 344万元,同比下降17%。

2015年,沈阳鼓风机集团股份有限公司技改项目总投资1.7亿元,固定资产投资4.1亿元。当前营口透平装备有限公司项目一期建设内容已基本完成,现已具备生产能力,达到预期规划设计效果,为10万m^3/h空分压缩机组在营口基地的顺利试验提供了保证。同时,军工试验台建设项目核电主泵多功能全流量试验台按计划进行,为企业快速发展、不断提升装备制造能力提供了有力保证。

2015年,陕西鼓风机(集团)有限公司自筹资金300余万元进行了煤气透平液动旁通阀开发研制、丙烷制冷压缩机组的开发、叶片真空钎涂技术研究、单线100万t/a PTA工艺空气压缩机组开发、10万m^3/h等级空分压缩机组的开发、丙烷脱氢装置流程及压缩机组研制、MVR蒸汽压缩机开发等7项技术改造。

2015年,重庆通用工业(集团)有限责任公司基本建设和技术改造工作有了新的进展。风电重庆基地注册成立子公司,珞璜租赁厂区完成办公楼主体建设,成飞风电公司技术、生产等部门积极参与厂房、办公楼、宿舍的设计工作,提升了租赁厂区各项设施与风电叶片生产的适应性。江苏如东海上叶片基地累计投资近8 000万元,已完成厂房基础、钢柱的吊装工作,倒班楼、研发中心以及锅炉房等辅助用房已完成框架结构建设,为2016年4月竣工验收和试生产奠定了基础。此外,还启动了武威基地二期扩能项目,该项目完成后,武威基地可同时满足8套模具的生产,叶片年生产能力将提升到400套以上的规模。公司申报的国防生产能力建设项目在2015年11月获得了国家国防科工局正式批复并启动建设。项目总投资4 418万元,其中国家投资65%。该项目的实施,将大大提升公司离心式冷水机组的生产、检测能力,为满足国防生产需要提供了可靠保障。

2015年,江苏金通灵流体机械科技股份有限公司完成了高效节能型离心空气压缩机产业化技术改造项目,该项目企业自筹资金14 485万元,财政拨款为240万元。

山东省章丘鼓风机股份有限公司上市的3个募投项目:新型节能罗茨鼓风机项目,2015年投资766万元,主要购入伸缩式喷漆房、万向摇臂钻床;离心鼓风机项目,2015年投资60万元,主要用于购入电动双梁起重机等设备;气力输送生产(工程)基地,2015 年投资 222 万元,主要用于购入铣边机、等离子弧切割机等设备。2015 年,为缓解各子公司的生产压力,扩大生产规模,公司先后投资近 500 万元购买电动双梁起重机、五轴联动加工中心、万向摇臂钻床、铣边机、伸缩式喷漆房等设备。

上海德惠特种风机有限公司将原办公楼及厂房进行重新规划,将生产车间和办公场所全部搬迁到西面厂房和办公楼中。生产车间新采购 1 台激光切割机,更新多台焊接设备,淘汰较老且少用的辅助设备。在国家安全生产监督管理总局号召下,公司聘请外部指导老师对公司安全生产标准化体系建设进行指导,全体员工接受安全生产内部培训,生产车间陆续进行整理划分,制作安全生产标语,建立设备、行为和涉及人身安全的相关制度等。2015 年 11 月,公司获得工贸企业安全生产标准化二级资质证书。

浙江明新风机有限公司为扩大生产规模,坚持技改不停步,向技改要效益。自 2013 年公司新购土地对厂房进行扩建,至 2015 年完工并搬入厂房生产运作,对车间安全加强防范,购置灭火器,增设摄像头,同时每月接受上级检查和企业自查,对不符合项立即整改确认;增添先进的生产设备,提高工作效率。2015 年,公司投资 5 000 万元实施“年产万台节能接力风机”技改项目,建设起止年限为 2015 年 8 月至 2017 年 8 月,项目主要建设内容及规模:项目主要采用单边法兰单边喇叭口、叶片高压压铸成型、风机双叶轮设计等先进技术和工艺,采用先进的生产和检测设备,购置数控剪板机、车床、冲床、焊接设备、液压机、精密测量仪、计算机及应用软件等设备。项目建成后,将形成年产万台节能接力风机的生产能力,产品具有压力大、耗电少、效率高、外形美观、安装方便等特点,实现年销售收入 4 000 万元、利税 850 万元。

长沙鼓风机厂有限责任公司自筹资金 5 亿元实施迁建项目,2015 年全面启动搬迁新建前期工作,加速推进工程项目的实施。通过与市场和技术积极对接,寻找标杆,以节能、降噪、转型升级为导向,确定产品定位和主业发展思路,高起点谋划公司新址的规划设计,对工艺流程、设备配置进行了充分调研和论证,企业内部形成了初步方案,达成了基本共识。按照搬迁新建项目的整体思路,提出“产品细分后的流程管理思路”,明确了由原直线职能制转变为事业部制的设计构想。协调园区办理用地规划、报建等程序性工作;当前已通过项目立项批复、节能评估报告、水土保持方案、环境评估报告及中航飞机组织的项目评审;长沙市发改委项目评审基本通过。

威海克莱特菲尔风机股份有限公司 2015 年在车间内建立了完整的排尘系统,排尘管道能到达各个工位,保障车间内的空气质量,同时还增设了暖气系统,使工人的工作环境得到较大的改善。

湖北省风机厂有限公司围绕公司产品转型升级,进一步完善各项加工设备、检测设备。2015 年新增地铁风机叶轮固化处理炉、叶轮打砂设备、法兰成形机、丹麦进口全自动数控旋压设备等,对提高产品质量、提高生产效率起到重要的作用。

2015 年,肇东市风机制造总厂在风机产品技术改造上加大了力度,为粮食烘干行业进行了大批量改造,先后为几十家粮食烘干企业进行了产品改造,提高风机使用效率,使用户粮食烘干产量大幅度提高,为本企业和用户都创造了可观的经济效益。

七、企业管理及改革

沈阳鼓风机集团股份有限公司 2015 年全面深化现代化企业管理,提高企业运行效率。企业管理工作重心为“系统化”“深入化”和“常态化”,确定了“战略引领”“管理创新”和“精益深化”的工作思路,以战略管理引领企业发展方向,规划发展路径,把控发展轨迹;以管理创新平台夯实企业管理基础,创新企业管理模式,引导各管理体系落地实施;以精益生产管理巩固和强化基础,推动基层单位管理标准化和规范化。①全面开展战略管理,强化指导和引领作用,使战略管理“深入化”。完成集团公司“十三五”战略发展规划纲要,明确企业战略方针、目标、战略任务和重点、战略支撑与保障,作为企业“十三五”规划的纲领和方向指引;全面总结当前集团生产性服务业发展状况及存在的主要问题，完成编制生产性服务业规划，明确今后发展生产性服务业的重点工作和目标；完成编制“智能制造2025规划纲要”，全面布局集团未来十年智能制造发展方向。②深化品牌宣传推广，搭建品牌管理体系，使品牌管理“系统化”。成立了营销品牌工作组，启动营销品牌项目，完成制定品牌管理的总体规划，构建了完善的品牌培育工作体系，建立相关管理流程和制度，明确各部门职责和管理内容，为系统化开展品牌管理打下基础。同时，完成网站建设和宣传视频初稿；完成企业综合宣传资料收集工作；参加各类展览会、行业会议、开展论坛技术宣讲，大大增强了集团整体品牌宣传推广力度。③固化项目管理流程，使项目管理工作“常态化”。2015年，通过强化基础管理、细化项目执行步骤、增加风险预警机制、提高部门间合作力度等方式，有效提升了集团项目管理效率和质量。成功实施神华宁煤10万m^3/h空分项目、中石化涪陵－王场管线项目、中海油百万吨乙烯三机项目、大风洞项目、七台河宝泰隆6.3万m^3/h空分等重大项目执行工作。④建立企业管理创新和提升的长效机制，系统提升现代化企业管理水平。开展管理创新工作，各部门积极开展项目策划启动、执行监控、风险管理等活动，通过筛查确定40个管理创新课题立项工作；召开管理年会，对企业管理的历史进行一次全面、系统、科学的总结，对未来企业管理之路作出具有前瞻性的预判和部署，以持续推进企业管理创新发展道路；颁布了《关于全面深化企业管理的决定》，明确了重点任务，为集团各部门的管理工作指明了发展方向；强化企业管理宣传工作，营造舆论氛围，提升全员对管理的认知和重视；开展整章建制工作，升级内控体系文件，健全管理制度体系。⑤全面深化改革，推进企业创新发展。进一步深化国有企业改革，修订了《集团企业改革发展规划》，确立了创新和转型的改革主题，明确了企业改革下一步工作重点和措施；实施生产性服务业转型，成立了核电公司客户服务事业部，完成检验检测服务中心、设备管理服务中心、工程研发中心等单位开展服务业公司的策划和调研工作；完成测控公司远程中心揭牌仪式，“沈鼓云”服务平台远程监测中心正式上线运行；关于机构调整和流程变更，完成营口透平公司独立运行方案、往复机生产流程变更、成立集团信息化管理部等工作。⑥推进信息化发展，为转型升级奠定基础。完成了对ERP系统二期项目的最终验收，成功实现了BOM、生产、采购、物管、设备、财务等全部模块在集团12家分公司子公司的整体上线运行。当前已基本建立起系统运行工作模式，系统各项功能和流程也逐步得到理顺和固化。2015年，集团强化精益管理工具、标准、制度和流程的落地及执行，重新梳理了集团精益推进层级架构和职能，强化了对职能部门、车间、子公司的引导、规划、辅导、协调；车间策划开展自主推进、逐步提升现场精益生产水平及精益班组建设；优化精益点检评价体系，采取月点检与领导点检相结合，指导、监督、检查精益自主改善工作完成情况；开展精益课程培训，完成28次课程、85课时、722人次的精益培训。集团的生产系统从管理理念和工作流程上实现了优化，按照项目管理的模式，有计划组织成套生产和包装发运工作。同时，狠抓安全生产，切实保障员工利益。在经营压力较大的情况下，持续改善员工安全生产环境，开展了安全教育培训，为全体员工安排体检，全年无重伤以上事故发生。2015年，沈鼓集团荣获中国制造业500强、中国工业企业竞争力2014年度百强、国家两化融合管理体系首批贯标示范企业、节能减排先进企业等荣誉称号，“百万吨乙烯裂解三机”被评为“中国能源装备十大卓越性能产品”，“10万m^3/h空分装置压缩机组”被评为“中国能源装备十大年度创新产品”。

陕西鼓风机（集团）有限公司持续深入开展内部流程再造，强化高端能力建设。面对市场新常态的要求，陕鼓集团在2015年重新构建重大研发体系评审、立项流程，逐步建立集团高端研发能力。把日常技术准备和研发彻底分开，集中全集团的人力、物力、财力等资源来加强研发，满足市场对产品性能、质量、周期等方面的要求。集团实施了销售体系流程再造，根据市场需求进行大范围的调整，组建了新疆销售部，成立综合能源事业部、装备事业部；成立系统方案部，贴近市场前端，为客户提供满意的系统化解决方案。2015 年，陕鼓动力与 EKOL 公司签署了股权转让协议，并完成了股权转让的交割，正式成为 EKOL 控股股东。年内，公司从产业、团队、文化等多方面加快与 EKOL 的融合步伐，打造"同一个团队、同一个梦想"。陕鼓动力在香港、卢森堡等地分别设立子公司，从资金、技术、人才等多个方面搭建海外平台，国际化步伐越发坚实。

2015 年，重庆通用工业（集团）有限责任公司转型升级取得了明显成效，主要经济指标实现了快速增长，新产业实现了持续快速增长，传统产业新产品新市场也展现出热销行情，为公司可持续发展奠定了坚实基础。①三项制度改革有力。一是继续精简组织、优化结构。根据发展需要，公司本部持续对机构进行优化精简，合并减少了两个部门，二级综合管理部门已缩减至 12 个，比改革初缩减了 8 个，本部中层管理干部从 45 人减少到 31 人，干部队伍更加年轻化、知识化、专业化。同时，根据部门优化和职位变化，建立了更具市场化的薪酬分配模式，对管理人员薪酬进行了调整，初步实现了"干部能上能下、薪酬能增能减"。二是开展定岗定编、绩效考核。2015 年，公司开展了新一轮的"定岗定编"工作，完善了 377 个岗位的岗位说明书，并根据岗位说明书进行人员梳理，基本做到人岗匹配，分别从 1 月和 7 月开始推行中层干部和员工绩效考核管理。②改革改制有序开展。一是完成了美的通用股权转让，获得股权转让收入 1.76 亿元，并赢得了市场松绑，为公司重新进入民用中央空调市场创造了条件。二是经过 3 年多的努力，公司成功与机电集团、重庆市信息产业促进中心共同投资组建了重庆重通透平技术股份有限公司。该公司的成立将极大提升公司技术创新实力，为公司大型压缩机的开发提供可靠的保障，同时为公司开展向用户提供透平转子检测、维修和校核服务创造了条件。三是与广东华德工业有限公司合资经营板管蒸发冷却式空调，与北京桑德环境工程有限公司共同开发潼南工业污水处理等项目都在有序推进。③基础管理持续改善。一是产品制造周期有效缩短。为提高市场响应速度，从合同传递、技术准备、物资采购、生产内部衔接等各个环节入手进行针对性分析，制定具体的改进措施，有效提升各环节的运行效率和环节间衔接的有效性，大幅提升了产品制造周期。当前国内定型风机平均交货期 65 天，比 2014 年缩短了近 1 个月；全年按期交货率提高到 93%。面对节能产品订货增长快、供货周期短的情况，通过生产突击抢进度、抓质量，较好地满足用户需求。二是制度和职能明晰规范。2015 年，根据公司管理变革和机构调整，修订了《设备使用、维护管理及考核办法》《企业管理稽查管理办法》《采购招标管理办法》《生产生活环境管理办法》等制度 34 项以及质量管理体系，新增了《商业秘密管理办法》等制度 12 项，废止了《重通集团制度建设管理办法》等制度 5 项，并对公司部门职能职责划分进行了重新梳理，使公司管理职责更加明晰、制度更加规范。

2015 年，江苏金通灵流体机械科技股份有限公司加强内部管理工作。在安全管理方面，进一步完善安全生产规章制度，加强安全生产教育和培训，加大现场安全隐患排查，抓好应急演练，全年未发生亡人事故、消防安全事故，全年轻微人身安全事故共 7 起，控制在年度指标范围内，总体安全形势平稳。公司首次被评为南通市安全生产管理先进单位、南通市优秀协作组理事长单位。在财务管理方面，根据会计核算的需要，制定了详细的二级和多级明细，并且对各个科目的核算范围进行了明确规定。内部会计核算更加突出内部控制，保证有序、按时、按质地提供财务信息。在物资管理方面，针对当年原材料市场价格的下浮，对主轴锻件、叶轮锻件、滑动轴承等部件和部分外协加工的价格进行了多次洽谈，价格调整下浮。对发生金额较大、标准程度较高的物资实行全年集中招标采购，形成良好的招标采购氛围，为企业的节流降本工作做出了良好的示范。

江苏金通灵流体机械科技股份有限公司进行企业结构调整，实施外部并购。公司看好生物质发电的节能减排、循环利用的发展前景，2015 年 9 月 25 日，与高邮市林源科技开发有限公司的原股东签署了“增资收购协议”，将通过增资的方式，持有林源科技增资后的65%股权。双方通过优势互补，共享资源，做大做强绿色能源产业，扩大业务规模，从而增强公司的盈利能力。自成立江苏金通灵航空科技有限公司以来，公司快速推进高亚声速无人靶机的研发，并积极准备申请军工资质。公司与“锋陵特电”的原股东签署了“增资收购意向性协议”，公司拟用自有资金对锋陵特电增资 1 400 万元，持有锋陵特电增资后的70%股权。本次收购完成后，公司涉及军工的无人机、高端流体机械等产品的组装，柴油发电机组技术、市场等方面的积累，发展现有发电机组业务，在巩固并保持稳定增长的基础上，不断延伸扩展，积极开拓无人机、高端流体机械等产品的军工市场，打造军工业务平台。

山东省章丘鼓风机股份有限公司将管理工作深入细化到每一个步骤和环节，及时发现和解决管理中存在的漏洞和问题，实施科学有效的管理新方法。①科学规范管理。制定了《加强销售合同管理和销售提成管理的有关规定》，理顺产品销售、发货及销售提成流程；制定相关规定，规范公司在招标过程中“投标及中标履约保证金”的收取、退还程序；为保证安全生产，排除安全隐患，同时坚持厉行节约的原则，对油漆、汽油、稀料等制定管理规定。为了理顺公司国内业务销售发票的周转传递程序，保证发票传递的可追溯性，制定了《关于国内业务销售发票周转传递程序的规定》；为建立和完善适应公司发展要求的选人用人机制，加快推进后备干部队伍的建设，实现企业发展与人才成长的有力推进，举办了后备干部培训班；为加强车间洗工件用汽油的领用管理，本着合理使用、减少浪费的原则，制定了《定额发放的规定及奖惩办法》；为进一步加强企业内部管理，成立企业管理办公室。②落实安全生产责任制。根据上级对落实安全生产责任制的总体要求，将安全生产的目标责任进行了分解。对各级、各部门安全职责以及在安全生产工作中应担负的责任做了具体的规定，并层层签订了安全生产目标责任书，形成了纵向到底、横向到边，层层有分工、人人有责任的安全管理机制和网络，并制定了切实可行的考核办法和细则。③狠抓检查，消除隐患。2015 年，坚持日常检查和每周一全面检查，及时发现和纠正了职工的违章操作行为，及时发现并督促整改若干设备设施和现场的不安全状态和缺陷，消除事故隐患，减少或杜绝各类事故的发生。

浙江上风实业股份有限公司和浙江上风高科专风实业有限公司（原上虞专用风机有限公司）2015 年进行合并，资产整合，优化配置，成为专业生产轨道交通风机、核电风机、工业离心风机和工民建风机的国家重点高新技术企业。“上风”和“专风”两大品牌合并后，原浙江上风实业股份有限公司名称变更为盈峰环境科技集团股份有限公司，负责经营管理和投资运行，浙江上风高科专风实业有限公司负责风机业务。

2015 年，浙江金盾风机股份有限公司企业管理工作全面推进。①健全各项管理制度。公司继续加大对规章制度的管理，结合公司实际，在原有制度的基础上，不断进行改进和完善。根据公司实际情况起草了“绩效管理制度 - 生产单元”以及配套的“关于落实生产计划、实行送货制及实物入库”等相关规定。②深入开展现场管理。在原有 5S 管理基础上，公司引进健峰 5S + 自主保全活动，将现场管理、设备保养、团队建设等多方面内容同日常工作进行有效融合，使基层管理更加直观高效。③实行质量管理方案。为进一步加强质量管理控制工作，确保公司的质量管理体系有效运行，为客户提供更优质的产品服务，公司多次举行“质量月”等质量管理控制的相关活动。通过学习和探讨质量体系文件、提合理化建议、建立质量追查反馈机制等多种形式，提高产品质量和工作质量，真正把质量意识落实到每个员工的实际工作中去。④加强人才引进工作。公司通过地区人才招聘、网络招聘、校园招聘等多种方式招揽人才。全年共引进研究生 4 名、本科生 39 名、大专生 66 名，在一定程度上优化了人才结构。与此同时,公司不断完善员工招聘、录用、选拔和激励机制,保持公司人才资源稳定存续,实现人力资源的可持续发展。

山东格瑞德集团有限公司在开展企业转型升级工作中突出了6个特点:一是在中央空调领域推进"中央空调定制专家"这一理念和差异化竞争手段,不断开拓市场和业务渠道,抢抓市场,不轻易放弃业务机会,全年顺利完成了整体销售任务。二是集团整体复合材料产业业绩翻番,销售和生产组织均经受住了市场考验,集团继续引领复合材料产业发展。三是继续加强企业核心竞争能力的建设和培育,始终强调技术能力是企业的核心竞争力,在技术的引进和研发上增加投资。继续加大设备投资和生产能力建设,推动产品竞争力提升,打造企业品牌。四是加强制度建设和管理信息化推动,合理调整组织结构,不断优化和提升管理水平,以管理提升实现"培育卓越人才,成就百年基业"的奋斗目标。五是加强财务和资金管理,合理筹措资金,保障企业稳定,规避企业风险。六是重视企业发展各项环境建设,包括安全、环保责任、员工向心力、市场口碑、社会口碑、政府评价等各个方面的因素,保障企业健康发展。

2015年,长沙鼓风机厂有限责任公司生产中呈现品种多、批量小、交货期短、特殊产品和个性化产品比例增大的特点,这些新变化给生产组织带来一定的难度。公司对照企业成本控制方案要求,实行比价采购;强化物流管理,按照计划成套确保合理库存,尽量降低库存和在制品规模、减少资金占用额度,明确全年库存资金占用同比下降10%的目标。同时加强产销各生产单元的衔接和配合,跟进销售节奏,调整响应计划的模式,为实现产品现货供应的需要,设定了安全库存、预先投入准备计划;围绕旬计划和周发货计划加以落实和考核,应急计划完成率为95%以上,周发货计划完成率达到98%以上。公司在稳定发展主导产品的同时,提出了"罗茨、离心、螺杆三大板块齐头并进、服务互补、协同发展"的战略思路,重点围绕公司产品研发项目和迁建项目开展工作。公司加强特型风机项目的试制,大力发展特型风机、离心风机等延伸型产品;针对客户的个性化需求以及特型风机订单的综合性要求,掌控要点,快速响应,提供必要的技术支撑。加快多级低速离心鼓风机的设计开发及市场推广工作,为公司开辟新的效益增长点,2015年完成了6种型号离心鼓风机的研发任务。成立螺杆鼓风机项目研发组,启动重点新产品的研究开发步伐。公司完成了长沙市科技计划项目"罗茨水蒸气压缩机的研究与开发"及雨花区科技计划项目"C系列多级离心鼓风机的研发与应用"的申报;完成4项产品专利项目的申报。

平安电气股份有限公司面对国家宏观经济增速放缓和市场需求不旺的形势,聚焦"一体两翼,转型升级"的战略目标,按照"顺势而为,稳中求进"的整体要求,贯彻"二次创业,转型升级,分部突围,分项到位"的16字方针,加快资源整合,创新机制,严格内控。坚持走专业化发展道路,以掌握核心应用技术为发展动力,以满足和解决客户在"通风安全、职业健康、节能环保"的核心需求为己任,加大在矿井通风领域的产品开发和信息技术创新融合力度,继续加快市场开发力度和产业整合步伐,不断提升公司生产规模、市场占有率和盈利能力。通过实施内部流程再造计划,逐步建立起覆盖研、供、产、销及后勤支持等全过程的管理体系,实现生产要素管理向企业综合管理的飞跃。

2015年,四平鼓风机股份有限公司面对合同量的不足、交货期短、产前准备难度大等不利因素,加强生产组织,确保生产任务,满足顾客需求。一是咬定目标不放松,对各月下达的产值指标要求必须完成。经过不懈努力,较好地完成了全年各月生产任务,其中主机和配件产值与上年持平。二是加强与销售部门的沟通,合理编制生产作业计划,对临时急需的产品随时安排,加大生产调度和考核力度,满足客户需求。三是克服资金紧张、采购周期短等不利因素,拓宽供货渠道,加强物资供应保障,基本满足了生产需要。四是认真抓好设备保障,对生产中出现故障的设备及时组织抢修,完成了C61160重型卧式车床、C61125A卧式车床大修和

72 台设备的二级保养,自制了 30t 液压拉床和手动打砂机各一台,满足了特殊产品加工需要。同时,加强起重机巡检,恢复起重机限位器并加装超载限重器,保证了安全生产。五是各车间面对实际困难,在相关职能部门的配合下,积极主动想办法克服,并通过重新划分班组和打破车间、班组及工种界限,加强人力调配,利用二次分配充分调动职工积极性,确保按要求完成生产任务。

浙江明新风机有限公司狠抓安全不放松,重视环保求发展。2015 年落实安全生产责任制,在与街道签订安全责任状的同时,企业与车间、班组层层签订安全生产责任状,责任明确,措施落实到位,严格实行安全生产“一票否决制”。公司定期开展安全生产教育和培训,职工上岗前、转岗后实行企业、车间、班组(岗位)三级教育。对一线职工职业技能进行培训教育,将叉车工、起重工、电工、焊工等特殊工种及高级技工送专门培训学校学习和实践,熟悉操作要领,确保持证上岗;定期开展劳动竞赛、合理化建议、技术比武等活动。公司开展“安全生产月”活动,对火灾、触电、机械伤害等安全事故进行现场演习;开展“安康杯”竞赛活动;开展安全生产领导小组讨论会议,分析、解决安全生产中的重大问题。公司坚持对从事职业病危害作业的职工(焊工、油漆工、食堂人员)开展职业卫生教育和年度职业健康检查。

山东海福德机械有限公司面对持续低迷的经济形势和日益激烈的市场竞争,不断提升自身实力,转变经营思路,狠抓质量管理,创新求变,开拓市场,在同质化的市场竞争中逐步打造出具有企业特色的差异化发展之路,实现了企业健康稳定发展。①加强制度建设,提升基础管理。进一步完善了《销售管理规定》《信息部业务管理规定》等多项管理制度,加强了绩效考核及激励措施,进一步提升了全体员工的工作积极性。②采取更加灵活的销售政策。一是价格灵活,二是应对措施灵活,三是服务灵活,为办事处提供更多支持,为客户提供更多、更好的服务。③合理布局销售资源,对个别业务员销售区域进行调整,鼓励有能力的业务员到临近空白区域开展业务,加大信息部对空白区域业务开展的力度。④加强对业务员培训,进一步提升专业知识和业务能力。⑤加强企业宣传,突出产品卖点。坚持以“打造行业性价比第一品牌”为战略目标,多渠道、多方式加强宣传,并以此为差异化特点,突出“质量取胜、品牌销售”的企业发展道路。⑥加强售后服务,秉承“本次好的售后服务是下次业务开始”的服务理念。加强售后服务人员的过程管理与监督;货物发出后加强跟踪管理,货到后以短信或电话形式指导客户安装调试,或派员到现场进行指导;无论质保期内,还是质保期外,产品出现故障都及时为客户解决问题。⑦公司自身销售取得突破。鼓励销售管理人员积极到市场中锻炼,提升业务能力。⑧大力开展电子商务业务。公司开展电子商务工作以来,人员规模不断扩大,业务能力不断增强,销售业绩稳定增长。2015 年公司继续加大投入,新建营销型门户网站、手机网站、微信平台,继续与多个网络销售平台合作,不断开拓国内外市场。2015 年,公司与“好品山东”签订了合作协议,借助其渠道优势进入中国制造、阿里巴巴等更加强大的网络平台,进一步提升企业宣传力度。

罗滨森(大连)通用设备有限公司重视现代化企业管理理念,引入先进企业管理案例,进行大胆的尝试和改进,在反复论证的基础上,建立了一整套符合自身特点的技术研发、产品制造、质量控制、资金运作、市场策划、客户服务的运营体系。罗滨森公司在面对复杂多变的宏观经济形势、竞争激烈的风机行业的严峻考验下,坚持“科研现代化,服务最优化,市场全球化,品牌国际化”的经营理念,通过突出服务、创新、质量、效率、效益,强化生产组织管理,积极推进系统降本,切实加强品牌建设,开发新品优化结构,深入推进绩效考核等方法,从而保持着平稳有序的发展态势。根据公司内部优势和市场竞争机会,制定了长期发展战略规划——三横四纵五步,遵循工业 4.0 的发展道路,用产品个性化设计理念替代当下流行的系列化设计,服务于用户从订货到运行的全过程。由总部统筹管理,形成资源统合、业务整合，逐步迈入集团化发展进程。公司以技术创新、业务发展为原驱动力、有形资产及无形资产同步增容为前瞻目标，以集团上市、长远持续绿色发展为根本战略指向。

八、企业节能、降耗、减排情况

2015 年，风机行业 135 家统计企业生产用钢材消耗量 451 686t，同比下降 12.8%；全年用电量 35 757万 kW · h，同比下降 3%；全年水消耗量 3 827 735 m^3，同比增长 12.8%；综合能耗总量 72 585t，同比增长 1.3%。

沈阳鼓风机集团股份有限公司为贯彻国家、省、市关于进一步加强企业节能降耗工作的安排部署及《沈阳市重点用能企业节能管理达标活动实施方案的通知》《2015 年节能监察工作安排的通知》等文件精神，有效落实 2015 年集团公司经营方针，实现企业确定的产值目标，进一步强化能源管理，开展节能、降耗、减排工作。具体做法如下：①不断完善集团能源管理三级网络。组成了由集团领导任组长、相关职能部门领导为成员的集团节能管理领导组。能源动力部负责全集团日常节能管理的组织、监督、检查和协调工作。②坚持巡检制，对厂区能源使用、节能降耗情况进行现场巡检监督。坚持日检查、周公示，月季总结，年评比，及时做节能提示，表扬先进，纠正违规用能现象。③加强能源统计分析工作，细化每月各种能源消耗量统计分析，增加各部门消耗情况变化与生产工时动态完成数据分析整理。每月统计上报厂区各部门、各生产单位能源消耗与完成工时情况同比增加减少及比例关系。④加强公司用能定额管理工作，制定并不断完善各种用能定额，对生产车间实施“机加工时单位耗能定额”，对非生产车间实施“限量定额”，考核各指标的执行和完成情况。⑤加强对热处理车间为主的重点耗能管理，配合热处理车间提高炉热利用率、装炉率，对热处理燃气炉加装了二次流量仪，准确区分生产用量和采暖用量，并不断完善能源计量仪表，配齐各种能源计量仪表。⑥加强对峰、谷、平用电合理使用，下发峰、谷、平用电的指导意见。针对大功率电动机试车、大功耗电炉、大型机加设备等，多利用下午（平）、后半夜（谷）进行。合理调控用电设备，提高功率因数，达到了电业局要求的功率因数 95% 以上，年节约电费 120 万元。⑦大力开展节能宣传和节能技术培训工作，在 2015 年以“节能有道、节俭有德”为主题的全国节能宣传周期间，组织全集团节能员参加铁西区“低碳节能活动月”的宣传活动。同时利用集团广播站、沈鼓信息报、办公局域网、各车间宣传板等传达和宣传国家节能法及节能降耗小常识、节能先进事迹、节能措施，提高节能意识，发动员工为节能降耗提合理化建议及实施措施。2015 年，集团综合能耗 14 013t 标准煤，同比下降 13.89%，万元产值综合能耗为 0.013 7t 标准煤，万元增加值能耗为 0.073 8t 标准煤。集团节能工作受到了省、市各级领导的肯定和好评，并被工业和信息化部授予“全国工业领域电力需求侧管理示范企业”，也是辽宁省首家获此殊荣的企业。

四平鼓风机股份有限公司开展挖潜降耗，加强物资管理和库存长期积压物资的利用，2015 年对 20 个出厂号的产品进行了顶用，回收入库电动机 16 台，利用传动组 20 余套，有效盘活了资金。同时，通过利用边角余料、套材下料和工艺改进等措施节约钢材 542t，降低了消耗，增加了经济效益。

2015 年，罗滨森（大连）通用设备有限公司进一步加强生产设备管理和工艺指标分析、控制，并针对上年高负荷生产运行出现的一系列问题多次召开专题会议，强调员工重责，提高员工责任心，杜绝重大安全事故的发生，使设备完好率、开车率、工艺指标合格率不断提高，各装置基本实现了长周期、安全稳定运行，消耗明显下降。全年综合能源消费量约 261t 标准煤，同比下降 6.12%；电力消耗 113 万 kW · h，同比下降 5.83%；工业生产用钢材消耗 8 431t，同比下降 7.65%。

平安电气股份有限公司通过加强管理和调整结构等一系列措施，推动公司向节支降耗要效益。①重新调整公司内部机构，调整为营销、技术、交付、行政、财务五大中心，员工在年初时共计 483 人，至年底时共 310 人。②开展节能、低成本新产品研发，实行更严谨的技术设计、优化工艺方案。③进一步降低采购成本，控制库存，加强生产过程控制，严格财务核算，对全年需求量在5万元以上的原材料均采取合同招标制，同规格、同质量产品与供应商反复沟通价格，每吨钢板平均下降100余元，电动机价格下降5%。④开展节能行动，制定实施《公司节约用电管理规定》，完善用电管理，提高全员节约意识，建立节约奖励机制，减少管理费用支出。

九、企业人力资源管理情况

沈阳鼓风机集团股份有限公司完善企业人力资源管理体系，促进企业和谐发展。集团进一步完善高端稀缺人才引进机制，2015年引进上海交通大学、大连理工大学博士研究生2人，国家重点院校硕士研究生30余人；强化人力资源信息化建设，完成ERP人力资源模块优化，提高人力资源管理水平；完成22名部门助理级青年后备干部的培养、推荐、选拔工作。2015年，沈鼓集团层面组织的各类培训班有138个，共培训13 001人次，完成210 047.5学时的培训任务；沈鼓集团人力资源部监督指导各基层单位完成二级培训153项，涉及6 293人次，完成16 025.5学时。①沈鼓集团中层干部培训：全年完成6学时，2个班次，360人次培训内容。分别为中干财务制度宣讲及集团公司绩效管理办法培训，并对参加培训的中层干部进行了档案信息维护。②新员工培训：完成2014年入职的62名员工岗位实习课程，共计180学时，并于6月末顺利完成新员工答辩；完成2015年新入职的92名新员工的基础理论知识（30学时）、现场实习（288学时）、技术理论学习（254学时）的培训课程。相比往届，进一步拓宽了新员工培训的内容，并强化了培训的针对性。③技术人员培训：全年针对技术人员开展了知识产权培训、工艺CAPP系统应用培训等7项内容，共计完成2 699.5学时，强化了各类技术人员的岗位业务理论，并增强了工作技能的培育，加强了标准、法规的执行力。④技能培训：按计划完成技能工人80学时的机械理论培训和200学时的技能培训，同时还对焊工进行了400学时的技能操作培训。其中，集团人力资源部杨建华技能大师工作室通过对基层单位的走访、调研等多种形式，拟定了针对高级技师以上人员开展专业理论知识的培训，由工作室牵头组织全集团生产一线的6名优秀技能专家对80多名技师以上级别的高技能人才开展了40学时的培训，培训结束后进行跟踪和反馈。⑤管理人员培训：组织办公软件培训，共培训50名学员，培训3学时；明确各基层单位人事专员的工作职责，并开办了人力资源业务流程的培训。⑥营销人员培训：按照集团公司的年初计划及销售人员培养方案的要求，针对不同层次的营销人员，开展了多角度的培训。3—5月对80余名销售专员开展80学时的离心机产品知识、离心机生产制造过程、产品相关检验知识等的一系列培训。

陕西鼓风机（集团）有限公司提升员工业务能力，适应市场化，开展大练兵活动助力职业化团队建设。2015年，公司开展全员岗位大练兵和竞赛活动，针对新兴业务、生产管理等组织了公共培训，各团队及部门也针对业务需要组织培训练兵。为了验证效果，公司启动管理层带头、全员参与的岗位练兵竞赛活动，对1 126名管理者及员工的管理能力、岗位能力等进行了考核。2015年，共收集员工创新创效方案2 209条。公司还开展了“寻找用户痛点”和“陕鼓创新大讲堂”活动，明确创新的市场化目标，激发员工立足岗位进行创新的热情。公司修订岗位创新创效管理办法，利用MOA平台搭建了创新创效方案申报评审电子化处理平台，实现了创新管理向信息化的转变。在人力资源管理方面，加速清理人力资源的负资产，打造市场化团队。公司进一步强化人员负资产清理，建立市场化的业绩评价机制，对部门绩效不佳的员工进行降薪、淘汰等；取消了执行22年的内退政策，进一步优化了市场化的用工机制。

2015年，重庆通用工业（集团）有限责任公司人力资源开发与培训水平持续提升，全年引进研究生7名、本科生7名，社会招聘人才58名，其中高级职称2名。公司组织开展培训225次，参训人员达到3 679人次，其中内部培训3 357人次，外部培训322人次。公司颁布并实施了《重通集团技术系统人才队伍建设规划》和《重通集团技术系统人才队伍建设实施办法》,针对产品和共性技术,成立了14个专业团队,形成老中青结合的技术队伍,加强了技术交流和传承,激发了技术人员的学习热情。2015年新增8名高级技工、12名技师、3名高级技师和21名多能工。

2015年,江苏金通灵流体机械科技股份有限公司根据公司整体订单情况,招聘工作主要放在集团内部人员的调配上面,对外招聘岗位集中在营销人员、数控操作人员、普车工、装配钳工上面,全年新进销售人员27人、数控操作人员21人、普车工10人、装配钳工4人。全年组织及参与组织各类培训近65场,培训近500人次,发生培训费用41.29万元。2015年获南通市高技能人才培训津贴10.03万元、职称津贴2.5万元,全年新增中级职称5人、初级职称21人。

2015年,四平鼓风机股份有限公司根据企业生产经营情况对技术、质量等相关部门和相应的中层干部进行了调整,加强了人力资源配置,录用技术、管理岗位人员和车间技术工人等10名,对长期待岗人员区分不同情况重新充实到相应的岗位,对超期旷工人员按规定解除了劳动合同。同时加强了职工教育培训,提高员工素质,先后组织了新职工入厂教育培训、喷漆工技术培训、起重工培训、特种作业人员换证培训、会计年检培训和中层以上领导干部管理知识等培训347人次,共计100余学时。

山东省章丘鼓风机股份有限公司随着公司收入和产能的增加,公司总体经营规模不断扩张,面临资源整合、技术开发、市场开拓、内部管理等方面的新挑战。为此,公司对各级管理人员进行培训,并引进各类人才,使公司管理水平能适应公司规模迅速扩张的需求。公司对员工采取自主培养的方式:一是“请进来”,举办专家讲座,学习交流。公司聘请知名专家教授来公司为不同岗位员工进行培训。二是“走出去”,到同行业厂家参观学习,并派遣部分技术骨干到美国、日本、印度等参观学习考察,开阔视野。三是内部培训,招聘大学毕业生并进行培训,促进个人和企业成长。公司持续开展学习型车间、班组建设,使技术人员开阔工作思路,增长知识,充分调动了技术人员的工作热情和创新积极性。公司在自主培养人才的基础上,广泛引进高端人才,充分运用现有聘请日本专家博士、与国内名校教授的合作经验,与国内外有志之士广泛联系与合作,引“智”借“力”,提升公司技术和管理能力。根据公司劳动密集型的特点,公司注重发现并培养有潜质的技术工人,提供从组长、副班长、班长、工段长、车间主任、副厂长、厂长的岗位晋升机制,体现能者多劳、多劳多得的工作机制。

平安电气股份有限公司不断提升“科技创新以人为本”的意识,通过培训、引进、聘请、机制改革等方式吸收优秀人才,搞好人才队伍建设。每年制定培训计划并组织实施,培训计划包括内训和外训两个部分,外训主要是参加省市有关部门举办的各项知识培训和讲座,内训主要以技术业务培训为主和聘请专家来公司讲座。公司任职人员及研发人员的培训率需达到100%,全员的培训率达到80%以上。2015年,公司培养了品牌经理1名。

威海克莱特菲尔风机股份有限公司组织第二届技能大赛,通过技能比赛,优化了生产一线员工队伍;通过师带徒模式重点培养青年人,加强了技术人才储备。通过外部招聘充实岗位人员21人,其中引进中国石油大学、山东科技大学硕士3人,提高了公司在CFD仿真分析和有限元分析方面的能力。结合年度绩效反馈,通过走访调研,制定年度培训计划,主要涉及安全、环境、质量、精益生产、项目管理、成本控制等方面,采取内训和外训相结合的方式开展培训。公司2015年引入KPI绩效考核方案,进一步优化薪酬结构,薪酬发放打破固定工资模式,向有能力、工作表现突出人群倾斜。公司大力推荐内部轮岗、内部兼职,提高劳动生产率,形成了以基本工资为保障、绩效工资为方向、补助与福利为辅的薪酬政策。

十、信息化建设情况

沈鼓集团多年来以技术先进性保持产品在国

内市场的竞争力。集团所属离散制造行业，产品特点是多品种、小批量、零部件生产加工过程复杂，同时客户对产品个性化定制需求日益强烈，在这样的情况下，集团需要通过信息化推动企业技术创新和管理创新，支撑企业发展的可持续竞争优势。①建成先进的企业网络平台、网络安全系统、数据备份系统，极大地提高了网络应用效率和信息数据安全性。②建立 CAD、CAM、Pro/Engineer 等工程信息化系统，提升产品设计研发能力，加快了技术创新步伐。③建立 DNC 系统、MDC 系统等数字化加工系统，采用自主研发的特殊数字仿真加工工艺，缩短制造周期，保证产品加工质量，减少了加工工序，提高加工效率，减少错误率，降低了企业的各种损耗。④对 ORACLE ERP 系统进行全面升级改造，完成系统从原有单组织工厂管理模式向集团化多组织管控模式的转变。通过构建以财务业务一体化为核心的 ERP 平台，实现了企业资源和信息的全面共享，实现了企业产供销、人财物等业务的流程化管控，实现了物流、资金流、信息流的统一，满足了企业集团化管控以及内控管理需要。⑤对集团原有新编码系统、PDM 系统、CAPP 系统、MES 系统等进行全面整合和全方位优化升级，实现新编码系统、PDM、CAPP、ERP、CRM、MES 等系统间的全面集成，打破了信息孤岛，实现数据的集成和共享，提高了工作效率和质量。⑥自主研发新办公自动化系统，包括邮件、发文、公告、工程应用、秘密文件管理、精益管理、产品报价、行政审批管理等，该系统成为集团日常办公和生产经营流程中不可或缺的协同办公平台。⑦CRM 客户关系管理系统在集团各子公司销售部门成功上线运行。产品主要功能包括对销售线索、商机、合同、回款等信息的全面深入管理，系统在各子公司的成功上线使用，大大提升了销售业务管理水平及业务数据分析、处理和决策能力。⑧利用网络技术和专家知识库建立了物联网应用系统，实现机组远程在线监控、诊断和报警功能。系统实时分析机组运行状态，一旦出现不正常现象，可立即采取相应措施，为用户提供安全、可靠的保障，减少用户直接和间接损失。⑨对客服公司 Callcenter（呼叫中心）系统进行全面升级改造，系统主要包含技术任务、三包任务和派工任务三大模块。现场问题处理过程及处理结果能够完整地保留记录在系统中，方便服务人员及用户随时查阅。现场服务效率不断提升，服务人员技能水平和服务质量明显提高。

2015 年，上海鼓风机厂有限公司信息化管理得到进一步加强。通过向股份公司学习取经，不断提高公司的信息化管理能力，为企业的营销、服务、设计、生产、采购、财务、管理等提供规范化、标准化的模块和信息库。公司建立了统一的采购合同管理模块和统一的采购合同平台。针对不同的合同类型，采用对应的合同条款模板、条款内容模板，并从系统中直接打印，使公司的采购合同管理无论是格式或数据都更加规范化、标准化。公司完成备件合同价格库指导价管理，所有录入 ERP 的合同明细需经过经营管理中心核价并制定指导价，从流程上、数据上进一步规范了备件合同的内容及价格。

2015 年，重庆通用工业（集团）有限责任公司搭建了公司信息化基础架构，办公自动化系统、人力资源管理系统和进销存管理系统按计划实施，公司被列入重庆市“两化融合管理体系贯标试点”单位。公司成功开发出“旋转机械远程监测及故障诊断系统”，将现代信息技术与传统工业深度融合，集转子动力学、机械故障诊断学、仪表自动化控制理论、计算机信息技术等为一体，有效实现了产品物联网化。该系统是集设备运行状态感知、数据分析及决策应用于一体的物联网应用平台，可对客户的设备实施全过程、全方位、全天候的状态管理，能帮助客户准确掌握机组运行状况、合理安排维修改造等。同时，公司将设备在线监测诊断功能融入智能手机客户端中，为实时浏览设备运行状态、获取实时报警信息等提供了更加便捷的通道。该系统的成功研制填补了公司在智能服务领域的空白，是重通集团实现传统工业企业向服务经济战略转型进程中的重要一步，是未来开展个性化服务业务的坚实基础。

平安电气股份有限公司进一步对 OA 系统开

展优化升级，完善销售、存货业务管理。公司新搭建营销管理信息系统，针对公司的售前、售中、售后特点，完成销售管理、服务管理、资金管理三大业务模块的信息化实施，对销售项目、销售合同、应收账款、安调服务的关键业务、关键时间节点提供较好的预警提示。通过对信息系统的管理和优化，提高办公效率22%，销售费用降低10%，物流成本降低10%，制造成本降低2%，交货期缩短8%。

河北骞海鼓风机制造有限公司引进用友U8供应链管理模块，通过其采购计划、采购管理、库存管理、存货核算等系统模块，有效地管理库存物资，实现在各个用户端都可以查询公司的物资库存、在制品存量、安全库存、成品存货情况，达到了数据唯一、实施共享、多路径查询的目的，为公司的生产计划、销售决策、财物核算等提供了准确的数据支持，真正实现了会计电算化。公司实行计算机记账、打印凭证、计算机管理固定资产，月底、年底自动结转，自动生成资产负债表、损益表、现金流量表等财务报表，大大简化了财务结算工作，提高了工作效率。

罗滨森(大连)通用设备有限公司引进BPM业务管理平台，通过对内、外部业务流程的整个生命周期进行管理、监控和优化，进行跨应用、跨部门、跨合作伙伴与客户之间的各种业务环节整合的信息化管理，实现企业管理的标准化、流程化，以提高工作效率和工作质量，使高层的经营决策更加信息化和科学化。

〔撰稿人：中国通用机械工业协会风机分会刘蔷、郭绍华　审稿人：中国通用机械工业协会风机分会董友〕

2015年阀门行业概况

一、行业总体运行情况

据国家统计局统计，2015年，我国共有规模以上阀门制造企业(年销售收入在2 000万元以上的企业)1 806家，资产总额1 948亿元，生产阀门994.11万t，实现主营业务收入2 566亿元，实现利润总额172亿元，完成出口交货值344亿元。

由于区域经济、资金、技术、人力、交通和配套能力等因素，我国阀门制造产业主要分布于工业相对发达地区，按照产值和销售收入排在前十位的省市有：江苏省、浙江省、上海市、天津市、河南省、山东省、辽宁省、福建省、四川省和河北省。安徽省、黑龙江省、湖南省、广东省、甘肃省和宁夏回族自治区也有部分具有较强竞争力的优秀阀门企业。

二、行业骨干企业情况

据中国通用机械工业协会阀门分会统计，2015年，参与统计的阀门骨干会员企业有142家，共完成工业总产值397.4亿元，比上年下降1.53%；实现主营业务收入378亿元，比上年下降1.3%；实现利润总额35亿元，比上年下降7.7%；完成出口交货值56.4亿元，比上年下降7%。工业总产值超过1亿元的阀门企业有100多家，工业总产值超过5亿元的企业有27家。

三、科技创新及技术进步情况

创新是企业发展的核心动力。阀门行业骨干企业在技术创新方面做了较大努力。

大连大高阀门股份有限公司开发了大量核电阀门新产品，涵盖核一级、核二级、核三级阀门多种品种。2015年，核一级低泄漏球阀、高温气冷堆主蒸汽隔离阀经权威机构鉴定，主要技术指标均达到国际先进水平；开发的长输管线高压大口径全焊接阀门及LNG超低温阀门已大量供货；开发的超(超)临界高压疏水阀、高排及抽汽逆止阀、高加三通阀和石油化工及煤化工高温高压阀、耐磨球阀、氧气阀等已开始批量供货。

河南开封高压阀门有限公司参与了国家能源局组织的“超(超)临界火电机组关键阀门国产化”项目,共完成7台样机的研发任务,包括高加给水液动三通阀(入口)、高加给水液动三通阀(出口)、电动高加入口三通阀、主蒸汽暖管F92整体锻钢闸阀、高排逆止阀、一段抽汽逆止阀和给水泵汽轮机排汽蝶阀。2015年,该项目获得中国机械工业科学技术奖三等奖,多数样机产品已经应用于江苏南通电厂和河南焦作电厂等超(超)临界火电机组,使用状况良好。该项目获得专利8项,包括一种高加给水液动三通阀新型内置液压缸、一种节流型疏水阀、一种试压系统高中压水路快换装置、一种卡箍式对开环试压盲板、一种高温高压阀门用组合填料结构、一种新型平行双闸板闸阀导向结构、内缘法兰连接试压工装和高压自密封端盖双件性能测试方法等。

中核苏阀科技实业股份有限公司在核电站用关键阀门的样机研发方面取得重大突破,多次填补国内空白。2015年,公司研制的CAP1400主蒸汽隔离阀(*DN* 1050)样机通过专家组鉴定,样机的成功研制意味着公司掌握了主蒸汽隔离阀的设计、制造和试验技术。公司在核燃料真空阀及浓缩铀生产关键阀门研发上也取得一定业绩,高真空耐压阀、电动/手动鱼雷真空阀、电动/手动转筒真空阀、高真空耐压调节阀等四大类关键阀门已基本实现国产化,产品总体性能达到或超过进口产品水平,成为国内核燃料专用阀门的骨干生产企业。在石油化工领域,中核苏阀科技实业股份有限公司研发的渣油加氢处理装置高压临氢Y型截止阀、乙烯装置高温高压阀门等被中石化组织的国内权威专家鉴定为国际先进水平。公司研发的超(超)临界火电机组用关键阀门多台样机通过国产化验收。

宣达实业集团有限公司加大科技研发投入,成立了浙江省重点企业研究院“宣达耐腐蚀特种金属材料研究院”,专注于前瞻性、基础性研究。公司启动了5个应用基础研究项目、15个应用技术开发项目,完成60项以上自主知识产权产品的开发,申报专利成果60项,通过省级新产品鉴定项目6项。当前宣达集团共拥有专利77项。同时,宣达集团着力新材料研究和产品开发,2015年获得了耐海水腐蚀冲刷专用蝶阀、高性能钛合金双向压全金属硬密封蝶阀等产品的科研成果,实现了以特种材料研究为突破、以生产防腐及耐高温等特殊工况条件阀门为主的转变。

江苏神通阀门股份有限公司建成了江苏省核电阀门工程技术研究中心、江苏省企业技术中心、江苏省核电阀门重点实验室、国家级博士后科研工作站等科技创新平台。公司技术中心实验室通过了CNAS认证,先后承担了国家火炬计划项目1项、国家成果转化项目1项、国家创新基金项目1项以及省成果转化项目2项,开发了4个国家重点新产品、34个江苏省高新技术产品,授权了142件中国专利(其中发明专利7件),获得12个省、市级科技进步奖。公司充分利用产学研合作平台,应用新技术、新材料、新工艺,开展新产品的研发及老产品的更新换代工作,不断优化产品结构、提高产品可靠性、降低生产成本,多渠道地引进、消化、吸收国外先进产品技术,积极参与高端阀门国产化的研发工作。在核电阀门产品领域,江苏神通阀门股份有限公司优势地位突出。在我国核电工程用阀门的一系列国际招标中,获得了这些核电工程已招标核级蝶阀、核级球阀的全部订单,实现了这两类产品的全面国产化。受国家能源局委托研制开发的“第三代核电站用核安全级蝶阀”等系列产品进行了样机技术鉴定,专家组一致认为:公司研制开发的“第三代核电站用核安全级蝶阀”以及与上海核工程研究设计院联合研制开发的“第三代核电站用核安全级球阀”和“第三代核电站用核安全级气动装置”等产品填补了国内空白,并达到国外同类产品先进水平。2015年,完成了仪表用核级截止阀、三阀组等仪表用核级阀门的鉴定验收。在冶金阀门产品领域,江苏神通阀门股份有限公司的产品主要应用于对冶金企业具有节能、减排及降耗效果的高炉煤气全干法除尘系统、转炉煤气除尘与回收系统和焦炉烟气除尘系统,主要产品市场占有率达70%以上。

江苏神通阀门股份有限公司开发的煤化工苛刻工况特种阀门在神华集团、洛阳石化、烟台万华等工程项目中得到了成功应用,开发的超(超)临界火电站给水泵汽轮机排汽蝶阀应用于华能电厂、大唐电厂,开发的罐车专用系列阀门使中集集团南通公司的集装箱阀门实现了国产化,开发的LNG专用阀门使中石化山东LNG接收站的阀门实现了国产化,开发的波纹管低温球阀通过了新产品鉴定。

上海阀门厂有限公司注重新产品研发,参与了国家能源局组织的“超(超)临界火电机组关键阀门国产化”项目,研制的超(超)临界火电站用再热器和过热器安全阀通过了国家能源局鉴定,并在万州电厂和句容电厂得到良好使用,深得用户好评。同时研制成功百万千万核电站主蒸汽安全阀和稳压器安全阀,并通过用户验收。

上海电气阀门有限公司、五洲阀门有限公司和成都乘风阀门集团有限公司在新产品开发方面取得大量成果。大口径全焊接球阀获得突破,在原来筒形全焊接阀门不断推广应用的基础上,全面开展球形阀体全焊接阀门的开发,使得阀门材料得到更有效利用、更趋轻量化。并在口径压力级上获得突破,研制成功56″ Class900球形全焊接管线球阀,于2015年10月底通过了国家能源局鉴定。

上海电气阀门有限公司完成了股权结构变更,中方收购外方股权取得成功,启动了技术升级改造项目“天然气长输管道关键设备国产化高压大口径全焊接阀体管线球阀形成批量生产能力”技改项目,投资近1亿元扩充场地和增添设备,扩建生产面积约5 000m^2,增加大吨位起重设备、各种数控加工中心、立式车床、满足60in(1 500mm)阀门压力试验需要的4 600t压力试验设备、满足60in(1 500mm)阀门焊接需要的2G位置窄间隙热丝TI焊设备,实现大型阀门零件的自主加工,形成高压大口径全焊接阀体管线球阀批量生产能力。

五洲阀门有限公司和上海电气阀门有限公司及成都乘风阀门集团有限公司情况类似,自2010年10月长输管线48in(1 200mm)全焊接高压力球阀通过国家验收后,该类产品的国产化取得了大量业绩。在西气东输三线西段的建设中,国产化率就达到近50%,在西气东输三线东段建设中国产化率达到100%,产品性能及技术指标达到国际先进水平。进口产品的报价比国产化前下降50%,在国内、国际市场的竞争中国产化产品仍能保持30%的价格优势,为国家重点工程建设节约大量投资。该公司在该系列产品的国产化市场占有率约60%,为企业发展带来了良好的经济效益。长输管线大口径高压力全焊接球阀国产化项目不同于以往我国工业产品简单的仿制,在其研发的过程中产生了大量拥有自主知识产权的专利技术,产品性能和技术指标达到甚至超越国际标准。公司充分发挥已有的技术优势和市场优势,走专业化发展道路,成为国内最好的球阀生产企业之一,已经研制成功球形和筒形的56″ Class900全焊接管线球阀,于2015年10月底通过了国家能源局鉴定,为今后国家建设世界最大口径最高压力输气管线的配套产品奠定了基础。

除上海电气阀门有限公司、成都乘风阀门集团有限公司和五洲阀门有限公司在全焊接管线球阀研制生产方面取得突出成绩之外,行业其他骨干企业也在该领域取得突破。2015年7—10月,大连大高阀门股份有限公司、兰州高压阀门有限公司、四川飞球阀门有限公司、苏州纽威阀门股份有限公司、慎江阀门有限公司、雷蒙德(北京)阀门制造有限公司、上海开维喜集团股份有限公司、四川精控阀门制造有限公司、上海浦东汉威阀门有限公司和伯特利阀门集团有限公司等11家企业研制生产的40″ Class600、48″ Class600和48″ Class900阀门产品也相继通过了国家能源局的样机新产品鉴定。其中,伯特利阀门集团有限公司研制的是40″ Class600、48″ Class600和48″ Class900三种规格全焊接球阀(筒形阀体)样机,四川精控阀门制造有限公司研制的是40″ Class600和48″ Class600两种规格全焊接球阀(筒形阀体)样机,雷蒙德(北京)阀门制造有限公司和上海开维喜集团股份有限公司研制的是40″ Class600和48″ Class900两种规格全焊接球阀(筒形阀体)样机,四川飞球阀门有限公司研制的是48″ Class600全焊接球阀(筒形阀体)样机,慎江阀门有限公司研制的是40″ Class600全焊接球阀(筒形阀体)。

兰州高压阀门有限公司在新产品研发方面投入比较大,在48″ Class900大口径全焊接球阀(筒形阀体)研制成功的同时,极高压力氧气阀门、1 500℃高温特种阀门、Incoloy825合金抗高硫天然气高压硬密封平板闸阀、CW6MC合金高温高压氧气止回阀等也相继研制成功,得到用户好评。

哈电集团哈尔滨电站阀门有限公司自主研发的超(超)临界火电机组全量型安全阀、液动(电动)三通阀、抽汽逆止阀、主蒸汽电动闸阀、小汽机排汽电动蝶阀、疏水阀、控制阀等七大类共17个品种的阀门样机通过了国家能源局鉴定。该公司成为国内唯一一家全系列、全品种样机通过国家级鉴定的阀门企业。该公司承担研发的主蒸汽出入口安全阀、泄放阀、锅炉循环管路调节阀、主给水旁路调节阀、给水泵最小流量阀、汽机高压供汽站压力调节阀、再热器喷水调节阀等七大类共8个品种的第三类阀门样机通过了技术鉴定。在超(超)临界领域,哈电阀门在国产化示范工程项目上取得良好的运行业绩的同时,为在平电厂等非示范电厂配套大量产品,取得国产化工作新的突破。通过与同行业对标,从材料、重量、成本多个方面对堵阀全系列产品进行优化设计,取得了显著效果,并在2015年获得“堵阀水压试验装置”的发明专利授权。完成DN80-CL150全量型安全阀2个品种的优化设计,解决了回座泄漏问题,节约了热态试验及维修成本。为提高超(超)临界产品性能,节约热态试验和维修成本,对阀门进行了优化设计,完成4个品种的优化。该公司“十二五”期间累计申报专利13项,累计授权专利6项。

株洲南方阀门股份有限公司研制成功远距离调水管线用的排气阀、调流调压阀和防水锤多功能阀,确保了管线安全。

除上述列举企业之外,许多阀门骨干企业都在科技创新和技术进步方面取得较大进步,开发出大量新产品,得到用户认可。

四、行业面临的形势

我国阀门行业经过连续十余年的高速增长,但随着国际金融危机和我国宏观经济增速放缓,这种连续多年高速发展的状况将一去不复返。

由于阀门行业竞争的无序性,表现在价格的恶性竞争方面,当前我国普通阀门产品的市场价格长期在低位运行。再加上受世界宏观经济形势影响,国内外许多一般性项目消减、暂缓或取消,常规阀门市场需求量锐减,导致本身已经处于无序压价状态下的市场竞争更加激烈和恶化,尤其体现在价格竞争方面,导致行业进入微利时代。同时,由于企业竞争加剧,阀门行业呈现出专业化和规模化并存的竞争模式。

今后阀门市场竞争将更加激烈,并呈现两极化特点。一般通用阀门的竞争将更加激烈,许多阀门企业参与同一个项目的竞争。虽然阀门国产化取得一定成绩,但是高端阀门国产化困难重重,国产化产品也存在恶性竞争,高端产品无法进入市场,中低端阀门市场供大于求,这种局面短时间很难解决,最终走向价格恶性竞争,导致行业利润低甚至部分企业亏损倒闭。

我国大型炼油与石化项目暂缓,石化阀门市场竞争将进一步加剧,造成行业新一轮洗牌,制造商相互兼并,淘汰一批无法持续发展的制造商,实现优胜劣汰。

随着行业装备条件、技术水平的不断提高,我国阀门产品也在向高技术含量、高参数、耐腐蚀、长寿命方向发展。国内阀门行业的总体水平将逐步得到提升,关键阀门技术将逐步得到突破,我国将成为优质阀门的生产制造和出口国,将成为世界上阀门性价比最好的采购地。

阀门行业国内外主要差距主要表现在关键阀门长期进口,国产化困难重重,影响国产化步伐。我国阀门行业比国外起步晚,集中度很低,单个企业实力不足,竞争力不强,企业间差别较大。部分小企业产品仍然存在着外漏、内漏、外观质量不高、可靠性差、操作不灵活以及阀门电动装置和气动装置不可靠等缺点,部分企业参加高端阀门国产化,但是由于管理上的疏忽，产品也时常出现一些小问题，给用户留下不好的印象，对国产阀门缺乏信心，导致关键装置上需要的阀门仍然依赖进口，从而影响了我国阀门企业的快速进步和行业健康发展。

阀门产品标准不统一。在核电、石化、煤化工、加氢装置、低温阀门等重点领域，需加快制修订装备产品技术标准，提高标准水平，从而促进新技术、新工艺、新设备、新材料的推广应用，淘汰落后产品，与国际标准接轨，促进自主创新产品进入国际市场。

我国现有标准体系不完整，标准体系建设缺乏统筹考虑。关键阀门领域的标准制定速度较慢，标准编制也显零散，一些标准内容交叉、重复，相关行业之间标准没有达到协调统一；制定标准时参考多个国家和组织的标准，在移植这些规范、标准时经验少，再加上研究分析和实验验证基础性工作薄弱，因而编制的标准与我国已有的工业基础和技术体系衔接不好，影响了标准的适用性；标准专业覆盖面不够，在设备质量控制、国产化材料选择、工程经济等一些专业基本未涉及；相当一部分已制定发布的标准规范，因宣传力度不够，在行业内执行难度较大；煤化工、海洋平台、LNG、AP1000三代核电技术等专业领域标准尚不齐备，核安全重要设备相关的标准缺口也较大。

当前，在阀门铸件方面，CF8C、C5、C12A等材料承压铸件的质量不稳定，只有部分企业可以供货。在阀门锻件方面，AP1000、CAP1000核电项目非能动阀门用的Inconel 690合金的锻造仍然是个难题，尤其是直径600mm以上大尺寸规格阀门锻件质量不稳定。

我国阀门执行机构国产化水平低。石化和电力阀门智能型执行机构国产化率很低，核电阀门配套智能型执行机构几乎全部靠进口。当前，国内已具备压水堆核电站主蒸汽隔离阀门本体部分的设计和制造能力，但配套执行机构仍然依赖进口，该执行机构进口费用高昂，维护成本高。阀门自动化控制功能滞后，不能满足用户要求。在自动化控制方面，国内阀门制造业多数依靠电动或气动装置来实现，而阀门制造厂本身对在线控制和故障信号反馈方面做的工作还相当不够，在线检测技术的应用还处于刚刚起步阶段。而国外已具备对阀门磨损情况进行在线检测的能力，并且能够依据在线检测数据，进行阀门寿命期限预警。国外也已建立失效分析能力，对阀门可能产生的失效情况进行大量样本分析，从而提出可能的失效解决方案。阀门行业需要在在线检测技术上加大研发投入力度，从传统意义上的电动或气动控制向更高级的在线自动控制发展，在阀门设计中融合在线检测技术，实现阀门电流、电压、功率、力、转矩、位移、应变、应力、温差等多项数据的集成采集和闭环控制，推动阀门行业向真正的自动控制方向提升。

我国阀门研发试验条件不足，影响行业技术和产品水平提升。当前，国内的试验条件与国外还有很大差距。国外有可以进行核电站主蒸汽隔离阀（*DN* 800）流体阻断试验的高温高压试验台架，有可以进行火电阀门（*PN* 200以上、温度400℃以上）试验的高温高压试验台架，已具有可以进行高温阀门微泄漏测试的装置，有可以进行大口径阀门气体流量测试的装置，而国内还都没有，无法满足气体介质的大流量流阻试验、大口径阀门高温微泄漏试验和超（超）临界参数阀门的高温高压试验。

五、转型升级谋发展

我国阀门行业产能严重过剩，加快转变经济发展方式、扩大出口是实现可持续发展的必由之路，产业结构转型升级对我国阀门企业来说已迫在眉睫，是企业转变经济发展方式的必然要求。产业结构如何转型升级是摆在行业面前的新课题，许多阀门生产企业都将产业结构转型升级作为当前和今后一个时期的重点工作，不少企业都在大力推进产业结构转型升级并取得了积极进展。发展新兴产业配套阀门产品是产业结构转型升级的重要途径。例如，有些企业开发煤化工阀门，有些企业开发LNG超低温阀门，有些企业研发核电阀门等。由于阀门企业较多，都往这些领域发展，扩大产能，增添设备，会存在新的产能过剩风险，一哄而上的结果只能会导致企业间产品结构趋同现象严重，出现新的无序竞争。企业如果没有强大的自主创新能力，没有很好的科研成果商业化链条和服务，虽然从事的是新兴产业，但拿到的可能还是利润的“边角料”。所以，产业结构转型升级不一定要弃旧从新，传统产业只要能在技术和管理上进行升级，仍可变成现代产业。

总之，当前我国阀门行业已从高速向中高速发展转变，提质、增效迫在眉睫。行业和企业应着力消化过剩产能，加大创新力度，提高产品的技术含量和质量水平，使产品逐渐从低附加值向高附加值过渡。要适应国家“一带一路”大战略，着力开拓国内外市场，积极寻找渠道走出去，扩大阀门出口，提高企业管理水平，实现行业和企业的良性发展，努力在“十三五”期间实现转型升级，使我国由阀门大国变成阀门强国。

〔撰稿人：中国通用机械工业协会阀门分会宋银立〕

2015 年压缩机行业概况

2015 年，在世界经济环境错综复杂、国内经济下行压力持续的背景下，压缩机行业企业承压前行，主要经济指标出现了整体下滑。市场需求疲软，同质化竞争严重，结构调整与转型升级等问题亟待解决。

一、生产发展情况

据国家统计局数据显示：2015 年参与统计的 526 家压缩机（含制冷压缩机）企业资产总计 1 582 亿元，同比增长 4.3%；实现主营业务收入 1 903 亿元，同比下降 8.74%；实现利润总额 115 亿元，同比增长 4.63%；完成出口交货值 193 亿元，同比下降 2.6%。253 家企业生产压缩机 517.68 万台，同比下降 5.54%。

根据中国通用机械工业协会压缩机分会 62 家会员企业上报数据显示，2015 年各项指标均出现两位数的加速下行，创下了近 5 年新低。

62 家企业完成工业总产值 129.5 亿元，同比下降 15.83%；完成工业增加值 36.5 亿元，同比下降 23%。62 家企业中，工业总产值与上年同期相比增长的企业有 16 家，其中天然气压缩机、节能双螺杆压缩机好于行业其他板块；工业总产值与上年同期相比下降的企业共 45 家，其中下降 20% 以上的企业达 28 家，形势十分严峻。

62 家企业实现主营业务收入 126 亿元，同比下降 16.06%。62 家企业中，主营业务收入与上年同期相比增长的企业有 16 家，其中增长 10% 的企业有 6 家；与上年同期相比下降的企业有 46 家，其中下降 20% 的企业达 25 家，比上年增加 6 家。主营业务成本为 98.85 亿元，同比下降 14.61%，销售费用、管理费用、财务费用下降较为明显，分别较上年同期下降 20.52%、4.57% 和 10.48%。2015 年压缩机行业主营业务收入前 20 名企业见表 1。

表 1　2015 年压缩机行业主营业务收入前 20 名企业

序号	单位名称	主营业务收入（万元）
1	浙江开山压缩机股份有限公司	162 159
2	苏州通润驱动设备股份有限公司	131 283

（续）

序号	单位名称	主营业务收入（万元）
3	红五环集团	103 758
4	上海汉钟精机股份有限公司	88 908
5	沈阳透平机械股份有限公司往复机事业部	48 495
6	温岭市鑫磊空压机有限公司	45 937
7	四川金星清洁能源装备股份有限公司	45 622
8	厦门东亚机械有限公司	43 138
9	无锡压缩机股份有限公司	40 042
10	北京京城压缩机有限公司	33 141
11	中国石油集团济柴动力总厂成都压缩机厂	32 689
12	四川大川压缩机有限责任公司	28 789
13	中国人民解放军第四八一二工厂	27 105
14	温州固耐化机制造有限公司	26 500
15	宁波鲍斯能源装备股份有限公司	25 137
16	安瑞科（蚌埠）压缩机有限公司	24 818
17	上海斯可络压缩机有限公司	22 380
18	山东省潍坊生建集团	21 402
19	大丰丰泰流体机械科技有限公司	19 782
20	自贡通达机器制造有限公司	18 268

62 家企业实现利润总额 7.71 亿元，同比下降 34.58%。62 家企业中，亏损企业共 15 家，亏损额为 1.77 亿元，企业亏损面 24.2%。参与统计的企业共完成出口交货值 9.96 亿元，同比下降 18.98%。

62 家企业完成各类压缩机 118.64 万台，同比下降 10.86%；从业人员 21 050 人，同比下降 3.7%。62 家企业产品累计订货 123.98 亿元，同比下降 25.26%。其中，15 家企业累计订货额与上年同期相比增长，46 家企业累计订货额与上年同期相比下降。

在生产双螺杆压缩机的企业中，宁波德曼压缩机有限公司、上海优耐特斯压缩机有限公司、宁波鲍斯能源装备股份有限公司、上海汉钟精机股份有限公司、无锡五洋赛德压缩机有限公司、苏州普度压缩机有限公司、温岭市鑫磊空压机有限公司因其产品的节能效果明显，其产销量好于行业其他企业。宁波鲍斯能源装备股份有限公司、上海汉钟精机股份有限公司同比增长 30% 以上，宁波德曼压缩机有限公司和上海优耐特斯压缩机有限公司更是逆势增长 50% 以上。

2015 年，62 家会员企业应收账款持续增长，达到 46.17 亿元，同比增长 4.33%；产成品库存为 13.87 亿元，同比下降 9.34%。至 2015 年年末，应收账款总额占主营业务收入的比重高达 36.64%，占同期全部流动资产等额的比重达 21%，比上年同期减少 10.24 个百分点。

2015 年，62 家会员企业经济效益综合指数为 183.41%，较上年同期低 48.56 个百分点。主营业务利润率为 6.12%，较上年同期低 1.75 个百分点。从经济效益综合指数所反映的指标来看，评价和考核企业盈利能力的核心指标即总资产贡献率为 5.35%，较上年同期低 3.59 个百分点，低于国家标准值（10.7%）5.35 个百分点；反映企业经营状况、资金利用效果、衡量企业流动资金周转快慢，即再生产速度的流动资产周转率为0.65次，较上年同期低0.43次，低于国家标准值(1.52次)0.87次；反映企业投入的生产成本及费用的经济效益的成本费用利润率为6.22%，较上年同期低2.16个百分点，高于国家标准值(4.51%)1.71个百分点；反应企业经营风险的资产负债率为46.2%，较上年同期下降2.89个百分点，低于国家标准值(60%)13.8个百分点，资产负债率是逆指标，数值越低，说明企业经营风险越低，同时也反映企业投资愿望下降；反映企业的资本完整性和保全性及增值情况的资本保值增值率为93.59%，较上年同期低19.31个百分点，低于国家标准值(120%)26.41个百分点。反映企业产品产、销衔接状况的产品销售率为108.41%，较上年同期高10.51个百分点，高于国家标准值(96%)12.41个百分点。

二、科研及产品开发情况

在国家"十三五"规划中的关键词是"创新"。随着国际竞争的日益激烈，拥有自主知识产权对企业竞争力起着至关重要的作用，也是企业应具备的核心要素。2015年，企业在市场倒逼机制的作用下，顽强拼搏，在产品结构调整和转型升级的过程中疾步前行。

沈阳透平机械股份有限公司往复机事业部研制的4M150大型往复式压缩机的活塞力达1 500kN，该产品从项目论证、产品设计、制造、安装调试到投入运行历时4年，2015年9月通过中国机械工业联合会组织的"中化泉州石化330万t/a渣油加氢装置用4M150大型往复式新氢压缩机研制"项目成果鉴定。4M150是当前国际上最大的往复式压缩机，在国际上具备这种大型往复式压缩机的设计与制造能力的只有GE、德莱赛兰等少数几家企业。该产品自2014年4月份投入使用，已累计平稳运行8 000多小时，各项性能指标均达到设计任务书的要求，国产4M150压缩机的震动、噪声、效率等性能指标与同时运行的德莱赛兰150型压缩机的指标基本相同，个别指标还优于德莱赛兰的压缩机。更值得一提的是，4M150压缩机自投入运行以来没有更换过气阀等易损件，说明我国在大型往复式压缩机的设计、制造、安装调试、运行维护等方面又上了一个新台阶。

2013年，中石化启动了重大装备国产化专项研制任务，中国船舶重工集团公司第七一一研究所螺杆中心承担了氧化脱氢制丁二烯装置生成气压缩机研制任务，通过自主研发，帮助国内石化行业摆脱对进口机的依赖。经过两年半的研发，项目组进行了大量技术攻关，设立了雾化喷液设计、主机参数设计、轴系动力学分析等一系列的科研课题，并与压缩机国家实验室、上海交通大学、西安交通大学等科研院所进行了合作，设计出了国内首套气量达824m^3/min的大型螺杆式生成气压缩机，填补了国内空白。2015年8月，"氧化脱氢制丁二烯装置生成气压缩机研制"项目阶段性验收工作圆满结束。

2015年4月，浙江开山压缩机股份有限公司、中石化炼化工程(集团)股份有限公司与燕山石化签署协议，由两家公司专门为燕山石化开发石化行业轻质热油专用螺杆膨胀发电站并提供成套工程设计及系统优化服务，用于燕山石化S Zorb工艺热汽油余热回收发电。石化行业轻质热油专用螺杆膨胀发电站是为石化行业工艺流程的轻质热油余热回收发电开发的，主要用于热汽油、柴油、航煤等轻质热油。用于燕山石化S Zorb工艺热汽油的石化行业轻质热油专用螺杆膨胀发电站装机900kW，防爆等级为dIICT4。该发电站可实现年净发电量473万kW·h，节约标准煤1 656t，实现CO_2减排3 934t。该项目实施后，每年还可以节省原空冷器冷却耗能60.48万kW·h。

2015年4月，浙江开山压缩机股份有限公司与天津市地质勘查局签署协议，双方在地热资源应用于发电技术方面进行合作，标志着开山股份在国内的第一个地热电站项目正式启动。该项目位于天津市宝坻区里自沽生态农场。据测试，该项目的地热水出水温度为108℃，出水量为200m^3/h，质量流量190t/h，预计首期装机功率1 480kW，可实现发电功率680kW。

2015 年,中石化石油机械公司成功申报工业和信息化部“海洋大功率往复式压缩机研制”项目,并获得科研经费支持。该项目是工业和信息化部确立的关键系统和设备类海洋工程装备科研项目之一。它致力于开展海洋大功率往复式压缩机设计、制造、测试试验与安装等关键技术研究,掌握核心技术,形成我国海洋大功率往复式压缩机制造能力。其研究内容主要包括:海洋大功率往复式压缩机总体方案及设计技术研究,高速条件下运动副平衡及关键零件疲劳寿命分析研究,耐高压气缸及密封技术研究,机组材料选择及防腐蚀技术研究,管道系统气流脉动分析技术研究,海洋大功率往复式压缩机减震降噪技术研究,压缩气高效冷却技术研究,海洋压缩机组智能控制技术研究。项目开发周期为 2015 年 1 月至 2017 年 12 月。

由无锡压缩机股份有限公司自主研发的 MG158 迷宫压缩机是在超大四列三级迷宫压缩机基础上全新设计的特大型六列三级迷宫压缩机,配有 6 个气缸,排气量达 37 000m^3/h,主电动机功率为 4 500kW,是迄今为止世界上排气量、主电动机功率最大的迷宫压缩机。MG158 为混合冷剂压缩机,应用于焦炉煤气制液态天然气项目,其工作原理是利用焦炉气生产液态天然气,能够有效地回收利用资源,有助于形成良好的循环产业链。这台混合冷剂压缩机是焦炉煤气制液态天然气项目中的关键设备,市场前景广阔。MG158 迷宫压缩机的研制成功,标志着该公司迷宫压缩机达到了国际同类产品先进水平。

2015 年 9 月 19 日,浙江强盛压缩机制造有限公司、中国石化天然气分公司、中石化洛阳工程有限公司和西安交通大学联合开发的“LNG 用卧式对置平衡型 BOG 压缩机”样机通过中国机械工业联合会组织的专家组鉴定。BOG 压缩机是处理 LNG 闪蒸气的关键设备,主要有卧式对置平衡型和立式迷宫密封式两种。当前,国际上能够设计制造 BOG 压缩机的只有 IHI、神户制钢、布克哈德、德莱赛兰几家公司。卧式对置平衡型 BOG 压缩机是国内首次开发的新产品,填补了国内这一产品的空白。该卧式对置平衡型 BOG 压缩机型号为 4M16 - 134/7.7 - BOG 压缩机,压缩介质为液化天然气蒸发气,流量为 10 756m^3/min,电动机功率为 1 100kW。该样机在试制过程中开发了低温高镍球墨铸铁材料,对压缩机气缸与隔离室温度场进行了分析研究,开展了低温下螺栓预紧力的研究以及在低温下无油润滑密封材料的研究等。通过攻关,样机经出厂试验检测,样机的各项性能指标均达到设计任务书的要求。

2015 年 12 月 26 日,由中国石油集团济柴动力总厂成都压缩机厂自主创新研制的中国首台拥有自主知识产权、国内最大功率的高速往复式天然气压缩机组 RTY3360 压缩机组首次运用于页岩气增压,增压功率达到 3 000kW,日处理量高达 430 万 m^3,成为国内首台应用于非常规天然气增压集输的大功率高速往复式天然气压缩机组。该机组获得国家专利 9 项,多项技术填补国内空白,实现国产替代进口。RTY3360 压缩机组成功应用于页岩气增压,对推进集团公司非常规天然气开采重大装备国产化进程、实现油气增储上产具有极其重要的意义。

2015 年,四川金星清洁能源装备股份有限公司的最新研究成果——橇装式全集成 CNG 标准加气站项目,是针对传统 CNG 标准加气站工程占地面积较大、建站成本较高、建站时间较长等建站难题,运用公司多项创新设计及工艺技术而研发的橇装式全集成 CNG 标准加气站。该产品整体橇装,高度集成,与传统的 CNG 加气站相比,具有不用单独设置橇外储气系统,建站快捷、集成度高、移动性强、节能环保、天然气利用率高、占地面积小、运行费用低等特点,技术及市场优势明显,特别适合于汽车客运站、油气合建站、占地较小区域加气站等。

2015 年 12 月,经国家知识产权局审查,四川金星清洁能源装备股份有限公司申请的科技成果“用于活塞式压缩机的网状阀”和“活塞式压缩机用气垫阀”获得发明专利证书,授权专利号分别为:ZL 201310356697.1 和 ZL 201310356246.8。现有压缩机用的网状气阀,往往采用的是普通螺旋弹簧,包括阀片弹簧和缓冲片弹簧。由于弹簧本身的高度所限,导致升程限制器厚度较大,进而增大了气阀的余隙容积,严重影响了压缩机的效率。而且普通螺旋弹簧旋向相同,稳定性较差,易产生残余应力,弹性较差,冲击韧性较低,承载力小。“用于活塞式压缩机的网状阀”解决的技术问题是提供一种可减少限制器厚度进而减少气阀余隙容积的用于活塞式压缩机的网状阀,从而提高气缸的利用率,确保压缩机的效率在现有条件下达到最高。活塞式压缩机的生产能力和效率与余隙容积的大小关系密切,过大的余隙容积会使得压缩机的排气量和生产效率大幅降低。压缩机工作时,各个部件会有不同程度的受热膨胀,当配合间隙过小时,会增大活塞和气缸盖直接的碰撞概率,而导致活塞和气缸盖损坏。“活塞式压缩机用气垫阀”克服了上述问题的缺点,由于采用了弹簧片来替代传统的弹簧,而弹簧片本身安装面积较大,无需使用较深的安装槽来进行安装,这样限制器就可以省去传统的弹簧安装槽,从而减少厚度,降低了气阀的余隙,尤其适用于高转速活塞式压缩机用气阀。

三、企业经营管理情况

2015 年 4 月,宁波鲍斯能源装备股份有限公司在深圳证券交易所创业板上市。证券简称为“鲍斯股份”,证券代码为“300441”,鲍斯股份成为继汉钟精机、开山股份后的压缩机行业第三家上市公司。自此,公司开启了资本市场对接实体经济未来发展之门。鲍斯股份一直致力于为压缩机使用者打造用得起的机头,让产品真正地贴近用户,实现“平民价格,贵族品质”。鲍斯股份未来发展方向将以自主掌握的螺杆主机核心技术为依托,提高公司在螺杆主机市场的行业地位,同时大力向煤层气、石油伴生气、天然气、沼气及工业尾气等可燃气回收利用领域拓展,实现公司规模和行业地位的飞跃。

2015 年 12 月,宁波鲍斯能源装备股份有限公司董事会通过了全资收购苏州阿诺精密切削技术股份有限公司的 7 名股东持有的阿诺精密 100% 的股份。本次注入资产将有利于提高上市公司资产质量(包括取得生产经营所需要的商标权、专利权、非专利技术等无形资产),有利于上市公司在人员、采购、生产、销售、知识产权等方面保持独立。重组后的鲍斯股份经营业务中增加了数控机床用高效硬质合金刀具的设计、制造与销售,以及刀具数控修复服务。并为该公司业绩增长注入新的活力,从而提高上市公司抵御经济波动风险的能力,有利于增强上市公司的可持续发展和核心竞争力,提升上市公司的整体价值。

近年来,浙江开山压缩机股份有限公司已在海外地热发电领域取得突破性进展,当前又设计出“一井一站”地热发电全新技术路径,并在多个国家进行推广。为更好地落实向以地热发电和生物质发电为主的新能源运营公司转型的战略,2015 年 8 月,浙江开山压缩机股份有限公司在上海临港设立了全资子公司——上海开山新能源投资开发有限公司,负责海内外地热发电和生物质发电等新能源投资开发。

2015 年 3 月 20 日,中国证监会对上海汉钟精机股份有限公司提交的“上市公司非公开发行股票”行政许可申请材料进行了审查,决定对该行政许可申请予以受理。汉钟精机拟向不超过 10 名特定对象发行不超过 5 100 万股,发行价格不低于 16.92 元/股,募集资金总额不超过 8.5 亿元,扣除发行费用后用于压缩机零部件自动化生产线投资项目、新建兴塔厂项目、企业技术中心项目、浙江汉声机械零部件精加工生产线技改项目,项目投资总额为 8.75 亿元。上海汉钟精机股份有限公司非公开发行股票募集资金投资其全资子公司浙江汉声精密机械有限公司的机械零部件精加工生产线技改项目,扣除发行费用后,该募集资金投资项目实际募集资金净额为 18 400 万元,公司按计划将该募集资金逐步转入浙江汉声募集资金专户,以保证机械零部件精加工生产线技改项目顺利实施。

2015 年 12 月,自贡通达机器制造有限公司完成了对四川众信燃气设备有限公司 100% 的股权收购,引入资金 1 326 万元(增加注册资本 945 万元），以完善LNG、CNG的产品系列，开发LNG的民用领域新产品，开发并进一步改进和完善液压式系列压缩机，开发更高效率、更高可靠性的高性能大排量CNG机械式压缩机。

〔撰稿人：中国通用机械工业协会压缩机分会 刘海芬〕

2015年真空设备行业概况

一、生产发展情况

2015年，国际市场持续低迷，竞争日益加剧。我国经济发展进入新的历史阶段，呈现出中、低速发展的态势，传统市场需求大幅下降，企业的产能过剩问题凸显。国家宏观产业政策引导企业转型升级、调整产品结构，真空设备行业也处在调整、转型时期，中低端产品产能过剩与高端产品供给不足并存，企业创新能力不足，大型获得设备、大型真空应用系统仍依赖进口。

2015年，真空设备行业总体发展与2014年相比略有下降，真空获得设备在部分领域的应用有所增加，如在太阳电池、化工及军工应用等领域有所增长。据中国通用机械工业协会真空设备分会统计，2015年真空设备分会18家会员企业完成工业总产值310 166万元，比上年下降4.2%。2015年真空设备行业工业总产值前10名企业见表1。

表1　2015年真空设备行业工业总产值前10名企业

序号	企业名称	工业总产值（万元）
1	广东肯富来泵业股份有限公司	64 826
2	淄博水环真空泵厂有限公司	61 633
3	北京中科科仪股份有限公司	35 000
4	兰州真空设备有限责任公司	30 903
5	湘潭宏大真空技术股份有限公司	23 961
6	中国科学院沈阳科学仪器股份有限公司	21 194
7	川北真空科技（北京）有限公司	15 000
8	浙江杭真能源科技股份有限公司	14 594
9	辽宁真龙真空设备制造有限公司	13 500
10	中山凯旋真空技术工程有限公司	12 816

2015年，兰州真空设备有限责任公司经过重组，股权发生变化，创新管理机制，企业创新能力得到了提升。公司将原有的23个处室整合重组为13个部门，成立了统一的技术部和生产工艺部。通过整合技术部门，将各技术设计室整合为统一的技术部，充分发挥真空、低温、压力容器的技术优势，使之更好地融合互补。将工艺人员与生产管理人员整合为生产工艺部，使工艺指导与现场生产无缝对接，根除了原有工艺文件指导性不强、问题处理反馈慢、与公司实际状况结合不够等诸多问题，劳动效率得到很大提升。整合了销售部门，集中优势力量，以点带面，提高了市场开拓能力，加大了市场推广和开发力度。公司借鉴航天集团五一〇所技术交流的模式开展了每季度一次的技术调研报告会

活动。报告会围绕公司技术创新工作，对新产品技术应用、老产品技术改造、行业发展动向、技术应用前景等主题开展研讨，认真分析产品研发工作开展情况，研究提出下一步工作思路和举措。全年举办4次报告会，发布调研报告20篇。“技术调研报告会”活动的举办不仅为技术人员提供了展现创新思维的舞台，而且在企业内部形成了一种“人人关注创新、人人参与创新”的氛围。公司启动“兰州航天高新产业基地真空装备产业园”建设项目，以解决现有生产空间不足，工艺布局不合理的状况，提升公司在行业中的优势地位，实现产业升级。项目计划用地13.3万m^2(200亩)，建设真空获得设备、真空炉、真空镀膜设备、真空环模设备、低温压力容器等产品生产线。公司抓住机遇，积极进行“甘肃省战略性新兴产业骨干企业”的申报工作。5月份，公司被甘肃省发改委批准成为“甘肃省第二批战略性新兴产业骨干企业”。2015年，公司完成工业总产值30 903万元，同比增长56%；工业销售产值30 911万元，同比增长55%；工业增加值5 163万元，同比下降28%。实现销售收入36 499万元，同比增长91%；利润总额951万元，同比增长123%。2015年公司应收账款账面余额为3 973万元，存货账面余额8 999万元。公司资产总额为39 783万元，负债为21 998万元，负债率为55.3%。

2015年，成都南光机器有限公司面对国内经济持续下滑的压力，按照“拓展市场，增收入；厉行节约，降成本”的经营方针，积极开拓市场，有效控制成本，缓解了经济下行带来的经营压力，稳定了生产经营，2015年完成工业总产值6 295万元。

2015年，北京中科科仪股份有限公司以深入推进中长期战略发展规划为重点，促进业务战略细化和落实，研究制定了2016—2018年战略规划，并细化了5项战略突破目标，规范控股子公司的治理机制，进一步建立和完善对子公司的年度预算、决算、战略规划、对外投资等重大事项的决策管理制度，“三重一大”重要事项披露制度和派驻董事监事管理制度。将管理理念引入子公司，同时通过加强总公司和子公司的业务协同，支持子公司的业务拓展，在市场上形成合力；深入推进薪酬制度改革，聘请外部专业咨询机构，全面梳理诊断原薪酬体系中存在的问题，在此基础上建立了新的薪酬体系并制定了新的《薪酬管理制度》。优化后的薪酬体系更加系统化，明确了研发、生产、销售、管理等序列的职位发展通道，进一步激发了员工活力。公司坚持“凝聚共识，锐意改革，创新驱动，健康发展”的总体经营工作指导方针，坚持改革创新，各项工作取得新进展。2015年，公司实现营业收入3.5亿元、净利润3 400万元。成都唯实子公司本部各项指标完成较好，收入、利润增长率均达到20%以上，超额完成年度预算目标。唯实参股公司成都瑞拓公司于2015年上半年启动了新三板上市筹备工作，2016年3月16日在新三板成功挂牌；科美子公司完成了和原科仪真空工程部的整合，进行了股东同比例增资，公司的整体资本实力有所增强，制定了在2016年新三板挂牌的计划。

在真空、薄膜、新能源领域的发展中，北京北仪创新真空技术有限责任公司始终秉承并坚持“诚信、精益”的企业精神，不断汲取客户的建议及业界的先进技术，以“市场先导、持续改进、提质增效、高端发展”的价值观推动企业技术和服务优质发展。2015年是公司全面深化改革的关键之年，也是全面完成“十二五”规划的收官之年，更是决策“十三五”规划的破题之年。公司按照北京京仪集团一次党代会及工作会的总体部署，紧紧围绕公司扭亏脱困和改革发展，以三个业务功能定位为途径，努力开启发展新模式，全年完成工业总产值6 780万元。

2015年，浙江杭真能源科技股份有限公司结合国家节能减排的战略目标，积极发挥自身真空系统集成的专业长处，着力研发节能型真空系统，替代传统高能耗、高污染的真空系统。公司依托自身的企业技术研发中心和自主知识产权的30多个专利，将新技术、新产品应用于传统行业，实现了企业的不断发展，公司正式登陆新三板证券市场，证券代码为833903。

2015年，山东伯仲真空设备股份有限公司以节能环保的 MVR 系列气冷真空泵和 JZJQ 罗茨泵机组等为重点项目，优化企业高端优质客户群。公司根据制药、化工、溶剂回收等行业用户不同的应用特性来设计、制造个性产品组合系统，巩固了现有市场。为许多新、老用户在节能环保、提高效率方面提供了有力支持，并有效降低了其设备运行成本。2015 年，公司实现营业收入 2 702 万元，同比下降 18.14%；利润总额为 175 万元，同比下降 20.83%。共售出真空泵 1 511 台，销售量比上年增长 0.6%；罗茨泵、真空机组、耙式真空干燥机等销售额明显减少，螺杆真空泵销售额增加。

淄博真空设备厂有限公司长期坚持科技进步，科研开发能力强，建立了集科学研究、产品开发、工艺开发、新产品试制于一体的省级真空设备工程技术研究中心。建有居国内领先水平的计算机 CAD 三维辅助设计中心，对产品结构、参数进行优化组合，具有很强的自主开发能力。公司不断加大投入，在科研、生产、经营等方面取得了长足的发展，具有较强的技术实力和较雄厚的经济基础。公司在自身发展的同时，带动、扶持了地方、行业的科技创新和技术进步。在国家、地方相关政策的指导和支持下，大力开发节能降耗、减排、废气尾气回收再利用技术，积极进行相关基础理论的研究，通过新产品应用、新技术推广、公司网站、技术培训、科技论文发表和标准制定等方式服务于社会和经济的发展。公司自主研制、开发 SKA1320 型水环真空泵组，各项技术指标全部达到设计要求，考核气量达到 1 400m^3/min，单台抽气功率达到 1 600kW，将用于国家重点工程。公司奉行“科技拓市场，产品做精；创新增效益，企业做强”的治厂方略，以优质的产品服务于航空、航天、石油、化工、医药、核电、煤炭、造纸、多晶硅等行业。

二、市场及销售

2015 年，兰州真空设备有限责任公司依托航天科技的品牌优势，积极参加第十三届国际真空展、第十五届热处理工业炉展等大型展会，在《中国航天报》《真空与低温》《真空》等报刊上进行宣传，使企业知名度大幅提高，拓展了市场影响力。公司与四川西南机电设备有限公司、太原国泰实业有限公司建立了合作伙伴关系，签订了长期代理销售协议；与大连林德空分公司达成西部大型空分项目合作协议。市场开拓的有力推进，为公司的产品销售拓宽了道路。2015 年 3 月，公司与浙江露笑光电有限公司签订了 342 套高真空扩散泵机组供货合同，合同总额 1 265 万元。该合同于 7 月按期执行完毕，这是公司承接的最大一笔批量真空获得产品订单。2015 年，公司共承接合同 236 项，合同总额 27 960万元。其中，真空炉产品承接量较上年同期增长 57%，真空应用类产品（非标、环模）承接量较上年同期增长 1 479.7%，获得类产品承接量较上年同期增长 73%，镀膜类产品合同承接量虽有所下降，但也呈现出扭转势头。

2015 年，成都南光机器有限公司调整市场营销策略，撤销了广州分公司，重新划分了真空泵销售片区；精简了真空泵售后服务人员，降低了办事处费用。在确保传统光源和光学市场的前提下，开发了蓝宝石、化工、冶金、太阳能、液化天然气等行业市场。公司启动了网络推广项目，加强同各行业客户的多渠道沟通和交流，举办了产品推介会，参加了北京第十三届国际真空展和深圳光学博览会。2015 年，公司实现销售回款 4 705 万元，同比下降 36.75%，完成年度目标任务的 61.11%；铸造回款 985 万元，同比下降 12.30%，完成年度目标任务的 75.75%。新签设备类产品合同 1 269 万元，其中军工支撑项目 900 万元。公司积极推进 OEM 各项工作，实现贴牌销售 39 万元，扩大了化工和蓝宝石行业的销售。

北京北仪创新真空技术有限责任公司充分发挥企业创新主体作用，调动技术人员的主动性和创造性，推动企业转型升级。为配合公司高端装备发展需求，结合新工艺、新市场，重点发展高毛利率产品 HL－150 型微波等离子体生长硬质材料装备项目，已实现 6 台（套）设备出口，合同额 159 万元，产品毛利率 50% 以上。这为公司进军高端材料制备行业打下了良好基础，也为公司未来 T、C 两大板块业务的发展提供产品资源。

2015 年，浙江杭真能源科技股份有限公司承接了航天科技集团六院一六五所大型风洞装置真空系统的设计、制造、安装和调试工程，并顺利完成。该装置为我国航天领域的多种推进器装置提供了真空试验环境，真空系统的操作性能参数优于用户预期，满足了用户的使用要求，也得到了用户的认可。

山东精工泵业有限公司自 2010 年获得自营出口权以来，通过规范化运作，外贸工作稳步推进，产品出口创汇能力不断增强。从原来配套、贴牌的出口方式发展到直接向外商提供产品，从原来只能出口附加值低的普通真空泵发展到为国外用户研发制造具有自主知识产权的成套真空设备，外贸工作已成为公司重要的经济增长引擎。2015 年，公司出口各类水环泵（机组）303 台（套），同比增加 143 台（套）；出口交货值 772 万元，同比增加 556 万元。出口地区既有东南亚、中亚、中东、非洲等地区的发展中国家，也有欧美地区的发达国家。在国内外需求降温、通用机械产品出口总量下降的情况下，公司不仅保住了传统出口市场，而且发展了印度、伊朗等国家的新用户。

2015 年，川北真空科技（北京）有限公司在不利的大背景条件下，通过提前预策划，最终实现年销售收入稳步增长。在产品销售方面，受经济影响较严重的工业领域销售呈下降趋势。国家近年来对科技投入力度不断加大，对真空产品的需求也在 2015 年被释放出来，公司在科研领域销售业绩有大幅的增长。因客户性质不同，对产品的需求也不同，从常规标准产品变成了提供真空系统解决方案，产品通过打包销售出去，客户不再是简单的产品采购，对企业提供专业真空技术支持与服务的能力也有了更高的要求。受国家大力支持新材料、新能源发展政策影响，前期的研发投入，从个别初见成效开始往产业化方向发展，新材料、新能源对真空产品的需求将逐步显现，有需求量增长的趋势。基于公司多年积累的稳定的国际客户资源与良好的服务，出口销售相对稳定。

2015 年，马德宝真空设备集团有限公司生产的主要产品包括滑阀真空泵 300 台、水环真空泵 200 台、罗茨真空泵 450 台、各种真空机组 180 套、耐腐蚀系列真空泵 50 台。公司完成工业总产值 5 000多万元、工业增加值 1 150 万元，实现销售收入4 476万元、利润总额 93 万元。

三、科技成果及新产品

2015 年，兰州真空设备有限责任公司共实施 47 项技术创新工作。其中，在天津核三院“真空试验装置”制造过程中，通过工装设计和明确热处理工艺要求，解决了接管孔平均分布及孔径一致性的技术难题。在“锆管真空退火炉”设计中采用真空双密封结构和双工位六缸液压同步升降工件进出料系统，提高了工作真空度和进出料的可靠性，实现了原炉内滚轮架结构的升级换代。在“大型剪板机刀具卧式高压真空气淬炉”中采用 1. 0MPa 低压大流率强制冷却系统和抗气流冲击加热隔热炉胆结构，实现了炉温从 1 050℃ 到 400℃ 的 5min 快速冷却，完成了 5. 6m 长的剪板机刀具从传统油淬工艺到高压真空气淬工艺的转变。在“真空卷绕镀膜机”设计中采用镀膜腔体 1/4 截面隔离式蒸发区布置结构，配备旋转水冷挡板密集式蒸发送丝机构和组合式扁阀，实现了在大幅宽高转速镀膜条件下减小了蒸发区的真空系统配置、提高蒸发送丝稳定性的目标，为公司蒸发式卷绕镀膜机建立了新的结构形式。为适应以“物联网”为基础的“互联网 + ”行动快速发展的需要，瞄准装备制造业向着智能化、网络化创新的方向，确定了“LZFR 控制系统”研发课题，针对该课题与兰州理工大学签署了合作协议，借助高校科研平台研发“嵌入式软件及应用”技术，以期实现真空应用设备的智能化、网络化和产业化，推进真空设备产品由传统机械制造业向现代制造服务业的转型。此外，还针对不同的发展方向相继与杭氧集团、天津核三院签订了战略合作协议。技术创新不仅为企业注入了活力，也大幅提高了企业经济效益，2015 年公司实现新产品产值 741 万元。4 项新技术申报了国家专利，其中，“低温粉末绝热储罐专用抽空机组”“一种分子蒸馏真空系统”已获得实用新型专利授权。“ZRY630 – 550 –

22WQ 真空热压烧结炉”通过了省科技厅和省工信委组织的科技成果及新产品鉴定。与此同时，依托良好的技术创新能力和完备的研发手段，公司被甘肃省发改委认定为“甘肃省真空与低温技术及装备工程实验室”。

2015 年，北京中科科仪股份有限公司着力推进技术创新，持续加大研发投入，2015 年研发投入占营业收入的 17.7%。公司申请发明专利 7 项、软件著作权登记 1 项，组织 5 项到期企业标准的修订，制定 3 项企业标准。公司承担的国家 02 科技重大专项当前“磁浮分子泵系列产品开发与产业化”项目，实现磁悬浮分子泵转产，CXF3000 泵样机顺利通过运行考核和性能测试；国家重大科学仪器设备专项“新型深紫外全固态激光源及前沿装备开发”项目子任务“深紫外激光光发射电子显微镜工程化”项目取得重要进展，开始小批试制，完成了第二台 PEEM 工程化样机的交付；国家重大科学仪器设备专项“场发射枪扫描电子显微镜开发和应用”项目顺利完成项目中期现场验收检查，项目进展获得项目组织管理部门和专家组的充分认可。国内首台场发射枪扫描电子显微镜获得 2015 年第十六届北京分析测试学术报告会暨展览会（BCEIA）金奖。

2015 年，淄博真空设备厂有限公司自主研制、开发的 SKA1300 型水环真空泵组各项技术指标全部达到设计要求，气量达到 3 500m^3/min，单台机组抽气功率达到 4 000kW。单级液环压缩机气量达到 10 000m^3/h，双级液环压缩机气量达到 8 000 m^3/h，满足国内重点项目需要，同时出口到国外。SKC 型锥体式液环真空泵及机组列入 2015 年国家火炬计划产业化示范项目。公司投产了 SKA870 瓦斯抽放泵站；完成 Y1256 锥体压缩机，已经应用于美国；完成 PF50、80、120 及 APF75 等水环真空泵投产，全部出口到美国；NAM2500 锥体压缩机实现国产化，可替代进口；锥体式液环泵批量投入生产，满足国内外市场需求。公司共有 4 项专利获得国家审批和授权。

2015 年，成都南光机器有限公司主要完成 K－720 型扩散泵的主要部件设计、FF250/1600 型复合分子泵底盘改进的首批 5 台测试工作，重新启动 2XZ－25D 型直联泵的研制工作。在工程技术方面，ZZ300－1/D 型 CIGS 太阳电池薄膜卷绕镀膜设备进入总装阶段，JC300－1/D 型 CIGS 太阳电池磁控溅射设备处在新方案准备及成本核算阶段，JC300－2/D 型 CIGS 太阳电池磁控溅射设备已签订研制合同。

2015 年，北京北仪创新真空技术有限责任公司不断加大企业战略发展课题研究工作，在不断完善的技术创新体系推动下，大力推进产品结构调整，成功研发新型复合分子泵、新型电子枪及其控制电源系统、高性能射频功率源及自动匹配器、小型智能化测量表等众多具有国内领先水平的创新型产品，并已开始投入生产，对公司开拓新的市场起到了积极的促进作用。其中，自主研发的具有自主知识产权的新型 MDP 系列抗大气冲击分子泵，技术达到国际领先水平，成功通过中国机械工业联合会的科技成果鉴定，并荣获“北京市新产品”证书。公司大力提高自主创新能力，增强知识产权管理。2015 年申请专利 7 项，其中，发明专利 2 项、实用新型专利 5 项，5 项实用新型专利已全部授权，2 项发明专利已进入实质性审查阶段。公司积极申请政府项目，增加技术性收入。2015 年共申请项目 4 项，成功落实 1 项，获得大兴区 2015 年度科技发展技术项目高频硅油镀铝一体化集成设备项目扶持资金 10 万元。积极组织申报北控集团及京仪集团 2015 年度科技改革创新专项支持资金项目“MDP 抗大气冲击分子泵等项目”，积极推进与中国科学院半导体研究所开展的“纳米级超薄非晶硅/晶体硅异质结太阳电池研发”项目。公司大力开展新产品研制工作，积极参与国家重大科学仪器设备开发专项“超高真空大抽速磁悬浮复合分子泵研制与应用示范”项目工作，按照进度要求，进行了超高真空大抽速磁悬浮复合分子泵的整体调试工作，并已完成第一版样机，当前正在开展进一步的改进、调试工作。当前，本项目累计获得专项拨款 724.1 万元，占总预算的 91%；累计研发支出

628.65万元，占总预算的79%。另外，公司自主研发的FF－400/4000型机械轴承分子泵成功完成样机试制，并已开始进行市场推广。

2015年，浙江杭真能源科技股份有限公司大力发展节能型真空系统技术，申请并获得常减压装置机械泵机组的专利2个，并为中海油两个炼油分公司的常减压装置专门研发设计了机械泵机组真空系统，用以替代蒸汽喷射泵真空系统，一次热调试开车成功。新设计的机械泵机组真空系统与蒸汽喷射泵真空系统相比节能85%以上，大大降低了真空系统的运行费用，赢得客户的一致认可。

“十二五”期间，山东精工泵业有限公司倍加重视产品研发和技术创新，坚持多年来形成的“专、精、特、新”的研发模式，针对传统产品技术落后、附加值低的状况，通过集成创新和引进技术再创新并与信息技术深度融合，逐步向高端产品和精品过渡，提升了出口产品附加值及品牌价值。公司主导产品水环式真空泵/机组是一种应用范围广、市场覆盖面大的传统产品，能耗高、效率低，机组配置形式落后是其固有的技术弊端，长期得不到解决，已经无法适应各行业现代化先进工艺的技术要求。公司根据国内外用户需求和真空行业发展方向，积极致力于研发基于计算机嵌入技术的机电一体化水环真空机组和具有优异抗腐蚀性能的水环式真空泵，在应用信息及自动化技术、新材料技术、机械设备防腐技术等现代新技术改造传统产品方面进行了大胆探索，取得了多项创新成果。2015年，“机电一体化耐腐蚀水环真空机组”研发项目荣获中国机械工业科学技术奖三等奖。公司研发的远程监控智能型水环真空机组应用于化工、电力、冶金、轻工等诸多行业。该机组采用计算机嵌入技术，可实时显示运行状态，能够根据预设参数实现机组自动调节，依托互联网，利用终端设备可远程监测机组运行情况，并具有自动记录运行时间和寿命分析功能，为机组维修和运行提供数据支持。该机组不仅性能先进可靠，且具有成本低廉、节约能耗、经济实用的特点，使公司的售后服务工作从传统的被动服务方式逐步向以信息化为手段的远程、主动服务方式过渡。当前，该产品初步形成系列化、集成化、模块化研发制造能力，公司已具备根据国内外用户多样化、个性化需求研发生产高、中、低档多种配置形式的机电一体化智能化真空机组的能力。

马德宝真空设备集团有限公司拥有多项真空泵专利。国内首创磁力传动罗茨真空泵在工业中的应用，解决了罗茨泵长期存在的轴封泄漏现象。国内首创钢衬工程塑料双级水环泵，耐腐蚀，强度好，特别适用于化工医药行业抽吸腐蚀性气体。低转速罗茨泵可耐较高压差，解决了因双级水环泵高真空区抽气量小引起罗茨泵压差较大而发热的问题，运转平稳，可靠性更好，更适用于化工行业。

2015年，湘潭宏大真空技术股份有限公司成功组织实施了5项省级技术创新项目和新产品开发项目，获得省市荣誉3项，共计完成企业科研课题7项，分别是：AR（高透）＋ITO连续镀膜生产线的开发，低温ITO沉积工艺开发，TFT减薄镀膜生产线的研发，大面积低辐射镀膜玻璃生产线的开发与产业化，导电膜生产线三维参数化模型设计；IM（消影）＋ITO镀膜技术升级项目，CIGS卷绕镀膜生产线的应用开发。项目共计投入研发费用868.7万元，实现新产品产值超过1.2亿元。2015年，公司荣获国家高新技术企业称号，获得湘潭市科技进步奖三等奖1项、湖南省专利二等奖1项、湘潭市专利一等奖1项、湖南省科技进步奖二等奖1项。

〔撰稿人：中国通用机械工业协会真空设备分会苏原〕

2015 年干燥设备行业概况

2015 年,世界经济增长缓慢,国内经济下行趋势延续,我国装备制造业及工业各项指标持续低位运行,发展空间变窄。在此大环境之下,我国干燥设备制造企业也普遍呈现负增长态势,仅有少数企业在部分领域能够低速增长,企业经营举步维艰。

一、生产发展情况

据中国通用机械工业协会干燥设备分会统计,2015 年,21 家重点骨干企业共完成工业总产值 259 901万元,实现主营业务收入 238 180 万元。2015 年干燥设备行业 21 家重点企业工业总产值见表 1。2015 年干燥设备行业 21 家重点企业主营业务收入表 2。

表 1　2015 年干燥设备行业 21 家重点企业工业总产值

序号	企业名称	工业总产值(万元)
1	天华化工机械及自动化研究设计院有限公司	71 344
2	石家庄工大化工设备有限公司	56 138
3	常州市范群干燥设备有限公司	21 673
4	山东天力干燥股份有限公司	17 200
5	常州一步干燥设备有限公司	15 566
6	东台市食品机械厂有限公司	12 457
7	江苏省范群干燥设备厂有限公司	11 967
8	浙江尔乐干燥设备有限公司	6 720
9	江苏先锋干燥工程有限公司	6 500
10	哈尔滨东宇农业工程机械有限公司	5 910
11	江苏国粮仓储工程有限公司	5 820
12	上海千山远东制药机械有限公司	5 000
13	江苏宇通干燥工程有限公司	4 600
14	无锡昂益达干燥设备厂有限公司	4 100
15	青海三四一九干燥设备有限公司	3 866
16	常州金陵干燥设备有限公司	3 205
17	杭州钱江干燥设备有限公司	2 800
18	苏州市自力化工设备有限公司	2 000
19	成都望昌干燥设备有限公司	1 415
20	成都倍力干燥设备有限公司	820
21	山东省宁津县东风机械制造有限公司	800

表2　2015 年干燥设备行业 21 家重点企业主营业务收入

序号	企业名称	主营业务收入(万元)
1	天华化工机械及自动化研究设计院有限公司	69 034
2	石家庄工大化工设备有限公司	48 039
3	常州市范群干燥设备有限公司	21 388
4	常州一步干燥设备有限公司	14 750
5	山东天力干燥股份有限公司	12 386
6	东台市食品机械厂有限公司	11 745
7	江苏省范群干燥设备厂有限公司	11 397
8	浙江尔乐干燥设备有限公司	6 720
9	江苏先锋干燥工程有限公司	6 250
10	江苏国粮仓储工程有限公司	5 600
11	哈尔滨东宇农业工程机械有限公司	5 324
12	上海千山远东制药机械有限公司	4 600
13	江苏宇通干燥工程有限公司	4 589
14	青海三四一九干燥设备有限公司	3 866
15	无锡昂益达干燥设备厂有限公司	3 700
16	常州金陵干燥设备有限公司	2 973
17	杭州钱江干燥设备有限公司	2 841
18	成都望昌干燥设备有限公司	1 088
19	成都倍力干燥设备有限公司	790
20	山东省宁津县东风机械制造有限公司	600
21	苏州市自力化工设备有限公司	500

2015 年,山东天力干燥股份有限公司克服了我国经济结构调整带来的重重困难,紧紧围绕国家和山东省经济发展需求,创新驱动,调整发展战略,全面提升创新能力,适应我国经济发展转型现状,确定了“十三五”发展思路和目标,实现了发展模式的创新升级,保证了可持续发展。公司原来服务的化工、石化、电力、冶金、建材等行业市场萎缩,项目减少,订单拖期现象普遍,严重影响了公司业绩。从 2015 年开始,公司对企业发展模式进行了大胆探索,明确提出“以干燥技术解决方案为核心,以节能减排为方向,全面提升公司创新和工程化能力,拓宽公司产业链,向相关多元化发展”的发展战略。它将推动山东天力干燥股份有限公司在以干燥为主业的基础上,向节能环保等相关技术与市场领域发展,大大拓宽企业的发展空间,实现企业产业规模迅速做大做强,推动各项业务在更广阔的领域快速发展。

天华化工机械及自动化研究设计院有限公司面对国内经济持续低位运行、化工行业产能过剩、市场需求不足、投资需求增长乏力、行业竞争日益激烈的大环境,主动适应新常态,以提高经济增长质量和经济效益为中心,以转方式、调结构为重点,突出创新驱动,深化管理提升,强化风险防控,积极应对各种风险和挑战,不断强化企业治理、规范企业运作,科学决策,以市场为导向、以创新为驱动,强化生产经营管理,稳固并积极拓展市场,整体经营保持了正常发展的态势。2015 年,公司完成工业总产值 7.13 亿元、工业销售产值 7.41 亿元。

2015年，公司购置了重型卧式车床、落地车床、万能外圆磨床、可变容台车式燃气热处理炉等产业化加工装备；进行了产品标准化、系列化开发。

2015年，石家庄工大化工设备有限公司完成工业总产值56 138万元，比上年减少5 754万元。实现销售收入48 282万元，比上年减少4 153万元；利润总额5 610万元，比上年减少350万元。

2015年，常州市范群干燥设备有限公司共制造各类产品408台(套)，其中：高低温带机38台，流化床20台，预干燥机、焙烧炉45台，非标产品187台。完成工业总产值21 673万元，实现主营业务收入21 388万元、利润总额1 304万元。

常州一步干燥设备有限公司主要围绕“面向客户、服务客户，面向一线员工、服务一线员工，提高经济效益为中心”开展各项工作，2015年完成工业总产值15 566万元，达到公司20年来的最好水平。为进一步深化改革生产管理工作，推行工资定额承包制度，提高了生产效率，打破以往的“大锅饭”，充分体现了多劳多得。同时，生产部门还建立了每周工作纪要通报制度，让各部门、各责任人了解当前急需解决的问题及将要解决的问题，为生产任务的落实以及定期检查指明了方向。在此基础上，公司还辅以绩效考核制度，并对每月考核结果公布上墙，做到切合实际，不流于形式，有考核、有落实、有兑现，彻底解决了公司长期以来存在的交货期不及时的问题。公司新增了美国进口的全自动激光切割机、焊接应力消除机等装备，不断革新生产技术及工艺，减少原材料的消耗，并在生产一线大力推广气保焊，不断提高焊接水平。为了进一步加强检测手段，保障产品质量，公司新购了美国布鲁克光谱分析仪，新增了粗糙度测试仪。公司还对原试验车间进行了改造，新增空调除湿系统，使试验车间达到药厂GMP的要求，提升客户服务质量。为了规范管理，对原有机房进行了改造，新添了服务器、防火墙等硬件设施，实现了公司局域网统一管理；购买了用友公司的ERP管理软件，通过实施ERP项目，促进业务信息集成化、业务流程规范化、业务管理实时化、业务管理精细化和管理决策科学化。

东台市食品机械厂有限公司通过有序的生产组织保证生产经营，用技术创新带动生产经营，用优质的服务促进生产经营。针对辊筒干燥机和全粉生产设备的不同特点，分别确立了不同的生产经营重点，并采取了不同的经营管理策略。公司坚持“引消结合、软硬并重”的技术改造方针，不断调整产业结构，延伸产业链条，提升科技含量，着力构建资源节约型、环境友好型、生产安全型为技术特点的企业。公司完成了十多种产品工艺改造、技术参数的改进等，共实施技术创新项目8项，科技投入近500万元。通过技术创新和技术改造，取得了一系列科技成果。2015年，公司的辊筒干燥机产量56台(套)，总产值8 953万元，实现销售8 241万元，利润为405万元。薯类全粉生产线共生产3台(套)，总产值3 504万元，实现销售3 504万元，利润为279万元。

江苏国粮仓储工程有限公司是专业从事粮食烘干成套工程设计、安装、施工、制造、销售及服务的公司，在粮食烘干及储存领域积累了丰富的经验和成果，是国家高新技术企业。2015年，公司共制造完成产品220台(套)，其中：丰神连续谷物烘干机30台、循环式干燥机35台、滚筒烘干机4台、卧式环流烘干机5台、振动流化床干燥机4台、TDTG斗式提升机30台。产品产量较上年增加35台。

2015年，浙江尔乐干燥设备有限公司面对国内外市场复杂多变的环境，坚持创新务实、立足发展，全年经济运行总体平稳。2015年，公司完成工业总产值6 720万元，同比增长14.7%，高于全区3.6个百分点。公司研制的干燥设备尾气余热回收装置，热回收率达51%以上，已投产市场。这一技术的突破，大幅度降低了生产成本，特别是减少了排放，降低了对环境的污染。

哈尔滨东宇农业工程机械有限公司2015年对购置的哈尔滨市宾西经济技术开发区5.2万m^2的生产基地进行了进一步的建设和完善，完成了如定型产品冲压模具、引进无气喷涂设备和工艺等18项技术改造项目。同时建立了生产管理平台，简化了工作程序，提高了工作效率。2015年，共生产谷物干燥机、装配式金属筒仓、提升机、输送机、清选机等产品487台(套),完成工业总产值5 910万元、工业增加值363万元。

江苏宇通干燥工程有限公司重视品牌建设,狠抓产品质量。公司专门设置质量管理部,对产品质量从采购、生产、包装、检测、售后跟踪、访问用户等方面,进行全过程的有效的质量保证与控制,真正做到不合格的材料不入库,不合格的半成品不转序,不合格的成品不出厂。2015年,公司产品产量1 000余台(套)。公司获得授权发明专利1项、实用新型专利4项,有效专利达50余项。

二、市场及销售

山东天力干燥股份有限公司克服化工、冶金、建材等传统行业产能过剩产生的不利影响,努力做好传统行业项目,积极寻找新的业务发展方向,市场开发取得新的进展。公司全年新签合同额9 261万元。公司承接的阳煤分子筛EPC项目试车成功,标志着公司具备了承接EPC项目的能力;成功开发了氯化钙市场,获得6个项目订单,共计合同额2 228万元;在蛋氨酸市场继续保有市场份额,开发了苏氨酸等市场,并积极开发虾、鱼粉、海参等海鲜品干燥及制备市场;承接了蒙广发酵罐制造订单,为进入新的生化市场做好铺垫工作;大豆浓缩蛋白车间能源系统优化技术已开发成功,准备在万德福、三维集团推广应用;煤炭市场开发方面,签订了伊泰甘泉堡200万t煤制油原料煤预干燥装置的工艺包设计合同;催化剂市场进一步拓展,长岭、兰炼、垦利都有较多项目信息;宝钢污泥桨叶干燥项目顺利实施,为公司成功开发钢铁污泥干化市场奠定了基础;承接了东营油泥砂干化项目,市场前景看好,并在积极开发造纸污泥、碱泥等市场;成功开发了动物处理市场,在东营建设病死禽畜处理中心,初步尝试技术和资本结合。国际业务主要对褐煤干燥、氯化胆碱制备等公司优势技术进行了推广。另外,进行氯化锌制备成套技术、锅炉尾气超净排放、油罐车清洗等市场开发工作,具备了进一步推广的条件。

天华化工机械及自动化研究设计院有限公司坚持以市场为导向、以创新为驱动,致力于公司经营业绩和经营水平的不断提升。作为我国重要的化工、石油化工非标设备研究开发和生产制造单位之一,公司的营业收入主要来源于石油石化行业,而石油石化行业对专用设备的需求主要受原油价格波动、国家宏观政策变化等多种因素的影响,存在周期性波动的情况。为降低市场风险、提升盈利能力,公司主要进行了以下内容建设:一是以市场需求为导向,完善市场营销体系建设,积极转变营销观念和经营方式,积极推进传统营销与电子商务的有机结合。采用“6+2”营销工具,探索建立“业务数据化、数据业务化”的营销模式,开展营销变革;拓展升级电商平台“一达通”“诚信通”等业务,创建了手机端二维码旺铺和支付宝企业账户,实现了产品搜索、浏览和交易模式的多样化,拓展了电商推广平台。二是发挥新产品创新驱动作用。2015年,化工、石油化工行业受产能过剩影响,对化工装备需求大幅下降,而节能环保产品需求处于上升趋势。公司抓住机遇,深入开展关键设备、节能环保设备的研发,大力推进成果产业化应用,并在重点领域、关键技术上取得重大突破。原煤预干燥、城市污泥干化、低NO_X燃烧系统、氨氮废水处理成套装置逐渐成为公司发展的支柱产品。PTA压力过滤机、裂解炉用低NO_X燃烧器、湿法冶金用整体浇筑电解槽等新产品投放市场,获得市场好评,对公司业绩起到了重要支撑作用。三是围绕“中国制造2025”,以物联网和务(服务)联网为基础,积极开展新产品和新技术的研究开发,用高新技术改造提升传统产业,阳极保护远程监控系统和阳极保护微信公众号的工业化应用推广,开启了化工设备售后远程监控、预警和售后服务的信息化服务模式。四是充分发挥公司在设备质量监督检验方面的龙头地位和行业影响力,加大设备质量检验检测的市场开拓力度,服务领域涉及化工、石油化工、煤化工、电力等多个行业,对稳定公司业绩发挥了重要作用。五是加大应收账款的清欠力度,防范经营风险,提高资金保障能力。六是加大科技创新力度,以创新驱动实现公司的可持续发展。2015

年，公司营业收入为69 034 万元，利润总额5 066 万元，整体效益良好。

石家庄工大化工设备有限公司在巩固现有的销售领域的基础上，深入分析相关行业市场，加大市场开拓力度，公司产品销售已遍布全国各地。公司的盘式干燥机、桨叶干燥机等畅销产品销往印度尼西亚、埃及、法国、美国等国家。公司在现有传统销售渠道的基础上，加大了网络营销的力度，网络市场的成功开拓，为公司的销售业绩增加了新的增长点。另外，公司还积极参加各相关的展览会和行业会议，宣传公司形象和产品，提升公司的知名度。

常州市范群干燥设备有限公司在原有销售区域和模式的基础上，积极开发网络营销，加大网络营销投入，产品销售遍布全国25 个省、市、自治区。预干燥机、焙烧炉、喷雾干燥机等产品先后出口到德国、波兰、美国、日本、韩国、马来西亚、印度尼西亚、越南、伊朗等10 多个国家和地区，在国际市场上有着较高的信誉。2015 年，产品出口值4 658 万元。

常州一步干燥设备有限公司加强销售团队建设和管理，积极参加药机展会和其他非医药类的会议，捕捉行业信息，提高产品市场占有率，在中药配方颗粒、中药饮片、新材料、新能源等行业形成自己的特色产品，并使其成为公司新的盈利创收点。公司利用网络平台宣传公司产品，加大推广力度。公司还进行了企业宣传片的拍摄和制作，提升了企业的软实力。2015 年，公司实现主营业务收入14 750 万元。

东台市食品机械厂有限公司在我国经济下行趋势的大背景下，集中优势力量、举全公司之力寻求发展机遇，重点围绕对内做活销售、对外做大外贸的两大目标，全方位拓展国内外市场。在淀粉、全粉生产设备销售上实行了拉动经济增长的以销售网络为核心发力点的营销模式，实现了以单纯的产品销售向市场营销、市场策划、用户服务等全面的营销整合的战略转变。首先，在国内全面做活销售。积极发挥食品机械厂在国内的影响力，把深化网络建设作为提高销售“龙头”地位的基础工程，使产品能快速进入市场最前沿，充分发挥其导航和“窗口”的作用。同时，积极参加科技研讨会、行业协会等组织的学术性会议，形成了社会资源，延伸了销售触角，开拓了目标市场。全年销售全粉生产线3 台（套），辊筒干燥机56 台（套），形成销售11 745万元。其次，积极实施以产品出口为支撑的海外发展战略，重点做大外贸。抓住一些欧美国家加快经济建设步伐的机遇，加大了外贸出口的运作力度，采取出国自主开发市场的方式，重点打开国外市场。先后考察了澳大利亚、日本、美国、加拿大等地市场，产品不仅出口到巴基斯坦、印度尼西亚等亚洲国家，而且打进了巴西和美国，实现销售300 万美元。

江苏国粮仓储工程有限公司产品除主销国内市场外，同时销往欧洲、南美、中东、东南亚、非洲等地区，与俄罗斯、印度尼西亚、菲律宾、新西兰、马来西亚等数十个国家客户建立有良好的业务合作关系。2015 年，公司的丰神连续谷物烘干机、滚筒烘干机等产品销往印度尼西亚、巴西等国家，产品出口值50 万元。

2015 年，哈尔滨东宇农业工程机械有限公司承建粮食干燥、种子加工及粮食仓储项目40 余项，实现主营业务收入5 324 万元、利润总额136 万元。产品已覆盖新疆、甘肃、贵州、四川、湖南、湖北、陕西、宁夏、安徽、河南、河北、山东、北京、江苏、浙江、内蒙古、广东、海南、吉林、辽宁、黑龙江等省、市、自治区。公司2015 年研发的组合式连体方仓等实用新型专利产品已应用在谷物种子仓储工程项目中，使用效果良好。2015 年，公司在稳定原有销售区域的前提下，继续扩大产品市场占有量，已为宁夏国家粮食储备库、中储粮总公司等承建了大型粮食干燥仓储项目。

江苏宇通干燥工程有限公司在产品销售过程中，注重全方位的服务意识，即提供良好的售前、售中、售后服务，让顾客了解不同型号的产品有不同的生产工艺、不同的使用性能、不同的价格等，为用户提供各项满意的服务。2015 年，公司产品销售形势良好，实现主营业务收入近4 600 万元，实现利润总额356万元。产品畅销全国28个省、市、自治区,并出口到美国、土耳其、希腊、英国等国家和东南亚地区。

三、科技成果及新产品

2015年,山东天力干燥股份有限公司申请专利11项,其中发明专利6项;获得授权专利15项,其中发明专利5项。“市政污泥干化焚烧系统及其处理工艺”获得山东省专利奖。与中科院理化所等合作申报的课题“催化湿式氧化处理高浓度难降解有机废水设备大型化关键技术研究及示范”项目列入山东省重大专项,获得课题费500万元,这是迄今公司承担额度最大的科研项目。“煤泥、气化煤渣高效无害化、资源化成套干燥装置”通过鉴定并列入山东省首台(套)技术装备及管件核心零部件项目。公司制定的“干燥机能效限定值及能效等级”列入干燥行业标准,已申报国家标准。“内加热流化床及蒸汽回转干燥机”被评为工信部节能产品,这是我国干燥产品首次列入工信部节能产品目录。“褐煤过热蒸汽干燥提质技术及产业化”列入2015年度国家火炬计划项目。“山东省先进节能干燥工程技术研究中心”列入山东省工程技术研究中心提质升级计划。

天华化工机械及自动化研究设计院有限公司坚持以节能降耗、安全、环保、重大技术装备开发和国产化攻关研制为主题,以基础理论和放大研究为基础开展技术研究工作,以干燥技术开发、设计、制造、安装、调试、运行服务为基础,通过自主创新、国产化再创新和集成创新,进行干燥技术成套化、自动化、大型化、节能和产业化建设,以工程化应用研究为支撑推广技术成果和推动技术辐射,实现石油化工、化工、煤炭、煤化工、冶金、钢铁、电力、食品、医药等行业重大干燥技术的工程化应用和干燥节能降耗目标,取得的典型业绩如下:

(1)石化大型干燥装备及其他单元设备。①百万吨级PTA装置蒸汽管回转干燥机组。技术达到当前国际先进水平,完全替代进口,推广于江阴汉邦石化、嘉兴石化。2015年完成汉邦石化PTA干燥机组加工制造,当前正在进行安装调试,嘉兴石化干燥机组正在施工设计。②CTA溶剂交换工艺及装备。天华院科研中心在PTA过滤洗涤干燥一体化压力过滤技术的基础上,开发了CTA溶剂交换工艺及装备。该技术通过一台过滤、多级洗涤机组,代替传统PTA装置氧化单元过滤、干燥、风送、储存、风送、打浆等单元,大大简化了工艺流程,动设备少、占地面积小,而且装置建设成本低、维修方便、系统能耗低、废水排放量小。中心原创提出的CTA溶剂交换偏流、引流等技术获得PTA国际工艺商INVISTA公司的认可,并推广于汉邦石化、嘉兴石化等PTA装置。2015年完成汉邦石化PTA过滤机组和CTA溶剂交换机组加工制造,当前正在进行安装调试,嘉兴石化PTA过滤机组和CTA溶剂交换机组正在图样设计。③加氢催化剂高温焙烧炉。引入有限元设计方法,开发了适于加氢催化剂载体制备的连续回转式、双支点、大跨度高温焙烧炉。在云溪基地加氢催化剂装置上的工业运行结果表明:连续回转式高温焙烧炉运行平稳,处理能力超过设计值,焙烧后的载体经检测和评价,各项物化指标达到或优于内控值,质量稳定,综合能耗与同功率的辊道窑相比下降70%,设备密闭性好,现场无废气外泄,实现了生产过程的清洁化。④芳烃吸附剂节能型流化床干燥技术。设计开发了一套集成度高的气流-流化床干燥设备系统,并在此基础上形成了流化床干燥、冷却、分离一体化成套技术。建成了一套300t/a集脱水、干燥、冷却一体化的气流-流化床橇装试验装置,运行结果表明:干燥后的产品的湿含量、甲苯吸附量达到合格品指标,收率达到96%以上,与原有振动流化床相比,无水风单耗降低30%,节能效果明显。⑤5A吸附剂基质小球连续真空干燥和焙烧成套技术。开发了适于5A吸附剂基质小球热处理的真空盘式多层焙烧炉,形成了集干燥、焙烧于一体的连续化技术。设计制造了一套50kg/h的真空盘式多层焙烧炉试验设备。试验结果表明:该设备密闭效果好,干燥焙烧处理过程中真空度稳定,可实现连续操作。处理后的吸附剂基质小球经检测和评价,质量稳定,吸附容量保持良好。获中国实用新型专利授权1项。

（2）原煤预干燥及水回收成套技术。①煤气化工程褐煤蒸汽管回转圆筒预干燥技术研究与工程化应用。该项目是甘肃省科技重大专项资金项目，研发了国内首套褐煤蒸汽管回转干燥提质工艺、自惰式氧含量控制技术、尾气加热再循环防结露技术，实现了褐煤干燥系统的安全可靠运行。研发的六通道汽室结构，凝液排放量增大，干燥能力提高；研发的鱼鳞片迷宫出料密封结构，实现了密闭干燥；研发的多孔式径向出料结构，显著提高了卸料能力；研发的三端面蒸汽密封旋转接头，满足大流量、高温高压工况的生产要求，在云南文山80万t/a氧化铝项目配套煤气化工程取得工业应用，运行结果表明：设备性能达到合同规定，技术先进可靠，实现长周期稳定运行。设备总体达到国际先进水平。②蒸汽管回转式褐煤干燥发电技术研究及应用。由天华院科研中心与国华电力、浙江融智合作开发，通过高（超高）水分褐煤试验，获得了褐煤干燥特性、传热特性、热稳定性等基本规律。开发了适用于高（超高）水分褐煤的干燥工艺流程、干燥机结构、控制系统及系统防堵、防尘、防爆/自燃技术措施，并在印度尼西亚南苏门答腊省穆印县境内建成了2×150MW示范工程，实现了全水分高于60%褐煤干燥的工业化运行，技术安全可靠。该技术于2015年5月22日通过了中国电机工程学会组织的科技成果鉴定，鉴定认为：该研究成果创新性显著，具有自主知识产权，整体达到国际先进水平，在超高水分褐煤预干燥与锅炉燃烧系统优化集成方面达到国际领先水平。

（3）高效、环保、节能技术及装备。①利用热泵真空闪蒸的高浓度氨氮废水处理技术，是国际领先的高效节能技术，适用于大型工业化。该成果应用于中石化齐鲁分公司、中石化长岭分公司、洛阳市建龙化工有限公司、青岛惠城石化科技公司。具有很好的市场推广前景，取得热泵闪蒸汽提脱氨法发明专利和复合汽提脱氨塔实用新型专利。②污泥干化工艺及设备。开发完成多种污泥干化工艺及关键设备——四轴桨叶干燥机、双轴桨叶干燥机、单轴圆盘干燥机、大型化蒸汽管回转干燥机等多种污泥专用干燥机，申请专利4件。该技术为污水厂污泥、油田污泥、印染污泥、餐厨污泥等提供了安全可靠的处理方法。应用于连云港三吉利化学工业有限公司、烟台润达垃圾处理运营有限公司、浙江龙德环保热电有限公司、南京国能环保工程有限公司、浙江环兴机械有限公司、洛阳炼化奥油化工股份有限公司等。③联产硫酸铵和氨水的催化剂废水脱氨技术。在原有热泵闪蒸汽提脱氨技术基础上，引入氨汽精馏技术，开发了集蒸汽汽提、氨气精馏、热泵及真空闪蒸技术于一体的新型高浓度氨氮废水处理技术，使高浓度氨氮废水中99.94%的氨氮实现回收利用，并可根据需要兼顾生产硫酸铵溶液和稀氨水。在催化剂公司减压汽提脱氨装置上的试验结果表明：该技术能够根据分子筛及催化剂生产的需要在一定范围内调节回收硫铵溶液和氨水的比例，解决了原工艺仅以硫铵溶液的形式回用氨氮造成的不平衡状况，废水实现了达标排放，技术水平达到国内领先。④催化剂尾气定转子除尘技术。开发了定子和转子嵌合结构的除尘器，强化了气液传质和粉尘与水滴之间的微观混合效果，提高了装置的除尘效率；除尘器内无填料，同时定－转子之间的流体受到高强度剪切处于高度湍流状态，具备很好的自清洁作用，不易堵塞；除尘器内部无需设置复杂的气相内密封，体积小，结构简单，维修方便。并在中国石化催化剂有限公司齐鲁分公司进行了FCC催化剂喷雾干燥尾气处理中试试验，试验结果表明：采用工业水除尘，气液比不大于296.8的条件下，定－转子除尘后的尾气粉尘含量在20mg/m^{3}以下，实现了达标排放。

2015年，天华化工机械及自动化研究设计院有限公司共有8项技术通过鉴定和验收，并且全部实现工业转化。有3项成果获科技进步奖；获专利授权35项，其中发明专利18项（含美国专利1项），有1项专利获首届甘肃省专利奖一等奖，1项专利获中国化工专利优秀奖；起草并发布实施了国家标准2项、行业标准4项；科技成果推广辐射到石化、钢铁、煤化工、电力、环保等行业，为用户单位带来显著的效益,对提高我国重大工业生产装置的国产率、推动用户企业产品结构调整及技术进步起到积极的推动作用。

石家庄工大化工设备有限公司的"传导式干燥器中压缩式热泵的利用"项目通过石家庄市科技局组织的专家鉴定,鉴定为国际先进水平。

2015 年,常州市范群干燥设备有限公司多工位(汽车尾气)净化催化器制备智能成套装备获得"江苏省首台(套)重大装备产品"证书。近三年来,工程中心先后承担了三元催化剂预干燥器、涂覆干燥装置、三元催化剂焙烧炉、P 板发泡机、安全气囊药剂生产线、高精度混粉系统、空心桨叶干燥机、纳米催化剂制粉系统、磷酸铁锂烧结提纯装置等项目,并依托常州市范群干燥设备有限公司实现量产,增加销售额近 3 亿元。

2015 年,常州一步干燥设备有限公司开发了 LZL 系列流化振动连续式造粒机、LG 系列干法制粒机,产品均已研发成功。LZL 系列流化振动连续式造粒机处于小试状态,LG 系列干法制粒机处于中试状态,并取得发明专利 2 项。公司完成了中药浸膏喷雾干燥机国家标准的制定并发布,于 2016 年 7 月 1 日实施。公司的中药材专用新型多层带式干燥机项目已被列入常州市工业攻关计划。根据国家提出的环保节能、尾气余热利用理念,设计与干燥设备相关的尾气回收系统、气味脱除系统等,为产品配套,提高产品的竞争优势。另外,公司不断加强老产品的改进,如振动流化床首次采用间接加热方式,可适用于易燃易爆物料的干燥。通过不断应用新工艺、新材料、新设备,提高产品质量和工效,进行技术创新,为产品的技术升级做好技术工作。

东台市食品机械厂有限公司作为生产食品机械的专业企业,研制的多用途辊筒干燥机广泛应用于 a 淀粉、三合一速溶营养麦片及各种营养米片(粉)的加工,及其他黏稠状物料的干燥熟化,如粘合剂、啤酒酵母回收、水果和蔬菜以及化学制品。在此基础上,公司组织科研人员进一步对辊筒干燥机进行专项的自主攻关,在辊筒热稳定性、耐压能力、热处理水平等方面形成了核心技术成果,用这些技术成果攻克影响和制约辊筒干燥机大型化、高品质化的技术难题,成功研制出直径达 2m、长度达 5m 以上的大型化辊筒干燥设备,应用到薯类全粉加工中,并成功装备到多家马铃薯全粉生产企业中。

杭州钱江干燥设备有限公司的高效生物质燃烧机项目当前已完成科技型中小企业技术创新基金验收。该项目立足于本地经济,以竹屑、竹制品废料、农作物秸秆、木屑等为主要原料,将经粉碎、干燥后松散的竹屑、秸秆和木屑等农林生物质压缩成棒状的成型燃料,压缩后的成型燃料体积缩小 6~8 倍,提高了运输和贮存能力。采用本项目的燃烧机进行燃烧,燃烧效率大于 85%,灰分残留率小于 3%,提高了利用效率。产品热值可达 17 000 kJ/kg,且产品产量的 20% 可作为生产工艺中的热源原料,生产过程热源能耗自给自足。以农、林生物质资源为原料,经济效益显著,是煤燃料的理想替代产品,解决了农、林生物质资源分布范围广、堆积密度低、收集、运输、储藏和应用的困难,使生物质废弃物从一种低品位的能源转化为较高品位的能源。该项目生物质燃烧机燃烧产生的热能不仅可以为家庭提供炊事、取暖用能,也可以作为工业锅炉和电厂的燃料,替代煤、天然气、燃料油等化石能源。同时其燃烧产生的生物炭成型产品的 80% 作为成品出售,用来制作碳基有机 - 无机复合肥。该项目产品经浙江华腾牧业有限公司、浙江省畜牧业技术推广总站等单位使用,反映效果良好,一致认为产品各项性能指标均满足用户需求。

2015 年,江苏国粮仓储工程有限公司开展了"批式混流循环式干燥机的研究与开发""红外烘干机组的研究与开发""TGSU 自清式提升机的研制"等项目。获得授权专利 2 项:"红外烘干机组"获得实用新型专利,"批式混流循环式干燥机"获得外观专利。另外,低温谷物干燥机获得部级推广 2 项;科技成果转化 5 项,推广应用的新产品 5 项。

浙江尔乐干燥设备有限公司的 GLP200 离心式喷雾干燥机、SB250A 密闭式砂磨机、YPG650 压力式喷雾干燥设备列入2015年第三批浙江省新产品试制计划，计划于2018年完成研制鉴定。

2015年年初，哈尔滨东宇农业工程机械有限公司通过调研、考察，结合市场需求，决定研发“方形连体仓”“封闭移动小车带式输送机”“千吨烘干机”等8项新产品。截至2015年10月，8项新产品已按项目计划要求完成了开发工作，项目产品性能稳定，已投入了市场。其中，“组合式连体方仓”“配装移动卸料车的封闭带式输送机”产品已申报国家实用新型专利，“组合式连体方仓”已获得授权。哈尔滨东宇农业工程机械有限公司与华南农业大学工程学院合作开展的科技型中小企业技术创新基金项目“粮食水分在线检测及干燥过程智能控制系统”自2012年立项，公司抽调最精干的技术人员与华南农业大学工程学院研究生共同组建了课题组，积极筹措资金，全力开展项目的研发、试验、试制、改进和优化等工作。从谷物水分在线检测装置研发，到建立多段顺逆流干燥机出粮含水率预测模型，项目产品通过两年多的应用试验和多次改进优化，于2014年、2015年分别在宁夏银川粮油供销公司、宁夏中卫国家粮食储备库、安徽水家湖农场烘干仓储项目中配套推广了3套项目产品，并通过“农业部节能与干燥机械设备及产品质量监督检验测试中心”的专项检测，出具了检测报告。项目产品于同年12月获得“产品合格证书”。2015年12月，根据项目产品与公司烘干机配套使用的情况积累，进行“连续式自动控制烘干塔”发明专利的申报，获得了发明专利申请号:201511007914.1。

江苏宇通干燥工程有限公司注重技术创新，先后与上海、武汉、沈阳等各大院所合作开发了多项新产品，如LPGB系列闭路循环喷雾干燥机、FZGB系列低温高真空干燥机、PGLC系列喷雾干燥机等。现有各类专利60项，其中发明专利18项。2015年，闭路循环、溶媒回收喷雾制粒干燥系统前瞻技术的研发项目列入江苏省重点研发计划(产业前瞻与共性关键技术)。该项目研发成功后，对有关行业的发展起到一定的推动作用，可产生较大的社会效益。罐式金属粉末混料机、大振幅沸腾振动流化床干燥机被评为江苏省高新技术产品。

苏州市自力化工设备有限公司自2003年以来已投入约500万元用于研发污泥干化系统的设备，研究干化的工艺和处理技术。根据各种污泥的具体干燥特性和工艺要求，公司对污泥干燥机进行了多次升级换代和改型。在市政污泥和工业污泥的处理中，公司主要承担了昆山江苏美亚环保回收有限公司5万t/a污泥处理项目、苏州市荣望环保科技有限公司100t/d污泥处理项目、吴江太湖工业废弃物处理有限公司100t/d污泥处理项目、苏州新区环保服务中心60t/d市政污泥处理项目、宁波北仑工业固废处置有限公司焚烧处置项目二期工程、苏州和协表面处理有限公司电镀污泥处理项目、苏州市康洁物资再生有限公司5万t/a污泥处理项目等。在对固废和危废的处理过程中，公司的工艺和技术具有简单化、减量化、无害化、资源化、低碳化等特点。公司研发生产的干燥机空间结构紧凑，占地面积小，辅助设备少。采用传导加热的方式，传热面积大，热损失小，热利用率高。干燥工艺可调性高，易于操作和控制，干化后的污泥干燥度和颗粒大小均匀。通过对市政污泥的特性分析，于2015年研发出了市政污泥五步法处理技术，并向国家专利局申报了市政污泥五步法处理工艺的发明专利。

四、企业管理及改革

通过资本市场放大产业规模是山东天力干燥股份有限公司的长期发展战略。自2011年公司股份制改制以来，公司对上市工作投入大量人力、物力、财力。2015年，在IPO暂停的情况下，公司决定先在新三板挂牌。公司于10月14日顺利在新三板挂牌，上市工作取得了阶段性成果。作为山东省科学院首家挂牌企业，为省科学院实现产学研相结合、促进技术与资本的融合找到了一条新的发展路径，起到了很好的示范作用。成功在新三板挂牌，为公司提供了新的发展平台，拓宽了公司融资渠道，适应了公司快速发展的需求。公司将把产品运作和资本运作相结合，以节能干燥技术为核心，以节能环保为链条，整合社会资源，提供一揽子解决方案，实现公司业务的转型升级，促进公司快速发展。

2015年，天华化工机械及自动化研究设计院有限公司持续加强公司内控体系建设，严格按照《公司法》《证券法》和中国证监会有关法律、法规的要求，规范运作，不断健全和完善公司的法人治理结构，不断完善内控建设，将规范运作的要求贯穿于日常经营的始终，稳步推进内部控制体系，进一步将企业内部控制工作做细做实，确保公司内控体系建设落到实处，实施有实效。天华院现有内部控制制度完整、合理、有效，能够适应公司现行管理的要求和公司发展的需要，并能得到有效实施，能够保证贯彻执行国家有关法律法规和公司内部规章制度以及公司各项业务活动的健康运行。

常州市范群干燥设备有限公司建立健全技术创新体系，完善技术创新工作机制，制定了《技术创新体系管理办法》《项目评审管理办法》等管理办法，鼓励技术创新、发明创造，促进公司自主创新工作的有效开展。公司加大研发经费的投入力度，与国内知名高等院校、科研院所（如清华大学、南京理工大学等）进行联合开发，加快推进代表行业先进技术水平的重点攻关项目和课题，围绕核心技术、关键技术进行科学、系统的攻关。迄今为止，公司拥有授权专利14项，全球独占许可专利1项。公司尊重知识、鼓励创新，形成自主知识产权，公司授权和转让的专利项目转化率95%以上，为企业带来数百万元的利润。专利项目的成功实施转化，推动了技术创新工作的开展，促进了公司的技术进步，为公司创造了经济效益，为企业的可持续发展奠定了坚实的基础。

江苏国粮仓储工程有限公司在2015年年底制定了新的战略规划，要做成世界一流的粮、油、饲料机械制造与工程公司，其目标是为了提高人类的生活水准，为客户创造价值，为员工创造机会。以“人和于心，诚信负责，团结共搏，做客户价值，在结果上积累”为核心价值观，坚持以提供优质产品、精良技术与贴心服务，产品向环保、低耗、智能、低碳方向发展，借以推动行业的发展。

江苏宇通干燥工程有限公司是在原常州市宇通干燥设备有限公司的基础上，重新整合、增资扩建、规范管理、规模扩产、全面升级而更名的企业。公司在企业规模、生产装备、设计水平、管理能力、资金储备、年度业绩等方面都有较大幅度的提高，企业的发展空间和潜力都很大。公司制定了完善的激励机制、项目研发奖励机制和人才培养机制，研发人员在项目研究成功并实现工程化和产业化后将获得重奖，重大项目的奖励超过10万元。推行导师制作业，通过对导师提供指导经费，来引导人才的提升，并形成良性循环，此举极大地激发了研究开发人员的积极性，为吸引人才、留住人才、发展人才提供了良好的机制。

常州一步干燥设备有限公司实施ERP管理项目，成立了ERP管理项目小组，按照“统一组织、总体设计、分步实施、持续优化”的推进方式，历时半年对销售、采购、仓库、财务等各部门工作和业务流程进行梳理，并对ERP项目参与人员进行系统的培训和学习，ERP系统于2015年7月正式上线运行。2015年年底，公司的ERP项目小组被常州市天宁区总工会评为“工人先锋号”。

五、人才培养情况

天华化工机械及自动化研究设计院有限公司根据战略发展需要，加大人力资源开发，搞好人力资源的储备工作。公司坚持以人为本，把加强领导班子建设放在首位，全面提高员工素质，创造一个公开、平等、竞争、择优的用人、育人环境，建立了一个领导能上能下、人员能进能出、充满生机与活力的人才机制。一是人才引进工作。根据人力资源规划，从全国重点高校引进大学毕业生12人，其中，硕士研究生6人、本科毕业生6人。将引进的本科生以上毕业生和技术研发人员全部充实到科研、生产一线，为新进专业技术人员指定导师，发扬“传、帮、带”的优良传统，为科研中心的业务发展配置、培养了合理的专业人才。二是重视技术研发人员职业技能的提高，对研发人员进行了压力容器、软件制图、CAESARⅡ管道应力分析培训。组织相关人员参加节能评估培训、压力管道等培训学习，先后组织员工参加国家注册咨询师、注册安全工程师、造价师、建造师以及注册化工、注册电气、公用设备、注册环保工程师的培训和考试工作。共14人晋升副高级职称、41人获评中级职称、4人取得助理职称，有7人取得了技师、高级工职业技能鉴定岗位资格证书。充分发挥中央党校化工班、高等院校、中国化工集团公司网络培训平台的作用，加大青年人才培养力度。2015年，共有477人参加了各类管理、专业、技术、技能层次的教育及业务培训、考核。三是组织员工参加安全、职业健康培训，共563人次，开展入职员工“三级安全教育”，对技术工人进行技能培训，组织百余人次参加起重作业、焊接、电气等特种作业培训和安全教育培训。四是加强领导干部队伍建设。健全和完善了干部评价考核、激励体系，加大考核力度，做好领导干部和新提拔干部的考核评价工作。坚持建立和培养优秀的中层干部队伍、学科(技术)带头人队伍、中青年创新人才和技术工人队伍建设。2015年，共考察、选任中层干部12人、室所长9人。五是在产品安装、调试现场锻炼培训技术人员63人次、工人256人次、管理人员8人次，为产业化建设提供了急需的管理专家、加工技术专家以及技术人员。

常州一步干燥设备有限公司始终坚持以人为本，大力实施人才强企战略，加强人才队伍建设。2015年，为了推广气保焊，专门对焊工进行了焊接知识方面的培训，有47位焊工取得了高级焊工证。

东台市食品机械厂有限公司始终遵循“以技术为基础，以质量为根本，以人才为核心”的原则，尽力谋求与国内外有关企业、院校进一步合作，促进资产、技术、人才等方面的流动与融合，保持企业活力，促进企业发展。一是放手培养技术骨干。公司总经理、生产副总亲自参与研发工程，公司研究设计人员、工艺设计人员倾力合作，相互提高，不断加强自身建设，个人综合能力明显提高。同时对产学研合作方的科研人员发挥传、帮、带的作用，让他们学有所用、学以致用。二是抓研发队伍的壮大。在普遍提高研发团队素质的基础上，公司还加大了人才引进力度，先后从高校毕业生中招聘录用了29名人员，通过车间实习后，直接安排到技术部门，参与产品研发。三是抓人力资源的优化整合。将部分专业素质好、业务能力强、在外安装调试的人员充实到研发队伍中来。每年在一线员工队伍中开展生产操作技术演练，组织车、铣、磨、钻等工种人员参加公司组织的技能竞赛，培养和锻炼了一批一专多能的生产骨干力量，有5名中青年骨干提拔到管理岗位。

哈尔滨东宇农业工程机械有限公司注重人才队伍建设，2015年共引进专业技术人才8人，包括机械、电气等专业本科生3人，已通过试用期考核，进入相应岗位工作。招聘工人技师25人，全部进入相关岗位工作。全年组织工程技术人员、技术工人参加技术培训、技术考察等8次，累计培训110人次。

〔撰稿人：中国通用机械工业协会干燥设备分会高书燕〕

2015年减变速机行业概况

一、行业发展概况

减变速机作为装备制造业的重要组成部分，现已形成产、学、研、用完整的制造、教学、研发、市场体系，已形成圆柱齿轮减速机、蜗杆减速机、行星齿轮减速机、摆线针轮减速机、少齿差齿轮传动减速机、谐波齿轮减速机、组合齿轮减速机、无级变速器等各种传动形式的减速机。产品满足国民经济各领域的需求，造就了一批研发能力强、加工手段齐全、装备精良、制造技术水平较高的企业，如江苏泰隆减速机股份有限公司、国茂减速机集团有限公司、山东华成中德传动设备有限公司、浙江通力重型齿轮股份有限公司、山西省平遥减速器有限责任公司、山东柳杭减速机有限公司等。近几年，随着世界制造技术的进步，我国减速机行业企业购置并拥有了世界先进的加工设备，部分生产企业已具有世界一流的加工精良设备。有些产品已达到国外先进工业国家同类产品水平，产品出口至欧美及东南亚等20多个国家和地区，我国已发展成为减变速机制造大国。

2012年开始，减变速机行业发展增速放缓，行业产品供大于求的矛盾加大，行业内竞争加剧，利润空间进一步被挤压，部分企业生存压力加大。“十二五”期间，减速机产量平均增速为1.5%，较“十一五”期间的23.34%下降了21.84个百分点。齿轮及减变速箱主营业务收入“十二五”期间平均增速为9.49%，较“十一五”期间的20.84%下降了11.35个百分点。

2015年，减变速机行业主动适应经济发展新常态，压缩低端、做精中端、主攻高端，加快培育新的发展动能，改造提升传统比较优势，积极推动行业技术进步和创新发展，努力改善企业效益，继续提高服务比重，结构调整向纵深推进。

据国家统计局统计，2015年，齿轮及齿轮减变速箱行业规模以上企业876家，实现主营业务收入1 718.13亿元。按大中小型企业划分：大型企业11家，实现主营业务收入362.85亿元；中型企业116家，实现主营业务收入521.58亿元；小型企业749家，实现主营业务收入833.7亿元。中小企业共865家，占行业企业总数的98.7%，完成主营业务收入1 404.28亿元，占行业企业总收入的81.7%。

我国齿轮及齿轮减变速箱行业多元化经济成分并存，民营企业占据主导地位。按控股类型划分：港澳台商控股企业31家，实现主营业务收入40.8亿元；国有控股企业16家，实现主营业务收入81.85亿元；集体控股企业17家，实现主营业务收入28.1亿元；其他企业31家，实现主营业务收入64.87亿元；私人控股企业714家，实现主营业务收入1 271.68亿元；外商控股企业67家，实现主营业务收入231.25亿元。

主营业务收入按地区分布统计：华北地区企业数57家，实现主营业务收入133.84亿元；东北地区企业数43家，实现主营业务收入57.1亿元；华东地区企业数582家，实现主营业务收入1 131.7亿元；华中地区企业数92家，实现主营业务收入179.98亿元；华南地区企业数27家，实现主营业务收入42.19亿元；西南地区企业数65家，实现主营业务收入163.39亿元；西北地区企业数10家，实现主营业务收入9.93亿元。

减变速机产量按地区分布统计：华北地区企业数19家，产量384 988台；东北地区企业数10家，产量15 425台；华东地区企业数99家，产量4 711 387台；华中地区企业数28家，产量941 434台；华南地区企业数6家，产量235 224台；西南地区企业数10家，产量29 560台；西北地区企业数4家，产量4 809台。

齿轮产量按地区分布统计：华北地区企业数13家，产量70 303t；东北地区企业数15家，产量298 928t；华东地区企业数151家，产量1 323 534t；华中地区企业数46家，产量68 598t；华南地区企业数9家，产量57 886t；西南地区企业数27家，产量121 365t；西北地区企业数5家，产量24 826t。

从以上统计可以看出，华东地区是减变速机和齿轮产业分布较为集中的地区。

二、减变速机行业重点企业发展情况

2015年，减变速机行业重点企业积极求变，变革转型、升级管理，坚持技术创新驱动，不断开拓新的市场领域，逐步从追求“量”的增长向追求“质”的提升转变。

1. 产量增速大幅放缓，但仍有企业逆市上扬

2015年，据国家统计局统计，规模以上减速机生产企业176家，生产减速机592.28万台，同比下降6.59%，增幅较上年回落9.26个百分点。规模以上齿轮生产企业266家，完成齿轮258.22万t，同比下降3.64%。

2015年,国茂减速机集团有限公司实现减速机销售产值19.08亿元,再次入围中国民营企业制造业500强,且较2014年提升77位,列第349位。

浙江通力重型齿轮股份有限公司主营业务收入同比增长13.81%,佛山市星光传动机械有限公司主营业务收入同比增长20.28%,兰州西腾润工装备制造有限公司(原兰州减速机厂)主营业务收入同比增长15.63%。

2. 实施创新驱动,加大科研攻关力度

创新是企业发展的不竭动力。在激烈的市场竞争中,唯有坚持技术创新,加大研发投入,开发新产品、新技术,开拓新的市场领域,才能使企业立于不败之地。

2015年,国茂减速机集团有限公司投入大量资金对摆线针轮减速机生产系统进行了延伸改造;新增立式加工中心、数控立式车床、龙门加工中心等先进大型设备。对传统摆线减速机进行更新换代,成功研发了全新的8000系列。当前,该产品已完成整机试验,各项性能均达到设计要求,重点指标已达到国际先进水平的产品设计标准。同时,研发的全新EXTR橡胶塑料减速机也受到了客户的肯定;GMLX330立磨减速机、GX34行星减速机等产品已实现了批量生产。截止到2016年3月,共拥有52项国家专利、27项省级高新技术产品、1项江苏省优秀新产品。四大系列产品继被常州市科学技术局全部认定为市级高新技术产品,并同步被江苏省科学技术厅认定为省级高新技术产品。

江苏泰隆减速机股份有限公司与重庆大学机械传动国家重点实验室历经4年的攻坚克难,突破了日本、捷克等国外技术垄断,攻克RV机器人用减速器国际技术壁垒,自主研发出摆线针轮减速器、谐波减速器、轮边马达减速器、摆线钢球减速器等高精密减速器,实现了国产机器人用精密减速机国产化的重大突破。该产品获授权专利13项,其中,国际发明专利1项(美国),国内发明专利6项,新型实用专利6项,被列入国家“863”计划项目、国家科技支撑项目和国家自然科学基金等重点扶持项目。当前,该产品已完成了机体理论结构设计、加工制造、性能测试、成套技术实验室验证与批量生产考核,产品已在高精密五轴喷涂机器人多关节驱动系统实际应用,并通过了国内权威专家组的科技成果鉴定,确认总体技术水平国内领先,核心技术达到国际同类产品先进水平。江苏泰隆减速机股份有限公司接到一份数额颇大的国际减速机订货合同与一份意义非凡的产品营销国际文书,国际著名采购供应商——法国阿尔斯通公司正式批准泰隆为其全球风电齿轮箱网上供应商。

浙江通力重型齿轮股份有限公司自主研发了11个系列减速机,广泛应用于工程筑路、电力、环保、轻工、啤酒饮料、矿山、食品包装等机械传动领域。此外,2010年,公司兆瓦级风电齿轮箱的研发成功,具有跨时代的意义,并被认定为浙江省重大工业项目。近年来,公司加大技改力度,已投入近2亿元,先后从瑞士、德国、美国、日本、韩国引进300多台(套)先进的齿轮加工和检测设备,增添了各重要工序所需的具有国际一流水平的各类数控加工机床,产品制造工艺及装备具有国内领先水平。

山西省平遥减速器有限责任公司面对市场下行压力的加大,内外兼修,2015年在科技创新与市场开发方面取得突破:为满足企业整体科技创新的要求,成功进行了专利技术的机械功率封闭试验台的改造,试验能力达到10MW;成功开发了16JS、40JS、37JS等大功率输送机减速器,最大功率达1 000kW;成功维修与替代了德国进口的四大类10余种减速器;成功开发了GS350、GS457.2、GS630高速齿轮箱,其最大功率达10MW,最高转速达8 490r/min;成功研发了无空刀槽双圆弧人字齿轮减速器ZQSH500、750、790、850等规格,以满足砖机机械强冲击工况;成功研制了XJ系列08、09、10、11规格的橡胶破胶专用减速器。此外,针对油田客户的要求,专门研发了油田专用变速器,更新了换代抽油机减速器,如LSC系列链条抽油机减速器、XK系列三大类人字齿三级大传动比减速器,填补了三级人字齿轮传动的空白。2015年申报省市科技项目10多项,其中,晋中市奖项5项、省专利专项资金2项、省级攻关项目1项,全年共申请专利6项；与太原理工大学齿轮研究所合作，成立了技术研究基地，推动了公司的产学研合作工作。

山东华成中德传动设备有限公司实施精密减速机再制造项目，针对国内外高端废旧减速机进行回收后的维、改、修再制造，在再制造过程中进行优化，提高再制造产品整体性能，使其达到或超过了原有产品性能。再制造产品节能减排效果明显，和制造新品相比，节能60%、节约原材料70%。2015年减速机再制造为公司创造了很好的经济效益。

河北北方减速机有限公司面对市场新常态，稳定老市场，开发新的市场领域。在巩固原有能源、环保设备和工程机械等传统市场服务领域的同时，一方面积极研发新产品，先后开发了太阳能光热发电定日镜驱动装置、大型农业机械用减速机以及高端冷弯型钢设备用轧辊等新产品，开辟了新的市场领域。另一方面，积极投入用户的技术改造项目，在一些重点装备技术改造工程项目中为用户提供技术改造解决方案替代进口设备等，取得了很好的经济效益和社会效益，得到了用户的认可和好评。

山东柳杭减速机有限公司在“保优弃劣”的基础上，不断研发新的产品，开发新的项目，寻求新的市场。同时，加大数控设备的投入，完成二期技术改造工程，并被评为博山区2015年度“优秀重点工程”。另外，以创新驱动为前提，以“精、准、优”发展为目标，找准定位，补短板，积极开创百年基业。

山东长征机械设备制造有限公司不断加大对硬齿面减速机及四大系列产品的开发生产力度，并进行组合式设计，基本参数采用优先数，尺寸规格整齐，零件通用性和互换性强，系列容易扩充，利于组织批量生产和降低成本。改变了传统、单一的底座安装方式，增添了空心轴悬挂式、浮动支承底座、电动机与减速器一体式联接，以及多方位安装面等不同形式，扩大了产品使用范围。由于源源不断的新产品投入，弥补了传统市场萎缩带来的生产下降，企业研发能力也得到了不断提高。

兰州西腾润工装备制造有限公司突破了直锥齿齿轮齿面磨削工艺，拓展了硬齿面直锥齿的应用领域和市场范围，解决了煤粉送料机普遍存在送料不匀导致锅炉燃烧时闪爆的问题。由于这几年煤炭价格大幅度下滑，使用燃煤锅炉具有很大的成本优势，提高了企业的效益，拓宽了销售渠道，得到了用户的广泛认可。另外，公司开发的齿面减速机，在用户现场试运转3个月后，其温升和噪声达到了国际先进水平。

3. 推进“两化”深度融合，加快转变发展方式

管理是企业的基础，必须根据市场变化不断创新和升级，以适应企业发展的需要。“两化”深度融合是国家根据信息化和工业化发展的趋势，推进国内工业转型升级、转变发展方式、走科学发展道路而作出的重大战略部署。

2015年，国茂减速机集团有限公司重点在管理变革上开创新局面，结合信息化、大数据、互联网管理技术，引进可支撑全球化运作的PLM管理系统，并为此持续全线展开了一系列品质生产营销管理升级组合拳。2015年订单准时交货率同比净升了2.3倍。同时，在品质管控上也有了新提升，保障了质量的稳定性。2016年，集团新成立国茂立德公司，全力以赴加快推进战略发展新目标建设，加快打造销售、制造、研发“三核引擎”，力争在3年内升级转型成功，在二次创业中跨入世界级企业行列。

浙江通力重型齿轮股份有限公司着眼于未来，重视智能制造，布局“工业4.0”。公司瞄准国际先进水平，学习借鉴先进经验和成功模式，通过机器换人、技术改造、信息化应用等向高端发展，向“工业4.0”靠拢。2016年计划投资2.3亿元，用于技术升级和智能化改造。

山西省平遥减速器有限责任公司提出了经营模式实现三个转型：一是企业由制造业向制造型服务业转型；二是销售由单纯销售产品向为客户提供解决问题的方案或服务转型；三是产品由传统产品为主向高附加值产品为主转型，走质量效益型发展之路。企业一切经营活动均是围绕着这三个转型来进行的。公司创新经营机制模式，实行事业部制，确立与市场挂钩的部门执行核算制度。从单一销售量的考核转变为对产品、销售、服务及经营利

润全过程的考核和管控，减少环节，减少浪费，降低成本，加快节奏，加速资金周转，提高效益。通过加强内部全过程的管控和开展一系列质量管理活动，产品质量稳步提升，一次合格率为 96.35%，产品出厂合格率为 100%，全年因质量反馈问题费用比上年减少 50%。由于加强了产品生产、交货期、产品质量、成品库存等经营全过程的管控和考核，全年整机出厂按期供货率达到 93%。2015 年，公司通过了质量管理体系、环境管理体系、职业健康安全管理体系的整合与认证工作。

兰州西腾润工装备制造有限公司自筹资金对公司的信息化和工业化融合进行了改造和提升，提高了设计人员的效率，拓展了销售人员的销售渠道，有效提高了企业管理水平。同时，公司还加强质量管控，建立了质量管理体系，加大了内控深度和执行力。此外，公司积极转变发展方式，在不断拓展主机整机的设计、制造的同时，从供给侧发力，主动深入用户现场，提供技术服务和支持，了解用户新需求，公司开发新的市场需求，取得很好的成效，满足了客户需求，获得了用户的认可和好评。

4. 产品质量监督检测和标准化工作不断推进

2015 年，机械工业减变速机标准化技术委员会完成了 6 项行业标准的修订工作和 1 项标准的制定工作，这 7 项标准已完成会审及上报工作。完成了 3 项标准的立项任务，其中，1 项修订、2 项制定。2015 年 8 月，机械工业减变速机及环保机械产品质量监督检测中心完成了检测机构的计量认证和机构授权的复评审换证工作。

天津市石化通用机械研究所 2015 年完成产品委托检验 67 项，其中新产品委托检验 31 项。为全国检测机构和企业传动检测系统用转矩转速传感器检定 138 项，检修转矩转速传感器 28 项。同时，在检定中对发现的各种使用误区和不当之处及时给使用方提出了建议和帮助。

兰州西腾润工装备制造有限公司积极参与标准化工作，2015 年参与了《摆线针轮减速机》《摆线针轮减速机承载能力及传动效率测定方法》《摆线针轮减速机清洁度测定方法》《摆线针轮减速机温升测定方法》《摆线针轮减速机噪声测定方法》5 项标准的修订工作。通过参与标准的修订工作，及时了解了摆线针轮减速机产品的发展情况及企业间的差距，并把标准应用到实际工作中。

5. 克服国内市场压力，加速开拓海外市场

据海关统计：2015 年行星齿轮减速器进口额为 2.05 亿美元，同比下降 41.86%；出口额为 1.62 亿美元，同比下降 0.02%。进出口逆差为 0.43 亿美元。

行星齿轮减速机主要进口国家（地区）中的德国、意大利、日本、韩国、印度、中国台湾等贸易额之和占总贸易额的 70% 以上。主要出口国家中的日本、美国、意大利、越南、印度、德国等贸易额之和占总贸易额的 90%。

进口齿轮及其他变速、传动装置等产品进口额为 13.14 亿美元，出口额为 19.88 亿美元，贸易顺差为 6.74 亿美元。进口额的 70% 来自德国、美国、日本及中国台湾，出口额的 55% 是销往美国、印度、德国等。

当前市场国际化程度越来越高，企业在国内市场需求下降的情况下，响应国家“走出去”战略，积极布局国际市场。

2015 年，国茂减速机集团有限公司大力拓展海外业务，全年销售业绩同比实现 150% 的增幅。其中，东南亚地区业务已趋于稳定，销售业绩呈逐年增长态势。在此基础上，提升国茂品牌在美洲市场的占有率。

江苏泰隆减速机股份有限公司制定了“立足国内、着眼国外”的双轨制营销模式。在国外市场，致力于调整外贸渠道，着眼于开拓澳大利亚、新西兰及欧美市场，力争与国际高端机器人减速装置同台竞技。

6. 注重人才培养和储备，建设高水平人才队伍

企业的竞争就是人才的竞争，行业企业普遍认识到人才的培养和人才的储备是企业重要的核心竞争力之一。

2015 年，国茂减速机集团有限公司在人才培养上趋向立体化。一方面，充分利用外部智库资

源，联手常州龙腾商学院，组建了国茂商学院，并通过专业管理课程培训，加大对后备管理人才的培养。自成立以来，先后组织集团管理层、全国销售公司经理及销售精英，参加了高效执行团队塑造特训营。另一方面，公司加大与知名技术院校的合作，扩充了技术型人才后备资源。2015 年，与江苏理工学院签订了人才联合培养协议，未来还将进一步扩大合作院校的范围和合作深度。

浙江通力重型齿轮股份有限公司加大培养人才的力度，安排企业骨干人员远赴德国、巴西、瑞士等国家参观学习。

山西省平遥减速器有限责任公司制定了《工程技术人员职业生涯规划及晋升管理办法》《工程技术人员岗位职级考评细则》《工程技术人员职称晋升管理办法》3 项管理制度，实施了《公司技术部日常工作考评办法》，对全体工程技术人员进行逐月动态考评，充分调动了新老技术人员的工作积极性。

兰州西腾润工装备制造有限公司加大专业技术人才培养力度：一是在内部分配上向工程技术人员倾斜，打破内部固定的分配机制；二是下大力气引进高技术人员；三是建立以项目责任制为主的激励机制，制定了《新产品开发激励办法》，对产品创新、技术开发、工艺工装革新等设立项目，明确进度要求、奖惩金额，通过评审，对作出突出贡献的技术人员予以表彰奖励；四是加大培训力度，通过内部培训和外出考察学习来提升员工的专业技术水平。

三、行业面临的形势

当前国内经济正处于结构调整的关键阶段，经济形势极其复杂，实体经济举步维艰，钢铁、矿山、煤炭等关键上游产业的困境及去产能直接导致了减速机行业的严峻局势。而从世界经济局势看，仍处于经济筑底阶段，虽出现蓄势上升的苗头，但经济复苏过慢、脆弱且不均衡，与预期相差甚远。

我国已成为减速机生产大国和消费大国，也吸引了世界多国减速机制造商的参与和投资，并把中国作为他们的主要市场，这也促使国内企业产品的转型升级和向国际化迈进。

由于现在市场形势下行趋势明显，产能过剩也是我国各行业普遍存在的问题。由于减变速机行业从业门槛较低，大部分都是中小企业，市场呈现无序化竞争状态，大打价格战。随着传统服务领域市场大幅萎缩，导致市场需求严重不足，企业订单锐减，致使市场恶性竞争充斥于行业产品的各个层面，产品质量难以保障，盈利能力减弱，企业面临保品质和丢市场的两难困境中。在这样的市场环境下，企业只能是两头受挤。另外，企业资金不足、资金流动性差和人才匮乏，也加大了企业转型升级、结构调整的难度，不利于企业和行业健康发展。当前，行业面临市场需求不足但结构性矛盾又特别突出的现状，为此，不仅要调整产品结构，还要调整企业结构。当前，行业中已经出现了关停并转的苗头。

四、市场环境

近几年，国家产业政策由重主机向重基础件及工艺软件转型，《国家中长期科学和技术发展规划纲要（2006—2020）》也将基础件列为第 26 优先主题，《装备制造业调整和振兴规划》明确要提升高精度传动装置等基础部件的制造水平。《国家中长期科学和技术发展规划纲要（2006—2020）》《装备制造业调整和振兴规划》等发展规划中所提出和列入的优先发展主题及几乎所有领域的发展都需要减速机。特别是《中国制造 2025》重点领域技术创新绿皮书中，选择了十大重点领域：新一代信息技术产业、高档数控机床和机器人、航空航天装备、海洋工程装备及高技术船舶、先进轨道交通装备、节能与新能源汽车、电力装备、农业装备、新材料、生物医药及高性能医疗器械。从十大重点领域的发展趋势、发展重点可以看到，这十大领域都与减变速机行业息息相关，正是减变速机行业今后为之奋斗的发展目标。

减变速机作为装备制造业的重要组成部分，广泛应用于国民经济各个领域。减变速机既有量大面广的通用类产品，又有高精尖的精密产品。随着国民经济各领域主机的产品升级和技术更新换代，对减变速机的承载能力、传动速度、精度和可靠性要求等日益提高,必将促使减变速机行业的创新性发展。而且,未来智能化制造也将给减变速机行业提供更为广阔的发展空间。

预计2020年汽车产量规模达到3 000万辆,"十三五"期间平均增速是4%。节能环保与新能源汽车关键技术自动变速器等关键零部件及完善的配套设施将是减变速机未来发展的方向。

电力装备"十三五"发展规划重点发展项目,如1 000MW级新疆准东煤锅炉产业化,二次再热高效火电机组产业化,高水分褐煤取水火电机组产业化,重型燃气轮机自主开发和产业化,CAP1400核电机组自主开发和产业化,500m及以上水头、可变速抽水蓄能机组产业化,超高水头大容量冲击式水轮机组产业化,1 000MW级巨型水轮发电机组产业化,先进大容量储能装置产业化等为减变速机配套提供了市场。2020年之前,我国每年至少装机约190万kW,机组将从2MW提升到3.62MW及52MW水平,由此预测风电齿轮箱产值约120亿元。

"十三五"期间,我国将完成城市地下老旧管网改造,在36个城市开展地下综合管廊试点,用10年左右时间建成较为完善的城市地下管线体系,涉及建筑垃圾、生活垃圾后处理装备,垃圾筛分、分选及资源化设备等。预计到2020年,全国拥有轨道交通的城市将达到50个,我国轨道交通要达到近6 000公里的规模,在轨道交通方面的投资将达4万亿元。农机行业向全程化、大型化、智能化转变,行业在未来5年仍能保持10%~15%的复合增长。《国家新型城镇化规划(2014—2020年)》中预计2020年我国城镇化率达到60%,有望拉动40万亿元的投资。"一带一路"规划实施方案,包括铁路、公路、能源、信息、产业园区等总计几百项重大工程将逐步实施。各地区公布的"一带一路"拟建、在建基础设施规模已超过10 000亿元,还有物流、机场建设、水利工程、矿业建设、建筑业等都值得减变速机行业期待。

机器人发展规划中指出,2016—2020年,产业规模持续增长,自主品牌工业机器人年产量达到10万台,国内市场占有率达到50%以上,六轴及以上工业机器人产量达到5万台以上。高精密减速器是机器人的关键配套件,年需求量达几十万台。

预计"十三五"期间,我国减速机行业发展将以年均4%左右的增速实现稳定发展。减变速机行业企业要深刻认识、积极适应、主动引领经济发展新常态,坚持稳中求进,坚持生态保护优先理念,协调推进经济社会发展;坚持稳增长、调结构、促改革,在继续扩大有效需求的同时,着力加强供给侧结构性改革。改革、调整、转型、升级仍是行业中今后一段时期的艰巨任务。

〔撰稿人:中国通用机械工业协会减变速机分会 李多英〕

2015年气体分离设备行业概况

2015年是"十二五"收官之年,世界经济复苏不及预期,国内外市场持续低迷,而且竞争环境加剧,我国气体分离设备行业面对的冶金、石化等重点行业均处在去杠杆、去库存、去产能等调整阶段,市场增长速度继续放缓,气体分离设备行业受其影响,全行业产值、效益等降幅明显。

一、生产发展情况

2015年,据中国通用机械工业协会气体分离设备分会统计:15家会员企业完成工业总产值180.37亿元,同比下降8.75%;完成工业销售产值177.86亿元,同比下降5.74%;实现营业收入182.88亿元,同比下降5.02%;利润总额为8.46亿元,同比下降14.84%。行业产销指标继2012年达到历史最高水平后连续三年下滑，利润总额降幅明显大于工业总产值、营业收入的降幅，企业盈利能力进一步下降，企业经济运行困难程度加剧。

根据统计数据以及实地调研获取的资料来看，2015年，绝大多数企业产销指标下降，其中约1/4的企业工业总产值、营业收入至少下降25%，参加统计的15家会员企业中，只有两家企业的工业总产值比上年略有增长。

2015年，参与统计的会员企业共生产空分设备134套，新生产的成套空分设备折合制氧总容量198.91万 m^3/h，比上年减少32.1%。

由于油价下跌和前期国家油气价格不合理，一度使液化天然气产业的发展减缓，天然气液化装置的市场也一度萎缩，新增订货量减少。空分设备和液化天然气装置累计订货额129.18亿元，同比下降25.25%。全年新增订货量下降约30%，行业中有10%的企业仍有与上年相同的订单，有30%的企业订货额下降30%，约35%的企业订货额下降达50%以上，订单的减少为下一年度的生产带来更大的压力，由于订单不满，产能过剩，部分产能闲置，有近一半的企业不得不开始被动裁员、减薪。

产量与订货下降的主要原因是受宏观经济去产能的影响，钢铁、石化、化肥、玻璃这些传统用户行业产能严重过剩，很少有新增产能，所以全年配套钢铁、石化行业的空分设备很少，少量订货主要集中在化肥行业。另一方面，之前炒得很热的新型煤化工市场已经发生变化，热度在逐渐降低，国家加紧了对新型煤化工项目的管控，石油价格持续低位，破坏了新型煤化工项目的开发条件，前两年批复的如神华宁煤400万t/a煤制油项目等一批重点项目的市场基本上被消化，而新项目招投标迟迟没有下落，造成2015年空分设备市场的产值、产量以及累计订货出现大幅下跌，而且这种跌势很可能还将持续，这一行情将严重影响2016年以及2017年的生产经营。

2015年，气体分离设备产品出口情况较上一年度好，完成出口交货值14.67亿元，比上年增长75.7%。出口交货值占比较高的是大型空分设备，主要有：液化空气（杭州）有限公司出口多套6万 m^3/h 空分设备，杭州制氧机集团有限公司出口伊朗一套3万 m^3/h 空分设备、一套2.5万 m^3/h 空分设备，开封空分集团有限公司出口一套1.5万 m^3/h 空分设备，开封黄河空分集团有限公司出口一套6 000 m^3/h 空分设备。

2015年出口情况虽然较好，但对缓解企业市场压力的作用不大，本身出口产品所占比重太小，按产值来算，2015年行业出口交货值占行业总产值的比重不到10%。

二、行业发展亮点

在严峻形势的倒逼作用之下，行业各企业适应市场变化的能力不断提升，内生发展动力有所增强，全年行业中呈现了不少亮点。

1. 杭州制氧机集团有限公司继续引领中国大型空分设备的制造

自2012年以来，杭州制氧机集团有限公司先后设计制造了8万 m^3/h、12万 m^3/h、10万 m^3/h 等级的空分设备，2014年取得了9万 m^3/h 空分设备合同，2015年又取得了8.5万 m^3/h、7万 m^3/h 空分设备合同。至此，杭州制氧机集团有限公司在6万 m^3/h 等级以上国产化的特大型空分设备均有了系列产品。同时，杭州制氧机集团有限公司大力推进纯制造业向制造服务业转型，当前已运营气体公司28家，2015年气体业务收入已超过公司总收入的50%，是行业中首个完成纯制造业向制造+制造服务业转型的大型企业。

2. 特大型空分设备的设计、制造又上了一个台阶

杭州制氧机集团有限公司和林德公司于2013年年初各拿到了神华宁煤400万t/a煤制油项目的6套10万 m^3/h 等级空分设备合同，截至2015年年底，林德公司的6套10万 m^3/h 空分设备安装已近尾声，杭州制氧机集团有限公司的6套10万 m^3/h 空分冷箱已经结顶，2016年待公用工程部分完善后即可调试投入运行。

沈阳鼓风机集团股份有限公司设计制造的10万 m^3/h 空分装置压缩机组于2015年8月23日

完成全速全压试车，实现首台10万m^3/h空分装置压缩机组的国产化，年底前已进入安装阶段。

2015年7月22日，四川空分设备（集团）有限责任公司与国能新兴能源集团签订了一套10万m^3/h空分设备供货合同，标志着四川空分设备（集团）有限责任公司正式进入特大型空分设备制造商行列。

2015年年底，杭州福斯达深冷装备股份有限公司为山西阳煤集团提供的6万m^3/h空分装置已安装完毕。4万m^3/h空分设备已开车成功，成为行业中又一家生产制造4万m^3/h以上空分设备的企业。

杭州制氧机集团有限公司在特大型空分设备用低温液体泵、液体膨胀机、大型分子筛用三杆切换阀开发方面取得了进展，为特大型空分设备的国产化作出了贡献。

3. 不少企业不求大、不求全，开创自己独有的产品特色

苏州制氧机股份有限公司保持在行业中小型空分设备制造方面的特色，赢得了国内外用户肯定，近两年40%的产品销往海外，取得了较为稳定的市场；上海启元空分技术发展股份有限公司开发氖、氦、氪、氙稀有气体设备，并以此为基点开发深低温工程装备，为行业技术进步作出了贡献；中国空分设备有限公司在环保设备领域有所建树，在污水处理方面已享有较高的知名度。

4. 企业积极进入资本市场

行业中继杭氧股份（002430）、四川天一科技股份有限公司（600378）、杭州中泰深冷技术股份有限公司（300435）等上市后，河南环宇石化装备科技股份有限公司（831130）、洛阳建龙微纳新材料股份有限公司（833540）两家公司也成功上市进入资本市场，还有不少企业正在积极准备上市。

5. 变压吸附设备和分子筛研发取得较快发展

以北京北大先锋科技股份有限公司、四川天一科技股份有限公司、成都华西化工科技股份有限公司为代表的变压吸附设备制造企业近年来也取得了较快的发展，其中变压吸附单套制氧能力已达到1万~2万m^3/h，在有色冶炼行业中得到了广泛的认可和应用。

以上海恒业分子筛股份有限公司、洛阳建龙微纳新材料股份有限公司为代表的国产分子筛企业在研制新型分子筛方面取得了较大突破，其中高效锂分子筛产品在深冷空分、PSA制氧装置的成功应用，为吸附与分离技术的技术进步作出了贡献。

三、行业面临的重点问题

1. 加大技术投入，促进现有产品技术水平提高、上档次

在市场萎缩的大环境下，我国机械工业的产品无论是汽车还是泵、阀门、风机、压缩机产品，往往是外资企业、合资企业的产品优于国内企业，究其原因不外乎是外资、合资企业有新颖的、高质量的产品，而国内企业只能提供普通的产品。气体分离设备行业也一样，能设计、制造各种规格的空分成套设备、天然气液化装置，但部分配套部机、单元设备未能同步实现国产化，或者说现有产品与国际先进水平还有一定差距，存在着不少短板项目。

大型、特大型空分设备配套的关键部机主要指大型的空气压缩机、增压机、高效率中压膨胀机、液体膨胀机、大型离心式液体泵，当前还依赖进口，致使成套6万m^3/h等级以上的大型、特大型空分设备国产化率当前仅能实现35%~55%，其中大型空气压缩机组、空气增压机组占到了成套空分设备总投资额的40%以上。而当前国内风机行业制造大型空气压缩机组、空气增压机组的现状是：在10 000~40 000m^3/h国内成套空分设备配套中，国产机组的占有率为50%~80%，而40 000m^3/h以上空分设备则大多数依赖进口。可喜的是，近年来沈阳鼓风机集团股份有限公司、陕西鼓风机（集团）有限公司40 000~100 000m^3/h空分配套大型空压机、增压机已研制成功并进入市场，但国产化的大型空压机、增压机还存在机组等温效率、可靠性等方面的差距，与国外机组（西门子、阿特拉斯等）仍有较大距离，未能取得成套厂商和广大用户的认可。空压机与增压机方面的落后是大型、特大型空分设备的短板，需要风机制造业奋起直追。

透平膨胀机是空分设备的心脏部机之一，其效率的高低直接影响到空分设备的能耗，当前的现状是：国内成套外压缩流程 30 000m^3/h 及以下空分设备基本采用国产的低压透平膨胀机组，30 000m^3/h以上的空分和内压缩流程空分配套的透平膨胀机则往往选用一台进口、一台国产（备机状态）或全部进口。主要原因是效率与可靠性存在差距。

大型离心式液体泵包括流程中的液氧、液氮输出泵及液氩循环泵等当前主要依赖进口，主要因素是低温工作环境下的机械性能、密封、可靠性方面存在差异。

大口径的低温气动调节阀、截止阀基于可靠性的要求，用户往往选用进口的。

大型空分精馏塔用的规整填料、液体分布器与进口填料在精馏效率和可靠性上还存在一定的差距，还有不少用户选用进口的。

大型板翅式换热器（包括高压板翅式换热器）当前已完全可实现国产化，但由于热力计算的差异和翅片形式少等原因，同样换热效果的情况下，国产的换热器体积和重量比进口要大得多，造成制造成本上升。

低温设备制造过程中用的不同口径的不锈钢和铝、铜和铝接头，即双金属接头，虽价值量小、投资不大，但多年来仍依赖进口，这说明我国在焊接方面与国外相比存在一定的差距。

成套空分设备用的氧、氮、氩等气体的控制仪表、分析仪器还是大量地依赖进口。

此外，国产设备往往存在质量不稳定、可靠性不高的问题，生产制造过程中的精细化管理不够，各种小错误不断，有些低级错误重复性地发生，从而使小问题酿成大问题，这也是用户在同等条件下选择进口产品的主要因素。

为此，气体分离设备行业企业应加大研发力度，花大气力迅速地补上成套产品中的短板项目，让成套设备中拥有完全自主知识产权、高性能、高质量、用户可信赖的中国制造产品。

2. 完善产业链，拓展新的应用领域，开发新产品，寻求新的经济增长点

以气体分离设备为中心，围绕吸附塔、冷却器、热交换器、精馏塔、贮槽、低温容器、膨胀机等产品开发工艺相近、结构类似的新产品，应用于其他工业气体分离设备。

国际知名空分设备制造商除可以提供空分设备外，还可以承接上游产品，如煤化工设备中煤制氢设备、甲醇洗等设备，下游产业中的精细化工设备，冶金工业的用氧、用氮设备，焦炉气综合利用设备，液化天然气产业链中的可承接天然气预处理设备、液化设备、贮存运输设备、汽化设备、加气站、加液站等，工业气体的精制与应用设备等，很值得气体分离设备行业借鉴。

当前行业开始产品、产业延伸的探索，如：杭州制氧机集团有限公司开发丙烷脱氢制丙烯中低温分离技术及其成套工艺设备、甲醇制取低碳烯烃中低温液化技术及其工艺设备等石化用工艺装备技术；开封黄河空分集团有限公司开发沼气提纯装置；杭州制氧机集团有限公司、四川空分设备（集团）有限责任公司开发出 LNG 冷能利用空分设备；四川空分设备（集团）有限责任公司、成都深冷液化设备股份有限公司、杭州福斯达深冷装备股份有限公司等研发天然气液化装置获得了成功，占据液化天然气市场的半壁江山；开封空分集团有限公司、杭州福斯达深冷装备股份有限公司开发出石化行业用的绕管式换热器。但总体上来看，行业能设计、制造的与空分设备相近的上下游产品种类还是不多，因此，开发此类新产品、拓展应用领域是行业企业在困境下的出路之一。

3. 开发节能型产品，适应市场对节能产品的需求

“节能减排”是工业生产永恒的主题，而空分设备往往是一个企业中耗能大的设备之一，为此应做好以下几个方面：

一是推出节能型空分设备，即空分设备自身的进一步节能。如：开发新型流程、采用高效率机器、降低设备与管道的阻力、采用高效分子筛降低再生氧能耗、变负荷生产等，从而提高氧提取率、降低单

位氧能耗。

二是帮助用户进行陈旧空分设备的技术改造，降低能耗；帮助用户企业进行系统整顿或改造，提高气体产品的综合利用率，减少放空，特别是在当前不少用户企业用气量减少的情况下，空分设备如何做到与用户同步减负荷、降能耗，行业企业有许多工作可做。

三是开发新型空分设备，推广应用到节能领域中。如：针对建材、玻璃行业炉窑推广富氧燃烧技术，可大幅度提高热值，降低有害物质排放，开发新型的三塔流程空分设备，也可推广变压吸附（PSA）制氧、制氮技术，膜分离法制氧、制氮技术等。

四、企业转型升级

伴随着我国制造业转型的步伐，气体分离设备行业部分企业也由纯制造企业向工业服务企业发展，当前已逐步呈现特色企业（包括产品转型与企业战略转型）生产平稳、稳中有升，类同企业生存困难的局面。不少设备制造企业向设备总包 EPC 转型。2015 年，工业服务产值已占行业总产值的 20% 以上。但就行业的现状而言，气体分离设备行业的大部分企业还是以产品为核心，在拓展产品服务、提升产品的附加价值方面尚有很大空间，因此，行业企业应大力挖掘产品的服务价值，从而提高产品的整体价值。

企业转型可以是产能瘦身、缩小规模，甚至退出空分成套制造业，也可以是坚持空分成套制造，同时开发新的产品，向气体分离设备上下游两头延伸，多业并举，但都需要坚持企业自身的特色，发挥自身的长处，走出一条适合自己发展的道路。

杭州制氧机集团有限公司坚持以设计、制造国产化大型、特大型空分成套设备为己任，发展大型空分技术，成为世界“五强”之一。同时大力投资制造服务业，发展气体产业，当前已具有一定的规模，成为由纯制造企业向制造 + 制造服务企业转型的成功典范。

四川空分设备（集团）有限责任公司多年前就开始向液化天然气装备类产品转型，当前液化天然气装备类产品生产制造量已超过空分类产品，且不论是产品技术还是市场占有率，均处于国内领先地位。

苏州制氧机股份有限公司坚持以生产制造中小型空分设备为主体，不求高速发展，每年有 3 亿 ~4 亿元的产值，并做出了产品具有质量高、价中、组装式为主的特色。近几年，公司有 40% 的产品出口海外市场，成为行业中稳定性最好的企业之一。

成都深冷液化设备股份有限公司几年来坚持生产液化天然气类装备，不挤空分设备大潮，也闯出专业生产制造液化天然气装备的特色。

五、标准制修订情况

气体分离设备行业技术标准归口工作由全国气体分离与液化设备标准化技术委员会负责，2015 年在行业标准方面完成如下工作：

（1）报批了 8 项标准：《氩提取设备》（JB/T 8942—1999）、《小型空气分离设备》（JB/T 8542—1997）、《真空绝热管道》（2010 - 1502T - JB）、《空气分离设备用活性氧化铝验收技术条件》（2011 - 1993T - JB）、《无润滑往复活塞高纯氮气压缩机》（JB/T 6428—2000）、《空气分离设备用低温截止阀和节流阀技术条件》（JB/T 9081—1999）、《空气分离设备用离心式低温液体泵》（JB/T 9073—1999）、《往复式低温液体泵技术条件》（JB/T 9076—1999），2015 年 6 月完成中国机械工业联合会组织的联合审查工作。

（2）完成了《铝制空气分离设备制造技术规范》（2010 - 1494T - JB）、《粉末绝热低压深冷贮槽》（2010 - 1489T - JB）、《纯氮设备》（2011 - 1992T - JB）、《溶解乙炔设备》（2010 - 1495T - JB）等 4 项标准的征求意见工作。

（3）完成了《特大型空气分离设备》（20142462 - T - 604）、《空气分离设备流程图图形符号和文字代号》（20142461 - T - 604）两项国家标准项目的调研等起草准备工作，并完成初稿，待标准起草工作组审查定稿后即可形成标准征求意见稿。

（4）2015 年批准发布了《铜制空气分离设备制造技术规范》（JB/T 1035—2015）、《空气分离设备用氧气管道技术条件》(JB/T 5902—2015)、《变压吸附制氧、制氮设备》(JB/T 6427—2015)、《低温液体贮运设备使用安全规则》(JB/T 6898—2015)、《无润滑往复活塞高压氧气压缩机技术条件》(JB/T 9075—2015)、《大中型空气分离设备》(JB/T 8693—2015)、《空气分离设备用金属孔板波纹填料技术条件》(JB/T 12343—2015)等7项行业标准。

气体分离设备行业从高速发展阶段进入了"新常态"的发展期。不论是空分设备还是液化天然气装置,都是国家重大装备的组成部分,国民经济发展离不开气体分离设备,应当看到,气体分离设备行业进入"十三五"后的许多有利因素:传统产业中的冶金、石化工业必须淘汰落后产能,进行产品结构调整,涉及空分设备改造升级和相关气体综合利用设备;"十二五"未完成的煤炭深加工示范项目大部分未开工,为气体分离设备特别是大型、特大型空分设备在"十三五"期间留下了较大的发展空间;越来越紧迫的各行各业特别是钢铁、有色冶炼、化肥、石化、水泥、玻璃等行业节能减排措施的实施,必然会促使新型节能型空分设备的增加,各种工业混合气体综合利用设备、尾气回收设备的增加;随着国家能源消费结构的调整,天然气消费占比从当前的不到5%提高到2020年的8%,天然气用量的增加带来装备需求的增加;国家"走出去"和"一带一路"战略的实施,给气体分离设备走向世界提供了更好的舞台和机遇。

气体分离设备生产企业要坚定信念、克服困难,主动适应新常态,按中速发展的战略,调整好步伐,迎接"十三五"的到来,为实现气体分离设备行业做大做强而努力奋斗。

〔撰稿人:中国通用机械工业协会气体分离设备分会徐建平、王世超〕

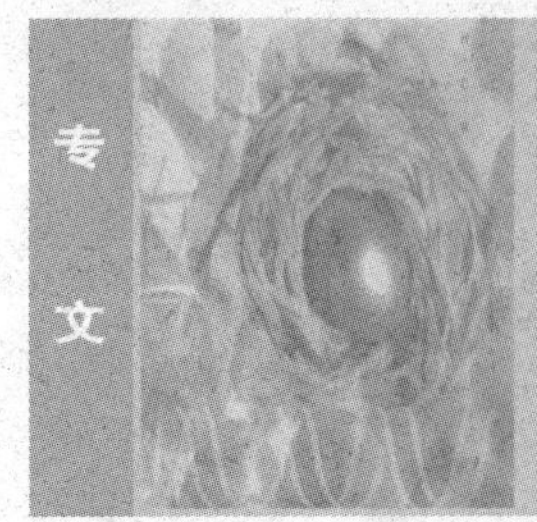

企业概况

介绍部分企业的经营理念和成功经验，为管理者成功决策助力

综述
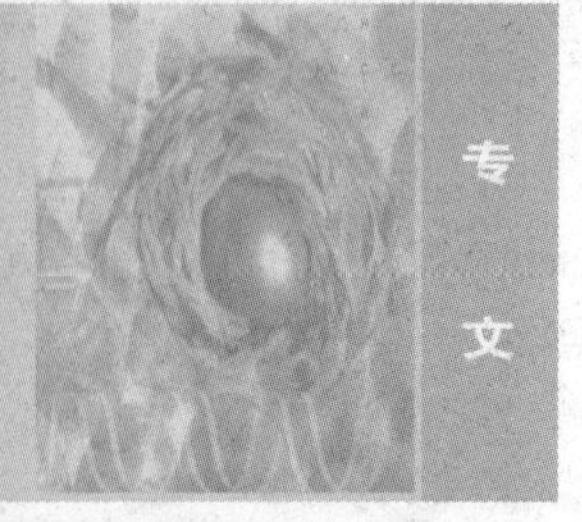
专文

行业概况
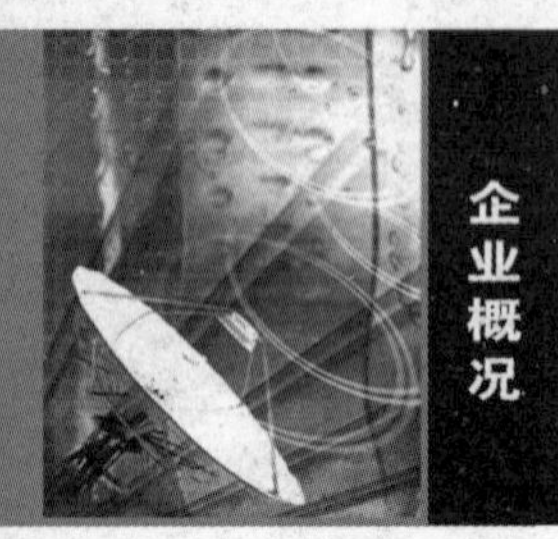
企业概况

统计资料

产品与项目

大事记

附录

企业概况

创新铸就大国重器

——沈阳鼓风机集团股份有限公司

沈阳鼓风机集团股份有限公司(简称沈鼓集团)是国家装备制造业战略型、骨干型、领军型企业,由原沈阳鼓风机厂、沈阳气体压缩机厂、沈阳水泵厂战略重组而来,担负着为国家石油、化工、空分、电力、冶金、国防等多个涉及国计民生的重要领域提供大型离心压缩机、往复式压缩机和各种核电、火电用泵的任务。改革开放以来,特别是企业实施战略重组10年来,沈鼓集团坚持技术创新、管理创新、人才体制创新和文化创新这四大法宝,不断推出多项国产重大技术装备,在多个领域打破了外国公司的长期垄断,为维护国家安全、强盛民族工业作出了突出贡献。

一、坚持技术创新,实现重大装备国产化新突破

沈鼓集团多年来的持续快速发展,关键在于核心技术的全面掌握和不断突破。在沈鼓集团的发展史上,走出了一条引进、消化、发展、创新的技术发展道路。

1976年,国家斥资2亿元从美国、意大利等国家引进了先进的透平机械的设计、制造等单元和整机核心技术以及设计、结构分析软件,并从IBM公司引进了中国第一台大型计算机,交给当时的沈阳鼓风机厂进行消化吸收,使沈鼓的技术水平在当时达到了国际先进水平,也为日后企业的技术发展奠定了坚实基础。

然而,随着企业发展规模的不断壮大、技术水平的不断提升、在国内市场领域与外商竞争能力的日益增强,国外压缩机巨头纷纷采取了对沈鼓进行技术封锁的战略。国内大型压缩机市场长期被外商垄断,2006年之前,全国石化工业共引进31套合成氨装置、26套尿素装置、47套磷肥装置、18套乙烯装置,外资占有大型化工装置市场一度高达80%。同一类型设备重复进口数量之多、历史之长,这使得沈鼓人深刻地意识到:在关键的技术领域,特别是关系国家长远利益和国家安全的技术领域,中国人无论如何都要拥有自己的核心技术。沈鼓义无反顾地走上了自主创新的历史征程。

在沈鼓集团的技术发展格局中,主要有以下几种技术创新模式:

一是坚持不懈走自主创新之路。自主创新是沈鼓集团最重要的创新路径。沈鼓集团建立了自己的研究院和设计院,拥有研发人员和各类工程技术人员1 600余名。企业高度重视对技术研发的投入,每年的研发费用都占企业销售收入的5%以上。企业的研发费用一部分用于对重大项目的专项投资,一部分用于对技术人员研发创新的激励,还有重要的一部分则用于研发设施建设的投入。2007年投入近2亿元在新厂区建立了国内最大的、最先进的实验中心,包括离心压缩机等试验台位近20个,以及一大批先进的试验检验设备。当前,又在营口新厂区建设国内最大的10万kW试验平台,可以满足10万m^3/h空分等超大型离心压缩机的性能试验。通过研发平台建设,我国大型压缩机和泵类产品的研发手段和能力达到了国际先进水平,加快了科研开发和成果转化速度。

在自主创新的过程中,沈鼓集团打造了一支国内一流的技术队伍。吸收了业内顶尖的技术人才。在沈鼓集团工程技术人员中,有46名国务院特殊津贴获得者、61名教授级高工、320多名高级工程师。沈鼓集团设立了1个院士科研工作站、1个博士后科研工作站,为加速企业科研攻关提供了智力支持。同时,还注重对技术人员的培训教育,为他们提供技术交流、继续学习、国内外参观考察等多种培训机会。近5年,沈鼓集团先后完成586项科技创新项目，获得市级以上科技奖励120项，其中，国家科技进步奖4项、省部级科技奖励64项，获专利134项。

二是打造独具特色的“产学研用”一体化战略联盟。十几年来，沈鼓集团一方面壮大企业自身的技术中心和研发中心，另一方面打造了有别于传统产学研结合的技术创新联盟，打造沈鼓集团开放式的科研体系，在高校设立技术中心和研究院，由高校学科带头人和沈鼓集团选派的优秀技术人才共同组建，联合进行科技攻关和产品开发。当前，沈鼓集团已经在浙江大学、大连理工大学、西安交通大学和东北大学设立了技术分中心，在西安交通大学和大连理工大学设立了研究院，形成了“两院四中心”的技术发展新格局。同时，沈鼓集团还与中科院沈阳金属研究所、自动化研究所等十几家科研院所密切合作，借助“外脑”进行单元技术开发。“十一五”期间，企业与高校和科研院所合作完成产学研项目129项，获得国家专利74项，先后完成了百万吨乙烯排气蜗壳优化设计、机壳结构优化、压缩机叶轮疲劳设计、核泵水力模型研发等多项重大装备技术研发，为沈鼓集团不断取得技术突破提供了有力的技术支持。

三是加强国际合作和技术交流。沈鼓集团通过实施“引进来”和“走出去”相结合的战略，提高自身技术水平。沈鼓集团先后与GE、西门子、三井造船、川崎重工、曼透平、德国CFE等十几家国际知名企业和伦敦大学、美国NREC等高校和科研机构建立了战略伙伴关系，以技术交流、合作生产、部分技术转让等方式进行合作。2000年以来，沈鼓集团与国外公司合作生产了18种产品，在合作生产的过程中有效提高了自身的技术水平。沈鼓集团又先后引进了轴流压缩机、单级高速鼓风机、小型多轴压缩机、燃机成套等相关技术，同时很快实施了二次开发并推向市场。

多管齐下的技术创新，使沈鼓集团形成了深厚的技术积累，沈鼓集团的国产重大技术装备成井喷式爆发。沈鼓集团研发出国内首台百万吨乙烯压缩机组，并首次实现了三机成套供货，打破了GE、西门子和三菱几十年的技术垄断，成为世界上第四个能够生产百万吨乙烯压缩机的企业；研制出首台10万m^3/h空分国产化压缩机组，实现了我国超大型空分压缩机零的突破；研制出西气东输长输管线用增压机，为我国能源动脉提供了“中国心”。此外，还研制出MTO装置用压缩机、PTA用离心压缩机、LNG压缩机组、超大型氢气压缩机组、核二级泵、高压比单级循环气压缩机、大推力往复机等一大批重大国产装备，成功打破了多项国外技术垄断，填补了国家空白，节省了数十亿美元的投资。

二、坚持管理创新，建设现代化企业集团

沈鼓集团始终坚持管理创新，向现代化企业集团大步迈进。

沈鼓集团不断深化企业改革，按照现代企业制度要求，建立了企业法人治理结构和经营机制。同时进行了科学的国内外市场调研，重新打造了管理流程，设立了战略管理中心、工程研发中心、营销中心等7个管理职能中心；组建了透平、齿轮、往复、核电等20个全资子公司和事业部，逐步建立了现代企业运营机制。沈鼓集团自2010年开始进行股份制改造，当前，沈鼓集团的最高决策机构是股东大会。每个重要决策，都会经过各个重要股东及其智囊团队的反复研究推演，得出最佳的决策方案，最大程度实现了决策的民主化、科学化。

沈鼓集团打造了决策科学、领导有力的两级班子队伍。多年来，集团领导班子遵循企业发展规律，专注于发展装备制造业核心技术，自战略重组以来取得了辉煌的成就。集团领导班子具有较强的战略决策能力，能够准确预判技术发展趋势，从而提前进行技术储备。更重要的是，沈鼓集团保持了领导集体特别是企业主要负责人的稳定性。稳定的领导集体，保证了企业发展方向的始终如一，保证了各项政策措施的连续稳定，为沈鼓集团的持续高速发展奠定了坚实的组织基础。基层班子方面，沈鼓集团打造了一支有较强战斗力的中层干部队伍。企业通过引进人才、加强培训、岗位交流等形式，不断优化干部队伍结构，提高了干部的综合素质和工作能力。2013年，在两级班子内深入开展党的群众路线教育实践活动，进一步增强了两级班子特别是基层班子群众观念，有效清除了“四风”问题，提高了干部队伍的纯洁性、战斗力。

2009年，沈鼓集团开始引入精益管理。精益管理的实施，使沈鼓集团的生产管理模式步入了现代化、科学化的生产组织管理模式，并上升到企业的战略管理思维。精益管理最大限度地消除了企业在生产管理流程中的各种浪费，提高了生产效率，创造出更大价值，使沈鼓集团的生产经营面貌焕然一新。

沈鼓集团是国内较早开展信息化建设的工业企业，从20世纪80年代开始，沈鼓集团就进行了信息化建设，不仅实现了集团范围内的办公自动化，而且在全国较早应用了CAD、CAM、ERP等信息化工具，有效提升了沈鼓集团的研发和生产效率。伴随着技术的不断进步，沈鼓集团战略性提出“云制造”理念，以信息化与工业化的深度融合，打造“数字沈鼓”，建立全新的Oracle ERP（企业资源计划）管理系统，全新的PDM、CAPP以及全新的网络系统的架构，实现了企业内部的电子商务网络办公。沈鼓集团与甲骨文公司和德勤公司深度合作，进行企业全面的信息化升级，打通各个信息模块，实现集团范围内的信息资源“云共享”“云互联”，进而打造“云制造”企业。

2013年以来，沈鼓集团引入德国罗兰贝格、工信部电子五所（广州赛宝公司）等管理咨询公司，开展战略管理和品牌管理，进一步完善组织架构，理顺管理流程，提升企业的品牌影响力，从而扩大市场份额，开启沈鼓集团的新一轮快速发展。

三、坚持人才体制创新，打造优秀人才队伍

沈鼓集团十分重视人力资源的优化与发展。沈鼓集团持续在西安交通大学、大连理工大学等“985”“211”高校招募高端人才，使人才层次大幅提升。同时，沈鼓集团下大力气进行人才的培育，先后建立了远程教育平台、网络学院，与国家重点高校合作联合办学；开展职业资格培训，开办硕士研究生班，培训在职研究生，为企业快速发展提供了坚实的人力资源保障。集团每年培训费用投入近500万元，先后举办了目标方针管理大讲堂、大型国学公益论坛、高级经理人培训、市场营销培训、大客户管理、品牌管理、战略管理等多种培训活动，员工培训学习的时间每年都维持在24万学时以上。

通过独具特色的产学研联合，让沈鼓集团的工程技术人员与高校研究人员共同进行攻关，完成课题，使工程技术人员接受高校专业前沿理论的再教育，从而不断提升专业能力和理论素养，保持专业知识的新鲜度和前沿性，有效提升了工程技术人员的整体素质。同时，通过项目的研究和攻关，发现高校优秀的研发人才，从而吸收到企业研发队伍中，有效地改善了人才结构，提升了整体研发实力。

集团设立了工人技师协会，集中技师的智慧和技术对各类难题进行集中攻关，并开展“名师带高徒”技能培训，传承宝贵经验，培养“金蓝领”青年技术工人。2014年，在技师协会的基础上，沈鼓集团成立了“大师工作站”，由全国劳模杨建华、李杰清等沈鼓多位工人专家进站讲授技术经验。

在干部的选拔和高级管理人员培养上，沈鼓集团积极创新选拔培养方式，为企业不断输送优秀的中高级管理人才。自2009年开始开办青年干部培训班，按照德才兼备、以德为先的原则，聘请专业咨询公司，以笔试、结构化面试和集团领导答辩考察相结合的形式，在青年骨干员工中选拔后备干部，青年后备干部统一进班学习各类管理学专业知识，为集团科学选拔任用中层领导干部奠定了坚实的人才基础。在高级管理人员的培养上，集团选送优秀人员参加各类培训，组织高级管理人员后备干部赴清华大学管理培训班学习高级管理知识，并在每次学习归来立即组织座谈，交流学习心得体会，并结合自身工作进行学习成果的转化和实践，取得了很好的学习效果。

在内部培养人才的同时，沈鼓集团还积极打开大门，引进高素质管理人才。2011年以来，沈鼓集团先后从GE、西门子等国际知名公司引进高素质管理人才充实到中层领导岗位。从英国诺丁汉大学、法国奥尔良大学等世界知名学府引进高级技术、管理人才，优化干部队伍的知识结构和专业素养。

创新的人才体制打造了一支优秀的干部员工队伍，近年来，沈鼓集团有200多人次在全国、省、市各级技能竞赛获得“技术大王”和“技术能手”称号。沈鼓集团也先后被评为“国家技能人才培育突出贡献奖”“机械工业高技能人才队伍建设先进集体”和“辽宁省高技能人才培养先进单位”。

四、坚持文化创新，凝聚起推动沈鼓发展的强大精神动力

1. 引入CI战略，不断推动企业文化优化升级

沈鼓集团是辽沈地区最早开展企业文化建设的工业企业。30年来，沈鼓集团的企业文化建设与时俱进，不断创新，始终紧扣时代的脉搏和企业发展的形势任务。特别是战略重组以来，沈鼓集团牢牢把握先进文化的方向，创新企业文化模式，大力实施CI战略，建立起战略、理念、视觉、行为识别系统等企业文化的“四大体系”，并且根据企业发展和时代变化，不断丰富企业文化的内涵，更新理念，使企业文化始终紧扣企业的发展脉搏。一代又一代沈鼓人在优秀企业文化的指引下，不断提升自身素质、增强职业使命感，团结奋进、攻坚克难，文化力最终转化为生产力。

2. 建设特色鲜明的子文化，不断丰富企业文化的体系内涵

沈鼓集团企业文化的内涵在不断丰富，并孕育产生了众多子文化，如劳模文化、廉洁文化、核文化、感恩文化、班车文化、微笑文化等子文化纷纷在沈鼓落地生根，开花结果。一是积极打造劳模文化。沈鼓集团尊重劳模、重用劳模、优待劳模，在沈鼓集团，人人以成为劳模为荣耀，以学习劳模为目标，以赶超劳模为动力，形成了独特的劳模文化。沈鼓集团先后涌现出全国劳模和全国五一劳动奖章获得者19人次，省级以上劳模有55人，市级以上劳模有175人。二是积极打造感恩文化。沈鼓集团大力培育感恩思想，先后举办两届“感动沈鼓”人物评选活动，编印了《感动沈鼓》和《感恩的心》等文集。2013年重阳节前夕，沈鼓集团开展了第二届“孝老敬亲”十佳模范的评选活动。通过宣传他们的感人事迹，弘扬了孝老敬亲的优良传统，使员工经受了一次精神的洗礼、道德的升华，激发出感恩文化的强大正能量。三是积极打造班组文化。2011年以来，集团党委以班组文化建设为切入点，深入开展了两届“最美的雁阵”十佳班组评选活动，通过对基层班组故事的深入挖掘，总结提炼班组管理的宝贵经验和员工的可贵精神，编辑形成班组故事文集，展现优秀班组的风采，弘扬员工的可贵品质，营造团结和谐、文明向上的企业氛围。四是积极打造廉洁文化。为加强廉洁文化教育，深入开展党的群众路线教育实践活动，集团党委建设了集警示、教育、休闲为一体的清风广场，在广场内设置了警世钟、廉洁模范事迹长廊以及沈鼓廉政理念，成为省市优秀廉政教育基地。2013年8月，集团党委在新民文化博览园荣耻馆举行了沈鼓集团廉政文化教育基地挂牌仪式，并组织全体中层以上干部参观荣耻馆。五是积极开展志愿服务。沈鼓集团广泛开展学雷锋志愿服务工作，组建了沈阳市最大的志愿者服务队伍，志愿者多达1 800人，志愿服务队30个。深入车间、街道、地铁、福利院等处开展志愿服务工作，积极承担了社会责任，树立了沈鼓集团的良好形象，受到社会各界的广泛好评。

3. 开展丰富多彩的企业文化活动，营造和谐氛围

一是先后举办了“迎国庆”红歌大家唱活动、“锦绣前程”喜迎建党90周年文艺晚会、“迎五四”青年诗会、新春交响音乐会等文艺活动，培养和增强员工的民族自豪感和热爱党、热爱祖国的情怀。二是举办大型运动会，足球、篮球等体育赛事，引导员工锻炼身体，增进团队凝聚力、向心力。三是成立企业文联，下设文学协会、摄影协会、书画协会、体育协会等分会，定期举办职工文化艺术节、摄影采风、文学笔会等活动，不断丰富员工的业余生活。

近年来，沈鼓集团先后荣获全国先进基层党组织、全国文明单位、全国企业文化建设先进单位、新中国60年企业精神60佳等荣誉称号。

五、深入推进转型升级，铸造高端装备大国重器

当前，各国纷纷将高端装备制造业作为抢占未来发展先机的基础。沈鼓集团也积极抓住战略发展机遇期，实现自身发展的转型升级，从而在未来的市场竞争中占据主动。沈鼓集团主要从以下几个方面推动转型升级：

一是由制造服务向服务制造转变。生产性服务业当前在世界知名企业的产值中占据了相当高的比例，美国 GE 公司已超过50%。沈鼓集团的服务业起步较早，发展也很快，沈鼓客服公司实行“8＋2”发展模式，包括备品备件、检修抢修、机组安装、维保服务、监测诊断和改造测绘、客户培训、拓展国际市场等传统业务板块和技术咨询、交钥匙工程2个新兴业务板块。但是集团的服务业产值占集团整体产值的比例依然很小，为了推进服务业发展，释放集团服务业潜能，当前，沈鼓集团积极整合企业内部服务资源，建立客服中心、信息化服务中心、工程成套中心等11个生产性服务中心，最大限度整合利用企业自身资源，向微笑曲线两端要效益。

二是加快发展高端透平装备技术。掌握核心技术是沈鼓集团的立身之本。未来，沈鼓集团依然要坚持关键核心技术的自主研发，加快“两化融合”，发展高端透平装备技术。当前，沈鼓集团正在研发储备新一代透平装备技术，包括150万 t 乙烯压缩机、12万 m^3/h 空分压缩机等一批具有世界尖端水平的透平装备，在2020年完成50多种新产品、200多项重大技术成果研制和研发。此外，沈鼓集团还瞄准页岩气、煤制油、分布式能源等新型能源装备，力争率先打开新型能源装备市场，为企业未来发展提供新的利润增长点。

三是大力向国际市场开发转型。近几年来，沈鼓集团加大海外市场的开拓力度，成立了国际事业部。2014年4月，沈鼓集团携多家配套厂商在伊朗举办了先进透平机械研讨会，向伊朗推介中国最先进的透平装备，有力地拓展了中东市场。未来，沈鼓将把发展重心逐步转移到国际市场上，建立亚太、南美、中东等多个市场中心，逐步加大国际市场份额，力争在2020年前实现出口额60亿元。

四是由设备制造商向系统集成供应商转变。随着大工业化的发展，沈鼓集团面临的客户需求发生了深刻变化，在整个工业流程项目中，用户关注的焦点不再是项目中单个的机组，而是供货商能否提供一次性设备采购、安装、服务的整体解决方案。系统集成供应是全价值链供应，在提高盈利水平方面具有独特优势。未来，沈鼓集团将着重加强工程成套能力，为用户提供“交钥匙”工程，一次性为用户的工程项目提供从主辅机到管线铺设、保运安装甚至厂房建设的一揽子整体解决方案，从而全面提高沈鼓集团的盈利水平。

当前，沈鼓集团已经进入了一个新的战略发展机遇期。在营口经济技术开发区建设投资20多亿元、占地面积90万 m^2 的新厂区，将极大地提高沈鼓集团大型压缩机的生产制造能力，并借助营口港的区位优势，提高国际市场投放能力，推动沈鼓集团产品的高端化、大型化、国际化。

打造一流产品　提供卓越服务

——上海凯士比泵有限公司

上海凯士比泵有限公司是由上海电气集团股份有限公司和德国 KSB 公司于1994年12月合资建立的。公司注册资本为2 700万美元，总投资3 980万美元。公司位于上海市闵行经济技术开发区，占地面积13.7万 m^2，现有职工800余名。2015年，公司产品销售收入达9.5亿元，实现利润900

多万元，向国家上缴税金4 000多万元。

合资公司的德国投资方——德国KSB公司成立于1871年，是世界著名的泵阀设计、制造公司，在全球拥有40多家独资或合资的工厂、100多家销售公司，共有员工14 000多人。德国KSB公司产品种类齐全、质量优良，技术为世界一流，在全球具有强有力的竞争地位。

合资公司的中国投资方——上海电气集团股份有限公司是中国最大的发电设备和大型机械设备设计、制造、销售并承担工程总承包和设备总成套的大型企业集团之一。上海电气集团拥有核心企业60余家，员工近4万名。隶属于上海电气（集团）总公司、创建于1930年的上海水泵厂，以其全部水泵生产设施和工程技术投入到合资公司。

上海凯士比泵有限公司综合了合资双方的技术优势，在KSB总部和上海电气集团持续不断的支持下，积极参与KSB的国际销售网络，在产业技术创新中起到了示范和带头作用，已成为中国境内产品范围广、技术水平高的泵设计、制造公司之一，并能够为国内外客户提供高质量的产品和优质的服务。公司的市场定位——为国家重大工程、重点项目以及高端市场提供高质量、高水准的产品和服务。公司专业从事能源（包括火电和核电）、水和污水、工业（包括石化、化工和船用等）、楼宇等领域用泵的设计、制造和服务，并享有很高的声誉。

上海凯士比泵有限公司可提供300MW、600MW、1 000MW及1 000MW以上火电机组使用的凝结水泵、锅炉给水泵、循环水泵、前置增压泵等，已为国内外很多电厂提供泵产品；研发制造大型混流泵、轴流泵，如口径达3m的ZL型可调的轴流泵用于南水北调工程、口径达2m的SEZ型抽芯式混流泵用于黄浦江上游引水工程。

上海凯士比泵有限公司拥有CCS、BV等船检证书，开发的船用泵可用于输送海水或淡水、船上消防、舱底压载及其他一般排水，也可用在海水淡化中作为碱液泵和蒸馏泵。公司引进开发符合国家节能、环保产业政策的产品，如供水给水用OMEGA、RDL、RDLO等单级双吸中开离心泵，HPKL、HPK、HPKY、HPH等热水循环泵，Amacan P、Amacan S、Amarex KRT等潜水污水泵，RPK、CPK、CPKN等石油化工泵，Multitec、Movitec、HGM、CHTR等多级离心泵。

上海凯士比泵有限公司成立至今，已被认定为上海市高新技术企业、上海市创新型企业、上海市企业技术中心、上海市外商投资先进技术企业，并取得了ISO9001国际质量体系认证、ISO14001国际环境体系认证以及国家职业安全卫生管理体系（OSHMS）认证。

在KSB，一流的产品质量和卓越的服务是最重要的。为保持这种优秀的水平，公司建立了适用于全球指导方针的现代的质量管理体系。该体系是基于欧洲优秀的质量管理体系而建立的，欧洲的质量管理体系已经在欧洲范围内确保了质量管理的提高。KSB的指导方针确定了KSB全球范围内产品具有同等质量，并且帮助公司优化产品的生产过程。这意味着公司的产品具有更短的交货周期和全球有效性。这些指导方针全面管理KSB的行为，甚至包括咨询能力及提供的高性价比的产品都有明确规定。就如“德国制造”所代表的高品质的标志，那就是“KSB制造”。

除了产品质量外，能效在KSB也扮演着重要的角色。公司的产品已经满足2015年实施的ERP规定中的最低效率值，这在组建节能水平上有重要的贡献，可以节省更多的能源。

在科技创新方面，上海凯士比泵有限公司注重新产品的研发，通过健全和完善创新机制、人才培养机制、校企联动机制等手段，形成了一套上海KSB的企业创新体系，并通过科技管理办法和知识产权管理规定把公司的技术创新制度化，以此保证上海KSB的产品具有良好的市场占有率。

通过技术创新，近年来公司获得专利授权50多项，拥有国家重点新产品、上海市重点新产品、上海市专利新产品，荣获中国机械工业科学技术奖二等奖、中华人民共和国教育部一等奖和二等奖、全国泵行业标准化工作先进单位和突出贡献奖等诸多奖项。

未来，随着国家制造工业的高速发展，上海凯士比泵有限公司将在投资、人力资源、新产品开发、市场网络设置等方面进行更多的投入，进一步发展中国市场，上海KSB将尽最大的努力及时且充分地满足客户的愿望。

创新发展　精彩跨越谱华章

——开封黄河空分集团有限公司

开封黄河空分集团有限公司(简称黄河空分)是中国通用机械工业协会气体分离设备分会副理事长单位，是拥有核心自主知识产权的空分设备、新能源设备、气体压缩机制造商和工业气体供应商。黄河空分拥有60余项国家发明专利和实用新型专利，被授予"国家高新技术企业""河南省著名商标""开封市甲烷提纯液化工程技术研究中心""开封市知识产权优势企业"等资质荣誉。

黄河空分凭借坚持不懈的技术研发，乘行业快速发展之东风，主动出击、抢抓机遇，在"多元化创新"的道路上勇往直前，赢得市场的认可和客户的信任。黄河空分投放市场500余套空分设备，遍布国内冶金、石油、石化、化工、化肥、煤化工、建材等领域，并出口哈萨克斯坦、尼日利亚、乌兹别克斯坦、土耳其等国家。由于产品性价比出色，"回头客"已达到60多家，天下第一村华西村的空分设备唯一供应商就是黄河空分，7期工程7次合作均是合作成功的典范。黄河空分在6 000～40 000m^3/h的空分设备区段内，已实现并保持着产品技术、质量、节能等行业优势。

一、专注特色技术，领跑中小型空分市场

在针对制氩课题开展的技术攻关中，黄河空分认真总结国内外空分设备设计制造的经验，并对采集的大量空分实际运行数据进行深入细致的分析研究，确保黄河空分设计、制造的空分装置以及制氩系统稳定、可靠运行。

当前，黄河空分全精馏制氩技术在行业中享有盛誉，已形成1 500～40 000m^3/h带氩空分产品系列，氩气产量、纯度、提取率均位居行业一流水准。黄河空分为江阴华西气体有限公司提供的12 000m^3/h空分设备性能卓越，各项技术指标均位居国内领先水平，尤其是氩提取率高达84%，成为黄河空分系列带氩空分装置中成功研发投运的典范。

除此之外，黄河空分运用新工艺流程专利技术制造出行业领先的高纯氮系列产品，并已为石化、玻璃、橡胶、建筑板材、多晶硅、有机硅、碳纤维等行业提供了50多套高纯氮设备。黄河空分纯氮设备系列向大型化发展，纯氮设备技术储备已达70 000m^3/h。

黄河空分还从实际出发，提出"要做区段最好"的目标，已在空分设备6 000～40 000m^3/h区段内，实现并保持产品技术、质量、节能等方面的优势。黄河空分设计制造的35 000m^3/h空分装置、集高新技术之大成的32 000m^3/h空分设备、国产化率最高的28 000m^3/h内压缩流程空分设备已经稳定运行多年；15 000m^3/h空分设备荣获河南省高新技术产品证书；氩提取率高达84%，创国内最高纪录的12 000m^3/h空分设备至今仍傲视群雄；大型空分技术储备已达到60 000m^3/h等级。

二、人有我优，满足用户多种需求

黄河空分将国际空分新技术、新工艺、新材料应用于产品设计和制造中，形成了具有自己特色的分馏塔制造工艺以及全精馏制氩技术，十大系列带氩空分设备出氩达标率100%。内压缩流程空分设备技术储备达到55 000m^3/h等级，已经运行的大型内压缩流程空分设备在空分设计、设备成套、工艺集成、设备制造、安装、调试各方面开创黄河新品牌。该系列空分设备在稳定可靠的前提下，注重节能，注重配套设备、机组、泵阀及仪电控制系统的国产化。黄河空分正在运行的 4 万 m^3/h 等级内压缩流程空分设备国产化率达 90% 以上。

5 000 ~ 40 000m^3/h 节能型空分设备已形成系列，以压氧能耗显著降低而使空分设备制氧单耗同比降低 4% ~5%。近几年节能型空分设备已投入运行 20 余套。黄河节能型空分将往复式氧压机组产能扩展到 11 000m^3/h，成功配套 30 000m^3/h 以上等级空分设备。当前黄河空分有 4 套20 000m^3/h节能型空分设备为煤气化炉配套供氧。

超低压富氧空分设备以空压机组排气压力低、氧气全提取、氧气出冷箱压力高、并可生产部分纯氧及高纯氮等产品优势及显著节能优势，进入高炉富氧喷煤炼铁工艺、有色金属冶炼工艺、全氧燃烧浮法玻璃新工艺；水泥炉窑富氧喷煤高纯氮膨化具有十种工艺流程的高纯氮设备系列根据用户需求有针对性地设计，节能优势显著。

生物能源系列经过多年研制开发已经取得一定的成绩，当前多套装置在线运行，工艺技术独特，产品纯度、产品收率、能耗指标处于国内领先。

同时，黄河空分还与科研院所、气体分离外资企业合作，研发提氢尾气、焦炉气及各种煤化工驰放气的分离回收工艺，液氮洗工艺，氢、一氧化碳分离冷箱等化工领域的低温项目。当前，黄河空分已经进入天然气液化领域，并在逐步扩大市场。

三、天道酬勤，不断开拓新领域

近几年，黄河空分不断转变观念，适应市场形势的变化，不断调整产品结构，努力开发新能源、再生能源、天然气液化等领域，在逆境中寻求新的经济增长点。

随着我国经济的可持续发展，国内天然气供需矛盾突出问题将会长时间存在，甚至会日益加剧，这就为新能源行业带来了无限商机。黄河空分依靠自身技术水平和制造实力，不断开拓新能源领域市场。

自 2009 年开始，黄河空分就组织技术骨干进行沼气净化、提纯技术的研究，并逐步完成了“利用沼气提取生物天然气”的工艺流程设计和设备制造工艺的研究，同时积极开拓“利用沼气提取生物天然气”的市场。为了加快技术创新和产品开发步伐，黄河空分与中科院等科研院校进行技术联姻，研发利用非常规资源提取天然气的技术，还与清洁能源领域国家级高新技术企业、上市公司三聚环保进行战略合作，实现新能源产业链的强强联合和优势互补。

经过 5 年的技术攻坚，黄河空分已经全面掌握沼气提纯 BNG 的工艺流程设计和设备制造工艺，以及沼气提纯、天然气液化、工业驰放气提纯利用、煤层气加工等一系列气体加工技术。尤其是国内首创的“生物天然气纯化”技术具有工艺流程先进、设备运行可靠、对环境无污染、低成本收益高的特点，主要技术指标达到国际领先水平，已成功申报 9 项国家专利。当前，黄河空分已经具备 100 000 ~ 1 500 000m^3/d 等级全系列 LNG 装置的设计与制造能力，具备 200 000m^3/d 以下全系列沼气提取生物天然气装置的设计与制造能力。

在技术开发的同时，黄河空分同样注重市场开拓的步伐，已先后建成投产洛阳新豫能源 20 000m^3/d 沼气提纯项目、南阳天冠集团 100 000m^3/d 沼气提纯项目、烟台双塔公司 40 000m^3/d沼气提纯项目、山东振龙生化30 000m^3/d沼气提纯项目等若干个沼气提纯项目和永年 250 000m^3/d天然气液化等 10 多个 LNG 项目。项目运行实践证明，黄河空分自主研发的沼气净化、提纯等技术，产品回收率可达 97% 以上，产品气达到或超过国家《车用压缩天然气标准》的要求。

面对未来，黄河空分人任重道远，将为实现“把空分大国变为世界空分强国”这一行业共同目标而继续努力奋斗！

应用设备状态监测技术　提升设备管理绩效

——莱芜天元气体有限公司

莱芜天元气体有限公司是山东钢铁股份有限公司（简称山钢股份）法人独资子公司，当前注册总资本50 581万元，由山钢股份莱芜分公司能源动力厂代管。现有制氧机组9套，设计产能18.7万m^3/h，有气体液化装置1套，设计产能4 000m^3/h。公司生产经营工业用氧气、氮气、氩气、液氧、液氮、液氩、粗氪氙、粗氖氦、各类瓶装气体和医用液氧、气氧等产品，主要保供莱芜分公司冶炼生产，同时面向社会经营销售气体产品和液体产品。

一、项目实施背景

现代化制氧设备具有大型化、高速化、连续化、精密化等特点，设备管控难度大。制氧设备的非计划停机将严重影响到钢铁主业的冶炼生产，造成巨大的经济损失。频繁开停机，也将会对设备造成致命性伤害，影响设备使用寿命，增加维修费用。针对于此，提高设备运行的可靠性和稳定性，确保安全连续均衡的保障气体供应，尽早尽快准确发现处理设备故障和隐患，降低突发故障，势在必行。莱芜天元气体有限公司经过认真分析研讨，提出了实施“设备状态监测诊断技术及点检管理信息系统项目”，运用设备状态监测诊断技术，掌控设备运行技术状态，并结合设备计划定修与状态检修，前瞻性、预防性的快速消除设备故障与安全隐患。

“设备状态监测诊断技术及点检管理信息系统项目”主要有设备状态监测技术和设备点检信息管理两部分。

设备状态监测技术是利用先进的设备状态监测技术，在设备离线和在线状态下进行监测，对大型、高速、精密转动设备进行故障诊断，采集设备的数据信息，进行多点比较、振动分析，结合DCS的实时数据，对在运设备进行综合的状态判断、劣化趋势分析、可靠性分析，判断机组有无异常或故障趋势，摸清设备的运行工况和维护周期。通过进行设备状态监测，准确掌握设备性能状况，为事故征兆的预诊断提供重要的量化指标数据信息，把握设备的维护时机，使设备真正全面处于受控状态。改变原来的事后维修，向预防维修、预知状态维修模式转变，避免“欠维修”或“过维修”。减少设备突发故障停机，降低抢修、检修费用，实现设备安全稳定经济运行。

设备点检信息管理（“小神探”点检系统）是利用离线点检仪，实现巡点检任务管理和振动、温度、压力等实时数据采集，利用点检仪和安装在现场的身份信息识别ID纽扣进行一对一确认，提升设备点检到位率和点检计划的全面性。点检人员点检完毕将信息上传到系统，系统自动归类记录。点检信息管理具有实时性、真实性、有效性、动态透明性、可追溯性和可监控性等特征，不留管理死角，杜绝点检不到位、坐检、错检、漏检等现象，为设备管理工作的考核提供刚性的依据。

二、项目实施的必要性

原有的设备技术监测手段不能科学及时地准确判断设备运行劣化状态、进行设备故障诊断，设备运行可靠性有待升级完善。该套设备状态监测诊断技术及点检管理信息系统是在原设备管理模式中对存在的薄弱环节进行升级完善，能够进一步全面提升设备管理绩效。

（1）能够进一步提前预知设备故障。较早的提前预知设备故障，就能主动有计划地安排部署稳产保供、生产经营、设备定修、设备年修等工作，不会陷于“事后维修”的尴尬境地。原来的基于DCS的保护系统，仅仅监控设备测点的振动指标以及由于轴瓦松动、磨损、齿轮劣化、叶片积垢等日积月累不断劣化的故障，根据生产保供情况，择机处理。该检测技术系统不仅对振动值进行监测、报警,还可以及时发现早期的设备隐患,提供足够的预警时间。

(2)能够进一步科学诊断设备故障原因。无法科学地诊断故障原因,就意味着维修进程的臆测。一旦停机,故障无从查起,无法准确指导维修。错误的维修与更换,加剧停机损失甚至会导致更为恶劣的事故。该检测技术系统能够较为准确地诊断出设备故障原因,以便有的放矢地处理设备故障,提高设备定修命中率。

(3)能够进一步提升设备专业点检员和生产运行岗位职工的责任心。原有设备点检模式存在设备点检责任不明确,点检员责任心不强,点检不到位、错检、漏检、坐检等诸多问题,不能及时发现设备故障缺陷,不能准确掌握设备运行状态,造成设备缺陷扩大,事后维修费用高。同时,也影响了钢铁冶炼生产所需的安全连续可靠的气体供应,对热线生产造成了较大影响。该检测技术系统能够进一步细化点检流程,明确需要点检的设备、重点部位和关键位置,进一步提高点检质量和点检效率,充分发挥点检检测技术的优势,提前预测设备安全隐患和故障,达到提前处理设备安全隐患的目的。

三、针对原设备管理薄弱环节的解决方法

(1)利用先进的设备状态监测诊断技术,对设备状态进行离线和在线监测。采集设备数据信息,进行多点比较和振动分析,结合 DCS 的在线实时数据,对在运设备进行综合的状态判断,准确掌握设备性能状况,为设备安全隐患的预诊断提供数据信息,使设备真正处于受控状态,进一步完善落实设备管控的预知、预防性维修。

(2)引进应用设备点检信息管理系统,利用离线点检仪器进行实时数据采集和分析。发挥各岗位点检人员的积极性,利用点检信息的真实有效性和可追溯性,及时提前发现设备安全隐患,与设备状态监测诊断技术互相补充,形成较为完整的设备安全管理平台。

四、项目实施及效果验证

(1)论证决策,快速组织推进。稳产保供设备是基础、是关键。公司领导极为重视设备管理绩效的提升,在认真分析的基础上,提出了提升管理绩效的方案,并把此项目作为公司实现生产保供任务目标的重要举措,列入公司工作的重要议事日程,制定项目推进计划。公司以机动设备部为主,迅速成立了攻关小组,负责具体的组织推进工作。

(2)快速施工,组织设备安装调试。攻关小组通过到设备厂家和使用厂家等多方考察,先后组织引进了先进的设备振动状态监测诊断技术和相关设备以及设备点检定修信息管理系统,同时组织技术骨干人员进行技术学习培训,到其他使用状态监测技术和设备的单位进行观摩、学习,快速提升经验技术。设备安装调试过程中,安排专人协助厂家施工安装调试,全程跟踪学习,在最短时间内完成了安装调试,并投入了运行。

(3)加强在线监测诊断技术应用,准确诊断设备故障。全面了解设备的运行工况,准确掌握每一台设备的性能状况,把握设备的维护时机,分门别类制定每台设备的维护周期和维护项目计划,使每一台设备真正处于受控状态。

通过使用先进的状态监测设备和技术,积极实施设备状态离线和在线监测,形成了重点转动设备振动在线监测诊断、重点电气设备在线测温报警、电机在线状态监测、红外温度检测、管道压力容器壁厚测量、简易油液监测等多方位设备状态监测,初步实现了人机对话。近几年来,逐步由原来的重点设备逐台离线监测发展为多台设备可同时进行在线振动信号采集诊断,减少了人为误差,信号采集及时、有效,提供了丰富的量化指标数据信息,设备运行趋势分析诊断准确,节省了人力、物力、时间,通过系统设定提前预警故障,提高了设备运行可靠性。对制氧机组设备振动状态及时分析,诊断准确,及时发现了如十氧空压机振动波动叶轮结垢故障、八氧氧压机高压缸轴承磨损裂纹、七氧空压机转子不平衡故障等一些重大设备隐患,避免了设备缺陷的进一步扩大和突发故障停机,减少设备劣化或停机检查带来的生产损失,降低抢修检修费用,优化了维修体制,年减少停机减产损失和处理故障维修费用达 460 余万元。

(4)加强点检信息管理系统应用,对点检消缺信息实行闭环管理。各岗位值班人员利用离线点检仪,实行定点定时巡点检,对设备监测点进行一对一实时数据采集和点检条目确认。对发现的设备故障、缺陷、隐患通过电脑上传点检信息分析系统,系统自动记录归类。针对缺陷隐患生成检修消缺工单及时进行维护消缺或预防性定修处理,在系统中形成闭环管理,保障设备的安全顺行,提升定修命中率。

利用离线点检仪实现振动、温度、压力、运行状况等数据采集功能和巡点检任务智能化管理,实现了点检信息的自动归档、规范化、量化和科学绩效评价。建立了由运行人员日常点检、检修人员专业点检、技术人员精密点检相结合的点检网络,职工由最初的心理上不适应、行为上不规范,转变到逐渐认可、接受直至转变为主动查找问题,积极汇报整改。实现了全员参与设备管理,提升了设备管理绩效。系统中每天记录汇总 27 000 余条实时点检信息,实际设备受控点 6 000 余个,点检到位率月均达 99.7% 以上。同时,实现了无纸化点检管理,点检信息网内一览无余,共享快速,查询便捷,有效提升了工作效率。点检信息具有实时、真实、有效性,动态透明、可追溯和可监控,不留管理死角,为奖惩考核提供刚性的依据。

(5)完善点检定修管理制度,细化奖惩考核,激励先进典型。强化点检人员的责任意识,强化技术人员的专业指导和现场协调的支撑能力,提升点检水平,推进设备隐患整改。公司制定了工作标准、流程和目标,引导点检员以设备异常管理为重点,建立了点检到位率、漏检率、消缺率等考核管理评价指标,每月在设备例会上进行专题分析,共享先进做法和经验,提高对设备的掌控能力。

莱芜天元气体有限公司组织实施的设备状态监测诊断技术及应用点检管理信息系统,能够及时发现设备故障和隐患,避免了设备缺陷劣化加速,减少了非计划停机;设备运行的可靠性进一步增强,设备有效作业率明显提升。同时,降低了设备维修费用,设备管理绩效提升逐步得到验证,设备高效经济运行,进一步夯实了设备管理基础。

打造分离机械精品　引领行业发展

——重庆江北机械有限责任公司

重庆江北机械有限责任公司(简称江北机械)始建于1941 年,自 1965 年起专业生产制造分离机械产品,2002 年改制更名为重庆江北机械有限责任公司,隶属重庆机电控股(集团)公司。当前,江北机械已发展成为集研发、制造、经营、进出口、服务于一体的专业分离机械及其系统的制造商、集成商和服务商,是中国通用机械工业协会副会长单位、中国通用机械工业协会分离机械分会理事长单位。公司至今已累计销售各类离心机及成套设备 15 000余台(套),服务客户 5 000 余家。

江北机械是我国分离机械行业三大“测试基地”之一,是全国分离机械标准化技术委员会委员单位,负责起草和制定了“刮刀卸料离心机”“活塞推料离心机”“螺旋卸料沉降离心机”三大类产品行业技术标准。公司拥有重庆市认定的市(省)级企业技术中心,生产的 GK(H)系列刮刀离心机、HR 系列双级活塞推料离心机、LW(D)系列卧式螺旋卸料离心机广泛应用于化工、制药、食品、环保等行业。“川江”牌离心机于 2014 年荣获“中国驰名商标”称号,现已拥有 90 余项专利技术。2015 年,公司完成国有企业改制重组,落户重庆市江北区鱼嘴镇,新厂占地面积 11 万 m^2,总投资 2 亿元,设备投资 5 000 万元。

一、厚德经营，服务至善

江北机械以“厚德经营，服务至善”树企，坚持将这一理念贯彻在公司的日常运作中，为顾客提供最适合的产品以及最贴心、最真诚的服务。江北机械在管理上精细化，重细节、重过程、重基础、重具体、重落实、重质量、重效果，讲究专注地做好每一件事，在每一个细节上精益求精、力争最佳。高品质的产品是江北机械发展的保障，是江北机械品牌的生命力。公司坚持“0.01%缺陷等于100%不合格”的质量理念，为用户提供的产品要做就做零缺陷。

正是由于江北机械推行精细、规范的企业管理制度，产品赢得了市场，在行业内树立了良好的企业和品牌形象，也赢得了荣誉。1991年，荣获四川省级“重合同　守信用”企业称号。2003年，公司被评为全国“守合同　重信用”企业、机械工业企业管理基础工作规范化达标企业。2004年，公司荣获全国机械行业文明单位、重庆市用户满意企业、重庆市百佳文明单位、重庆市质量效益型企业、诚信文明先进单位等荣誉称号。2007年，公司被评为全国机械行业企业文化建设先进单位。2008年，“川江”牌离心机被重庆市人民政府授予重庆名牌产品称号。2009年，公司被评为中国机械工业优秀企业。2012年，公司连续21年获得重庆市“重合同　守信用”单位称号。2014，公司“川江CHUANJIANG”注册商标被评为“中国驰名商标”。

二、产品开发注重精品

江北机械一直坚持“专、精、特、新”的产品开发理念。专，一心一意，专心致志地发展分离机械及其关联产品，成为分离机械制造的专家。精，做精品、造极品。做到精细加工，精细装备，精细服务。特，坚持差异化、个性化特色，满足不同行业、不同用户、不同物料对分离机械的更新要求。新，人无我有、人有我精、人精我新，始终走在同行前列，引领行业的技术发展方向。

从1965年第一次试制成功WH－800卧式活塞推料离心机后，公司不断推出优质和特色产品。1980—1983年，WH－800离心机、SS－800离心机先后荣获四川省优质产品、机械部“质量信得过”产品称号。1988年，LTX－1000离心脱水机血粉成套设备通过重庆市市级鉴定。1989年，HR400－N型卧式双级活塞推料离心机通过部级鉴定，填补国内空白并荣获国家重大技术装备成果二等奖。1991年，SS－1000三足式上部人工卸料离心机被重庆市定为1990年度优质产品，LTX－1000离心脱水血粉成套设备、SG1250－N三足式人工刮刀卸料离心机分别荣获重庆市科学技术进步奖二等奖、三等奖。1993年，公司承担的机电部科研开发项目HR－630N卧式双级活塞推料离心机通过部级鉴定，与成都科技大学联合开发的新产品GKH800－N虹吸刮刀卸料离心机研发成功。1994年，新产品SS系列三足式离心机筛网填补了国内空白，获得国家专利。1995年，采用PC控制技术的SGZ1250－N离心机研制成功，其性能指标达到国际同类产品20世纪90年代初的水平。1998年，GKH1250－N虹吸刮刀卸料离心机通过国家鉴定。1999年，国家级技术创新项目LWY520×1924－N离心机试制成功。2000年，卧式螺旋GKH1250－N、HR630－N离心机分别获得国家科技进步奖二等奖、三等奖。2001年，“卧螺式离心脱水机与污泥浓缩一体化装置”通过项目验收和技术鉴定。2002年，大规格虹吸刮刀卸料离心机被列为2002年国家技术创新计划。2003年，新产品YZA750－N锥盘压榨过滤机通过技术鉴定，LWY520×1924－N压榨式卧螺离心机和D5MC离心机分别被认定为国家重点新产品和重庆市新产品。2004年，GKH1600－N虹吸刮刀卸料离心机、LZM1000－N立式针形冲击磨通过重庆市级技术鉴定。2005年，成功研制世界最大规格的淀粉加工设备GKH1800－N虹吸刮刀卸料离心机，具有国际先进水平的新型环保机械G－280A高速高温微生物处理装置研制成功。2006年，我国最大的卧式螺旋离心机D7NC研制成功，GKH1600－N虹吸刮刀卸料离心机和D6NC卧式螺旋卸料离心机获得中国机械工业科学技术奖二等奖、三等奖。2011年，成功试制全新、高转速、大长径比卧式螺旋离心机LW520×2184－NB。

GKH1800 - N 卧式虹吸刮刀卸料离心机获得“2009—2010 年度重庆市优秀新产品”三等奖,并获得中国机械工业科学技术奖二等奖。GK(H)卧式螺旋刮刀卸料离心机、LW 螺旋卸料离心机、HR 活塞推料系列离心机被评为 2011 年重庆名牌产品。2012 年,成功研制餐厨垃圾处理设备,开发超重力反应器。

三、企业文化助推企业发展

多年来,江北机械奉行“为客户创造价值,为员工创造幸福,为社会创造财富”的企业宗旨,铸就了“艰苦创业、勇于拼搏、求实创新、诚信奉献”的江机精神,培育了一支有文化、有纪律的职工队伍。公司建立了以“和、诚、新”为核心价值观的具有江机特色的企业文化,“和”即和谐、团结、包融、睦邻、竞和,“诚”即诚实、诚信、忠诚、责任、敬业,“新”即新观念、新机制、新风尚。江北机械以和聚人心,以和建班子,以和谋发展;以诚对用户、以诚待职工、以诚处社会;以新开思路、以新创品牌、以新塑形象。“和、诚、新”既是公司成长发展的实践经验总结,也是公司做优做强、打造世界知名品牌的必然要求,更是公司永恒的追求。公司特有的企业文化有力地推动了企业发展,公司被评为重庆市文明单位标兵、全国机械行业企业文化建设先进单位。

江北机械从 1941 年始创至今走过了 70 多年的历程,实现了从打杂生产到专业生产,从单一产品生产到系列化、多品种、大型化生产的跨越;实现了从测绘式跟随开发到合作研发、自主创新,从名不见经传到中国知名品牌,从按照别人的标准生产到制定标准,领导行业发展方向的飞跃。特别是在改革开放浪潮和市场经济商海的搏击中,实现了从我国分离机械行业的普通一员到分离机械行业排头兵企业,从一般企业到重庆市百佳文明单位、全国机械行业文明单位的跃升。支撑江北机械生生不息、不断前进的法宝就是“艰苦创业,勇于拼搏,求实创新,诚信奉献”的江机精神。

江北机械坚持为客户创造高质量的使用价值,为客户提供优良的服务,让客户在享受使用价值和服务的过程中产生信赖感;坚持为员工的成长发展创造各种机会、提供多姿多彩的舞台,让其感到成就感;坚持创造良好的经营效益,创造合理利润,不断为社会创造财富,回报社会,最终实现“幸福江机、和谐江机”。

坚持自主创新　构建和谐企业
——天华化工机械及自动化研究设计院有限公司

天华化工机械及自动化研究设计院有限公司(简称天华院)是中国化工集团公司所属中国化工科学研究院旗下的一家重点科技型企业,成立于 1958 年,现位于甘肃兰州,是原化工部十大重点科研院所之一和 3 个科技体制改革试点单位之一。进入 21 世纪以来,公司成功完成了企业化转制工作,正式注册为天华化工机械及自动化研究设计院,以一个崭新的面貌登上了历史的舞台。

天华院主要从事化工机器、化学工程及设备、材料及腐蚀、生产过程自动控制、在线分析仪表、放射性检测仪表及环保技术与设备的研究开发、工程设计、产品制造和推广应用工作。公司持有国家统一颁发的中国工程咨询(甲级)、设备监理(乙级)、工程设计(乙级)、压力容器设计(三类)、压力容器制造(三类)、ASME U 钢印制造许可证、建筑企业防腐保温工程专业承包(二级)、锅炉压力容器和压力管道及特殊设备检验许可证、国家级实验室认证证书、国家计量认证合格证、计量器具制造许可证、核辐射安全许可证等资格证书。通过了 ISO9001:2008 质量体系认证和 GB/T24001、GB/T28001 以及中石油、中石化环境职业健康安全管理体系认证。挂靠或设有中国化工学会化工机械专业委员会、全国化工机械与设备标准化技术委员会、化学工业设备质量监督检验中心等 15 个行业工作机构。现建有 1 个国家级工程技术研究中心和 3 个部省级工程技术研究中心、1 个国家实验室、2 个中石化联合研究所、1 个国家级检验检测中心，先后被认定为国家级高新技术企业、国家认定企业技术中心、国家级创新型试点企业、国家技术创新示范企业、甘肃省企业技术中心、甘肃省技术创新示范企业、甘肃省化工装备工程研究中心、甘肃省科技兴贸创新基地。公司荣获甘肃省“高速度、高效益先进单位”“重合同　守信用企业”“诚信纳税企业”等众多荣誉称号。

天华院坚持以人为本，注重培育具有天华院特色的企业文化和价值观，在各种实践的基础上不断完善，形成了“团结、奋进、求实、创新”的企业精神和奋斗理念。

为了搞好企业文化建设，增强凝聚力，促进企业和谐发展，天华院以和谐文化建设为重点，不断提升企业的核心竞争力；以促进企业可持续发展为目标，继续健全与弘扬“团结、奋进、求实、创新”的企业精神；注重经营理念的倡导和制度建设，发挥企业文化在企业科研经营工作中的凝聚作用和导向作用，把企业文化建设和科研经营、制度创新和管理创新有机结合起来，进一步增强天华院的凝聚力和向心力，促进全院的和谐发展。在注重科研经营工作的同时，公司也一直关注职工的业余文化生活，不断深入开展内容丰富、形式多样的精神文明创建活动和职工文体活动。

干燥技术及装备专业是天华院的传统优势专业。公司建有国家干燥技术及装备工程技术研究中心，研究中心集实验、开发、设计、制造、技术服务于一体，主要从事干燥、焙烧、粉尘回收、尾气处理、重力掺混及气力输送、塔器、压力容器、成套装置的工程设计及制造。研究中心开发的 HDPE 蒸汽管回转干燥机、聚丙烯粉末加热器、TA 蒸汽管回转干燥机、PVA 干燥技术与装备、大型铜精矿干燥机、大型煤调湿干燥设备、炼油催化剂预干燥器、炼油催化剂废水处理装置等多项干燥机组国产化成果，达到国际先进水平，已先后在多家大中型企业成功应用，应用领域涉及化肥、化工、石油化工、医药卫生、纺织印染、电力、冶金、铝业、建材等行业。研究中心国产化大型干燥技术和装备成功取代进口设备，打破国外技术垄断，为建设单位直接节省设备投资，使售后服务得到保证，提升了我国干燥行业技术进步。

天华院始终跟踪国际干燥领域发展变化，以市场为导向，坚持自主创新，以节能降耗、安全、环保、重大新型和先进干燥技术装备开发和国产化攻关研制为主题，针对企业重大核心关键技术与生产瓶颈，不断开发应用干燥新工艺、新技术与新产品。公司不断加强和完善科研条件、试验条件和产业化条件建设，提升自身科研创新、工程化和成果转化等硬件实力，打造行业一流研发中心。

人才是企业发展壮大的根本所在，天华院积极培养后续专业技术人员，搞好整体团队建设，包括管理团队、技术研发团队、生产团队、销售团队建设，为企业的可持续发展提供人力资源保障。

今后，天华院将不断进行科研、生产等管理制度建设和完善，做大、做强、做优干燥装备，力争跻身世界知名干燥设备供应商行列。

发挥自身优势　努力开拓国际市场

——山东精工泵业有限公司

2015 年是“十二五”规划的收官之年。山东精工泵业有限公司秉承创新发展理念，在国家经济发展进入新常态，处于爬坡过坎、攻坚克难的关键时期，迎难而上，顽强拼搏，实现了企业发展预期目标。

公司于2010年获得自营出口权。几年来，通过积极有效的规范化运作，外贸工作稳步推进，产品出口创汇能力不断增强。从原来配套、贴牌的出口方式发展到直接向外商提供产品，从原来只能出口附加值低的普通真空泵发展到为国外用户研发制造具有自主知识产权的成套真空设备，外贸工作呈现出新的生机和活力，已成为公司重要的经济增长引擎。

2015年，公司出口各类水环泵/机组303台（套），同比增加143台（套），出口交货值772万元，同比增加556万元。上述出口产品均为公司近年来研发的高新技术产品。出口地区既有东南亚、中亚、中东、非洲等地区发展中国家，也有欧美地区发达国家。在国内外需求降温、通用机械产品出口总量下降的情况下，公司不仅保住了传统出口市场，而且发展了印度、伊朗等国家新的用户。

在"十二五"期间，公司重视产品研发和技术创新，坚持多年来形成的"专、精、特、新"的研发模式，针对传统产品技术落后、附加值低的状况，通过集成创新和引进技术再创新并与信息技术的深度融合，逐步向高端产品和精品过渡，提升了出口产品附加值及品牌价值。

公司主导产品水环式真空泵/机组，是一种应用范围广、市场覆盖面大的传统产品，能耗高、效率低，机组配置形式落后是其固有的技术弊端，长期得不到解决，已经无法适应各应用行业现代化先进工艺的技术要求。公司根据国内外用户需求和真空行业发展方向，积极致力于研发基于计算机嵌入技术的机电一体化水环真空机组和具有优异抗腐蚀性能的水环式真空泵，在应用信息及自动化技术、新材料技术、机械设备防腐技术等现代新技术改造传统产品方面进行了大胆探索，取得了多项创新成果。2015年，"机电一体化耐腐蚀水环真空机组"研发项目荣获中国机械工业科学技术奖三等奖。近三年来，多种配置形式的水环真空机组打入中亚、东南亚、欧美地区市场，产品运行情况良好，得到用户认可。

公司研发的远程监控智能型水环真空机组应用于化工、电力、冶金、轻工等诸多行业。该产品采用计算机嵌入技术，可实时显示运行状态，能够根据预设参数实现机组自动调节，依托互联网，利用终端设备可远程监测机组运行情况，并具有自动记录运行时间和寿命分析功能，为机组维修和运行提供数据支持。该产品不仅性能先进可靠，且具有成本低廉、节约能耗、经济实用的特点，可以最大限度地方便用户，并使公司的售后服务工作从传统的被动服务方式逐步向以信息化为手段的远程、主动服务方式过渡。当前，该产品初步形成系列化、集成化、模块化研发制造能力，公司已具备根据国内外用户多样化、个性化需求，研发生产高、中、低档多种配置形式的机电一体化-智能化真空机组的能力。

普通产品产能过剩与高端产品供给不足并存，是通用机械行业多年存在的结构性矛盾，加快高端泵类产品研发，满足国内外市场的需求是泵及真空设备制造业义不容辞的职责。为使公司产品更多地打入国际市场尤其是发达国家市场，公司针对美国市场需求，以现有的2BV系列水环泵为基础，通过结构创新、工艺创新，并采用频率为60Hz的改进型电动机，研发一种设计新颖、结构紧凑、耗用材料少、性能稳定可靠、使用和维修方便的直联式单级水环泵/机组，2015年进行产品设计和实验改进，尽快达到向美国市场批量供货，并推向其他国家市场。

国内现有的双级水环式真空泵如2SK系列水环泵存在结构复杂、耗用原材料多、性能不稳定、安全可靠性差、装配工艺难度大、维修不便等弊端，给用户带来诸多不便，且品种单一，高能耗、低效率，抽气量小，一直停留在原有技术水平，多年没有改进，难以适应各应用行业的现代化工艺需求。从国际市场需求情况看，现有的2SK系列双级水环泵虽然存在诸多技术弊端，但优点是在接近高真空度条件下仍保持较高抽速，气量衰减不明显，在某些工艺场合中双级水环泵仍承担重要角色。在德国、美国、东南亚市场，客户还是认可双级泵设计，与蒸汽喷射泵搭配，在石化等行业广泛应用。因此，升级改造国内现有双级水环泵，提高其技术性能，对我国泵产品打入国际市场亦具有重要意义。2015年，公司根据国外用户需求，研发一种同轴串联双级单作用水环真空泵系列产品。其主要性能指标极限真空度、抽气速率达到国内领先水平，泵的效率比同类产品提高6%以上，具备了高效节能、运行稳定、安全可靠、使用寿命长等显著技术特点。

“十二五”期间，公司通过产品结构创新、工艺创新和引进技术消化吸收再创新，逐步形成了企业自有知识产权体系。截至2015年年末，公司已有授权专利15项，其中发明专利2项；公司有2项研发成果列入山东省科技发展计划项目，有3项研发成果列入淄博市科技发展计划项目，有2项科研成果获淄博市科技进步奖、1项获中国机械工业科学技术奖。

今后，公司将继续强化外贸工作，多渠道开发国外市场，以外补内，提高公司营销能力。要积极落实公司确立的“十三五”产品出口工作指导方针，加强公司“泵产品出口基地公共技术研发平台”的建设，进一步健全和完善外贸工作机制，提升服务质量，发挥互联网的重要作用，充分利用自营出口优势，在稳定东南亚及非洲传统市场的基础上，着力开拓中亚、中东、南亚及欧美市场。瞄准国际真空科技发展方向，推出具有较高技术含量和优良性价比、适销对路的泵类及其他通用机械产品。力争2016年乃至“十三五”期间，在国家“转方式、调结构、稳增长”和进一步开放搞活的宏观经济政策引导下，在出口产品数量、品种、技术含量和附加值、利润水平等方面均实现稳中向好、逐年增长的目标，并争取更多地打入发达国家市场。

努力创新发展　促进企业技术进步

——北京北仪创新真空技术有限责任公司

北京北仪创新真空技术有限责任公司（简称北仪创新公司）前身是北京仪器厂，于1954年4月1日注册成立，是隶属于北京京仪集团有限责任公司的一家国有控股公司，是我国较早进入真空技术与设备研制和生产的专业厂家，也是我国真空设备行业的龙头骨干企业。生产基地位于大兴工业开发区，占地面积超过2万m^2，建筑面积近4万m^2。北仪创新公司是中国真空学会副理事长单位、中国通用机械工业协会真空设备分会副理事长单位、中国电子专用设备协会副理事长单位、全国真空技术标准化委员会委员单位、机械工业试验室仪器及设备标准化技术委员会委员单位。

北仪创新公司的主要产品包括真空应用设备、真空获得设备和真空测量仪表三大类，共30多个系列、160多个品种，产品覆盖低、高、超高真空领域，主要产品技术在国内处于领先水平。公司在国内率先研制并生产出直联高速旋片泵、以铝代银制镜镀膜机、建筑幕墙玻璃磁控溅射镀膜生产线、离子刻蚀机、抗大气冲击分子泵等真空设备，填补了国内空白，先后有20余项产品获得部级或北京市级的新产品、新技术奖项。这些产品被广泛地应用于航天航空、电子信息、光学、冶金、建筑装饰、食品、纺织、电力环保及新能源等行业，并出口至美国、德国、意大利、巴基斯坦等国家。

经过60年对真空技术的探索，通过与国内外多家科研院校进行多次合作开发，在真空测量技术、真空获得技术、光学多层全自动镀膜技术、通用磁控溅射及多靶磁控溅射技术、PECVD技术以及电感耦合等离子体沉积技术等方面处于国内领先水平，30余项科研成果获得国家专利。公司起草、制定、形成国家及行业标准近10项，并承担了多项国家部委及市区级科技项目。

在真空、薄膜、新能源领域的发展中，北仪创新公司始终秉承并将坚持“诚信、精益”的企业精神，不断汲取客户的建议及业界的先进技术，以“市场先导、持续改进、提质增效、高端发展”的价值观推动企业技术和服务优质发展。

2006年，北仪创新公司在拥有成熟的真空技术的基础上，率先自主研制完成国内首条所有整机设备国产化的非晶硅薄膜太阳电池生产线，并形成了25MW的销售规模，有效打破了国外对薄膜光伏装备技术的垄断，为国内薄膜光伏行业的自主发展增添了强劲动力，并于2011年荣获中国机械工业科学技术奖三等奖。

步入“十二五”，北仪创新公司不断加大企业战略发展课题研究工作，在不断完善的技术创新体系推动下，大力推进产品结构调整，成功研发新型复合分子泵、新型电子枪及其控制电源系统、高性能射频功率源及自动匹配器、小型智能化测量表等众多具有国内领先水平的创新型产品，并已开始投入生产，对公司开拓新的市场起到了积极的促进作用。其中，自主研发的新型MDP系列抗大气冲击分子泵，技术达到国际领先水平，成功通过中国机械工业联合的科技成果鉴定，并同时被认定为“北京市新产品新技术(服务)”。

分子泵是一种用来获得高真空及超高真空的真空设备，具有抽速大、极限真空度高、体积小、噪声振动低、环保节能等特点，广泛应用于需要获得清洁高真空的高尖端设备研发和制造领域，如表面物理和分析仪器、真空镀膜行业、半导体制造工业等设备，也应用于航天环境模拟试验、可控核聚变装置等前沿高科技领域。为充分解决常规分子泵受大气冲击易碎的重大难题，突破应用限制，北仪创新公司自主研制出MDP系列抗大气冲击分子泵。该泵结合涡轮叶片和分子拖动技术，取消了定片。这使得转子与泵体的间隙由动片、定片之间的交错结构，变为转子与外壳之间的圆柱面垂直间隙。同时将转子的各层叶片连接成为从叶片过渡为沟槽的一体结构，这就使得转子的强度大幅提高，而且避免了异物卡滞转子的可能，从而实现可以完全耐受大气和一定粉尘异物的冲击，而不会对自身造成任何的损坏，具有强大的技术优势。

该项目成果填补了分子泵的空白，实现了重大创新，具体创新点包括：

(1)抗冲击：通过改变泵的抽气单元结构，使转子、定子的配合结构与涡轮分子泵有了根本区别，整个抽气单元采用了变截面变槽深的设计方法。由于采用叶片结合沟槽结构的新转子强度高，与定子配合关系简单，使其受到大气冲击时不会变形，不会与定片碰撞，从根本上解决了分子泵碎裂的问题。

(2)工作范围广：由于抽气单元结构的改变，利用转子上沟槽牵引气体分子的排气结构，在过渡流状态下相较于传统分子泵的抽速有明显提高，拓展了分子泵的抽速曲线，在高真空与低真空段都有抽气能力，具有更广的应用领域。MDP抗大气冲击型分子泵与常规分子泵在高真空段抽速相差不大，而在低真空段，MDP分子泵在100Pa时可以获得100L/s以上的抽速，而在该压力下常规分子泵无法使用。利用该特点在一些领域中可替代高耗能的罗茨泵机组。

(3)抽粉尘：由于转子上是连续的叶片－沟槽结构，相较于常规分子泵，拥有更大的排气通道，因此可抽除含有粉尘气体，扩大了分子泵的应用范围。

(4)易维护：由于抗大气冲击分子泵取消了定片结构，转子直接与外壳配合，这种简洁的结构使分子泵转子上有附着物需要清理时，不需要返厂维修，可直接在用户现场打开外壳进行清理。同时，由于转子的强度大幅增加，再加上简洁的动配合，使泵即便出现故障，也很难造成关键零件报废，通过维修保养仍可修复。因此，大大降低了用户的使用成本和风险。

(5)低成本：MDP分子泵与常规分子泵相比，取消了定片结构，缩短了转子加工时间，整机制造成本更低，产能更高。

MDP系列抗大气冲击分子泵拥有与常规分子泵同等的抽速性能和清洁无油、低能耗等优点，在中低真空段(100Pa～10Pa)更是有着优异的抽气性能，并可以长时间运转。除了能够满足常规分子泵绝大部分领域外，在晶体生长、节能灯、材料提纯、电容器真空干燥与真空浸漆等有损常规分子泵寿命的工况下，具有更优异的表现。在高真空和超高真空领域中，可完全替代扩散泵，充分杜绝返油问题。另外，由于取消了定片隔环结构，相对常规分子泵，成本优势明显，并且随着产量的提高，其价格仍有下降空间。MDP系列抗大气冲击分子泵降低了分子泵的使用门槛和成本，可以大幅提高生产效率，最终提升整体行业产品的品质和收益，市场竞争力显著，发展前景广阔。

当前，MDP系列抗大气冲击分子泵通过自主创新，完成了3种口径、垂直和任意角度两种安装方式，共6类抗大气冲击分子泵产品，累计申请各类知识产权16项，其中，授权发明专利2项、实用新型专利7项、外观设计专利1项、计算机软件著作权2项。MDP系列抗大气冲击分子泵通过了中国机械工业联合会的科技成果鉴定，鉴定结果认为，MDP系列抗大气冲击分子泵属于原创性创新，成果属国际首创，性能达到国际领先水平。

当前，MDP系列抗大气冲击分子泵正在通过企业内部产品配套和客户试用等方式进行市场推广，在常规真空镀膜设备、蓝宝石炉、太阳能设备、玻璃生产线、科研设备等多种应用环境下长期运转良好，并有替代进口涡轮分子泵的应用案例，获得了用户的一致好评，整体产品的市场认可度正在不断提升。可以预见，MDP系列抗大气冲击分子泵的推广应用，势必将推动整体真空行业技术提升，带动行业共同进步。

以诚为本　以信取胜

——南通龙鹰真空科技有限公司

“信誉就是资产，诚信就是财富”，这是南通龙鹰真空科技有限公司自创建以来始终坚持的经营理念。“诚信、守法经营”是公司一直秉承的办企业原则。这两年在经济下行压力严峻的大环境下，面对复杂多变的市场形势和日趋激烈的竞争态势，公司始终坚持不懈地坚持这一经营理念和办企业原则，确保了企业稳定、健康发展，年销售额稳中有升。2015年，公司销售额同比增长20%以上，进入了市工业骨干企业行列，得到了市委和市政府的表彰奖励。公司生产的“龙鹰泵业”牌产品自2009年以来蝉联南通市名牌和知名商标。公司被评为江苏省“守合同　重信用”企业、江苏省高新技术企业。

公司将注重产品质量作为诚信经营的关键，持之以恒地抓质量工作。从TQC到ISO9001，全面践行“上道工序对下道工序负责”“谁加工，谁负责”“谁调试、检验，谁负责”“谁管理，谁担责”的质量管理制度，绝不让不合格产品流入市场，把质量管理问题解决在企业内部。并实行“首席质量官”制度，全面负责企业质量管理，对违反质量管理规定的人和事进行严肃查处，真正做到“纵向到底，横向到边”，不留死角。同时，根据节能、环保的要求，对于公司常规产品不断进行创新设计，改良外观，优化加工工艺，使产品更节能、环保。通过对ZJ泵增加溢流阀，进行优化改造，节能近1/5。公司生产、经营的WLW和ZJ系列产品几经技术、质量、工艺等改造，已是第三代产品，为公司提升产品质量打下了良好的基础。

在诚信经营中，公司始终注重做好售后服务工作，不断提升服务质量。从企业产品上市销售开始，就设立售后服务点，建立销售维修和售后服务一体的服务体系；配备专职维修人员负责售后服务工作;定期走访客户,征求意见,指导客户正确使用设备和维护设备,不断改进产品和服务质量。在售后服务中,公司坚持经济效益和社会效益有机统一,为客户排忧解难。例如,连云港宝城化工厂生产运行中的真空设备突然发生故障,来电求购配件,为不影响客户生产,公司当即安排公司滨海售后服务点人员租车将急需配件送过去,满足了客户需要。过硬的产品质量,良好的售后服务,在客户心目中树立了良好的形象,也赢得了市场。

"合同诺千金,诚信创企业"。在诚信经营中,公司严格按合同履约,并将其作为抓企业信用管理的重要一环。公司专门成立企业信用(合同)领导小组,配备专职合同管理人员,负责合同管理;建立和健全各项合同管理制度,使每份合同从签订到履行的全过程,都能得到有效的跟踪和监控,防范经营信用风险。在日常签订合同时,对每份合同都按照 ISO9001 的"合同评审"办法进行严格评审。对问题合同内容及时修正,从而提高了签订质量,有效预防了不规范、不合理合同的出现。既维护了企业自身利益,又保证了服务质量,赢得了客户的赞誉。20 多年来,没有发生违约、毁约的情况,合同履约率达 100%。

守法用工是企业发展的保障,也是诚信的体现。公司还将企业守法用工作为企业诚信管理的一个重要内容。公司严格遵守《劳动法》《劳动合同》等相关法律法规,强化管理,无无故拖欠、克扣员工工资的情况,劳动合同签订率达 100%。依法参加社会保险,为企业员工办理"五险",保障员工的合法权益;关爱员工,改善员工福利待遇和工作生活环境;对员工生活、工作中遇到的困难及时帮助解决。几年来,公司坚持做到:员工婚嫁,必上门祝贺;员工生病,必上门探访;员工有困难,必尽力帮助。同时,企业发展不忘回馈社会。公司每逢中秋节、春节,拿出近百万元资金,慰问"无保户"、困难户、老年人,资助修筑乡村道路等公益事业。公司被誉为海门市"最受社会尊敬企业""劳动者最具尊严企业"和"劳动关系和谐企业"。

节能环保装备

四川空分设备（集团）有限责任公司

中国电建集团上海能源装备有限公司

湖南凯利特泵业有限公司

重庆水泵厂有限责任公司

大连斯频德环境设备有限公司

四川空分设备（集团）有限责任公司

四川空分设备（集团）有限责任公司（以下简称四川空分集团）位于成都东大门、“天府雄州”简阳市城区，占地面积超过 80 万 m^2，建筑总面积超过 30 万 m^2。公司主要从事大、中、小型空气分离设备，低温液体（液态氧、氮、氩、二氧化碳、乙烯及液化天然气、液氢等）贮槽、槽车及汽化设备，超级绝热气瓶和输液管道，天然气（油田气）液化分离设备，各类透平膨胀机、低温液体泵、中小型活塞压缩机，低温阀门和常温专用阀门，医用集中供氧装置和中心吸引装置，洁净手术室系统，溶解乙炔设备、环保设备等上千个品种、规格的产品设计、制造、销售和安装以及工业气体生产和销售。公司是国家机械行业骨干企业，是具有自主知识产权的高新技术企业，是四川省具有广阔发展前景的大企业集团之一。

一、LNG 冷能空分装置

1. 概况

LNG（液化天然气）是天然气经过净化、液化而成的低温液体（约 −162℃），是一种高效清洁能源。随着我国经济的快速发展，我国对 LNG 的需求量也持续增加。

在 LNG 接收站，为满足天然气管网输送要求，LNG 需要经过高压泵加压并汽化为常温气体后再送入天然气管网。在汽化过程中，LNG 要释放大量冷能，据估算，理论上其释放的冷量为 830kJ/kg。传统的 LNG 接收站采用海水开架式汽化器（ORV）或浸没燃烧式汽化器（SCV）来汽化 LNG，不仅浪费了宝贵的低温冷能，还对附近海域产生热污染。因此，必须合理有效地利用 LNG 的冷能。

LNG 的冷能利用方式很多，主要有冷能空分和冷能发电。四川空分集团在 LNG 冷能空分领域已经走在行业的前列，已经获得了多项专利，LNG 冷能空分专利技术已经在多个项目上得到了工业化应用。同时，四川空分集团对 LNG 冷能发电技术进行了开发，并可实现工业化应用。

2. 技术特点

空分装置特别是液体空分装置需要大量的低温冷能，常规液体空分通常采用空气增压循环或氮气增压循环，再配置两台高温、低温增压透平膨胀机制冷，为空分装置提供所需冷量。因此，常规空分装置的低温环境完全由电力驱动的机械制冷产生，一般其电力成本占到生产成本的 70% 左右，同时还要消耗大量的冷却水。

LNG 冷能空分装置将 LNG 高品质的低温冷能用于空分装置，取消高温、低温膨胀机，与常规电驱机械制冷的空分装置相比，LNG 冷能空分运行耗电降低约 56%，工艺耗水降低 99% 以上，系统能耗显著降低。同时，LNG 冷能空分装置在减排 CO_2 方面也有重要意义，据相关资料显示，一套 600t/d 的液体空分装置，相当于间接减排 CO_2 约 8.5 万 t。

3. 技术水平及应用

四川空分集团与中海油联合取得“利用液化天然气冷能的空气分离方法”和“一种新型利用液化天然气冷能的空分系统”两项发明专利。此外，四川空分集团还取得了“一种高效利用液化天然气冷能的空分系统”一项发明专利。

2015 年 1 月，国内首套采用中海油与四川空分集团联合申请专利的具有自主知识产权的 LNG 冷能空分装

LNG 冷能空分装置

置——中海油宁波LNG冷能空分项目一次开车成功，空分装置生产出的液氧、液氮、液氩产品的产量、纯度及能耗均达到设计要求。该项目的成功运行，标志着中海油和四川空分集团成功地将自主专利技术转化为成熟的工业化产品，打破了发达国家长期的技术封锁，这将为国内LNG冷能的高效利用提供有力的技术支撑。该项目的工艺包和关键设备——空分冷箱、LNG冷箱、乙二醇换热器等均由四川空分集团提供。

2015年6月，唐山LNG冷能空分项目一次开车成功，空分装置生产出的液氧、液氮、液氩产品的产量、纯度及能耗均达到设计要求。

中海油珠海LNG冷能空分项目采用与中海油宁波LNG冷能空分项目相同的专利技术。该项目已完成工艺包设计及关键设备制造，预计于2016年投产。

二、富氧燃烧用新型节能型低纯氧空分装置

1. 概况

富氧燃烧技术是一种用纯氧或富氧气体混合物代替助燃空气，实现化石燃料燃烧利用的技术。该技术不仅便于回收烟气中的CO_2，还能大幅度地减少SO_2和NO_x的排放，实现污染物一体化协同脱除，是一种近零排放的低碳清洁燃煤技术。富氧燃烧具有燃烧效率高、排烟损失小、NO_x排放大幅度降低等优点，与现有电站燃烧方式在技术上具有良好的承接性，是实现CO_2大规模富集和减排的重要研究方向之一。

与常规空气燃烧相比，富氧燃烧增加了空气分离装置，导致系统循环热效率降低约10%，如何针对富氧燃烧技术中富氧的特点降低富氧产生装置的能耗是其节能的一个途径。

为了降低富氧产生装置的能耗，针对与富氧燃烧匹配的空分设备具有氧气量大、纯度相对较低（在95% ~ 98%之间）、压力低、不需要氮及其他稀有气体的特点，四川空分集团开发出了国内首创、具有自主知识产权的新型三塔富氧空分流程，显著降低制氧单耗，较常规双塔流程可降低能耗约10%。

2. 技术特点

新型节能型低纯氧空分采用四川空分集团专利技术“从空气中制取低纯度氧气的深冷法分离装置”（专利号：ZL 201220167420.5），其流程特点主要有：精馏塔采用三塔，比常规空分的两塔多一个辅助下塔；空压机进行空气中抽，并取中压空冷塔和中压吸附器进行预处理；膨胀采用中压空气膨胀；产品气采用自增压；能耗低，相对于常规空分能耗可降低10%左右。

3. 技术水平及应用

2012—2015年，四川空分集团与华中科技大学国家煤炭清洁低碳发电技术研发（试验）中心等单位合作，共同承担国家35MWth富氧燃烧研发和示范项目。其中，四川空分集团负责完成“低成本富氧燃烧用新型空分装置研发及示范”的子课题研发，并获得专利（专利名称：从空气中制取低纯度氧气的深冷法分离装置，专利号：ZL 201220167420.5）。2015年7月，四川空分集团提供35MWth富氧燃烧示范项目的新型节能型低纯氧空分装置一次开车成功，产品产量、纯度、压力均达到设计值，装置运行平稳，为整套示范装置的运行提供了有力的保障。

2014—2016年，四川空分集团与北京神华国华（北京）电力研究院有限公司签订“200MWe富氧燃烧用空分系统研究”项目，针对富氧燃烧用大型化新型低纯氧空分工艺流程、空分装置动态调节特性及安全性等进行研发，技术成果获国内外专家的认可。

中外代表参观应城35MWth试验基地

基于新型节能型低纯氧空分专利技术，四川空分集团顺利签订了国内最大的工业化低纯氧空分装置——广西南国42000m^3/h低纯氧空分装置，进一步提高了四川空分集团在低纯氧空分装置的竞争力。

富氧燃烧作为一项低碳清洁燃煤技术有着良好的发展前景，这将为空分行业提供巨大的市场。四川空分集团在富氧燃烧空分技术上取得的成就，提高了四川空分集团在这一领域的影响力以及在空分行业中的竞争力。

中国电建集团上海能源装备有限公司

中国电建集团上海能源装备有限公司（原上海电力修造总厂有限公司）成立于 1956 年 4 月，是世界 500 强企业中国电力建设集团有限公司的全资子公司，注册资本金 3 亿元。公司长期致力于配套火电、核电站的关键重要辅机装备调速锅炉给水泵组、液力偶合器、高温高压电站阀门和新型焊接材料等的研发、制造，已发展成为集产品研发、设备制造、工程成套和集成服务四大功能为一体的现代能源装备制造企业，是国内颇具规模的电站调速给水泵组生产研发基地。

公司的业务领域涵盖火电、核电站、石油化工、新能源、军工设备、新材料管道、节能改造等国内外市场，在全国大型火电站项目中的市场覆盖率在 2/3 以上。用户遍及国内 32 个省、市、自治区，产品远销土耳其、巴基斯坦、印度、伊朗、斯里兰卡、越南、印度尼西亚、马来西亚、哥伦比亚等 26 个国家，并以优异的品质和优质的服务深受国内外客户的赞誉，公司已成为全球专

业制造高效清洁燃煤电站锅炉调速给水泵最多的厂家和配套最多的供应商。公司在节能改造与新能源市场勇于开拓，积极进行电厂节能改造技术研究及推广，为电厂创造良好经济效益的同时积累了丰富的技术经验。公司还致力于垃圾高温分解技术及光伏光热等可再生能源领域的研究服务与设备制造。公司主要产品先后获得国家质量金奖、新产品发明奖等十几项殊荣，被国家权威部门推荐为电力工程火电机组主要辅机设备的首选产品。

公司现设 11 个职能部门，另设产品开发部、商务部和 4 个（经营、生产型）事业部。现有员工 800 余人，其中，硕士研究生学历员工 46 人、本科学历员工 100 人、大专学历员工 103 人，副高级职称及以上专业技术人员 23 人、中级职称专业技术人员 76 人，高级工及以上技能人员 32 人。公司坚持每年将 3% 的年销售收入作为科研经费，着力打造企业创新科技产业园，通过项目经理制等模式为技术专业人才提供发展平台。

在人才强企的同时，企业大力推进硬件设施的完备。现拥有大中型精密数控加工机床、先进检测设备及各类通用、专用设备 500 多台，引进并应用 UG、ANSYS 等国际先进设计开发软件；建有目前国内先进的大型调速给水泵组、液力偶合器、阀门产品试验台和焊接材料实验室，检测中心取得国家级实验室（CNAS）的资质。公司通过了 ISO9001:2008 质量管理体系认证、ISO14001:2004 环境管理体系认证和 OHSAS18001:2007 职业健康安全管理体系认证，建立了完善的质量管理、安全生产和环境保护体系；获得数十项国家实用新型专利和发明专利。调速给水泵、焊接材料、阀门和滤网等产品通过欧盟安全准入认证（CE 认证）和美国石油学会 API 标准认证。

近年来，公司连续被评为“全国文明单位”“上海市守合同、重信用企业”和“企业合同信用 AAA 级单位”，蝉联“中国工业行业排头兵企业”“泵及真空设备制造行业排头兵”称号，被上海市经济与信息化委员会、上海市国家税务局、上海市财政局等部门认定为“高新技术企业”“上海市企业技术中心”和“上海市实施卓越绩效管理先进企业”。

公司将以领先的技术、诚信的理念、全方位的顾客服务方案、全球性的战略发展视野为客户提供优质的产品和满意的服务，为企业灿烂辉煌的明天、为中国电站装备工业的发展，谱写浓墨重彩的篇章。

湖南凯利特泵业有限公司

湖南凯利特泵业有限公司（简称凯利特泵业）是一家具有 50 多年历史渊源，以可靠、节能及智能化为特色的大型专业性泵业公司。公司的前身可追溯至 1961 年成立的长沙工业泵总厂，是在其改制基础上由原长沙工业泵总厂的核心技术人员与管理骨干组建而成。2010 年 5 月，公司新址落户长株潭腹地——国家级九华经济技术开发区。公司所处的长株潭自主创新示范区荟萃了全国颇富经验的泵行业专家、完整的泵产业链和优秀的行业技术人才。公司九华制造基地占地面积超过 38000m^2，拥有员工 200 余人。当前，公司已成为中国泵行业智慧节能泵领先品牌。

一、科技与创新是企业之源

“致力于推动中国泵业的发展和产品结构调整，为社会提供最节能、最可靠、最智能的泵类产品”是所有凯利特人的共同愿景。多年来，凯利特泵业坚持产学研相结合，用先进科技武装自己。公司长期与清华大学、华中科技大学、中国农业大学、江苏大学、兰州理工大学、中南林业科技大学等国内知名院校合作，共同研发高性能的水力模型，定向培养专业人才。同时，与国际知名的制泵企业建立和保持了良好的合作关系，共同在中国泵业市场进行产品的研发、加工、组装和测试。当前，公司自主研发的新产品效率达到 92% 以上，各项性能指标处于国内领先、国际先进水平。

作为国家高新技术企业，公司每年将销售总额的 8% 用于技术创新和新产品研发，2015 年公司新产品研发投入占销售总额的 8.5% ~ 9%。据相关统计分析，在国内经济萎缩的大环境下，国际泵业市场产值年均增长率为 10%，长沙作为中国的泵城，泵总产值和产量占全国的 1/3 以上，在泵类产品发展日新月异的今天，高新技术和特种泵产品不断投放市场。为迎合市场，在保证泵的可靠性和寿命的前提下，公司将在产品结构、产品档次、智能自控及应用领域方面实现新的突破。

国家出台了一系列扶持外贸出口的政策措施，为我国机电产品出口创造了良好的外部环境。“一带一路”的发展思路、亚投行的成立以及大规模基础设施项目的兴起，为我国机电产品创造出更大的市场机遇。凯利特泵业积极响应并把握当前这一千载难逢的良机，在抓好老产品的提高和发展的同时，加快各类新产品的研发，以更好地提高企业的综合技术水平和管理水平，使企业取得更大的经济效益。在发展国内泵业市场的同时，积极实施“走出国门”和市场多元化战略，加快发展，实现上质量、上水平。

二、人才和装备是强大保障

在凯利特泵业“全心做好泵、信赖到永远”企业使命的感召下，“泵城”长沙的行业内技术、生产、管理人才先后汇聚加盟公司，形成了公司强大的技术及品质保障能力。当前，公司65%的员工具有大专以上学历，其中生产技术人员100余人，形成了具备持续创新力的梯队人才结构。公司先后通过了质量、环境和职业健康安全管理体系“三体系”认证、节能产品认证以及矿用产品安全资格认证等，形成了健全与完善的管理体系网。公司生产装备有立式车床、大型镗床、高精车床、铣床及其他机加工设备数百台（套），具有成熟完备的模具制作、铸造、钣金、焊后处理、热处理、大型机械加工和装配能力，并且建有国内为数不多的最大可测泵入口直径2500mm、功率2800kW的二级精度大型水泵测试中心。当前，公司九华制造基地可实现年产各类型的工业泵5000余台。

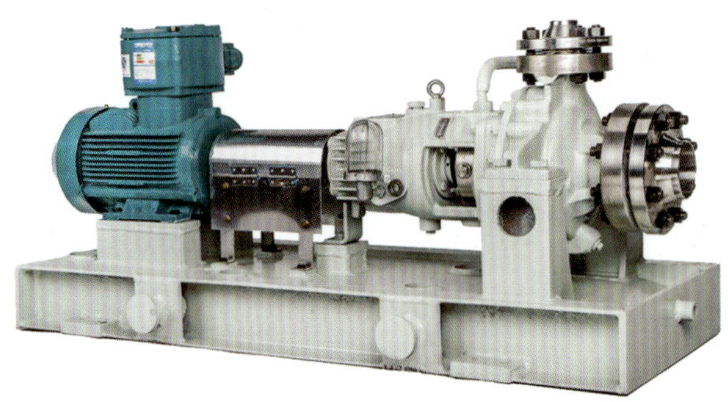

三、节能与可靠是王牌优势

为响应国家节能减排的政策，各行各业正在积极开展和推进各项节能减排工作，也包括量大面广、节能潜力巨大的各类泵的节能改造。凯利特泵业从设计、选型、制造、安装、运行、操作、维护保养等多方面综合考虑，为客户提供全方位的系统解决方案。公司以“持续改进、精益求精”为理念，严格按ISO9001:2008质量管理体系进行生产制造，主导产品共22个系列、1000多种型号，主要有全新研发设计的CPS型高效节能双吸泵系列、HB/HK型立式斜流泵系列、CPLC型立式长轴泵系列、CPLN/N型凝结水泵系列、IS/IR/IY型端吸泵系列、D/DF/DY型多级节段式离心泵系列、D（P）/MD（P）/DF（P）/DY（P）型矿用自平衡多级节段式离心泵系列、DG型中低压锅炉给水泵系列以及KDY/CPE/CPA型石化流程泵系列。

四、智慧与物联，迈入工业4.0

凯利特人始终牢记“凯泽四方、利人达己、特立不凡”的企业文化，面对中国及全球在能源生产与能源消费模式上正在发生的重大变革，面对节能减排的巨大社会责任和发展机遇，面对环境污染及雾霾治理的新需求，以“智慧泵站”为核心理念的智能化产品综合解决方案，应用最新的互联网技术，结合现代高效水泵、节能技术、智能控制，打造现代物联网；与用户单位联合记录运行的各项指标，长期跟踪、监测和记录，打造大数据系统，作为泵研发和性能完善的依据。为客户提供整体解决方案——智能化工业4.0新时代产品，实现无人值守、远程监控及自动报警、智能诊断、智慧节能，帮助客户实现节能环保、降低运营成本、提高管理效率。

五、与客户共赢是永恒追求

始于专业，见于细微。凯利特泵业非常注重服务与技术、服务与业务相结合，打造性能可靠的泵类精品。为更好地满足客户需求和业务拓展需求，实现增值服务，公司在全球范围内建立了广泛的销售、服务网络，自始至终为客户着想，满足客户个性化的需求。公司的产品广泛应用于电力电站、钢铁、矿山冶金、石油化工、市政水务等诸多领域，远销东南亚、中东、拉美、欧洲等40多个国家和地区。

凯利特泵业愿与各界朋友精诚合作，互惠共赢，为打造成为世界一流的工业泵制造商而不懈努力！

重庆水泵厂有限责任公司 CHONGQING PUMP INDUSTRY CO.,LTD.

CME 重庆机电集团

重庆水泵厂有限责任公司(简称重泵公司)创建于1951年，是国内从事叶片泵和容积泵两大门类产品生产的企业，是中国通用机械工业协会泵业分会副理事长单位、行业技术创新排头兵企业以及国家重大装备国产化自主研发骨干企业。

历经60余年的开拓创新，重泵公司创造了国内数个第一。从1955年研制成功国内第一台三重式高压往复泵到历时5年实现百万千瓦压水堆核电站上充泵的国产化，从率先在国内第一套60万kW火电机组应用自主研制的机电仪一体化学加药装置到高压水除磷系统遍布国内90%以上的钢铁企业，重泵公司处处展现出厚重的技术底蕴和实力。

高压除磷系统（钢铁）

重泵公司现有员工1000余人，工厂占地面积13万m^2。公司以打造行业一流研发能力和装备水平进行规划和改造，在对传统加工设备进行全面数字化升级的基础上，通过添置大型五轴联动数控加工中心等高精尖设备，配置高速动平衡机、三坐标测量机、相阵控超声波探伤仪及辉光离子氮化炉等完善的检测和热处理设备，确保产品的加工精度和优良品质。

甲铵泵系统（煤化工）

重泵公司不断强化产品出厂的模拟工业运行试验条件，离心泵B级闭式试验台、计量泵试验台、高压往复泵试验台、高低温试验台、泵成套系统检测试验台以及核泵和军品专用试验台等八大试验装置形成了泵流量达 10000m^3/h、压力达 120MPa、转速达 8000r/min、配套功率达 5000kW 的全性能综合测试能力。

重泵公司拥有民品和军品两大质量体系，具备高压容器设计制造许可证、国家二级安全质量标准化认证等资质，从 2005 年起建立核级泵质保体系，成为国内同时取得民用与军用核二级、核三级离心泵和往复泵认证的企业。公司已成功研发并交付二代及二代加核电上充泵和水压试验泵等核岛关键设备。现正致力于我国第三代核电技术“华龙一号”的新型上充泵等关键泵的研发，其中核二级中压安注泵、硼注入泵已经通过鉴定并取得订单，公司成为持续提升国家关键泵设备国产化和产业化的主力军。

作为重庆市工业泵工程技术研究中心，重泵公司拥有一支涵盖流体机械、机械制造、材料研究、电气、仪表、控制等多学科人才的研发团队。公司从基础技术研究入手，构建产学研合作平台，运用三维水力软件和流场模拟仿真分析等先进设计方法，公司形成了以百余项专利为支撑的自主核心技术，在不断从单一泵产品向系统成套供货及工程总包延伸方面居行业领先地位。

重泵公司设有 30 多个驻外营销机构，营销服务网络遍布全国各地，在长期作为国内主要物资采购网络一级供货配套单位的同时，与众多知名企业建立了密切的合作伙伴关系。公司通过持续拓展自营出口渠道，符合 API 和 ASME 等国际技术规范的产品已销往美洲、欧洲、非洲、中亚和东南亚等海外市场，在与韩国浦项制铁等国际钢铁寡头以泵为主的系统集成项目合作中不断增强海外市场的品牌影响力。

重泵公司以打造民族泵业“百年老店”为目标，坚持高端泵自主创新与泵系统成套集成并重、高端技术向中端批量市场延伸的发展之路，不断提升可持续发展能力，为跻身国际知名泵企业行列，实现“重庆制造 装备中国 世界品牌”的宏伟愿景而努力。

注水泵、原油输送泵（陆地及海洋平台）

核二级上充泵、中压安注泵（核电）

核二级水压试验泵、硼注泵（核电）

液压隔膜泵（长距离管道输送）

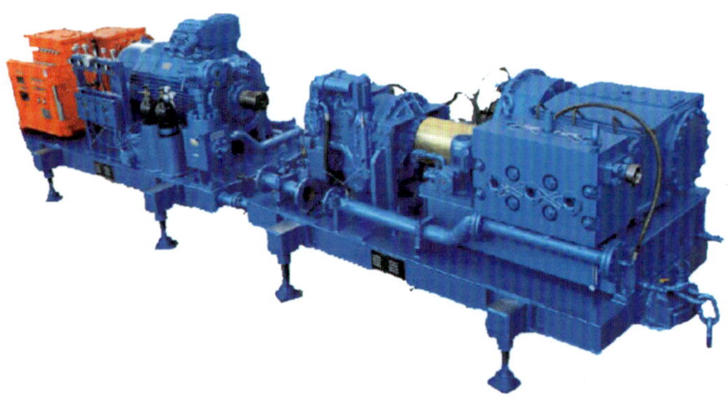

煤层气压裂泵（煤层气开采）

NihonSpindle Leading Eco-Technology

大连斯频德环境设备有限公司

一、企业介绍

大连斯频德环境设备有限公司（原大连斯频德冷却塔有限公司）坐落在美丽的海滨城市大连。公司由日本斯频德制造株式会社和大连冰山集团共同投资兴建，1995 年 12 月成立，1996 年 10 月正式投产，1996 年 12 月 22 日正式开业。公司自 1997 年开始正式销售冷却塔，逐步建立起遍布全国的销售网络，高品质的产品以及快捷的服务体系赢得了客户很高的评价，公司实现了事业的稳步发展。

大连斯频德环境设备有限公司总投资额为 7200 万元，由日本斯频德制造株式会社控股。公司主要从事冷却塔、空气净化设备及相关部件的生产、销售（自产产品）、安装、调试和维修服务。公司拥有现代化的生产设备，选用日本 AMADA 高精度、高效率的钣金设备和数控机床，从日本全套引进填料真空成型机等加工设备，并拥有现代化的冷却塔实验室。公司生产的冷却塔具有高效、节能、体积小、重量轻、运转安静、控制灵敏、外形美观、使用寿命长、水滴损失小、维修方便等特点，可广泛应用于宾馆、饭店、商场、影剧院以及纺织、化工、烟草、钢铁等各个领域。公司在半导体、电子、精密机械、胶片、光学仪器等领域的洁净室洁净工程中的设计、制造、营销等方面拥有 30 多年的经验。公司利用丰富的项目实施经验及优良的业绩，又向精密空调领域进军，当前，精密空调产业已经成为公司的第二大支柱产业。

公司自创立以来，一直坚持严格管理，强化技术创优意识，建立了一整套行之有效的管理体系和制度。公司于 1998 年通过 ISO9002 质量管理体系认证，1999 年通过 ISO14000 环境管理体系认证，2001 年通过 ISO9001:2000 版认证，2010 年通过 ISO9001:2008 质量管理体系认证，获得 GB/T28000 职业健康安全管理体系认证证书。公司先后通过美国冷却塔技术协会 CTI 认证和日本冷却塔协会 JCI 认证。2014 年，公司喜迁新址，大大提升了生产能力，实现了质量过硬与生产能力双赢的局面。同年，大连斯频德冷却塔有限公司正式更名为大连斯频德环境设备有限公司。公司先后与富士康、万达、华润置业、香格里拉、苏宁、中国移动、康师傅、统一、家乐福等企业签订年采合同，赢得了市场的青睐与好评。

二、节能产品介绍

冷却塔广泛应用于工业生产与人们的日常生活中，冷却塔的散热能力受到外界气温的影响，在炎热的夏季，冷却塔的主要散热方式为冷却循环水的蒸发散热。当前比较常用的机械通风式冷却塔就是根据水蒸发的原理设计，电力驱动的风机保证了水和空气接触面的空气速度，塔内的填料增大循环水和空气的接触面积。机械通风式冷却塔日常运行费用主要是来自驱动风机的电力消耗及循环水的蒸发和水滴飞散。

冷却塔的冷却性能由填料的构造、材质以及冷却对象液体和塔内气流分布决定。要使从上而下的水在填料表面停留的时间更长，使空气与水接触的面积更大，填料的表面形状的设计至为关键。填料的侧部形状决定水滴飞散的情况，公司研制的特有填料经过不断改良，正向着最优化发展。

KG 系列冷却塔填料的设计综合考虑这些因素，对比多个方案，利用计算机模拟进行流体解析，然后通过实验测试，确定最优填料形状，使通过填料的空气压力损失大幅减小，流经填料的水流增加，提高了填料的性能，同时使得冷却塔的体积减小。另外，风机采用意大利 IVI 风机，在保证风量的前提下，噪声低，全压效率高，耗电量减小。在冷却性能提高的前提下，降低了压力损失和水滴飞散。与公司上代产品相比，KG 系列冷却塔采用高品质风机，填料的冷却性能提高，占地面积平均减少到原来的 75%；由于填料的压力损失降低，电动机功率平均减少 70%；采用挡水结构与填料一体化的设计，并根据计算机模拟的流体分析结果对挡水结构进行进一步优化，水滴飞散可以减少到 0.005%，是原产品的 1/10。

2015 年 6 月，公司承接的中国移动数据中心项目冷却塔部分，设计冷却能力 4000RT（1RT ≈ 3.5kW），采用 KG 系列冷却塔，占地面积 170m^2，电动机功率 111kW。与原产品相比，占地面积减小到原来的 79%，电动机功率减小到原来的 72%。按照一天运行 24h 计算，每天可节省电力 1032kW·h，节省用水量 43.2m^3。

2015 年 11 月，公司承接的中海油研发产业基地项目冷却塔部分，设计冷却能力 5500RT，采用 KG 系列冷却塔，占地面积 208m^2，电动机功率 185kW。与原产品相比，占地面积减小到原来的 70%，电动机功率减小到原来的 76%。按照一天运行 24h 计算，每天可节省电力 1368kW·h，节省用水量 59.4m^3。

三、典型工程项目

（1）西湖国宾馆

西湖国宾馆是具有悠久的历史和文化传承的建筑群，作为杭州接待外宾的重要场所，选择冷却塔的技术条件极其苛刻，要求冷却塔设备占地面积小，塔体高度限制在 3.3m 以下，10m 外的噪声要求要融入环境噪声内。根据项目特点，公司采用 7 台 UF 系列超静音冷却塔的方案，设备安装在地面基础上，周边用绿植屏蔽，和周边环境融合在一起，完全满足了该项目对冷却塔设备的要求，获得了使用方的赞誉。

（2）浙江金融大厦

该项目地处杭州钱江新城 CBD 核心区域，地理位置优越，商业气息浓郁，是杭州地区最大的金融服务机构，承担着大量的金融数据计算和存储功能。数据机房内设备对温度、湿度和水质都有严格的要求，裙楼屋面可设置冷却塔的面积也比较有限，这就要求所提供的冷却塔设备必须占地面积小、效率高，全年不间断运行。公司为该项目提供 18 台 CCT100 系列闭式冷却塔，全部布置在裙楼屋面，很好地解决了该项目对冷却塔设备的各项要求，达到了项目的设计效果。

（3）中国移动青海数据中心

青海数据中心是中国移动在西部最大、最重要的数据中心，承载着青海全省的信息化平台的建设任务。该项目对机房制冷设备的性能、稳定性及产品的安全性都有较高的要求。公司根据项目的要求，采用 KG 全钢系列冷却塔方案，即满足夏季运行的需要，又满足了冬季使用冷却塔直接供冷的要求。在北方冬季不运行制冷主机的情况下，通过冷却塔直接供冷，在节能和环保方面达到了很好的效果。

（4）上海环球金融中心

上海环球金融中心坐落于上海陆家嘴金融贸易区，是以办公为主，集商贸、宾馆、观光等设施于一体的综合型大厦。大厦在地上共 101 层，高 492m，总建筑面积 38 万 m^2。公司为该项目提供高效 UFH 系列冷却塔，冷却塔设备布置在裙楼屋面，解决了该项目对冷却塔设备的占地面积和设备高度的要求，获得了用户的好评。

公布2015年通用机械行业主要统计数据及通用机械主要产品进出口数据

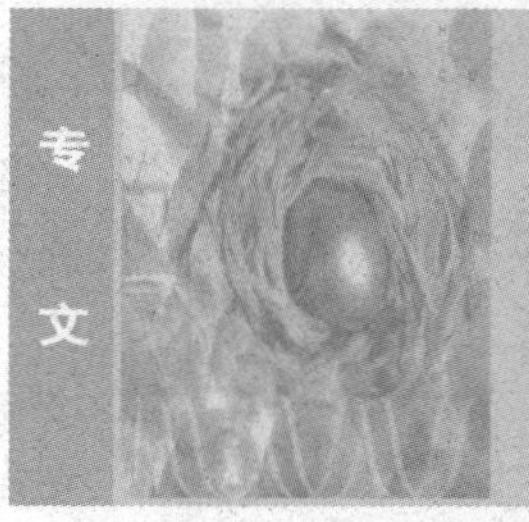

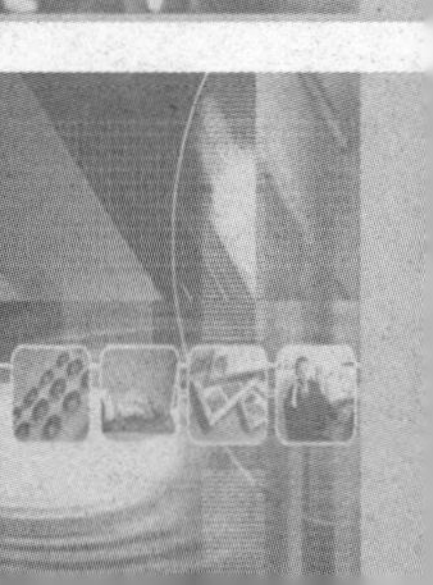

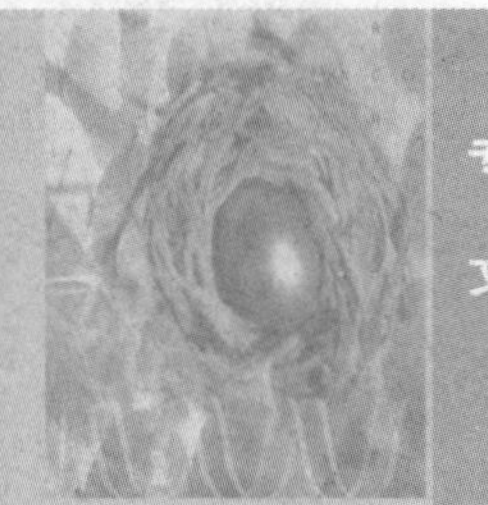

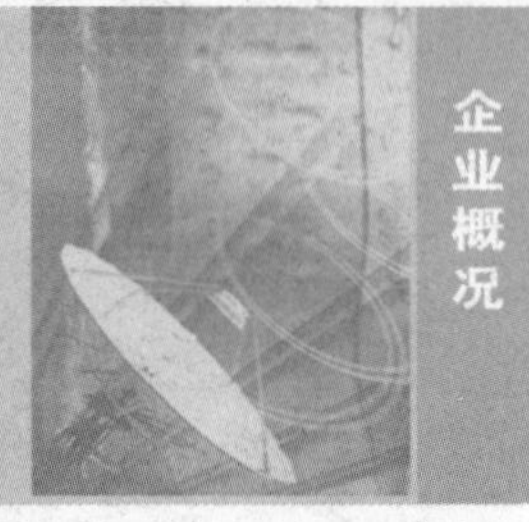

统计资料

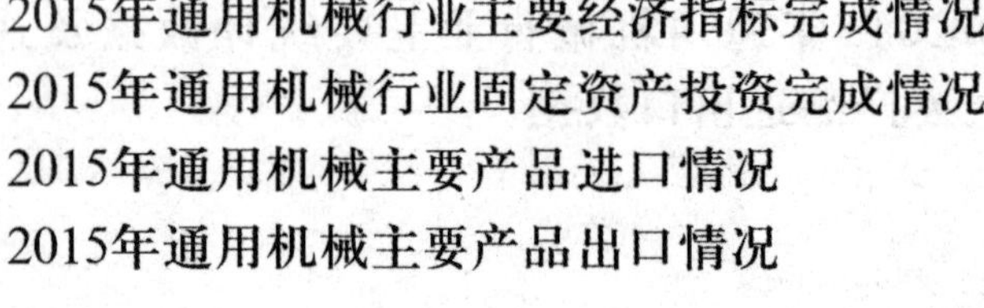

2015年通用机械行业主要经济指标完成情况

行业名称	企业数(家)	亏损企业数		亏损额		流动资产合计		应收账款	
		企业数(家)	同比增长(%)	本年累计(亿元)	同比增长(%)	本年累计(亿元)	同比增长(%)	本年累计(亿元)	同比增长(%)
合计	5 498	601	37.21	51	90.08	5 081	2.79	1 832	5.06
泵及真空设备	1 308	130	21.50	9	47.55	972	6.49	318	3.96
风机	477	53	43.24	5	290.98	668	3.01	254	3.84
压缩机	526	78	50.00	5	-4.19	964	3.92	347	5.00
阀门	1 806	179	49.17	6	16.31	1 189	0.33	438	2.00
气体分离及液化设备	474	57	26.67	4	15.00	498	3.79	188	14.67
其他通用机械	907	104	35.06	21	308.65	790	0.08	288	6.52

行业名称	存货		产成品		资产总计		负债总计		主营业务收入	
	本年累计(亿元)	同比增长(%)	本年累计(亿元)	同比增长(%)	本年累计(亿元)	同比增长(%)	本年累计(亿元)	同比增长(%)	本年累计(亿元)	同比增长(%)
合计	1 166	-1.57	439	-4.33	8 464	5.01	4 052	0.40	9 476	-2.05
泵及真空设备	249	1.13	91	-0.10	1 746	8.89	775	3.06	2 155	0.36
风机	128	-0.92	43	-3.96	1 036	5.37	547	2.94	890	-2.77
压缩机	211	-9.31	95	-20.08	1 582	4.30	793	-1.27	1 903	-8.74
阀门	278	0.20	115	3.85	1 948	2.01	862	-3.66	2 566	-0.47
气体分离及液化设备	99	-1.49	41	-1.93	872	6.17	438	0.44	780	3.28
其他通用机械	200	1.22	54	4.60	1 280	4.44	637	2.37	1 183	-0.93

行业名称	主营业务成本		主营业务税金及附加		销售费用		管理费用		财务费用	
	本年累计(亿元)	同比增长(%)	本年累计(亿元)	同比增长(%)	本年累计(亿元)	同比增长(%)	本年累计(亿元)	同比增长(%)	本年累计(亿元)	同比增长(%)
合计	7 947	-1.76	59	-3.62	314	-1.28	531	1.52	77	-10.52
泵及真空设备	1 762	0.23	14	-8.35	86	2.80	130	3.70	16	-10.83
风机	738	-1.72	6	4.17	31	1.86	58	3.97	7	15.82
压缩机	1 642	-8.06	10	-8.83	53	-13.88	104	-6.02	7	-35.98
阀门	2 145	-0.32	17	-5.59	83	-0.63	126	1.78	23	-9.72
气体分离及液化设备	642	4.28	5	1.75	29	2.20	50	4.52	7	-16.28
其他通用机械	1016	-0.86	8	9.00	32	4.88	63	5.74	17	-0.71

（续）

行业名称	利息支出		利润总额		应交增值税		出口交货值		主营业务利润率(%)	
	本年累计（亿元）	同比增长（%）	本年累计（亿元）	同比增长（%）	本年累计（亿元）	同比增长（%）	本年累计（亿元）	同比增长（%）	本年	上年
合计	73	-1.80	600	-6.81	272	-2.81	965	-5.87	6.33	6.65
泵及真空设备	15	-7.88	150	-1.64	67	6.89	239	-5.93	6.94	7.08
风机	6	15.09	57	-13.79	26	-8.82	61	-0.57	6.39	7.21
压缩机	9	-17.05	115	-4.63	47	-18.37	193	-2.60	6.07	5.81
阀门	21	0.52	172	-5.78	77	2.35	344	-8.58	6.70	7.08
气体分离及液化设备	6	-0.32	57	0.07	24	1.74	70	4.95	7.24	7.48
其他通用机械	16	5.11	49	-24.61	31	-4.04	58	-15.49	4.18	5.49

行业名称	资产负债率(%)		成本费用利润率(%)	
	本年	上年	本年	上年
合计	47.87	50.07	6.76	7.14
泵及真空设备	44.42	46.69	7.50	7.66
风机	52.80	54.05	6.81	7.82
压缩机	50.12	52.95	6.39	6.14
阀门	44.22	46.82	7.23	7.65
气体分离及液化设备	50.24	53.11	7.77	8.07
其他通用机械	49.76	50.77	4.38	5.79

注：表中数据经四舍五入，分项之和与总项略有出入。

2015年通用机械行业固定资产投资完成情况

行业名称	计划总投资		自开始建设累计完成投资		自年初累计完成投资		设备工器具购置投资		本年新增固定资产	
	本年累计（亿元）	同比增长（%）	本年累计（亿元）	同比增长（%）	本年累计（亿元）	同比增长（%）	本年累计（亿元）	同比增长（%）	本年累计（亿元）	同比增长（%）
合计	4 026.77	6.54	3 424.53	16.83	2 566.02	16.94	1 009.14	17.57	2 146.05	23.69
泵及真空设备	785.19	-7.39	657.63	1.76	497.08	0.88	198.25	7.72	403.01	-5.96
风机	343.51	0.05	304.80	9.24	214.27	2.32	87.10	-11.11	206.62	29.04
压缩机	360.32	-8.63	317.39	7.20	219.08	15.66	89.27	9.92	186.47	67.55
阀门	765.92	1.88	668.10	16.08	513.41	21.74	206.91	30.94	422.67	19.37
气体分离及液化设备	299.52	15.93	242.78	17.18	192.64	35.93	77.07	22.45	139.50	15.23
其他通用机械	1 472.30	24.37	1 233.83	33.07	929.54	25.74	350.53	27.89	787.76	40.71

（续）

行业名称	本年实际到位资金合计		1. 上年末结余资金		2. 本年实际到位资金小计		(1)国家预算资金		(2)国内贷款	
	本年累计（亿元）	同比增长（%）	本年累计（亿元）	同比增长（%）	本年累计（亿元）	同比增长（%）	本年累计（亿元）	同比增长（%）	本年累计（亿元）	同比增长（%）
合计	2 602.68	14.85	39.79	-32.27	2 562.89	16.10	8.93	171.97	185.46	7.68
泵及真空设备	504.29	-3.78	12.01	-32.41	492.28	-2.78	1.79	910.23	34.52	-29.53
风机	218.97	0.81	1.10	-77.58	217.87	2.61	0.01		18.17	26.17
压缩机	236.56	19.55	2.86	-78.37	233.70	26.56			13.36	-35.00
阀门	519.09	21.11	6.66	-31.26	512.43	22.32	2.83	1.29	32.28	80.60
气体分离及液化设备	190.12	25.38	2.11	60.14	188.01	25.07	0.01		22.77	86.98
其他通用机械	933.66	25.03	15.05	26.90	918.61	25.00	4.29	1 296.61	64.36	10.50

行业名称	(3)利用外资		其中:外商直接投资		(4)自筹资金		(5)其他资金来源	
	本年累计（亿元）	同比增长（%）	本年累计（亿元）	同比增长（%）	本年累计（亿元）	同比增长（%）	本年累计（亿元）	同比增长（%）
合计	22.30	-47.89	11.95	38.54	2 314.84	18.11	31.36	7.12
泵及真空设备	3.69	-32.31	3.37	48.41	448.27	1.96	4.02	-66.70
风机	0.15	-57.63			197.35	0.79	2.19	24.00
压缩机	1.01	-74.52	1.01	-60.39	217.29	36.54	2.05	99.85
阀门	5.22	-50.34	2.25	102.43	461.47	20.57	10.63	113.00
气体分离及液化设备	2.99	-73.85	2.75		160.37	27.35	1.87	140.02
其他通用机械	9.25	-16.76	2.58	-4.77	830.10	26.43	10.60	22.73

注:表中数据经四舍五入,分项之和与总项略有出入。

2015 年通用机械主要产品进口情况

税号	产品名称	进口量单位	进口量	进口金额（万美元）
84131100	分装燃料或润滑油的计量泵,加油站或车库用	台	5 030	370.10
84131900	其他装有或可装计量装置的液体泵	台	1 763 141	15 745.94
84135010	气动往复式排液泵	台	279 009	6 816.31
84135020	电动往复式排液泵	台	9 470 779	32 045.31
84135031	液压往复式柱塞泵	台	478 130	21 776.37
84135039	其他液压往复式排液泵	台	633 117	9 744.32
84135090	未列名往复式排液泵	台	1 159 571	5 940.78

（续）

税号	产品名称	进口量单位	进口量	进口金额（万美元）
84136021	电动回转式齿轮泵	台	2 119 822	22 487.21
84136022	液压回转式齿轮泵	台	219 509	4 992.11
84136029	其他回转式齿轮泵	台	1 496 098	10 468.23
84136031	电动回转式叶片泵	台	831 815	4 106.38
84136032	液压回转式叶片泵	台	312 708	3 159.98
84136039	其他回转式叶片泵	台	633 549	5 959.32
84136040	回转式螺杆泵	台	30 963	5 999.95
84136050	回转式径向柱塞泵	台	9 462	723.52
84136060	回转式轴向柱塞泵	台	76 173	9 744.81
84136090	其他回转式排液泵	台	1 361 798	7 524.61
84137010	转速在10 000r/min及以上的离心泵	台	1 095 574	2 035.03
84137091	转速在10 000r/min以下的离心式电动潜油泵及潜水电泵	台	64 013	7 482.14
84137099	转速在10 000r/min以下的其他离心泵	台	2 927 908	64 975.02
84138100	未列名液体泵	台	4 097 508	26 386.79
84138200	液体提升机	台	8 697	1 631.84
84139100	液体泵零件	kg	21 899 916	57 010.20
84139200	液体提升机零件	kg	27 043	76.05
84141000	真空泵	台	2 262 958	58 991.79
84142000	手动或脚踏式空气泵	台	1 667 122	575.48
84145930	离心通风机	台	2 873 451	18 415.41
84145990	未列名风机、风扇	台	153 134 057	75 903.49
84148020	二氧化碳压缩机	台	6 120	2 208.80
84148040	空气及其他气体压缩机	台	90 526	35 466.51
84148090	其他空气泵，通风罩、循环气罩	台	18 270 667	55 857.76
84193100	农产品干燥器	台	399	1 033.23
84193200	木材、纸浆、纸或纸板干燥器	台	128	4 139.18
84193910	微空气流动陶瓷坯件干燥器	台	9	462.71
84193990	未列名干燥器	台	62 386	24 746.53
84196011	制氧量≥15 000m^3/h及以上的制氧机	台	3	255.99
84196019	其他制氧机	台	11 330	583.41
84196090	未列名液化空气或其他气体的机器	台	92	2273.77
84211920	固液分离机	台	4 046	10 837.98
84211990	其他未列名离心机，包括离心干燥机	台	43 492	23 880.56
84212910	压滤机	个	366	3 215.53
84811000	减压阀	套	32 664 248	33 127.94

（续）

税号	产品名称	进口量单位	进口量	进口金额（万美元）
84812010	油压传动阀	套	72 704 630	72 790.02
84812020	气压传动阀	套	13 294 195	39 744.36
84813000	止回阀	套	278 143 023	34 617.59
84814000	安全阀或溢流阀	套	84 539 639	35 657.95
84819010	阀门零件	kg	29 832 105	105 229.50
84834020	行星齿轮减速器	个	631 448	20 484.60

2015 年通用机械主要产品出口情况

税号	产品名称	出口量单位	出口量	出口金额（万美元）
84131100	分装燃料或润滑油的计量泵,加油站或车库用	台	198 906	7 852.67
84131900	其他装有或可装计量装置的液体泵	台	1 046 068	8 212.95
84135010	气动往复式排液泵	台	981 349	6 219.22
84135020	电动往复式排液泵	台	17 686 105	15 932.56
84135031	液压往复式柱塞泵	台	990 933	7 257.56
84135039	其他液压往复式排液泵	台	1 438 671	4 061.15
84135090	未列名往复式排液泵	台	2 439 372	9 862.23
84136021	电动回转式齿轮泵	台	1 206 896	2 172.38
84136022	液压回转式齿轮泵	台	453 867	3 984.06
84136029	其他回转式齿轮泵	台	464 230	3 077.45
84136031	电动回转式叶片泵	台	17 673 506	13 087.87
84136032	液压回转式叶片泵	台	527 702	1 980.97
84136039	其他回转式叶片泵	台	1 967 689	3 847.64
84136040	回转式螺杆泵	台	159 893	3 373.72
84136050	回转式径向柱塞泵	台	13 474	354.89
84136060	回转式轴向柱塞泵	台	1 778 770	7 179.98
84136090	其他回转式排液泵	台	19 722 572	53 505.83
84137010	转速在 10 000r/min 及以上的离心泵	台	7 328 091	3 074.68
84137091	转速在 10 000r/min 以下的离心式电动潜油泵及潜水电泵	台	28 040 395	66 849.13
84137099	转速在 10 000r/min 以下的其他离心泵	台	40 267 566	139 941.25
84138100	未列名液体泵	台	23 801 455	30 563.03

（续）

税号	产品名称	出口量单位	出口量	出口金额（万美元）
84138200	液体提升机	台	7 797	135.21
84139100	液体泵零件	kg	233 375 193	147 285.75
84139200	液体提升机零件	kg	1 033 477	1 562.94
84141000	真空泵	台	5 017 982	20 710.75
84142000	手动或脚踏式空气泵	台	135 716 143	25 760.66
84145930	离心通风机	台	21 424 814	37 519.94
84145990	未列名风机、风扇	台	343 391 401	135 704.63
84148020	二氧化碳压缩机	台	629 334	6 205.83
84148040	空气及其他气体压缩机	台	3 095 085	47 566.52
84148090	其他空气泵，通风罩、循环气罩	台	83 450 750	143 623.45
84193100	农产品干燥器	台	1 063	2 237.71
84193200	木材、纸浆、纸或纸板干燥器	台	2 499	7 799.29
84193910	微空气流动陶瓷坯件干燥器	台	20	140.77
84193990	未列名干燥器	台	1 134 618	30 944.79
84196011	制氧量≥15 000m^3/h 及以上的制氧机	台	1 111	10 409.77
84196019	其他制氧机	台	9 747	7 067.04
84196090	未列名液化空气或其他气体的机器	台	1 696	45 445.79
84211920	固液分离机	台	28 364	8 583.90
84211990	其他未列名离心机，包括离心干燥机	台	1 078 447	10 567.94
84212910	压滤机	个	3 246	6 469.53
84811000	减压阀	套	51 209 196	23 830.09
84812010	油压传动阀	套	6 833 627	7 314.61
84812020	气压传动阀	套	11 629 623	14 566.61
84813000	止回阀	套	1 928 817 921	40 207.18
84814000	安全阀或溢流阀	套	30 673 287	15 090.23
84819010	阀门零件	kg	315 792 407	217 110.52
84834020	行星齿轮减速器	个	9 122 490	16 175.01

产品与项目

公布行业获奖项目及名牌产品，推荐行业企业新产品、节能产品

综述

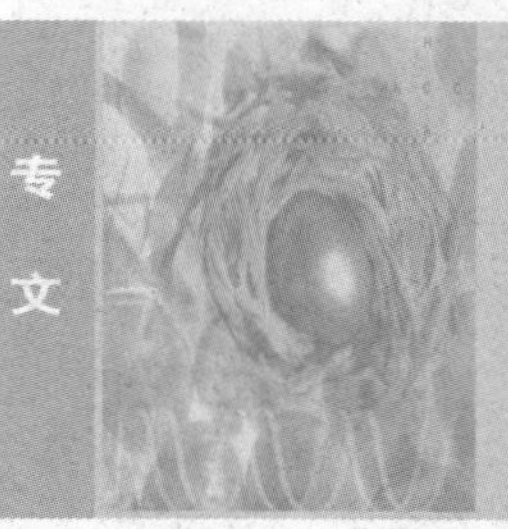

专文

行业概况

企业概况

统计资料

产品与项目

大事记

附录

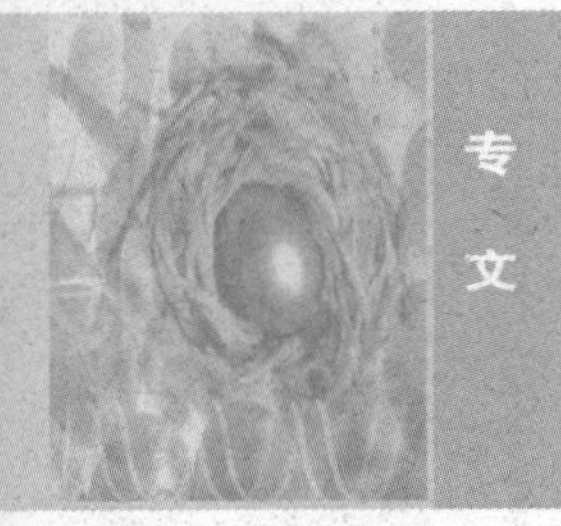

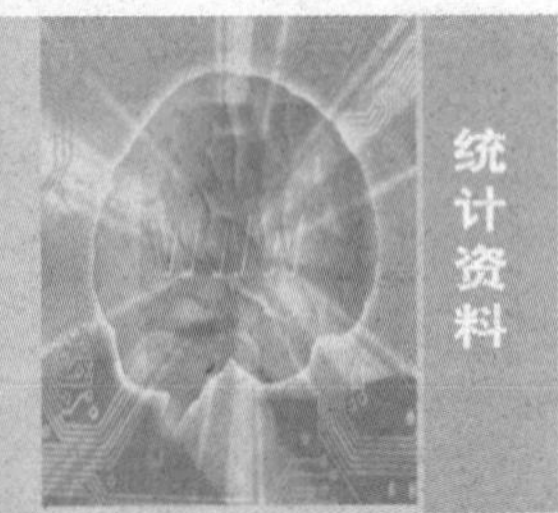

产品与项目

2015年通用机械行业“中国机械工业科学技术奖”获奖项目简介

一、20MW级变频电驱压缩机组研制及工业性应用

该项目荣获特等奖，完成单位：沈阳鼓风机集团股份有限公司、沈阳透平机械股份有限公司、上海电气集团上海电机厂有限公司、哈尔滨电气动力装备有限公司、上海广电电气（集团）股份有限公司、荣信电力电子股份有限公司。

长期以来，天然气管道输送的核心设备“管道压缩机组”一直为少数国外大公司所垄断，为保障国家经济和能源安全，国家将长输管道成套设备研制列入科技发展规划，并作为我国急需突破的重大装备之一。国家能源局于2009年4月17日在沈阳召开天然气长输管道关键设备国产化工作会议，确定以西气东输二线工程为依托，沈阳鼓风机集团股份有限公司作为总成套单位，积聚电机、变频器等行业优势企业，共同开展天然气长输管道站场关键设备“20MW级高速直联变频电驱压缩机组”的研制工作。

沈鼓集团先后设立几十项科研课题，自主开发与产学研合作相结合，历时5年攻克了20MW级高速直联变频电驱压缩机组成套技术，研发具有自主知识产权的国内首台20MW级变频电驱压缩机组，并获得成功应用。自主研发的新技术包括：

（1）开发了管道压缩机组专用高效模型级，形成效率高、运行区域宽的系列型谱，对进、出气室进行了结构优化，并采用自主开发的压缩机组气动设计软件进行气动方案优化，确保机组在变工况条件下输气的高效性和稳定性。

（2）采用转子稳定性计算软件和通用结构分析软件进行安全可靠性校核，确保了机组可靠性、运转高效性和技术先进性。

（3）采用多机群控与备机联控的全自动化控制技术，实现机组全自动加载、卸载、起停、优化节能联机运行和自动负荷分配控制。

（4）采用20MW级超高速（4 800r/min）变频调速同步电动机直联驱动压缩机的成套技术，提高了机组运行效率，实现了电动机的无刷励磁变频同步起动及运行。

（5）采用磁链定向和扩展卡尔曼滤波算法（EKF）的无刷励磁同步机无速度传感器矢量控制技术，成功开发了基于IGBT/IEGT的25MV·A串联多电平电压源型变频调速装置。

（6）开发了可模拟工况条件下的高可靠性压缩机组全负荷全系统全速综合联调试验技术和试验平台，国际上首次开展20MW级压缩机组+电动机+变频器带负荷工厂联机试验，验证了机组的稳定性和可靠性，搭建国内联机带负荷系统测试平台。

近三年，累计为西二线、西三线西段、上海支干线、轮吐支干线、榆济管线、涪陵－王场管线、中贵线等天然气输送工程研制了37台（套）变频电驱压缩机组，为企业新增销售收入近15亿元，新增利税3.5亿元，为国家节约设备投资约6亿元。

该成果先后获得专利27项，其中，授权发明专利3项、实用新型专利20项。

预计未来5年，我国在西三线中段、川气东送、新粤浙管线、陕京四线、中俄管线等天然气输送工程中需要电驱压缩机组超过200台（套），市场前景广阔。

二、螺杆动力系统精细设计、精密制造技术及专用装备研究

该项目荣获一等奖，完成单位：沈阳工业大学、天津泵业机械集团有限公司、沈阳工大科技开发有限公司。

螺杆马达、螺杆泵等螺旋机械装备是石油、军

工、环保、化工等多个工业领域的重要装备，且对其性能、寿命要求越来越高，需求量也越来越大。螺杆马达（泵）的核心部件是具有复杂螺旋形面的转子和定子共轭啮合副，它们的成形机理复杂、表面精度高、制造技术难度大。参研单位在国家自然科学基金及省、市 14 项攻关项目的支持下，结合国家此项技术需求，通过产学研结合，针对螺杆马达（泵）进行了从理论到应用的精细、精密研究，取得了如下创新成果：

（1）构建了螺旋定转子啮合廓形的数值表达形式，从数学上证明并应用了非摆线等距线廓形曲线，消除了橡胶定子廓形变异的影响，发明了“三步偏差设计方法”。

（2）揭示了圆环形盘铣刀铣削和砂带抛光工件螺旋曲面的空间包络规律，设计了周向铣削和砂带抛光包络加工新方法，发明了“盘铣刀高效包络铣削螺旋曲面的新型工艺方法”和“双砂带高效精密抛光曲面新型工艺方法”，解决了螺旋曲面加工中加工效率和精度等方面的关键技术难题，实现了全行业的技术推广。

（3）提出了盘铣刀螺旋进给铣削内螺旋曲面的刀具啮合理论，发明了“轴向定尺寸盘铣刀非典型成形铣削内螺旋曲面制造技术”，实现了螺杆马达金属定子内螺旋曲面的切削加工，解决了国内技术发展的急需。

（4）揭示了橡胶在不同腐蚀性介质中的磨损失效机理，设计了橡胶分子链和结构网络，通过橡胶配方、橡胶表面改性和橡胶共混技术，提升了不同介质橡胶长寿命的指标。

（5）攻克了螺旋曲面廓形误差在机检测、分析与误差补偿技术难题，实现了由误差反馈补偿方法来提高超细长螺旋工件廓形制造精度的技术创新，开发了螺旋曲面廓形精度激光测量分析系统。

（6）设计制造了 7 个系列、22 种规格的成套螺旋曲面专用数控制造机床。

该成果研究了螺旋啮合副的数学描述理论和定子橡胶材料的长寿命机理，创新研究了定转子的数控铣削和精密抛光制造技术，集成研究了多系列专用数控机床，形成了具有自主知识产权的螺旋曲面成套设计制造技术，多项技术指标达到国际先进和领先水平。该成果已推广到德国、美国、俄罗斯、印度等螺旋机械制造行业企业，在国内螺杆马达（泵）行业建立了新型制造技术体系，切实推动了我国螺旋机械装备行业的技术跨越，取得了显著的经济和社会效益。

该成套技术成果中的核心技术通过了辽宁省科技厅主持的成果鉴定，结论为全部填补国内空白，其中，3 项达到国际领先水平、2 项达到国际先进水平，获得国家发明专利 16 项、软件著作权 3 项、外观专利 1 项、实用新型专利 24 项。

三、主蒸汽安全阀

该项目荣获二等奖，完成单位：上海阀门厂有限公司。

主蒸汽安全阀为上海阀门厂有限公司自主研发项目，总体采取弹簧全启式、双调节圈结构，且设置背压调节机构；阀瓣采用弹性结构设计；按介质要求主体材料选用 WCB 碳钢铸件。在设计方面，主要关键承压件按照 ASME 规范进行了选材以及应力分析、抗震分析、瞬态工况温度场分布和热应力分析计算。这些研究工作均属国内首次对核一级、核二级安全阀进行的技术层面的深入研究。该产品的研发旨在通过模拟件设计制造、试验，建立健全安全阀设计制造质量体系，解决国内核电机组对该产品的配套需求，逐步实现产品国产化。

“关键核级阀门研制及产业化”项目被上海市经委列为“2009 年度上海市高新技术产业化重点项目”并于 2013 年 8 月通过验收。以该项目样机作为模拟件向相关部门申请了核承压设备设计、制造许可证，并已获得证书。

该项目产品是国内首次研制，上海阀门厂有限公司是国内阀门行业首次取得核一级安全阀设计、制造许可证的企业，技术水平达到国内领先水平，填补了国内空白。获得发明专利 1 项“阀门阀瓣开启高度检测仪的过渡接头”（专利号：ZL201010588140.7）、实用新型专利 1 项“测量阀门阀瓣开启高度的仪器固定支架”（专利号：

ZL201220310015.4)。

四、化工用氨大型压缩机及制冷机机组

该项目荣获二等奖,完成单位:重庆通用工业(集团)有限责任公司。

煤多、少油、缺气是我国资源开采与利用面临的一大难题。随着近30年经济的高速发展,对能源的依赖程度愈来愈严重。而现代煤化工的普及与推广可有效地解决传统煤化工带来的环境污染与生态破坏,确保经济的可持续发展。作为煤化工流程的重要装备,该项目产品先后曾列入2006年重庆市技术创新280项重点实施项目、2014年重庆市产业技术研究与开发资金补助项目。

项目产品经安徽昊源、中煤鄂尔多斯、新疆庆华等国内大型能源企业投入生产运行验证,性能先进,可靠性强,自动化程度高,满足了煤化工流程需要,可完全替代同类进口产品。现产品已通过重庆市经信委主持的新产品鉴定。

该产品采用高效气动性能的三元流叶轮,效率高、调节范围广;干气密封的使用,大幅减少了转动与静止件的摩擦,运行周期更长,维护费用更低;叶轮与主轴采用无键连接,提高了转子组的动平衡精度和可靠性,机组运行平稳;电气和仪表控制系统的检测和保护功能完备,自动化程度高,可满足流程工业的长期和持续负荷运行要求。

产品符合API 617等国际标准,整体性能国内领先,部分技术指标达到和超过同期国际先进水平。性价比高,可替代同类进口产品。

五、6K-375MG大型迷宫压缩机

该项目荣获二等奖,完成单位:沈阳远大压缩机股份有限公司。

大型无油迷宫压缩机是石油化工行业天然气以及其他烃类介质工艺流程装置的关键配套设备。

由于迷宫压缩机具有对介质的适应能力强、机械磨损小、易损件少、对压缩介质无污染、密封性极高、耐高温、耐低温、无需注油以及不需要备机等优点,深受石油、化工、天然气等气体工业用户的青睐。但这种大型迷宫机的设计、制造在2010年前国内仍属空白。世界上只有瑞士布克哈德公司及日本JSW公司具有设计制造大型迷宫压缩机的能力。

该项目旨在满足天然气液化项目中重要关键设备的研制与生产任务,同时对大型迷宫压缩机开展攻关试验研究,着重对大型机身、曲轴、气缸等零件强度、密封性能进行研究。并在压缩机的结构、材料、工艺和检验方法等方面开展技术攻关,研制出高性能、高质量、低能耗、使用寿命长并具有自主知识产权的国产化大型压缩机设备。

在国内压缩机制造企业中,沈阳远大压缩机股份有限公司始终立足于自行开发和自主知识产权,并跟踪世界压缩机发展前沿,经过多年的摸索、实践及不断改进、提高和创新,通过多次技术攻关,使迷宫压缩机的整机性能指标、可靠性、自动监控、易损件使用寿命有了显著提高,其中部分产品达到国外同类产品先进水平并形成了完整的产品系列。

该项目研制成功,不仅满足了LNG装置工艺流程的需要,填补了国内空白,实现了国产化,也使我国大型设备的制造水平跻身于世界先进国家行列。同时可为国内现有装置的原进口迷宫压缩机技术改造提供可靠依据。

大型迷宫压缩机的研制成功,有力地抑制了进口设备的价格,而且对实现国内重大装备技术的国产化、替代进口产品、满足国家经济建设的需要及促进装备制造业的技术进步和企业技术发展均具有重大意义。

六、6万m^3/h空分装置用压缩机组

该项目荣获二等奖,完成单位:西安陕鼓动力股份有限公司。

随着我国冶金、石化、煤化工行业的快速发展,对空分设备的市场需求日益增加,装置规模日趋大型化,在市场需求拉动下,国内外空分设备制造商纷纷加大了空分市场的开发力度。

西安陕鼓动力股份有限公司研发的6万m^3/h空分装置用压缩机组,空压机采用轴向进气,进口处设置进口导叶调节装置以实现工况调节。其转子由四级三元流叶轮构成,并且前三级叶轮每级后均布置两套气体冷却器管束,气体从叶轮出口直接

通过冷却器进行冷却后再进入下一级压缩。冷却器管束置于机壳内，气体流程短，压力损失小，噪声低。冷却器检修时只需垂直向上抽出，机组占地面积大大减小。增压机采用整体齿轮式压缩机，单级流量、转速能达到最佳匹配，压缩机各级进口均可以安装进口导叶调节，工况范围宽且在高效区域运行，叶轮、蜗壳集装在多轴齿轮箱上，结构紧凑。该项目技术特点：

(1)该6万 m^3/h 空分装置用空压机和增压机属于国内首台首套，填补国内大型空分装置透平设备的空白。

(2)空压机采用当前国际领先的等温型内置冷却器结构，能有效降低级进气温度，提高整机效率，节能环保，内置冷却器可降低压缩机内部的噪声。

(3)空压机采用焊接结构，内置冷却器，空压机机壳轴承跨距较大，转子动力学及转子可靠性分析技术先进。

(4)空压机采用喷水清洗系统，保证叶轮与流道部分的洁净度，提高机组效率，延长使用寿命。

(5)增压机各级叶轮流量系数、能量头系数与转速、直径能达到最佳匹配，保证各级叶轮的效率最优，同时，多轴结构可以使每级叶轮实现轴向进气，叶轮轮毂比小，降低了气体的进口马赫数，从而降低流动损失。

(6)不同运转状态下多轴系的横向振动分析和扭转振动分析，转子动力学及转子可靠性分析技术先进。

(7)压缩机叶轮与齿轮轴采用端面齿连接，连接牢固且易于拆装、反复拆装的对中性良好。

(8)增压机各级进口均可以安装导叶调节机构，可以根据用户工况变化，改变进口气流与叶轮旋转方向的角度，使压缩机始终处于高效区域运行。

(9)机组通过配置 CSI 硬件和软件，进一步完善旋转机械远程在线监测及故障诊断技术，拓宽了服务领域。

西安陕鼓动力股份有限公司提供的空分压缩机组主要用于2万~6万 m^3/h 空分装置。叶轮全部采用三元流技术和多次中间冷却，具有效率高、节能的特点，整机效率提高3%~8%。以6万 m^3/h 空分机组 EIZ140-4 空压机为例，效率按提高5%计算，轴功率为24 633kW，一年节约费用539.5万元。经济效益、用户效益都十分显著，符合国家技术进步、产业升级、低碳环保的发展要求。

七、高扬程无过载潜水排污泵关键技术研究与工程应用

该项目荣获二等奖，完成单位：江苏大学、蓝深集团股份有限公司。

潜水排污泵是固液两相流输送的关键设备，广泛应用于市政、环保、矿山、冶金以及城市排污等国民经济的各个领域。我国原有的排污泵普遍存在易堵塞、易过载、效率低、扬程低等不足，长期以来这些难题未能得到有效解决，严重制约了社会需求和行业发展。该项目依托国家重点工程，在国家“863”计划等项目的资助下，对高扬程无过载潜水排污泵进行了系统、深入的研究和推广应用，解决了行业的技术难题，填补了国内外空白。

该项目主要内容：

(1)发明了具有超厚叶片的无过载排污泵叶轮，研制成功了比转速为45、60、75的三种典型高扬程无过载潜水排污泵水力模型，效率指标比国家标准高10%左右，通过最大固体颗粒直径达到40mm。突破了排污泵“高效率、无堵塞、无过载”不能统一的技术难题。

(2)提出了全新的超厚叶轮进出口面积比设计方法，突破传统离心叶轮的限制，获得了低比转速排污泵陡降的流量-扬程曲线和平坦的流量-功率曲线，且在全扬程范围内轴功率具有最大值，解决了排污泵无过载的技术难题，机组成本降低15%~20%。

(3)研究了抗缠绕、防堵塞的涡旋前伸叶轮结构，并创新设置切割槽，达到剪切污物的目的；创新设计了带排出槽的污水泵叶轮间隙调整机构，提高了低比转速半开式叶轮的水力效率。

(4)创新了适应重大工程的潜水泵高可靠性设计技术，掌握了大型潜水泵关键技术，解决了潜水泵水下长期安全运行的难题。降低了泵内部压力脉动和振动,研究成果已在三峡工程等重点工程中广泛应用。

(5)研究开发了60余种规格的高扬程无过载潜水排污泵系列产品,拓展开发了大型潜水电泵和隔爆型矿用潜水电泵,全面覆盖了我国潜水排污泵的应用范围,综合性能指标达到国际先进水平。

该项目出版著作2部,制定国家和行业标准3部;获授权发明专利5项、实用新型专利6项、软件著作权1项。依托该项目建成了国内泵行业首个国家博士后科研工作站、江苏省企业院士工作站、江苏省潜水电泵工程技术研究中心等科研平台。

该项目研究成果已全面实现产业化。开发的系列高扬程无过载潜水排污泵已广泛应用于三峡工程、南水北调中线一期工程等重点工程。据近三年销售统计,新增产值4.425亿元,利润4 587万元,税收2 862万元,节支总额2 354万元,新增150余人就业,取得了巨大的经济和社会效益,为我国环保和节能减排事业作出了积极的贡献。

八、0.6m跨声速、连续式循环风洞用轴流压缩机组制造技术研究

该项目荣获二等奖,完成单位:西安陕鼓动力股份有限公司。

轴流压缩机作为一种鼓风设备,主要用在冶金、石油及化工、电站、制药、风动试验等行业。此项目所制作的大型轴流压缩机,用于我国空气动力与发展中心0.6m跨声速、闭式、循环风洞。主压缩机组(AV90-3轴流)整个机组分为4段,结构为轴向进气和轴向排气,两端电机共同驱动,是陕鼓第一次独立设计的特大型气动试验台位用轴流机组。由于该压缩机进、排气室均为焊接结构,导流栅结构属陕鼓首创,整个轴流压缩机采用很多全新结构,对其进行加工工艺研究,并完成整机的装配、机械运转具有历史意义。同时为开发特大型气动试验台位、特大型轴流压缩机组工艺技术储备基础条件。

压缩机制造精度很大程度上取决于工艺过程,而制造精度对压缩机组的密封、漏气、转子动力学、气动性能有很大的影响。“0.6m跨声速、连续循环风洞用压缩机组”是国内工程上第一套跨声速风洞用压缩机组,其难度远大于常规产品。鉴于该产品的特殊结构,主要从焊接、加工及装配工艺等方面进行研究,解决了大型进/排气室焊接、轴承箱夹层的焊接、导流栅焊接过程中的变形及错边控制等难点;对焊接变形控制、焊后消应力、消应力后的变形等过程进行研究;确定在狭小空间内合理焊接顺序及方案。对大型焊接件在加工过程中的变形、变形的控制、消应力及加工方式的选取等过程进行研究;防止焊接进/排气室、导流栅叶片、调节缸等变形,提高轴承箱的加工质量,防止漏油;保证高精度和零部件稳定性;大型焊接进/排气室水压试验研究。保证整个压缩机高精度装配,包括轴流压缩机第一次侧齿密封的装配精度控制,特殊结构密封套的安装,保证两侧轴承同轴度,保证整个轴流压缩机中分面间隙等。通过各方面的工艺研究及实验,总结经验,优化工艺并指导实际生产。

压缩机是连续式风洞的关键设备,国内将建设0.6m、1.2m、2.4m、4.8m连续式跨声速风洞,以及连续式超声速风洞,预计压缩机组市场价值在50亿~100亿元。“1#气动试验台位压缩机组”的研制成功,推进陕鼓轴流压缩机技术进步,同时促进该“0.6m跨声速、连续循环风洞用压缩机组”顺利生产,并填补国内空白,对于国内大型风洞的建设具有重要意义。

九、大型核电火电站汽轮发电机组智能化再热双阀组

该项目荣获三等奖,完成单位:江南阀门有限公司。

大型核电火电站汽轮发电机组智能化再热双阀组是安装在隔湿/再热器和LP汽轮机之间的交叉管路上,相当于由两个相同的核蝶阀门串联安装的设备,一个作为开关操作,另外一台作为调节使用,一组百万级蒸汽汽轮机需要4台这样的核电阀门并列安装而成。该阀主要安全功能:当汽轮机跳闸时,关闭蒸汽管路,防止分离再热器和相关管路中大量蒸汽聚集引起的膨胀,以防止LP汽轮机超速运转的危险;第二是开启阀门及其蒸汽流通来防止蒸汽分离再热器的压力过高。其技术关键:第一是不能卡涩,确保阀门在各类工况下保持动作灵活;第二是快速动作。在对双阀组控制系统方面,要确保有足够的力使阀门关闭,同时采用双冗余控制系统和冗余直线位移传感器实现执行机构的准确定位和关键数据的监视和记录,提高阀门运行的安全性和智能化,确保阀门控制元件的优选满足快速动作的需求。

该项目主要技术创新点:

(1)国内首创两阀直接焊成一体成为国内火电核电首台(套)。基于阀门紧急切断、调节性能的考虑,再热双阀组在国内首创将紧急切断阀与流量调节阀两阀直接焊成一体。实现阀组的调节阀开启时间≤7s,开关阀与调节阀快速关闭时间≤0.5s,占地面积小,介质流态均匀,调节精度高;同时流量调节阀也兼具快关功能,确保阀门快关性能的双保险。

(2)国内首创采用花键连接。基于阀门在高温的热胀现象,由于阀杆和阀板采用销定位与连接固定,引起的阀板单侧偏移、阀杆弯曲现象,首次创新采用阀板与阀杆通过花键连接与定位,同时阀板通过限位弹簧垫有效定位于阀体腔体内。既保证了阀杆热胀自由伸长,又使阀门内部结构保持着相对位置的稳定性。

(3)国内首创增设“增滑垫”结构。基于国外再热双阀组阀门非阀杆伸出端卡涩、磨损、咬合事故,国内首创提出了在非阀杆伸出端增设“增滑垫”结构。并引入了阀杆的活塞效应、轴承端面比压计算,有效解决了非阀杆伸出端端部限位结构与阀体的卡涩、磨损、咬合现象,消除了其对阀杆正常转动限制而影响阀门操作引起事故的问题。

(4)国内首创运用智能化。通过对核电再热双阀组的阀口开度、压力和温度等关键参数的监测方法深入分析,提出一种基于计算机控制技术的在线监测系统,采用双冗余控制系统和冗余直线位移传感器,实现执行机构的准确定位和关键数据的监视和记录,提高阀门运行的安全性和智能化。

该项目产品主要技术指标:公称通径为1 300mm,公称压力为2.5MPa,控制方式为在线监测方式。

大型核电火电站汽轮发电机组智能化再热双阀组已被国内核电、火电企业采用。例如:DN1200型号在火电企业徐州华润电厂应用4年;在核电站大型产品中,DN1300型号产品出口我国援建的巴基斯坦核电站,当前产品销售1.6亿元。

该项目产品性能优异,竞争优势巨大,经国内外用户使用,实用性强,打破了国外企业在高端市场的垄断和技术封锁,符合国家提出的核电火电阀门国产化水平的技术政策。

该项目产品的主要性能达到或超过国外同类产品,不但可以解决价高交货不及时、服务不到位的问题,而且填补国内空白,为国家节约大量外汇,还可出口创汇。

十、开架式气化器(ORV)

该项目荣获三等奖,完成单位:四川空分设备(集团)有限责任公司。

为优化能源结构、提升天然气在一次能源中的比例,国内相当一部分天然气依靠进口,我国在沿海相继建设大型LNG接收站,引进LNG,因此,LNG接收站用开架式汽化器具一定国内市场和出口潜力。

该项目主要科技内容:高效传热管的结构研究和传热性能CFD分析与计算;海水分配结构的理论与试验研究,确保海水在各传热管翅片表面的均匀分配和附壁流动;各种运行工况下,换热单元的温度伸缩补偿结构研究和有限元应力分析,确保安全运行;换热管外流动海水防腐技术研究;铝制换热管束与集管的密集焊接工艺研究。

该项目产品技术指标:LNG处理量为180t/h(负荷变化范围10%~110%),换热管设计压力为13.9MPa,LNG出口温度与海水入口温度之差不大于5℃。

国内每个LNG接收站,按其不同的能力,ORV一般配置5~8台,按四川空分设备(集团)有限责任公司ORV制造年产5台计算,新增销售收入

6 000万元,新增利润900 万元,新增税金700 万元。国产化之后,可节约外汇 600 万美元/台,且后续维护成本较低。

该项目开架式气化器填补国内空白,首次实现了国产化,替代进口和潜在出口,可以为国家节约大量外汇,具有重要的经济效益和社会效益。在国家能源结构调整时期,实现开架式气化器的国产化,将加大天然气消费比重,缓解以煤为主的能源结构给环保和交通运输带来的沉重压力,对推进清洁能源汽车的发展进程和改善环境具有重大的意义。对国内 LNG 超临界物系的流动与传热强化,在相关设备的结构设计与计算方面提供方法和借鉴。对铝合金承压设备的设计压力突破了行业标准《铝制焊接容器》的 8.0MPa 上限,创建了设计压力达 13.9MPa 的案例,接近国际水平 16MPa。

十一、超(超)临界火电机组二类关键阀门国产化研制及应用

该项目荣获三等奖,完成单位:哈电集团哈尔滨电站阀门有限公司。

我国是一个以煤炭为主要一次能源的国家,常规火电占总装机容量的70%以上。随着机组向高参数大型化发展,超(超)临界火电机组已成为常规火电的主力机组。大型火电机组锅炉、汽轮机和发电机三大主机已实现自主设计、制造,但作为重要辅机的高端阀门一直依赖进口。据统计,一台1 000MW 超(超)临界火电机组中有500 余台高端阀门,其中90%依赖进口,其价值量巨大。因此,开展该项目的研究十分必要。哈电阀门公司承担了国家能源应用技术研究及工程示范项目——超(超)临界火电机组关键阀门国产化技术研究及应用示范,完成了 350 ~1 000MW 超(超)临界关键阀门的国产化研制及应用研究。

该项目主要研制了再热器安全阀、液动高加三通阀、高温高压超大口径闸阀、给水泵小汽轮机排汽蝶阀。主要研究内容:①阀门关键结构研究,实现了“分体式热应力补偿式安全阀阀瓣结构”“内置高压活塞驱动大型整体锻造三通阀”“带内置旁路节流装置三通阀”“自动调心双闸板”“双螺距快速启闭机构”等技术创新,经省级查新均为国内首创。②阀门动态性能仿真分析技术应用研究,通过项目产品研究,在国内阀门行业率先建立了三维立体研发平台,运用 CFX、ANSYS 等先进软件建立一套可靠分析方法和分析模型,进行高温热应力分析、流场分析、动态性能仿真分析,提高了研发质量和研发水平。③新材料应用技术研究,研究 SA182 F92、SA182 F91、A217 C12A、WB36 等新材料力学性能及制造技术研究,重点解决了锻造、热处理、堆焊司太立以及异种钢焊接等关键工艺技术。

该项目产品主要技术指标:

(1)再热器安全阀,公称通径为 150mm,整定压力为 7.2MPa,工作温度为 620℃,排放量≥265t/h,启闭压差为 4% ~7%,管座材质为 SA182 F92。

(2)液动高加三通阀,公称通径为 500mm,设计压力为 45MPa,设计温度为 310℃,驱动方式为液动,工作介质为水,启闭时间 < 5s,管道材质为 WB36。

(3)高温高压超大口径闸阀,公称通径为600mm/300mm,设计压力为 36MPa/28MPa,设计温度为 320℃/576℃,驱动方式为电动,管道材质为WB36、SA182 F91。

(4)给水泵小汽轮机排汽蝶阀,公称通径为2 800mm,公称压力为 0.6MPa,工况为高真空,驱动方式为电动,管道材料为 Q235A。

该项目获国家公开发明专利 1 项、实用新型专利4 项。项目产品已成功应用于江苏华电句容发电有限公司 1 000MW、江苏南通发电有限公司1 000MW、华能长兴电厂 660MW、河南华润电力焦作有限公司 660MW、茌平信源铝业有限公司700MW 等超(超)临界机组,已完全代替进口产品,产品性能达到进口同类产品先进水平,符合 ASME B16.34 等国际先进标准要求。

十二、百万千瓦级核电站用安全(重要)厂用水泵

该项目荣获三等奖,完成单位:沈阳鼓风机集团股份有限公司、沈阳鼓风机集团核电泵业有限公司。

核能已成为人类使用的重要能源,核电是电力工业的重要组成部分。由于核电不会产生任何污染物排放,在人们越来越重视地球温室效应、气候变化的形势下,积极推进核电建设是我国能源发展的一项重要政策,对于满足经济和社会发展不断增长的能源需求,保障能源供应与安全,实现电力工业结构优化和可持续发展,提升我国综合经济实力、工业技术水平和国际地位,都具有重要意义。

核电站中有大量的核级动力设备,这些设备既有耐高温高压、耐辐照、耐腐蚀的要求,又要有抗地震、冲击等载荷作用的功能。核电设备一旦失效,可能引发灾难性事故。由于安全等级高、制造精度高、设计难度大等特殊性,核电用泵长期以来主要依赖进口。在此背景下,为了彻底打破国外垄断、促进我国核电工业以及装备的发展、保障国民经济不受制于人、加快核电设备自主化,沈鼓集团围绕核泵共性技术难题进行了系列攻关,并以秦山核电二期扩建工程国产化为目标,开展核三级泵技术创新,研制具有自主知识产权的产品。

安全(重要)厂用水泵是核电站重要的安全设备,是整个核岛的最终热阱,其研制涉及核工程、流体力学、机械制造、材料学等,是一项多学科集成的系统工程。沈鼓集团结合多年的技术创新成果和成熟的设计制造经验,针对泵组长使役周期高可靠性结构设计、先进水力模型设计开发、关键零部件高精度加工制造和泵性能试验等核心技术进行了研究,攻克了高比转速、高效水力模型、转子临界转速、抗震计算等关键技术难题。应用这些技术成功地研制出国内首台(套)用于核电站的安全(重要)厂用水泵。

出厂试验及核电站现场各项测试表明:沈鼓集团自主研发的安全(重要)厂用水泵整机效率高达88%(国外同类产品最高为86%),轴承振动值小于2mm/s(远低于合同要求),泵组的主要技术指标达到国际先进水平。

该泵组的研制成功,填补了我国安全(重要)厂用水泵设计制造的空白,解决了核电建设依赖国外技术的局面,按当前已生产84台计算,已为国家节省外汇资金约38 640万元。该项目获得实用新型专利2项,受理发明专利2项,为企业创造产值27 520万元,实现利税2 685万元。

该泵组的研制成功,极大地提升了我国装备制造业的核心能力,对其他相关产业具有较强的支撑、辐射和带动作用。

十三、超(超)临界火电机组关键阀门国产化

该项目荣获三等奖,完成单位:河南开封高压阀门有限公司。

“超(超)临界火电机组关键阀门国产化”是河南开封高压阀门有限公司根据我国600MW、1 000MW超(超)临界大型火电机组快速发展对配套用高端阀门的迫切需求,由企业自选的技术开发项目。

随着我国火力发电技术的进步,600MW、1 000MW超(超)临界机组已成为火力发电的主力机组,其锅炉、汽轮机和发电机三大主机已完全能够自主设计、制造,但配套用电站辅机国产化还存在较大缺口,特别是价值量大、代表阀门制造业水平的高端阀门当前大部分仍需向国外采购。据统计,一台1 000MW超(超)临界火电机组中约有500余台高端阀门,其中90%依赖进口。因此,尽快推进超(超)临界火电机组高端阀门国产化,对实现自主发展能源事业、提升装备制造业竞争能力具有重要意义。

河南开封高压阀门有限公司在引进日本冈野电站阀门设计、制造成熟技术的基础上进行自主科技创新,采用产、学、研、用的技术路线,在600MW及1 000MW超(超)临界火电机组用高端阀门结构性能设计以及WB36、F91、F92高强材料设计制作、检验、焊接等方面进行研究。2006年在国内首创超(超)临界机组WB36、F92整体锻造高参数关键阀门,随后在整个项目研发过程中创新性设计开发高压WB36、F91、F92整体锻钢闸阀、高加给水三通阀、高排逆止阀、C12A平衡式抽汽止回阀等多系列产品;拥有8项自主知识产权;突破CAE、CFD产品设计有限元应力分析,超(超)临界机组用P91、P92、WB36、C12A新材料热加工,材料无损检验、焊接及其热处理等四大关键技术。

2006年研制成功的国内首台超(超)临界火电机组用F92及WB36整体锻钢电动闸阀,成功投运于华电邹县电厂四期工程2×1 000MW 7#超(超)临界机组。之后又有多个超(超)临界机组关键阀门新产品研制成功并推广使用,性能稳定可靠,价格低廉,打破国外阀门企业对此类高端阀门的技术和市场垄断地位,可替代进口,为国家节约大量外汇及电站建设资金,具有显著的经济和社会效益。

十四、超(超)临界火电机组关键阀门国产化研制

该项目荣获三等奖,完成单位:华夏阀门有限公司、重庆合川发电有限责任公司。

保证能源供应是国民经济和社会可持续发展的重要保障。在我国电力供应中,火力发电占总发电量的60%以上,在今后较长的一段时间内,火电仍然占有极其重要的地位。同时,火电机组也将清洁、高效、集约作为主导发展方向,因此,发展大型清洁高效火力发电机组是装备制造业的重要任务。我国超(超)临界参数机组起步晚发展快,重主机轻辅机意识由来已久,另外,阀门品种多、材料解决困难、缺乏足够的投入和技术储备,致使高端关键阀门全部依赖进口。该项目完成单位积极响应国家能源局国能科技〔2010〕335号、392号等文件精神,按照行业协会的统一部署,有针对性地选择样机目标,旨在开发出若干项超(超)临界火电机组关键阀门,这对实现超(超)临界火电机组高端关键阀门国产化有着里程碑式的贡献。

该项目主要研究内容:在结构设计方面,采用阀座一体式内置节流元件、大型整锻阀体三通阀、四级套筒减压阀等设计创新,经国家级查新均为首创;在新材料运用上,研究WB36、F91新材料力学性能,重点解决了锻造工艺及其质量控制、热处理工艺试验、堆焊司太立工艺研究以及异种钢焊接工艺研究;在优化设计方面采用有限元应力、应变分析,验证了静力学理论结构设计的合理性和可靠性。减压阀还进行了热态流场仿真分析,以及冷态流量特性分析和试验等工作。

该项目产品主要技术指标:电动高加入口三通阀,设计压力为35.9MPa,设计温度为300℃,驱动方式为电动,工作介质为水,启闭时间<50s。吹灰减压站减压阀,设计压力为28MPa,设计温度为574℃,驱动方式为气动调节,失气保位,工作介质为蒸汽。

该项目运用国家实用新型专利2项。项目首台(套)产品已成功应用于国产化依托工程重庆合川发电有限责任公司660MW超(超)临界机组3号机组,阀门性能指标达到进口同类阀门的技术水平,可完全代替进口产品。

该项目的实施,将提升我国电站阀门的设计和制造能力,从而间接提升我国火电机组制造行业的整体技术水平,不断提升超(超)临界火电机组阀门国产化率。国内高端阀门制造业也具备了出口更多产品的实力,以优良的性能、较低的制造成本,更多地参与国际竞争。

十五、超(超)临界超大口径锻钢阀(闸阀、止回阀)

该项目荣获三等奖,完成单位:南通市电站阀门有限公司

在超(超)临界火电机组中,主给水系统闸阀、止回阀是锅炉系统的重要设备,对锅炉系统的正常运行起着至关重要的作用,然而我国阀门企业普遍都起步较晚,无论是技术水平还是加工设备相对于国外著名阀门企业而言都处于落后的状态,国内业主单位一直都选用进口阀门。但是进口阀门价格昂贵、交货周期长,零部件更换和维修十分困难,尤其是使用中发生故障时国外供货商不能及时帮助解决,严重影响电厂的正常运营,从而影响到电厂的经济效益。南通市电站阀门有限公司经过认真研究,制定出较为详细的技术方案,顺利完成了此类阀门在国内的首台(套)研制工作。

该项目主要研究内容:在结构设计方面,采用整体锻造、整体锻造型楔式单闸板以及补偿型压力自密封结构、双螺纹快速启闭机构等设计创新,经省级查新均为首创;在新材料运用上,研究A105、WB36新材料力学性能,重点解决了锻造工艺及其

质量控制、热处理工艺试验、堆焊司太立工艺研究以及异种钢焊接工艺研究；在优化设计方面，采用静力学合成应力计算校核和常温与高温有限元分析，通过建立网格模型，模拟校核了阀门加载状态下各部位实际应力和变形状况，与静力学计算对结构设计的合理性和可靠性形成相互验证，还进行了流场分析、局部阻力系数计算、总压降计算、噪声计算分析等工作。

该项目产品主要技术指标：超（超）临界超大口径锻钢闸阀，公称压力为 2 500Lb，公称通径为 26in（1in = 25.4mm），设计温度为 360℃，设计压力为 35MPa，管道材质为 SA－106C，启闭时间≤90s。超（超）临界超大口径锻钢止回阀，公称压力为 42MPa，公称通径为 650mm，设计温度为 360℃，设计压力为 35MPa，管道材质为 15NiCuMoNb5－6－4。

该项目获国家发明专利 1 项、实用新型专利 6 项。项目产品已成功应用于江苏南通发电有限公司新建 2×1 050MW 超（超）临界机组、铜山华润电力有限公司 2×1 000MW 机组，可完全代替进口产品。项目产品累计新增销售 2 066.8 万元，新增利润 413 万元。

十六、浓缩铀生产关键阀门

该项目荣获三等奖，完成单位：中核苏阀科技实业股份有限公司、中核新能核工业工程有限责任公司。

“铀浓缩生产关键阀门研制”项目属于国防科工局核能开发科研项目。浓缩铀生产关键阀门项目包括：DN250 电动、手动转筒真空阀，DN300 电动、手动转筒真空阀，DN100 电动、手动鱼雷真空阀，DN65 耐压真空调节阀，DN100 耐压真空调节阀。

DN250 电动、手动转筒真空阀，DN300 电动、手动转筒真空阀主要用于离心工厂级联系统，通过阀门启闭，实现管路中核燃料介质的接通与截断，是该系统的关键设备之一。

DN100 电动、手动鱼雷真空阀主要用于离心工厂区段和供取料各系统，通过阀门启闭，实现管路中核燃料介质的接通与截断，是该系统的关键设备之一。

DN65 耐压真空调节阀、DN100 耐压真空调节阀用于离心工厂的级联供料系统，属于离心工厂的关键设备。其作用是将从供料容器中蒸发产生的高压供料气流减压并保持在规定范围内，以保证级联供料流量和压力的稳定。当前国内该类专用调节阀均为国外产品，且因技术敏感，多从第三国进口，成为制约浓缩铀工程发展的一个瓶颈。

以上三类阀门，长期受世界发达国家阀门制造公司垄断。因此，国家非常重视真空阀的技术攻关和国产化问题。

中核苏阀科技实业股份有限公司与中核新能核工业工程有限公司经过 3 年的努力，成功研制出浓缩铀生产关键阀门，阀门的技术指标均参照国外先进的同类产品指标，技术达到国际先进水平，完全满足国内浓缩铀离心工厂的系统参数要求，形成我国自主知识产权。阀门批量生产后，可靠应用于扩容设计的浓缩铀离心工厂，实现该类阀门国产化。近年内形成订单近 2 亿元。

十七、液化天然气用超低温阀门的研究与应用

该项目荣获三等奖，完成单位：大连大高阀门股份有限公司。

随着石油、化工和燃气行业的迅速发展，尤其是液化天然气作为一种新兴的能源迅速崛起，液化天然气项目所需求的配套阀门也将大量增加。超低温阀门在 LNG 项目中起着至关重要的作用。因此，借鉴在核电、天然气管线等领域的国产化经验，尽快制定低温阀门国产化计划，并尽快推进低温阀门国产化是十分必要的。

大连大高阀门股份有限公司根据多年的设计、制造低温阀门的实际工程经验，并联合中国寰球工程公司、中石化洛阳工程公司、SEI、合肥通用机械研究院、中国科学院金属研究所、大连理工大学，通过产、学、研相结合，针对液化天然气用超低温阀门的主要攻关项目，对超低温阀门的使用寿命、超低温条件下的密封可靠性、材料在超低温下的性能、非金属材料的低温老化及寿命问题等方面进行了深入研究并掌握了解决的办法。

公司研制的液化天然气用超低温球阀(口径≤6in、压力等级≤Class 600)、截止阀(口径≤10in、压力等级≤Class1 500)、止回阀(口径≤24in、压力等级≤Class1 500)、闸阀(口径≤24in、压力等级≤Class1 500)于2013年3月通过了由国家能源局、中国机械工业联合会、中石油、中国寰球、中石化洛阳工程公司、SEI及相关单位组织的产品鉴定会。鉴定委员会认为,大连大高阀门股份有限公司具备超低温球阀、截止阀、闸阀、止回阀的设计、制造、检验、试验能力,质保体系运行有效,能满足批量生产的要求,产品填补了国内空白,产品水平达到国际同类产品先进水平。此外,超低温球阀和截止阀还获得了合肥通用机械研究院和德国TÜV机构出具的防火试验和低泄漏试验的试验报告和证书。

公司已累计为山东泰安、陕西榆林、陕西安塞、四川空分(唐山LNG)、乌海千里山、乌海西来峰、鄂尔多斯图克化肥项目及山东LNG等项目共计供应低温截止阀约2 000台、低温止回阀约500台、低温闸阀约500台、低温球阀约2 500台。其中,乌海千里山和西来峰项目获得中国天辰工程有限公司出具的产品质量证明,山东泰安和陕西安塞项目获得了中国寰球工程公司出具的产品质量证明。公司提供的产品运行良好,能够满足现场工况的需要,得到了业主的一致好评。当前仍处于生产阶段的低温项目还有广西LNG、中援绿能LNG等项目。

公司研制的超低温工况下保证阀杆处零泄漏的密封结构、LNG大口径铸钢截止阀获得了国家专利。在行业杂志《阀门》中发表了论文"液化天然气用超低温阀门的设计和研究",并获得了"超达杯2013年《阀门》期刊优秀论文"一等奖。

十八、烧结余热能量回收与烧结主抽风机联合机组

该项目荣获三等奖,完成单位:西安陕鼓动力股份有限公司。

该项目属于能源技术领域中的节能项目,涉及的学科有透平压缩机、机械、传动、材料、力学、电气、仪表控制等专业领域,系统复杂,技术难度大。

烧结余热能量回收与烧结主抽风机联合机组简称SHRT机组。该机组将低温余热汽轮机同烧结主抽风机、电机通过变速离合器串联在同一根轴系上,直接利用烧结产生的烟气余热,通过余热锅炉产生的蒸汽,使汽轮机输出有用功,与电机同轴驱动烧结主抽风机运行,降低电机的输出功而达到节能的目标。同时,SHRT机组将原有的庞大系统简化合并,取消原发电机组厂房、发电机及发配电系统,合并自控系统、润滑油系统、动力油系统等。

传统的方法烧结余热发电机组与电机拖动烧结主抽风机机组是两个独立的机组,隶属于不同厂房、不同用途的动力旋转设备。其中电机拖动烧结主抽风机机组,其功能是为烧结工艺过程提供动力源。烧结余热回收发电机组,利用烧结废热烟气通过余热锅炉产生的蒸汽推动汽轮机驱动发电机发电。在烧结余热纯发电的基础上,西安陕鼓动力股份有限公司首次提出烧结余热回收新型综合节能解决方案,将烧结余热发电改为直接拖动烧结主抽风机,双能源驱动烧结主抽风机向烧结工序供风,使驱动烧结主抽风机的电机降低电流而节能。从而省去了先由热能转为电能、再转换为机械能之间能源重复损失,再次提高余热回收的效率。

烧结余热能量回收与烧结主抽风机联合机组投运后,机组性能优良,运行可靠。以山西通才工贸有限公司220m^{2}烧结系统中配套SHRT机组为例,机组投运后,通过将回收烧结余热产生的机械能直接作用在轴系上,与电动机同轴驱动烧结主抽风机旋转。该套机组于2012年8月28日投运,自投运以来,各项性能指标均达到设计要求,机组外观良好,运行平稳可靠,维护方便,机组节能效果显著,可以为钢铁企业节能减排提供很好的解决方案。

该套机组布置方式为:汽轮机+变速离合器+烧结主抽风机+同步电动机,当系统蒸汽稳定后,可回收余热能量5 400kW,每年节约标准煤13 824t。

烧结余热能量回收与烧结主抽风机联合机组技术是将原有的烧结余热发电技术与电动机驱动的烧结主抽风机技术系统考虑,进行集成创新。该技术在保证原有功能的基础上，攻克多项技术难点，形成成熟先进的全新机组技术。该技术属于行业首创技术，达到国际领先水平。

十九、HPRT80－960 液力回收透平机组

该项目荣获三等奖，完成单位：辽宁长志泵业有限公司。

国内液力回收透平行业设计理论欠缺、能量回收效率较低，液力回收透平技术水平相比于国外公司存在较大差距，国内市场被进口产品垄断。国家重视节能减排，研究可用于石油化工、化肥、海水淡化、钢铁冶金等行业的液力回收透平机组，为我国走可持续发展的道路作出贡献。

该项目主要研究内容：研制透平机组的选型设计、水力设计、径向导叶的水力设计、平衡机构的水力设计、结构的力学设计及透平的轴伸结构设计和密封结构设计。技术经济指标：流量为 $80m^3/h$，扬程为106.5m（单组），转速为2 980r/min，效率为57.8%，回收功率为33.3kW。以年运转300天计，每台透平机组每年可节约用电216万kW·h，节约电费151万元。

通过对该产品的研发制造，增强了我国在这一领域的国际竞争力，不仅替代进口、节约外汇，也扩大了出口、增加外汇收入。该项目的实施，为地方居民提供了就业机会，在保持社会稳定的同时也增加了本地居民的收入；改善了葫芦岛市的经济结构，促进了地区经济健康发展。

该项目完善了行业液力透平设计理论与技术进步，提高了我国重大项目的关键设备制造水平，为国内市场提供了价格低廉、技术先进、质量可靠的国产设备，提高了我国泵制造业的技术水平，缩短了我国与国外泵类产品的差距，促进了我国泵行业的科技进步。

二十、高水头大口径水轮机进水双密封液控蝶阀的研制

该项目荣获三等奖，完成单位：中阀科技（长沙）阀门有限公司、长沙理工大学。

水轮机进水阀是保护水轮发电机组安全的关键设备，当前水轮机进水阀正朝着高水头、大口径发展，以适应大型水利工程需要。由于体积和制造成本的原因，球阀在500m水头以下有被蝶阀逐渐取代的趋势。当前国内水轮机进水蝶阀主要以单密封为主。双密封蝶阀是吸收、引进球阀相关技术形成的蝶阀新产品。然而，双密封技术并不能完全照搬。实践证明，球阀上的L形密封圈用在双密封蝶阀上是不可靠的。当前国内一些厂家生产的双密封蝶阀出现了以下突出问题：因出于安全生产的考虑，检修密封副不敢投入使用；检修密封副泄漏量过大；检修密封副的外部指示机构指示不准确或根本就没有指示。

该项目从密封副结构、阀门结构设计、移动同步技术、制造工艺等关键技术研究入手，逐步深入。主要科技创新有：研制开发了T形移动密封圈与空心圆环金属密封圈配对结构，提高了检修密封圈移动和密封的可靠性；提出了重锤式液控蝶阀关阀冗余原理，研制了控制机构，提高了阀门关闭的可靠性；研制出的双密封指示机构，具有手动、锁紧、指示、导向功能，使用方便；通过结构优化，降低了阀门的流阻系数，减小了阀门处的压力损失，提高了节能效果。

该项目研制的高水头大口径水轮机进水双密封液控蝶阀具有以下技术指标：阀门流阻系数不大于0.12，比常规产品节能20%以上；主密封零泄漏，抑制了水体泄漏而造成的能量损失，可节省大量的水力资源；平均无故障时间大于43 000h，大大提高了电站的运行可靠性。

该研究成果已获授权发明专利2项、实用新型专利6项；解决了一些困扰大口径高水头阀门领域的一些关键和共性技术问题，在阀门密封、阀门液压系统、阀门结构、阀门设计方法等方面推动了行业技术进步，提升了国内的阀门设计和制造水平。该项目系列产品成功应用于国内外多家水电站，创造了良好的经济效益和社会效益。该项目产品在核电和抽水蓄能电站还将有大量的应用。

二十一、机电一体化耐腐蚀水环真空机组

该项目荣获三等奖，主要完成单位：山东精工泵业有限公司。

山东精工泵业有限公司认真贯彻落实中央“创新驱动”战略方针和国家优先发展先进装备制造业产业政策，瞄准真空科技的发展方向，以信息技术、自动化技术、新材料技术、机械装备防腐技术等现代高科技改造量大面广、技术落后的传统产品——真空获得设备，研发具有优异抗腐蚀性能的机电一体化水环真空机组，促进产品结构调整优化。

该项目研发一种基于嵌入式计算机技术的机电一体化耐腐蚀水环真空机组，涉及3个系列、48种规格产品，并可扩展到国内现有的水环真空泵所有系列，应用于化工、电力、冶金、轻工等诸多行业，对生产过程所需的真空环境进行远程智能化监控。

该项目将计算机技术、通信及自动控制技术融入真空获得设备，革新了水环真空机组传统、落后的配置形式，建立了基于嵌入式计算机技术的远程监控系统，实现了生产工艺过程中真空环境的智能化控制，也为各相关应用行业落实国家节能、降耗、环保的产业政策，实施“两化融合”，实现生产过程自动化和管理信息化提供了有力的技术和产品支持。

该项目泵产品的抽气量为1.21～200m^3/min。机组自动化控制系统能够达到的主要功能：用PC、手机等网络终端设备，可显示机组运行状态、设备状态，实现机组远程监控；通过短信平台接受声光告警信息，实现设备运行故障远程告警。

该项目完全符合国家的产业政策，顺应了行业科技发展趋势。该项目属于国家大力倡导和优先发展的光机电一体化技术领域，不存在低水平的产能扩张和产能过剩问题，并对相关应用行业的技术进步具有重要的支持和推动作用。使用该项目产品，提高了生产效率和产品质量，减少了电力消耗和环境污染，延长了机组的使用寿命，有效降低了生产成本。随着该项目产品在化工及其他行业的推广应用，必将产生更广泛的社会效益。

2015年通用机械行业获奖项目

序号	项目名称	奖励名称	完成单位
1	20MW级变频电驱压缩机组研制及工业性应用	中国机械工业科学技术奖特等奖	沈阳鼓风机集团股份有限公司、沈阳透平机械股份有限公司、上海电气集团上海电机厂有限公司、哈尔滨电气动力装备有限公司、上海广电电气(集团)股份有限公司、荣信电力电子股份有限公司、大连理工大学
2	大型天然气液化装置用离心压缩机组	辽宁省科学技术奖二等奖	沈阳鼓风机集团股份有限公司
3	连续重整装置28级离心压缩机组研制	辽宁省科学技术奖二等奖	沈阳鼓风机集团股份有限公司
4	大型丙烷脱氢制丙烯装置用离心压缩机组	沈阳市科技振兴奖	沈阳鼓风机集团股份有限公司
5	25万t/a高密度聚乙烯装置用循环气压缩机组	沈阳市科技进步奖三等奖	沈阳鼓风机集团股份有限公司

（续）

序号	项目名称	奖励名称	完成单位
6	45/80大型化肥项目用离心压缩机研制	沈阳市科技进步奖三等奖	沈阳鼓风机集团股份有限公司
7	循环气压缩机模型级及其设计方法	辽宁省优秀专利奖、沈阳市专利二等奖	沈阳鼓风机集团股份有限公司
8	大型PTA装置能量回收工艺压缩机组研制	绿色制造科学技术进步奖三等奖	沈阳鼓风机集团股份有限公司
9	沈阳透平机械股份有限公司压缩机降噪技术	中国产学研合作创新成果一等奖	沈阳鼓风机集团股份有限公司
10	离心压缩机焊接机壳的生产工艺	第二届全国发明展览会“发明创业”项目铜奖	沈阳鼓风机集团股份有限公司
11	一种MCL压缩机模型级及其设计方法	第二届全国发明展览会“发明创业”项目铜奖	沈阳鼓风机集团股份有限公司
12	一种三元闭式叶轮加工方法	第二届全国发明展览会“发明创业”项目铜奖	沈阳鼓风机集团股份有限公司
13	百万千瓦级核电站用安全（重要）厂用水泵	中国机械工业科学技术奖三等奖	沈阳鼓风机集团股份有限公司、沈阳鼓风机集团核电泵业有限公司
14	6K-375MG大型迷宫压缩机	中国机械工业科学技术奖二等奖	沈阳远大压缩机股份有限公司
15	开架式气化器（ORV）	中国机械工业科学技术奖三等奖	四川空分设备（集团）有限责任公司、中石油京唐液化天然气有限公司
16	一种焦炉炼焦煤调湿、干燥方法及该方法所使用的设备	甘肃省专利奖一等奖	天华化工机械及自动化研究设计院有限公司
17	节能环保型中压喷油螺杆移动空气压缩机的研制	中国机械工业科学技术奖二等奖	无锡压缩机股份有限公司
18	6万m^3/h空分装置用压缩机组	中国机械工业科学技术奖二等奖、中国石油和化学工业联合会科学技术进步奖三等奖	西安陕鼓动力股份有限公司
19	0.6m跨声速、连续式循环风洞用轴流压缩机制造技术研究	中国机械工业科学技术奖二等奖	西安陕鼓动力股份有限公司
20	烧结余热能量回收与烧结主抽风机联合机组	中国机械工业科学技术奖三等奖	西安陕鼓动力股份有限公司
21	三代核电站环境控制系统装备关键技术与产业化	浙江省科学技术奖二等奖	浙江金盾风机股份有限公司
22	高效前掠型地铁隧道轴流风机	浙江省优秀工业新产品一等奖	浙江上风高科专风实业有限公司

（续）

序号	项目名称	奖励名称	完成单位
23	高水头大口径水轮机进水双密封液控蝶阀的研制	中国机械工业科学技术奖三等奖	中阀科技（长沙）阀门有限公司、长沙理工大学
24	浓缩铀生产关键阀门	中国机械工业科学技术奖三等奖	中核苏阀科技实业股份有限公司、中核新能核工业工程有限责任公司
25	化工用氨大型压缩机及制冷机机组	中国机械工业科学技术奖二等奖	重庆通用工业（集团）有限责任公司
26	弱风区兆瓦级风电叶片	重庆市科技成果奖	重庆通用工业（集团）有限责任公司
27	船用离心式制冷机	重庆市科技成果奖	重庆通用工业（集团）有限责任公司
28	4－73系列离心通风机、6－39系列离心通风机、BCD系列离心风机、LDCS系列离心压缩机、LC系列离心式冷水机组	名、优、新机电产品	重庆通用工业（集团）有限责任公司
29	化工专用高效节能氯气循环压缩机	湖南省首台（套）重大技术装备认定及奖励	长沙鼓风机厂有限责任公司
30	液化天然气用超低温阀门的研究与应用	中国机械工业科学技术奖三等奖	大连大高阀门股份有限公司
31	超（超）临界火电机组二类关键阀门国产化研制及应用	中国机械工业科学技术奖三等奖	哈电集团哈尔滨电站阀门有限公司
32	超（超）临界火电机组关键阀门国产化	中国机械工业科学技术奖三等奖	河南开封高压阀门有限公司、国网浙江宁海县供电公司
33	DTF地铁轴流风机	湖北省科技成果奖	湖北省风机厂有限公司
34	隧道射流风机	湖北省科技成果奖	湖北省风机厂有限公司
35	离心压缩机、单级高速三元流系列鼓风机、S型下水平进出气烟气脱硫制酸高速风机	名、优、新机电产品	湖北双剑鼓风机股份有限公司
36	超（超）临界火电机组关键阀门国产化研制	中国机械工业科学技术奖三等奖	华夏阀门有限公司、重庆合川发电有限责任公司
37	大型核电火电站汽轮发电机组智能化再热双阀组	中国机械工业科学技术奖三等奖	江南阀门有限公司
38	高扬程无过载潜水排污泵关键技术研究与工程应用	中国机械工业科学技术奖二等奖	江苏大学、蓝深集团股份有限公司
39	高效节能多级离心鼓风机	南通市科学技术进步奖三等奖	江苏金通灵流体机械科技股份有限公司
40	离心蒸汽压缩机	江苏省高新技术产品	江苏金通灵流体机械科技股份有限公司

（续）

序号	项目名称	奖励名称	完成单位
41	JE21000－3－7整体式离心压缩机	江苏省高新技术产品	江苏金通灵流体机械科技股份有限公司
42	双吸大流量单级高速离心鼓风机	江苏省高新技术产品	江苏金通灵流体机械科技股份有限公司
43	闭路循环、溶媒回收喷雾制粒干燥系统成套技术	常州市科技进步奖三等奖	江苏宇通干燥工程有限公司、常州工程职业技术学院
44	HPRT80－960液力回收透平机组	中国机械工业科学技术奖三等奖	辽宁长志泵业有限公司
45	600MW超临界循环流化床锅炉技术开发与示范工程	中国电力科学技术奖一等奖	南通大通宝富风机有限公司
46	超(超)临界超大口径锻钢阀(闸阀、止回阀)	中国机械工业科学技术奖三等奖	南通市电站阀门有限公司
47	低噪全塑局部通风机	湖南省百项重点新产品、湘潭市重点新产品	平安电气股份有限公司
48	机电一体化耐腐蚀水环真空机组	中国机械工业科学技术奖三等奖	山东精工泵业有限公司
49	连续干法自磨机	济南市科技进步奖三等奖	山东省章丘鼓风机股份有限公司
50	ZW型三叶罗茨鼓风机	章丘市科学技术进步奖二等奖	山东省章丘鼓风机股份有限公司
51	高湿高粘固体废弃物处理成套干燥技术与设备研究及产业化	山东省科学技术奖二等奖	山东天力干燥股份有限公司
52	主蒸汽安全阀	中国机械工业科学技术奖二等奖	上海阀门厂有限公司
53	螺杆动力系统精细设计、精密制造技术及专用装备研究	中国机械工业科学技术奖一等奖	沈阳工业大学、天津泵业机械集团有限公司、沈阳工大科技开发有限公司

2015年风机行业名牌产品

序号	企业名称	商标	产品名称	获奖等级
1	沈阳鼓风机集团股份有限公司	沈鼓	离心式工业风机	中国名牌产品
2	沈阳鼓风机集团股份有限公司	沈鼓	离心压缩机	辽宁省名牌产品

（续）

序号	企业名称	商标	产品名称	获奖等级
3	陕西鼓风机（集团）有限公司	陕鼓	EB 型系列离心压缩机	西安市名牌产品
4	陕西鼓风机（集团）有限公司	陕鼓	A 系列离心鼓风机	陕西省名牌产品
5	陕西鼓风机（集团）有限公司	陕鼓	B 系列离心压缩机	陕西省名牌产品
6	重庆通用工业（集团）有限责任公司	重通	W6－2×29－F、W6－2×39－F、Y4－2×73－F、Y5－2×48－F、4－65－D、5－48－D、5－55－D、6－29－D 系列风机	重庆市名牌产品
7	重庆通用工业（集团）有限责任公司	重通	工商业用蒸汽压缩循环冷水机组（CT、LC）	重庆市名牌产品
8	四平鼓风机股份有限公司	四风	水泥用高温离心通风机	吉林省名牌产品
9	甘肃省白银风机厂有限责任公司	金扇	离心风机	甘肃省名牌产品
10	上海通用风机股份有限公司	上树	通风机	苏浙皖赣沪名牌产品 50 佳
11	宁波风机有限公司	宁风	MF№8D 循环风机、MF№6C 物料输送专用风机	宁波市名牌产品
12	浙江明新风机有限公司	MINXIN/明新	轴流通风机	浙江省名牌产品
13	山东海福德机械有限公司	海福德	三叶罗茨鼓风机	济南市名牌产品
14	湖北省风机厂有限公司	三峰	离心鼓风机	湖北省名牌产品
15	长沙鼓风机厂有限责任公司	长风	罗茨鼓风机	湖南省名牌产品

2015 年风机行业节能新产品

序号	企业名称	产品名称	主要特点	主要应用领域
1	沈阳鼓风机集团股份有限公司	地铁风机	为可逆转耐高温轴流风机（SVF），可双向（正、逆）旋转。正常工况通风时，可根据车站负荷变化，通过变频控制风量。发生事故时则自动转为工频返风运行	地铁通风
2	沈阳鼓风机集团股份有限公司	BUF－3550/2000－2G 动调轴流增压风机	动叶可调轴流风机是当前世界上先进的风机形式，风机的可调范围广、高效区宽。同时，风机的基本级采用气流轴向进入动叶＋后导叶模式，风机的全压效率 88%，达到一级能效标准。为提高压力能力，采取双级叶轮结构	火电机组脱硝、脱硫、引风一体化引风机

（续）

序号	企业名称	产品名称	主要特点	主要应用领域
3	陕西鼓风机（集团）有限公司	5 000m^3 以上高炉用轴流压缩机组	通过叶型流道优化和综合能效优化，提升大型轴流压缩机效率约2%，达到国际领先水平；通过叶片可靠性研究，提高大型轴流叶片寿命；通过系统安全性研究，在常规系统保护基础上，增加防阻塞和急速减压系统，提高大型高炉用轴流压缩机系统运行安全性	大型高炉重要的动力心脏设备
4	陕西鼓风机（集团）有限公司	高炉鼓风机与汽轮发电机同轴机组（BCSG）技术开发	实现汽轮机、轴流压缩机以及发电机同轴设计，通过离合器实现运行切换。机组既能实现汽轮机驱动发电机发电，又可实现汽轮机驱动轴流压缩机为高炉供风	构成高炉鼓风机与汽轮发电同轴机组，实现汽拖备机作为高炉鼓风机组的可行性
5	上海通用风机股份有限公司	CF44 高效后向离心通风机	CF44 离心通风机是在引进先进国家风机技术基础上，通过产学合作研制的具有先进技术的单吸式离心通风机。主力机型为一级能效，具有性能理想、结构紧凑、安装维护方便的优点	工矿企业、汽车涂装、高级宾馆、写字楼、影剧院、商场、医院等建筑物的通风换气
6	重庆通用工业（集团）有限责任公司	BCD100 系列单级高速离心式鼓风机	适用流量 80～150m^3/min，压比 1.50～2.40	水泥处理、电厂氧化脱硫、化工流程
7	重庆通用工业（集团）有限责任公司	BCD200 系列单级高速离心式鼓风机	适用流量 160～250m^3/min，压比 1.50～2.40	水泥处理、电厂氧化脱硫、化工流程
8	重庆通用工业（集团）有限责任公司	BCD300 系列单级高速离心式鼓风机	适用流量 260～350m^3/min，压比 1.90～2.40	水泥处理、电厂氧化脱硫、化工流程
9	重庆通用工业（集团）有限责任公司	BCD400 系列单级高速离心式鼓风机	适用流量 360～450m^3/min，压比 1.90～2.40	水泥处理、电厂氧化脱硫、化工流程
10	重庆通用工业（集团）有限责任公司	BCD500 系列单级高速离心式鼓风机	适用流量 460～560m^3/min，压比 1.90～2.40	水泥处理、电厂氧化脱硫、化工流程
11	重庆通用工业（集团）有限责任公司	基于 CFD 优化的高效节能风机	风机效率均达到或高于标准 GB 19761—2009《通风机能效限定值及能效等级》规定的一级能效要求	水泥、钢铁、电力、冶金
12	山东省章丘鼓风机股份有限公司	LRA（C）型水环真空泵	LRA（C）型水环真空泵为单级单作用结构形式，具有真空度高、结构简单、操作维修方便、运行可靠、高效节能等优势；作为一种粗真空泵，广泛的极限真空度和压力范围可用作水环式压缩机；其独特柔性排气阀板设计，能自动调节排出口压力，自动维持所需进口压力，吸气均匀，工作平稳可靠，性能稳定	石油、化工、机械、食品等工业及市政与农业等部门

（续）

序号	企业名称	产品名称	主要特点	主要应用领域
13	山东省章丘鼓风机股份有限公司	大型铸造结构多级离心鼓风机	采用大型焊接高效闭式叶轮，对 b2/D2 的比值进行优化，叶片型线呈 S 形多圆弧分布；蜗壳采用螺旋线型设计充分与叶轮相匹配，回流器采用大弯道中空设计和机翼型叶片设计；外置式轴承座隔绝排气端热量传递到轴承上，降低排气端轴承温度，油箱采用飞溅润滑系统，为轴承提供充足的润滑油，无需油泵强制润滑。该产品与国内其他厂家产品相比，每台至少节能 1.4%	海水脱硫
14	山东省章丘鼓风机股份有限公司	ZGXTF 型离心通风机	该风机采用不锈钢材质、剖分层叠式结构，高强度耐磨叶轮；蜗壳板和叶片适当加厚并采取防磨措施；采用可调式进口，调节风机叶轮和进风口的轴向和径向间隙；机壳设有中分面和立分面；具有效率高、重量轻、噪声低、运转平稳、性能曲线平坦、易损件少、安装维护方便等优点，与国内其他厂家产品相比，每台至少节能 7%	燃煤电厂、脱硫脱硝
15	罗滨森（大连）通用设备有限公司	轴流局扇风机	双叶轮串联，电机冷却由风机供风	矿井
16	罗滨森（大连）通用设备有限公司	制动电阻风机	轴流，前后导叶，铸铝材质	机车
17	罗滨森（大连）通用设备有限公司	牵引风机	小型离心风机，静压效率高	机车
18	罗滨森（大连）通用设备有限公司	主发风机	小型离心风机，静压效率高	机车
19	内蒙古天福风机有限公司	Y7－41NO26D、Y7 － 41NO24D 风机	效率高、参数变化范围大、省电，电机功率配置小	
20	宁波风机有限公司	C300 －1. 153 三级叶轮风机	噪声低，运行平稳，易损件少，效率高，安装维护方便	
21	浙江金盾风机股份有限公司	消防高温排烟轴流风机	该系列风机技术成熟，其性能已达国内领先水平、国际同等水平。通过采用先进的设计技术与制造工艺，对风机转子、静叶等重要部件的结构进行优化改进，采用新型节流罩等节能部件，实际运行节能达 5%	工、民建筑领域

（续）

序号	企业名称	产品名称	主要特点	主要应用领域
22	山东海福德机械有限公司	电厂脱硫氧化罗茨鼓风机	流量分档密，覆盖范围广；叶轮结构先进，三叶叶形，面积利用系数高；采用精密硬齿面直齿轮，定位可靠，运行平稳；两端水冷，保证风机运行稳定性	电厂脱硫、尾气处理等
23	山东格瑞德集团有限公司	轴流式通风机	T35 型轴流风机采用圆筒型轮毂结构，电动机进行改型设计，结构上减少流动损失，因而使风机效率出口按圆形面积计算提高到77%，按出口面积计算提高到 89.5%，噪声比 A 声级降低了3.6dB，增强了叶根处的强度，避免了叶片断裂现象	一般工厂、仓库、办公室、住宅内通风换气或加强暖气散热之用
24	威海威力风机有限公司	新型斜流冷却风机	采用三元流设计，高效低噪	钢铁
25	威海威力风机有限公司	氮氢混合气循环风机	迷宫型密封，高效低噪	钢铁
26	湖北省风机厂有限公司	AMD－R178/270D 动叶可调轴流引风机	效率高，性能曲线平坦，应用范围广	发电及冶金
27	湖北省风机厂有限公司	5－55 系列离心通、引风机	效率高，性能曲线平坦，应用范围广	钢铁、冶金、电力、环保行业除尘、脱硫系统
28	湖北双剑鼓风机股份有限公司	BG410－2.1/0.95、BG300－0.77/0.98、BG460－2.12/0.98 单级高速系列风机	性能可靠，效率高，结构简单，重量轻，占地面积小	脱硫、污水处理
29	湖北双剑鼓风机股份有限公司	S2590－1.52、S1800－1.43/0.94风机	效率高，性能曲线平坦，操作单位宽广，使用寿命长，风机转子转动惯量小	硫黄制酸
30	长沙鼓风机厂有限责任公司	多级离心鼓风机	叶轮的气动设计，叶轮的个性化设计，机壳水平剖分结构，新颖的油箱结构	环保、电站、化工、冶金、石化等
31	长沙鼓风机厂有限责任公司	硫黄回收增压机	硫黄输送设备技术及应用，循环冷却降温技术，密封防泄漏技术，材质适用性技术，设备自动控制保护系统技术，硫黄处理安全可靠技术	石油、化工、制药、医疗等

（续）

序号	企业名称	产品名称	主要特点	主要应用领域
32	平安电气股份有限公司	无人值守系统	可以实时了解通风机的运行状态，包含风机的振动、风量、风压、风速、效率，风机电机的轴承温度、绕组温度、电流、电压、频率，风机入口气体的温度、瓦斯浓度、CO 浓度，配电系统的电流、电压、开关状态。通过检测的状态，实时调节控制风机运行。同时对设备进行实时视频监控，实现对机房遥测、遥信、遥控、遥调、遥视的管理功能，使主通风机达到无人或少人值守，为主通风机的管理和安全运营提供有力保证	矿用通风

2015 年干燥设备行业节能新产品

序号	企业名称	产品名称	主要特点	主要应用领域
1	天华化工机械及自动化研究设计院有限公司	CTA 溶剂交换工艺及装备	节能降耗	石化
2	杭州钱江干燥设备有限公司	高效生物质燃烧机	高效节能；热效率高；稳定可靠；低碳环保；操作简单；无焦油、废水等各种废弃物排放；用途广泛，运行费用低	
3	浙江尔乐干燥设备有限公司	干燥设备余热回收装置	热回收率 51%	染料化工
4	浙江尔乐干燥设备有限公司	ZRQ 型燃气热风炉	减少污染	染料化工
5	哈尔滨东宇农业工程机械有限公司	组合式连体方仓	通过组合式连体方仓的设计，使单一仓体可在前后左右 4 个方向任意扩展组合连体方仓，使谷物种子加工设计可根据工艺需要或场地限制布置种子调配工艺方仓	谷物种子加工处理
6	哈尔滨东宇农业工程机械有限公司	配装移动卸料车的封闭带式输送机	在封闭带式输送机上装有可自由移动的卸料车，使带式输送机所输送物料在其长度范围内任意位置卸料	谷物烘干仓储行业及种子加工处理等

（续）

序号	企业名称	产品名称	主要特点	主要应用领域
7	江苏宇通干燥工程有限公司	罐式金属粉末混料机	一机多罐形式的构想和实施，大大提高了混合机的效率	化工、制药、食品、建材
8	江苏宇通干燥工程有限公司	大振幅沸腾振动流化床干燥机	采用电机带动凸轮机构将动力传给床体，使床体产生大振幅的振动，同时加大热空气的流量和流速，使物料呈沸腾状态	粉状、粒状、圆柱状、片状等物料的干燥和冷却

大事记

记载2015年通用机械行业重大事件

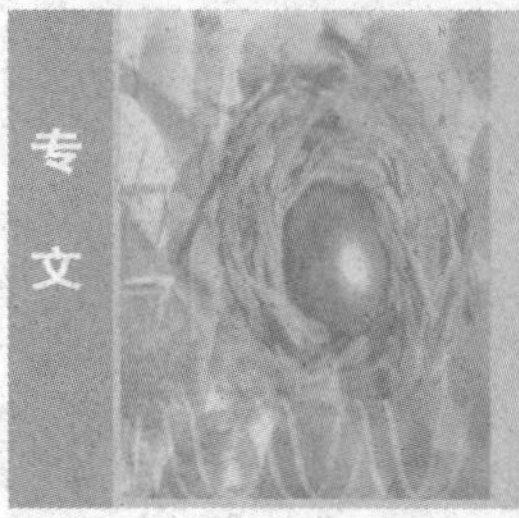

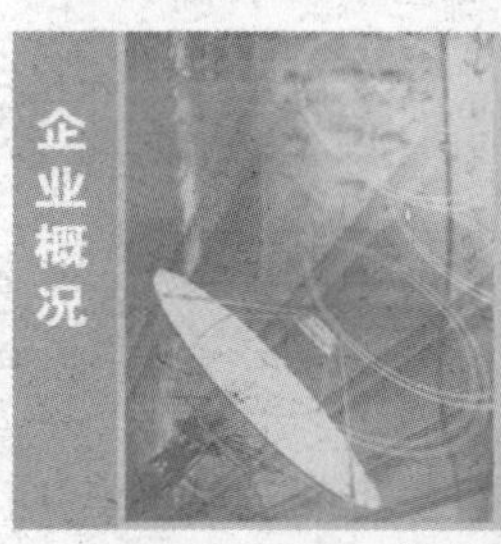

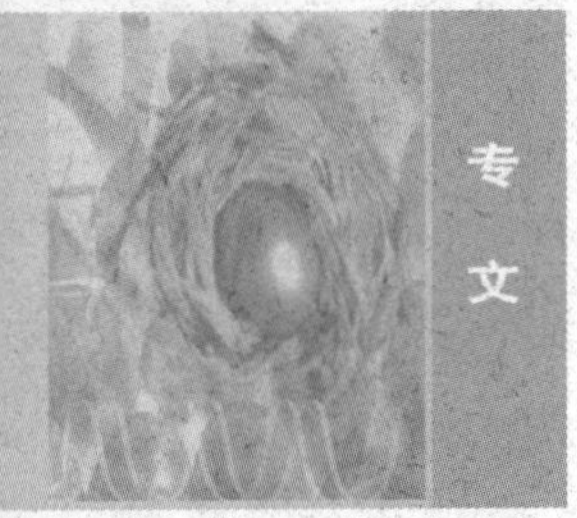

大事记

2015 年中国通用机械工业大事记

1 月

17 日 中国通用机械工业协会气体分离设备分会在北京召开第七届理事会第六次会议。国家能源局能源节约和科技装备司黄鹂副司长及中国通用机械工业协会主席团主席隋永滨、执行副会长兼秘书长张雨豹出席了会议。

19 日 由合肥恒大江海泵业股份有限公司生产的世界最大的 BQ1100－850/10－4000kW(6kV/10kV)卧式固定安装的矿用潜水电泵在河南义马煤业集团股份有限公司孟津煤矿一次开机成功,电泵安全有效运行。该电泵机组扬程 826m、流量 1076m^3/h,各项参数达到了设计要求。该项目是继淮北矿业股份有限公司桃园煤矿后,公司大功率矿用潜水电泵产品"立式"安全运行后的首次"卧式"安装运行。

21 日 中华全国总工会副主席、书记处书记焦开河率慰问团一行 4 人到沈阳鼓风机集团股份有限公司走访慰问。

29 日 四平市总工会主席宣晓春、铁东区总工会曲副主席等一行到四平鼓风机股份有限公司进行慰问。贺双君总经理简要介绍了公司生产经营情况。

2 月

5 日 由沈阳市委常委、市总工会主席王翔坤,市政府副市长关志鸥等一行 10 人组成的国有及国有控股企业专题调研组到沈阳鼓风机集团股份有限公司召开企业座谈会。苏永强董事长向调研组汇报了企业改革发展、存在的问题、下一步改革思路措施及建议等情况。

3 月

3 日 陕西省政府公布了陕西省名牌产品榜单,陕西鼓风机(集团)有限公司生产的"陕鼓牌"A 系列离心鼓风机、B 系列离心压缩机榜上有名。多年来,陕鼓动力坚持实施名牌战略,不断提高名牌产品的技术质量水平,积极培育省、市名牌产品。"陕鼓"品牌多次入选中国品牌 500 强,品牌影响力逐年提升。

9 日 吉林省委组织部领导在四平市委组织部、组织员办公室等相关人员陪同下到四平鼓风机股份有限公司检查 2014 年新党员发展及《中国共产党发展党员工作细则》贯彻落实情况。公司党委书记施云蛟、党办主任李振勇予以接待。省委组织部领导对四平鼓风机股份有限公司贯彻新细则和组织发展工作给予了充分肯定和高度评价。

26 日 章丘市人大常委会主任李玉新、副主任王福先一行到山东省章丘鼓风机股份有限公司视察指导工作。公司董事长、总经理汇报了近期工作情况、下一步工作目标及努力方向,在董事长、总经理的陪同下,李主任一行参观了公司的生产车间,对公司近年来的发展和规划给予了充分肯定,并提出了殷切的期望,鼓励章鼓继续努力,为章丘市的经济发展作出更大的贡献。

月内 苏州纽威阀门股份有限公司的轴流式止回阀国产化现场工业性试验,在中石油西部管道新疆昌吉分输站阀门试验场进行。在中石油西部管道运行处、昌吉分输站阀门试验场、合肥通用机械研究院和苏州纽威阀门股份有限公司轴流式止回阀国产化项目组等各方人员的协调、调试和见证下,纽威的 36″ 900Lb 和 24″ 900Lb 轴流式止回阀,密封性能优异，顺利通过了国产化现场工业性试验。NEWAY轴流式止回阀以文丘里原理为基础，采用流线型流道、组合式弹簧、双重密封以及一体式阀体设计，满足关闭快速及时、防水锤、低流阻、压力损失低、噪声小等要求，适用于国内外大型的炼油和乙烯等石油化工项目的新建和扩建，以及石油天然气长输管线系统和大型乙烯装置中的压缩机和大型泵等苛刻的管道系统。

此次轴流式止回阀工业性试验的成功完成，标志着纽威高性能轴流式止回阀在重要管线国产化应用中取得了重要的阶段性突破，打破了国外阀门的垄断，响应了国家提出的关键设备国产化方针，对民族工业的发展具有重要的战略意义。

月内 山东格瑞德集团有限公司被推举为“德州国际商会副会长单位”，“德州国际商会”的成立将更好地搭建对外交流平台，提供优质服务，成为会员企业对外交流合作的重要渠道。

4月

13日 平安电气股份有限公司“低噪局部通风机”列入“湖南省百项重点新产品推进计划”。

14日 为共同开拓国内、国际天然气管输配套产业市场，继西安陕鼓动力公司签订靖西三线（二期）天然气管线输送建设项目后，陕西鼓风机（集团）有限公司与陕西燃气集团签署了战略合作伙伴协议，陕西省人大常委会副主任李金柱、省国资委主任刘阳、副主任王庭亮及省发改委、省工信厅、省商务厅等部门的相关领导出席了签约仪式。陕西鼓风机（集团）有限公司董事长印建安、陕西燃气集团董事长郝晓晨代表双方企业签署了战略合作协议。

★ 湖北省随州市副市长王志勇到湖北省风机厂有限公司参观指导工作，总经理刘书鹏接待并介绍了公司生产经营及产品情况。王志勇副市长参观了公司生产车间，并详细了解公司产品情况，对公司取得的成绩和产品创新工作给予了肯定。

19日 由湖北省科技厅组织的湖北省风机厂有限公司两项省级成果鉴定会在武汉召开。两项成果是DTF系列城市隧道通风地铁轴流风机和隧道射流风机。鉴定委员会专家一致认为：DTF系列城市隧道通风地铁轴流风机整体技术处于同类产品的国际先进水平，隧道射流风机整体技术处于国内领先水平。

25日 杭州制氧机集团有限公司承担的神华宁煤项目6套10万m^3/h空分设备冷箱全部顺利结顶，标志着该项目冷箱施工取得阶段性胜利。

月内 中国通用机械工业协会气体分离设备分会于4月上旬完成了《气体分离设备行业“十三五”发展规划（初稿）》的编制工作，并于2015年4月22日在京召开了规划审查会。气体分离设备技术委员会委员、北大先锋科技有限公司、杭州福斯达深冷装备股份有限公司、北京科技大学、寰球工程公司、中国通用机械工业协会等单位的部分专家共11人参加。会上就气体分离设备行业“十三五”发展的方向、发展目标、重大技术装备产品目录、行业重点攻关共性技术、重点装备标准制定计划等内容进行了讨论。

月内 沈阳鼓风机集团股份有限公司齿轮压缩机公司首套大型氮气压缩机实现国产化升级改造。

月内 重庆通用工业（集团）有限责任公司成功中标俄罗斯最大水泥生产商——欧洲水泥集团风机订单。

月内 葡萄牙EFACEC公司到浙江明新风机有限公司对变压器风机进行考察。

月内 山东格瑞德集团有限公司携超高效降膜离心式水冷冷水机组、风机墙空气处理机组等亮点产品高调亮相2015中国制冷展。离心式冷水机组被国家工信部列入《节能机电设备推荐目录》，获得山东省技术市场科技金桥奖等多项殊荣；风机墙空气处理机组填补国内空白，被列入国家火炬计划。

5月

5日 开封空分集团有限公司承担的工信部大型海上浮动式LNG绕管式换热器研制项目样机

设计及制造方案通过专家评审。

7日 四平市铁东区委书记黄成、区人大常委会主任刘瑞芝以及区经济局、发改局、财政局、科技局等领导一行到四平鼓风机股份有限公司调研，公司董事长、总经理贺双君，党委书记施云蛟、常务副总经理焦书平、副总经理娄长海接待了区领导一行，贺双君董事长向区领导介绍了企业生产经营情况。

11日 辽宁省委副书记、代省长陈求发到沈阳鼓风机集团股份有限公司视察调研。

30日 中国通用机械工业协会气体分离设备分会在北京召开第八届一次会员大会，分会理事单位、会员单位、行业部分企业代表共100余人参加了会议。中国通用机械工业协会主席团主席、名誉会长隋永滨应邀出席会议。

大会选举产生了气体分离设备分会第八届理事成员共25位理事，选举杭州制氧机集团有限公司董事长蒋明先生担任第八届理事会理事长，选举单金铭、赵路忠、缪越、张西成、齐登业、戴继双等为副理事长，选举徐建平为分会秘书长、靳九如为分会副秘书长。

中国通用机械工业协会主席团主席隋永滨对第七届理事会给予了高度评价，对第八届理事会成立表示祝贺，并寄予了殷切希望，要求分会做好技术交流、标准建设等工作，切实发挥桥梁纽带作用，为实现中国气体分离设备“走出去”战略做好相关服务。他还为大会作了“重大装备制造业面临的形势和任务”的专题报告，分析介绍了当前宏观经济形势，指出了装备制造业面临的需求不足、竞争加剧、拖欠款严重等重要问题，提出要抓住国家一带一路战略、节能减排、能源结构调整战略等发展契机，实现装备制造业的转型升级，提高国产化率，提出了气体分离设备特别是大型空分设备、天然气液化设备应在未来的10~20年间赶超世界先进水平的目标。

大会还举办了气体分离设备各细分专业发展报告会，有10位嘉宾分别就我国大型空分设备、LNG设备、PSA制氧、PSA制氢、膜分离、微型制氧机、氢气产业、石化低温设备、绕管式换热器、大型空气透平压缩机专业的最新发展和技术发展趋势作了精彩的演讲。

月内 重庆通用工业(集团)有限责任公司总装车间风机装配班组荣获“全国青年文明号”称号。

月内 山东省章丘鼓风机股份有限公司被章丘市创建劳动关系和谐企业领导小组授予“章丘市劳动关系和谐企业”荣誉称号，配套件车间韩云鑫班组被章丘市总工会授予“工人先锋号”称号。

月内 山东省科协党组书记、副主席王春秋一行到山东格瑞德集团有限公司考察指导工作，对集团科技管理工作给以高度评价。

月内 山东省德州市市长陈飞一行在德州市、德城区有关领导的陪同下到山东格瑞德集团有限公司调研指导工作，并对集团的发展环境和文化氛围给予充分肯定。

6月

13日 山东章晃机械工业有限公司成立20庆典仪式举行，出席仪式的有日本大晃机械株式会社木村晃一社长、山根雅和总经理等一行10人代表团，章丘市市长刘天东、副市长王斌，以及公司董事长、总经理。会议由章丘市副市长王斌主持，市长刘天东代表章丘市委、市政府发表致辞，对章晃公司成立20年来对章丘市经济发展作出的贡献给予了充分肯定，并希望章晃公司迎接新的挑战，进一步发展壮大。公司董事长、日本大晃木村社长以及山根总经理在会上分别进行致辞，表示双方会加大合作力度，拓展合作范围，在更高领域、更高水平实现更大合作。

15日 唐山瑞鑫液化气体有限公司LNG冷能空分装置一次开车成功。该装置于5月15日开始单机调试，6月14日打通全流程，6月15日液体产品液氧、液氮纯度达标，产品进低温贮槽。该套空分装置运行后，工况稳定，设备运转正常。

该成套装置由四川空分设备(集团)有限责任公司和嘉瑞时代公司合资建设，位于唐山市曹妃甸工业园区内，是中石油唐山千万吨级液化天然气接收站项目配套的 LNG 冷能空分工程项目，建设规模为可日产液氧 547t、液氮 150t、液氩 26t。配套有 $5000m^3$ 的液氧贮槽、$3000m^3$ 的液氮贮槽、$2 \times 150m^3$ 的液氩贮槽和 $100m^3$ 高纯氧贮槽。

该成套装置的工艺包由四川空分设备（集团）有限责任公司研发、设计，采用公司自主研发的 LNG 冷能空分专利技术——利用循环氮气吸收 LNG 低温端冷量从而替代传统液体空分装置的冷热端膨胀机，系统能耗更低；利用乙二醇 – 水溶液闭路循环吸收 LNG 高温端冷量从而替代传统的凉水塔，冷却水水温更低，水耗更少。该成套装置的关键设备——低温氮压机采用沈鼓集团产品，降低了投资成本，同时支持了该装备国产化，提升了国产装备的技术水平。

该装置的成功运行，标志着四川空分设备（集团）有限责任公司在 LNG 冷能空分领域技术水平更加成熟，已经走在行业前列，将为国内 LNG 冷能的高效利用提供有力的技术支撑。该套装置的顺利投产，也标志四川空分设备（集团）有限责任公司气体部在液体市场占据更大的市场份额和公司新的利润增长点。

★　由外交部驻外大使和大使夫人组成的驻外使节团一行 38 人到沈阳鼓风机集团股份有限公司参观考察，并表示，驻外人员将全力助推沈鼓集团海外市场发展，为沈鼓集团提供力所能及的帮助和支持。

15—22 日　由中国通用机械工业协会气体分离设备分会理事长蒋明为团长，杭州制氧机集团有限公司、四川空分设备（集团）有限责任公司、开封黄河空分集团有限公司、杭州福斯达深冷装备股份有限公司、沈阳鼓风机集团股份有限公司、陕西鼓风机（集团）有限公司等企业共 16 人组成的气体分离设备行业代表团，对德国大众旗下的曼透平公司（MDT）进行了为期一周的考察访问，代表团走访了曼透平公司生产制造轴流 + 透平的大型压缩机、单轴等温型透平压缩机、齿轮式透平压缩机的三大工厂，受到了曼透平公司的热情接待。

曼透平公司设计、制造的大型、特大型离心式空气压缩机是当前我国大型、特大型空分设备配套的主要机型之一，其技术水平为世界一流。通过考察与交流，使我国空分设备制造业更充分地了解了德国企业先进的设计理念、制造技术、生产管理规则，对深化双方在大型、特大型空分设备领域里的进一步合作起到了积极的推动作用。

代表团访问期间，参观了德西玛协会在法兰克福举办的“化工流体机械展览会（AHM）”。

17 日　沈阳鼓风机集团股份有限公司与中石油大庆炼化分公司签署双方战略合作协议。根据协议，沈鼓集团与大庆炼化双方将建立全方位战略合作伙伴关系。

18 日　为深化陕西鼓风机（集团）有限公司与安阳钢铁集团有限责任公司的战略合作伙伴关系，陕鼓集团与安钢集团签订了《安阳钢铁集团与陕鼓集团深化战略合作协议》《设备零库存合作协议》以及《钢材购销合作协议》，双方将进一步共享资源、深化合作、共赢发展。

25 日　沈阳鼓风机集团股份有限公司新疆分公司揭牌仪式在新疆乌鲁木齐隆重举行。

26 日　沈阳鼓风机集团股份有限公司获“中国工业企业品牌竞争力百强”殊荣。

28 日　江苏省建湖县委副书记张连国、副县长陈巍亮等领导一行到浙江金盾风机股份有限公司考察经营情况，并参观了生产现场。

29 日　工信部副部长毛伟明一行 7 人到沈阳鼓风机集团股份有限公司参观考察，重点了解智能装备发展情况。

7 月

16 日　由中国机械工业联合会、中国石油天然气集团公司科技管理部主持的“天然气长输管线高压大口径全焊接球阀”国家级新产品鉴定会在北京召开。为提升高性能球阀的竞争力，助力高端设备的国产化进程，苏州纽威阀门股份有限公司参与了此次鉴定会。

会议上，来自各个领域的专家对苏州纽威阀门股份有限公司的3台高压大口径全焊接球阀样机(40″ Class600Lb、48″ Class600Lb、48″ Class900Lb)进行了全面的鉴定，并与公司技术人员进行了深入的交流。最终鉴定组专家得出一致意见：纽威研制的高压大口径全焊接球阀主要性能达到了国产化试制技术条件、试验大纲及有关标准的要求。

18日 沈阳鼓风机集团股份有限公司与伊朗Persia Petro Gas公司在伊朗共同签订关于沈鼓集团南帕斯现场服务的合作协议。

21日 陕西省天然气管线配套产业联盟正式揭牌成立。陕西省副省长姜锋、省政府副秘书长张宗科、省国资委主任刘阳，陕西鼓风机(集团)有限公司董事长印建安共同为联盟揭牌。该联盟是在省委省政府及相关部门的指导支持下，由陕鼓集团、延长石油、陕西天然气、华陆科技、宝鸡石油钢管等16家省内单位共同发起成立。联盟集合了省内长输管道配套装备制造企业和勘探、设计、建设、施工企业力量，融合了产、学、研、用、金融等各方优势。为了紧抓天然气领域的市场机会，联盟成立后，将围绕陕西省天然气和装备制造产业发展规划，研究制定天然气长输管线配套产业市场未来发展，并整合省内企业优质资源开展战略合作、技术研发和科技攻关，以提升联盟成员企业的整体实力。同时，还将以项目运作和资源整合为主线，在天然气长输管道产业政策资源、科技资源、市场资源、配套资源等方面搭建共享平台，培育陕西油气输运产业集团军，共同抓住天然气长输主管道和遍布全国的供气管网大发展机遇，延伸产业链，提高省内产品配套率。会议审议通过了《陕西省天然气管线配套产业联盟章程》，推选出联盟第一届理事长、副理事长单位，以及第一届理事长、副理事长、秘书长、副秘书长。陕鼓集团被推选为理事长单位，陕鼓集团董事长印建安当选为联盟理事长，延长集团、陕西天然气、华陆科技、宝鸡石油钢管公司4家企业为副理事长单位。陕西省天然气管线配套产业联盟理事长、陕鼓集团董事长印建安在会上作了履职发言，成立联盟就是要通过在商业战场上“变队形”“改打法”，从而应对新的需求。印理事长表示，联盟组建后，一是将组织成员单位研究和分析市场趋势，组织用户、设计院、设备厂家等进行联合的技术研发攻关，充分发挥各自实力、协调共享优势资源；二是要共同讨论新的商业合作模式，实现合作共赢；三是将积极向联盟单位提供市场信息，通过市场化的方式，最大化地获取项目机会，推动联盟企业之间进行管理、文化合作，不断提升系统能力，不断优化和完善系统解决方案，实现国内管线乃至国际管线市场的突破，扩大陕西企业的品牌影响力。联盟秘书长、陕鼓动力总经理陈党民作了联盟工作思路报告，对联盟未来产业市场机会进行了分析，确立了联盟的定位和工作目标，对联盟未来发展进行规划。陕西省国资委主任刘阳在讲话中指出，联盟的成立对于陕西未来产业发展、创新发展模式、实现产融深度融合、提升陕西企业的核心竞争力具有重要意义，也探索出了行业和企业间协同发展、融合发展的新模式。刘阳主任对联盟今后的工作提出三点希望，一是要充分发挥联盟企业自身优势，加大研发，增强自身实力；二是要在联盟之间进行资源共享，在技术、人才、市场、管理等方面优势互补，形成合力；三是要按照市场规则、按国际惯例办事，建立联盟良好的运行机制，将项目做成标杆和精品。省国资委副主任王庭亮主持了联盟成立大会。省国资委、工信厅、财政厅、商务厅、科技厅、市国资委、高新区管委会等相关领导以及16家联盟成员单位负责人参加了大会。

29日 辽宁科技大学机械工程与自动化学院院长于晓光带领学院科研、教学副院长和系主任到鞍山风机集团有限责任公司洽谈校企合作，在鞍山风机集团总经理陪同下参观了车间，详细了解了企业的装备制造工艺与能力，了解了产品技术状况。于晓光介绍了学院的基本情况、教学和科研成果，重点交流了双方合作的基本思路；副院长冯永军、刘健分别就双方建立科研平台和教学实训基地等事宜与企业高层及相关人员进行了详细交流。通过双方交流，明确了合作的思路，为开展深度合作奠定基础。

8 月

2 日　开封空分集团有限公司为阳煤深州 22 万 t 乙二醇合成配套的 $CO-H_2$ 深冷分离装置一次开车成功，在业内率先实现国产化。

15 日　山东省章丘鼓风机股份有限公司与中国科学院理化技术研究所签订了 MVR 热泵蒸发浓缩结晶技术的开发(合作)协议。凭借多年的积累，公司已形成良好的产品梯队，罗茨鼓风机、离心鼓风机都是节能环保、新能源“心脏”类产品，MVR 技术的加盟，将使公司在节能环保方面有新的突破，也定将成为公司新的经济增长点。

17 日　由中国机械工业联合会组织的上海开维喜集团股份有限公司(SHK 集团)高压大口径临氢轨道球阀系列产品出厂鉴定会在上海成功召开。本次产品鉴定项目来源于某国家级大型煤化工示范项目中油品加工装置加氢裂化单元的轨道球阀国产化任务，产品型号为 NPS2 ~ NPS16，压力等级为 Class900，共计 21 台。其中 NPS12、NPS16 的高压大口径临氢轨道球阀在全球供货范围内都甚为少见，且长期由进口品牌垄断。众所周知，加氢裂化装置用的高压加氢阀门对装置的稳定运行非常关键，尤其是在压缩机进口和出口的关键位置，本次 SHK 集团对本批次产品的成功研制，标志着中国本土阀门品牌在严苛工况阀门国产化领域又一次取得了重要成就。

来自神华宁煤、中石化、中石油、上海交通大学的专家共同见证了 SHK 集团研制的 NPS12、NPS16 两档规格尺寸产品工厂的性能试验，审阅了产品研制过程中的全部过程材料及第三方性能测试报告，并听取了 SHK 集团技术团队所作的研制总结报告。专家组一致通过并认为：SHK 集团所研制的高压大口径临氢系列轨道球阀产品，采用先进的专利设计和制造工艺，包括采用顶装式、金属密封、单阀座、一体化下支承耳轴等结构设计，阀杆采用具有自主知识产权的外置导向结构及可在线维护导向结构，提高了阀杆的强度和刚性。其中，NPS12 Class900、NPS16 Class900 高压大口径临氢轨道球阀填补了国内空白，具备定型批量生产能力，建议推广使用。

23 日　由沈阳鼓风机集团股份有限公司、杭州汽轮机股份有限公司、杭州制氧机集团有限公司联合研发的我国首套国产 10 万 m^3/h 等级空分装置压缩机组整机试车成功，标志着我国打破了国外企业对大型空分装置压缩机组的垄断，为我国煤化工产业大型化提供保障，对减少大型煤化工项目投资具有现实意义。

该压缩机长 35m、高 15m、重达 478t，配套于神华宁煤 400 万 t/a 煤制油装置中。为满足大流量、大压比、高效率的要求，该机的空压机采用全新的轴流 + 离心共轴结构，增压机采用多轴多齿轮组装式。在整个研制过程中，沈阳鼓风机集团股份有限公司设立 50 多项研究课题，先后攻克大轮毂比高效叶轮设计、转子动力学分析等一系列难题，并首次在国内实现了轴流 + 离心压缩机共轴性能匹配。

经专家组评定，该机组实现了在汽轮机的驱动下空压机、增压机全速全压全负荷性能试验，各项指标达到设计要求，优于 API 标准。该机试车成功，标志着沈阳鼓风机集团股份有限公司由此成为继曼透平、西门子公司后，世界上第三个具备大型空分压缩机组核心设备制造能力的企业。

★　沈阳鼓风机集团股份有限公司在营口透平基地隆重举行我国首套国产 10 万 m^3/h 空分装置压缩机组出厂验收会。会上，神华宁煤、宁夏宝丰、新疆广汇、中国天辰、新疆天业、中石化宁波院、国能新兴、沈鼓集团共同签订战略合作协议和大型空分装置用压缩机组合作意向书。

25 日　国家制造强国建设战略咨询委员会成立大会暨一次工作会议成功召开。国务院副总理马凯，工业和信息化部部长苗圩，咨询委员会主任、原全国人大常委会副委员长路甬祥，咨询委员会副主任、中国工程院院长周济等领导出席会议，来自全国有关院所、企业、协会等近 40 位院士、专家委员参会。国家发改委、工信部、科技部、财政部、商务部、能源局、国防科工局等 23 个部委代表列席会议。陕西鼓风机(集团)有限公司董事长印建安等被聘为国家制造强国建设战略咨询委员会委员。马凯副总理向专家委员们颁发了聘书,并强调,咨询委员会要坚持战略前瞻、问题导向和可操作性的原则,发挥好决策咨询、行业引领和调查研究的作用,瞄准关系国家战略需要、国家经济命脉和国家安全等重点领域和行业,紧跟世界技术前沿和国际制造业发展方向,从解决制约我国制造业发展的瓶颈和薄弱环节出发,开展重大问题和政策措施研究,提出高质量的咨询意见。要认真负责、客观公正地做好有关战略规划、分阶段及年度实施计划的论证、评估,积极参与《中国制造2025》配套文件的研究编制,滚动制定好重点领域技术创新绿皮书,抓紧启动一批可形成有效投资的重大项目论证工作。要求相关部门要高度重视决策咨询工作,为各专家开展工作创造条件,做好服务保障。

月内 沈阳鼓风机集团股份有限公司成功入选2015年互联网与工业融合创新试点企业。

9月

14—17日 沈阳鼓风机集团股份有限公司应美国德州农工大学透平实验室邀请,参加于休斯敦乔治布朗展会中心举办的第44届国际透平机械展。

20日 沈阳鼓风机集团股份有限公司被授予全国"企业文化建设典范企业"称号,定子车间被授予"企业文化建设先进班组"称号。

22—23日 由中国通用机械工业协会气体分离设备分会主办的"2015工业节能与吸附技术发展高峰论坛"在赤峰市举办。中国铸造协会王东生副秘书长、中国节能协会陈冬梅专家应邀参加了会议,并作了致词和演讲。中国通用机械工业协会执行副会长兼秘书长张雨豹出席了会议并作了讲话。会议交流了变压吸附技术及应用、变压吸附设备在工业节能环保中的应用、吸附工艺的模拟优化与控制、分子筛设计对变压吸附制氧性能的影响、大型变压吸附制氧装置的研究与应用、吸附分离技术在环保行业的应用及发展、分子筛在VPSA装置上动态性能分析、变压吸附技术应用实践和1万m^3 VPSA变压吸附制氧装置介绍等内容。

23日 开封空分集团有限公司为河南龙宇煤化工6万m^3/h空分配套的全液体膨胀机顺利开车成功,实现了大型空分用全液体膨胀机的国产化。

月内 沈阳鼓风机集团股份有限公司杨树华、刁全、卢傅安、唐才宇等4人入选辽宁省"百千万人才工程"。

10月

14日 四川空分设备(集团)有限责任公司研发的开架式气化器(ORV)被中国机械工业联合会、中国机械工程学会授予中国机械工业科学技术奖三等奖。

19日 陕西鼓风机(集团)有限公司在南京举行2015年中国能量回收技术与装备论坛,西安陕鼓动力股份有限公司(简称陕鼓动力)联合壳牌(中国)有限公司(简称壳牌)推出了透平设备的新一代专用油。陕鼓动力董事长印建安与壳牌工业润滑油总经理陈斌共同出席仪式,并为新一代油品剪彩。陕鼓动力与壳牌的此次合作是双方优势资源的有效整合,是陕鼓动力为用户提供系统服务方案的组成部分。近年来,陕鼓动力致力于成为能量转换设备领域的系统解决方案商和系统服务商,为客户提供更专业的"产品+服务"一体化解决方案,帮助用户创造价值。而壳牌为陕鼓动力的透平设备专用油提供了技术支持,使得新一代透平机械专用润滑油具有良好的设备匹配性和优秀性能。在发布会上,陕鼓系统服务事业部总经理范骁龙阐述了陕鼓动力近年来在系统服务体系建设方面的举措和陕鼓动力联合壳牌开发透平设备专用油的目的与意义。陕鼓动力在"两个转变"战略的指引下,通过持续的能力建设,已能为用户提供包括机组工程建设、机组全托式维保服务、远程在线监测、备件零库存、节能升级改造、机组专用润滑油和阻垢剂在内的系统服务方案,帮助用户对机组的全生命周期进行有效管理。透平机组专用润滑油对设备的运行非常关键,开发专用润滑油不仅符合客户的需要,也符合陕鼓动力为用户提供全生命周期系统服务的战略。通过应用壳牌的最新技术,陕鼓动力新一代专用润滑油能进一步帮助用户的透平机械适应严苛工况,降低关键部件的磨损和震动故障,减少停机维护时间。

26日 湖北省常务副省长王晓东到湖北省风机厂有限公司参观指导工作,董事长熊俊杰接待并详细介绍了公司转型升级及产品创新情况。王晓东省长参观了公司生产车间,并了解公司情况,对公司的生产环境和先进的设备表示称赞,同时对公司取得的成绩和产品创新工作给予了肯定。

27日 由国际能源署温室气体研究与开发计划机构(IEAGHG)举办的“第五届国际富氧燃烧会议”在武汉召开。四川空分设备(集团)有限责任公司研制的富氧燃烧用新型低纯氧空分装置在富氧燃烧技术用新型节能低纯氧空分技术方面取得了突破,获得国际专家的一致认可,表示该套空分装置是全球首套用于富氧燃烧的新型节能低纯氧三塔流程空分装置。

30日 辽宁科技大学与鞍山风机集团有限责任公司全面产学研合作签约仪式举行。辽宁科技大学副校长张国建,机械工程与自动化学院、科技处和教务处领导,鞍山市科技局领导及鞍山风机集团领导出席签约仪式。签约仪式上,辽宁科技大学张国建副校长、鞍山风机集团李成林总经理和市科技局刘耀庭局长先后致辞,辽宁科技大学机械工程与自动化学院院长于晓光教授主持签约仪式。辽宁科技大学和鞍山风机集团有限责任公司同为鞍山市高端装备制造战略联盟成员,为充分发挥高等学校服务社会、服务企业的功能,全面提升企业服务地方经济的能力,按照“资源共享、优势互补、互利共赢、责任共担”的原则,在鞍山市科技局的全程指导和参与下,双方就建立全面产学研合作关系,先后开展了4次洽谈并达成一致。双方决定在学校学生和企业人才培养、科学研究和联合技术攻关两个领域开展全面合作。

月内 重庆通用工业(集团)有限责任公司荣获国家“技术创新示范企业”称号。

月内 《浙江卫视》推出4集系列报道《上虞上市公司引领产业转型》,重点介绍上虞区浙江金盾风机股份有限公司及其他企业通过上市和并购重组,促进当地新金融业态发展,引领产业转型升级取得了显著成绩,得到省委书记夏宝龙的充分肯定。

月内 罗滨森(大连)通用设备有限公司技术团队赴德黑兰参加中伊水泥技术装备国际洽谈会,为加强中伊水泥和装备行业的合作,开展两国水泥装备产能合作及产品、技术合作项目对接。

11月

24日 吉林省工业和信息化厅装备处处长高山、副处长张晓旭在四平市工业和信息化局副局长李国胜、运行办主任孙志勇等人的陪同下,到四平鼓风机股份有限公司调研装备企业生产经营情况。公司董事长兼总经理贺双君向省市部门领导介绍了企业生产情况,并陪同参观了生产车间。

27日 中国通用机械工业协会气体分离设备分会第八届理事会第二次会议在福州召开,共28人参加了会议。国家能源局能源节约和科技装备司黄鹏副司长应邀出席会议,并就国家能源形势和能源装备议题作了重要讲话。

月内 杭州福斯达深冷装备股份有限公司签订国内最大规模单台绕管式换热器合同,为内蒙古辉腾能源60万t/a煤制乙二醇项目配套,充分体现了福斯达公司大型高压绕管式换热器的设计及制造领域的实力和能力,并对于大型绕管式换热器的国产化技术提升具有非常深远的意义。

月内 重庆通用工业(集团)有限责任公司首个国家级重大专项课题项目MS01定频水冷离心式冷水机组成功通过鉴定。

12月

3日 陕西鼓风机(集团)有限公司与中冶华

天工程技术有限公司是多年的战略合作伙伴，双方曾在冶金领域有着良好的合作。随着市场的变化和双方企业的转型升级，陕鼓集团与中冶华天的业务都已实现了多元化发展。为进一步深化双方的战略合作关系，陕鼓集团与中冶华天签订了《深化战略合作协议》和《水务市场合作开发协议》，双方将携手开创资源共享，优势互补、互惠共赢的新局面，共同开拓新市场、新领域。陕鼓集团董事长印建安和中冶华天董事长康承业代表双方企业在《深化战略合作协议书》上签字；陕鼓动力副总经理、西安陕鼓工程技术有限公司总经理杨凯与中冶华天工程技术有限公司副总经理、总工程师詹茂华代表双方企业签署了《水务市场合作开发协议》。未来，双方将在市场、产品服务、研发管理和技术、智能信息、投资与股权、政策利用、文化建设等方面进行全面战略合作。在水务市场的开拓上，双方将充分发挥彼此优势，强强联合，实现资源共享、互利互惠、共同发展。

7日 山东天力干燥股份有限公司新三板挂牌仪式成功举行，标志着公司成功登陆资本市场。山东天力干燥股份有限公司在大型干燥装备国产化、重点耗能行业技术升级发挥了重要作用，促进了我国干燥技术的进步和干燥行业发展，取得了良好的经济和社会效益。主要体现在以下三个方面：

一是开创了干燥系统过程节能理论。该理论实现了干燥过程节能的理念，成为国内外干燥系统设计的重要指导思想。特别是首次将场协同理论应用在干燥装备优化设计，奠定了干燥装备优化设计的理论基础，大大提升了我国干燥装备设计水平，打破了国外大型干燥装备核心技术的垄断。以此为指导，研究开发大型内加热流态化干燥装备、大型蒸汽回转干燥装备等处于国际领先水平。

二是开创了一条我国干燥行业技术创新的路径。该路径以理论模型为依据，通过小试、中试开发出工业化干燥系列装置；依据重点耗能行业特点，研究出适用于不同物料的工艺路线和技术软件，提出化工、石化、电力、冶金、建材、环保等行业干燥技术解决方案，以行业典型企业为突破口，进行推广，起到良好的示范作用，同时大大提升了行业的技术水平。该技术创新过程得到我国干燥行业普遍认可，彻底改变了我国干燥技术科研开发和应用单位盲目发展、重复摸索的状态。

三是经营模式创新。以提供干燥技术解决方案为主要经营模式，不仅为用户提供成套干燥技术与设备，而且根据用户需求，提供技术开发、技术转让、技术服务及工程设计等业务，当前正在向工程总承包（EPC）经营模式发展，彻底改变了国内干燥设备企业的经营模式。

经过多年努力，山东天力干燥股份有限公司成为新三板挂牌企业，为公司提供了新的发展平台，拓宽了公司融资渠道，适应了公司快速发展的需求。公司将把产品运作和资本运作相结合，以节能环保为链条，整合社会资源，提供一揽子解决方案。以节能干燥技术为核心向节能环保其他相关领域发展，如能源系统优化、煤的低温干馏、蒸发结晶技术、危废处理、超净排放技术发展，不断拓宽产业链，扩大市场空间，实现公司业务的不断升级换代，促进公司快速健康发展。

10日 重庆通用工业（集团）有限责任公司生产的国内2MW最长风电叶片（59.8m）在重通江津珞璜基地下线。

★ 沈阳鼓风机集团股份有限公司获“2015年全国工业领域电力需求侧管理示范企业”荣誉称号。

28日 开封东京空分集团有限公司和河北道昂集团有限公司共同投资在伊朗兴建炼铁厂合同正常执行，新建气体厂主体设备安装完成，该气体厂由开封东京空分集团有限公司全额投资，并负责其长期营运。

29日 沈阳鼓风机集团股份有限公司董事长苏永强获“沈阳市功勋企业家”殊荣。

月内 山东格瑞德集团有限公司参建的青岛工商局奥帆赛配套置换项目荣获国家优质工程奖。

中国通用机械工业年鉴2016

附录

公布国家支持发展的重大技术装备和产品目录、进口不予免税的重大技术装备和产品目录，以及2015年度“中国通用机械行业科技进步贡献奖”获奖名单

综述

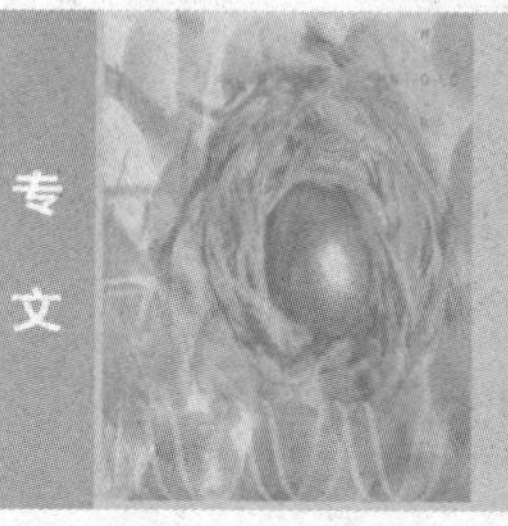

专文

行业概况

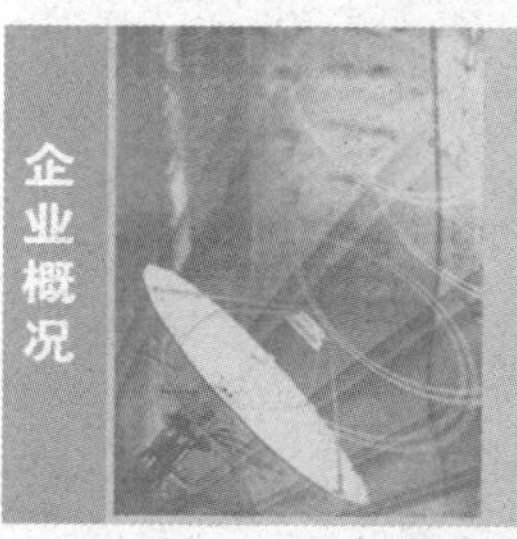

企业概况

统计资料

产品与项目

大事记

附录

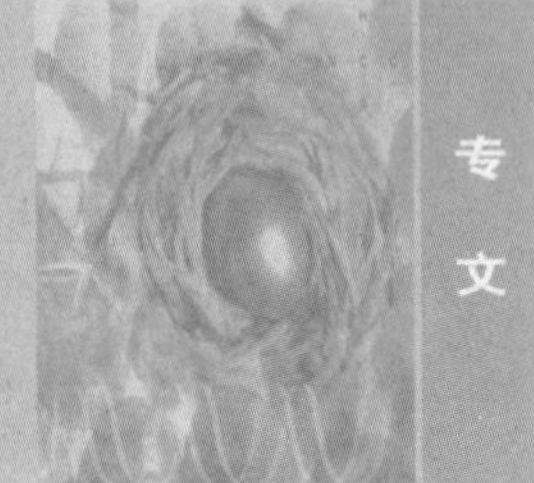

附录

国家支持发展的重大技术装备和产品目录（2015 年修订）（摘选）

设备名称	技术规格要求	销售业绩要求	执行年限	备注
大型清洁高效发电装备				
核级泵：核主泵（反应堆冷却剂主泵）、安注泵、安全壳余热排出泵、喷淋泵	三代核电机组核级泵	持有合同订单		
核级阀：稳压器安全阀、稳压器比例喷雾调节阀、主蒸汽隔离阀、爆破阀	三代核电机组核级阀	持有合同订单		调整
核级泵：核主泵	二代改进型核电机组核级泵	持有合同订单		调整
大型石油及石化装备				
乙烯裂解气压缩机组及其配套用工业汽轮机、乙烯制冷压缩机组及其配套用工业汽轮机、丙烯制冷压缩机组及其配套用工业汽轮机、乙烯冷箱、加氢反应器、加氢装置空冷器	年产量≥80 万 t	持有合同订单	2016 年	
丙烷脱氢装置压缩机组及其配套用工业汽轮机、产品气压缩机、乙烯压缩机、丙烯压缩机、再生气压缩机、干燥再生气循环压缩机	年产量≥50 万 t			新增
PTA 氧化反应器、加氢精制装置加氢反应器、蒸汽回转干燥机、PTA 工艺空气压缩机组	年产量≥80 万 t	持有合同订单	2018 年	
循环氢离心压缩机	轴功率≥2 000kW	持有合同订单		
催化裂化能量回收装置空气压缩机机组	配套 1 000 万 t/a 原油装置	持有合同订单		
长输管道燃驱压缩机组	30MW 级及以上	持有合同订单		
长输管道电驱压缩机组	20MW 级及以上	持有合同订单	2016 年	
天然气液化装置用压缩机	年产量≥60 万 t	持有合同订单		新增
大型煤化工设备				
大型空分设备	氧产量≥60 000m^3/h	持有合同订单	2018 年	调整
双缸氧气压缩机	流量≥30 000m^3/h；功率：3 000～12 000kW	持有合同订单		
大型空分装置用空压机或增压机	为氧产量≥60 000m^3/h 的空分装置配套用	持有合同订单	2018 年	调整
合成气压缩机	年产量 50 万 t 以上合成氨项目配套用	持有合同订单	2016 年	调整
二氧化碳压缩机	年产量 50 万 t 以上尿素项目配套用	持有合同订单	2016 年	调整
甲醇制烯烃（MTO）装置用压缩机组	年产量≥60 万 t	持有合同订单		新增
大型冶金成套设备				
大型高炉风机	配套高炉≥2 500m^3	持有合同订单		

（续）

设备名称	技术规格要求	销售业绩要求	执行年限	备注
资源综合利用设备				
大型高炉煤气余压透平能量回收利用装置	额定功率≥4 000kW	持有合同订单		
低热值富余高炉煤气联合循环发电机组	额定功率≥25 000kW	持有合同订单		
尾气透平能量回收机组	回收功率≥1 500kW	持有合同订单		
天然气差压透平能量回收利用装置	回收功率≥200kW	持有合同订单		新增
电子信息装备				
等离子加强型化学气相沉积设备（PECVD）	膜厚均匀性＜15%	持有合同订单	2018年	
低压化学气相沉积设备（LPCVD）	膜厚均匀性＜15%	持有合同订单	2018年	
太阳能级单晶炉、多晶铸锭炉	单晶炉投料量≥150kg；多晶铸锭炉一次投料量≥800kg	持有合同订单	2018年	
等离子体刻蚀机台	托盘尺寸：300mm及以上；产能：氮化钾27片及以上，蓝宝石22片及以上；刻蚀速率：氮化钾≥120nm/min，蓝宝石≥70nm/min	持有合同订单，年产10台以上		调整
LED溅射台	产能≥5 000片/月；均匀性≤5%	持有合同订单	2018年	调整
高密度等离子刻蚀机	硅片直径200mm，线宽0.1～0.18μm；硅片直径300mm，线宽45～90nm	持有合同订单		
薄膜沉积设备	线宽≤0.13μm工艺的化学气相沉积设备（CVD）；线宽≤65nm物理沉积设备（PVD）	持有合同订单		

进口不予免税的重大技术装备和产品目录（2015年修订）（摘选）

税则号	设备名称	技术规格	备注
大型清洁高效发电装备			
84137099	反应堆主冷却剂泵（包括电动机、变频器、开关）	二代加核电用反应堆主冷却剂泵：所有规格；三代核电用反应堆主冷却剂泵：功率≤5 000kW	
84137099	主给水泵组（含电动机）	单级叶轮扬程低于500m	
8413	核级泵（上充泵/辅助给水泵/余热排出泵/水压试验泵/堆芯补水泵，含电动机）	核安全三级及以下	
84138100	锅炉给水泵（组）	配套≤1 000MW火电机组	
84138100	凝结水泵	所有规格	
84138100	循环水泵	所有规格	

（续）

税则号	设备名称	技术规格	备注
84138100	锅炉强制循环泵	所有规格	
84818010 84813000 84818040	火电机组用高温高压阀门（闸阀、截止阀、止回阀）	闸阀：公称通径≤600mm，压力等级≤4 500Lb；截止阀：公称通径≤80mm，压力≤4 500Lb；止回阀：公称通径≤600mm，压力≤4 500Lb	
84814000	锅炉安全阀	压力≤25.4MPa，温度≤517℃	
大型石油及石化装备			
84148090 840681 84068200	乙烯裂解气压缩机及配套工业汽轮机	年产量≤120 万 t	
84148090 84068100 84068200	乙烯制冷压缩机及配套工业汽轮机	年产量≤120 万 t	
84148090 84068100 84068200	丙烯制冷压缩机及配套工业汽轮机	年产量≤120 万 t	
84148090 84186990	聚乙烯循环气压缩机（离心式）	年产量≤45 万 t	调整
84148090	聚乙烯配套用往复式压缩机（迷宫密封式）	年产量≤45 万 t	
84137010 84137099	离心式急冷油泵	所有规格	
84137010 84137099	离心式急冷水泵	所有规格	
84196090 84195000	板翅式换热器冷箱	所有规格	
84068200 84143014 84148090	硝酸装置四合一机组（包括汽轮机、空气压缩机、尾气透平机组、氮氧合物压缩机）	年产量≤60 万 t	
84068200 84148090	精对苯二甲酸（PTA）工艺空气压缩机机组（包括蒸汽轮机、压缩机）	单机年产≤100 万 t	
84193990	PTA 蒸汽回转干燥机	单机年产≤120 万 t	
84195000	块孔石墨换热器	所有规格	
84148090	循环氢离心压缩机组	所有规格	
84148090 84183	二、四、六列往复式新氢压缩机组	轴功率≤8 000kW	
84148090	长输管道压缩机组	轴功率≤30MW	
84148090	炼油用大型无油原料气往复压缩机	所有规格	
84137010 84137090	加氢进料泵	所有规格	
8481	地面安装高压大口径全锻焊管道球阀	公称通径≤48in（1in = 25.4mm），压力等级≤900 磅（Class900Lb）	

（续）

税则号	设备名称	技术规格	备注
8481	埋地安装高压大口径大锻焊管道球阀	公称通径≤48in，压力等级≤900磅（Class900Lb）	
84137091	长输管线输油泵	轴功率5 000kW及以下	
84148090 84186990	天然气液化用离心压缩机组	年产量≤350万t	新增
大型煤化工设备			
841350	往复式水煤浆隔膜泵	所有规格	
84194020 84143014 84068200 84148090	大型成套空分设备（包括精馏塔，含冷箱；氧气压缩机，空气压缩机组，增压机组，含蒸汽轮机或电动机等）	所有规格	调整
84143014 84068200	合成氨和尿素装置（包括合成气压缩机、原料压缩机、氨冷冻压缩机、空气压缩机、CO_2压缩机组，含蒸汽轮机；液氮洗冷箱）	合成氨年产量≤50万t，尿素年产量≤80万t	
84148090 84186990	甲醇制烯烃（MTO）装置用压缩机组	所有规格	新增
大型冶金成套设备			
841459	高炉用鼓风机	流量≤12 000m^3/min，功率≤70 000kW	
大型环保及资源综合利用设备			
842139	电站烟气脱硫专用设备（包括循环浆液泵、水力旋流分离器、除雾器、烟气挡板门、脱硫增压风机、搅拌器等）	单机容量≤1 000MW火电机组	
84212190 84212910 84212990	带式污泥浓缩压滤一体机	带宽≤3m，滤饼含水率≥70%	
84211990	螺旋离心浓缩机	转鼓直径≤1m，处理能力≤8m^3/h	
84212910	螺旋栅渣压滤机	排渣量<4m^3	
84123900	大型高炉煤气余压透平发电装置（TRT）	额定功率≤40 000kW	
84212990	转盘式微滤机	所有规格	
84212910	压滤机	过滤面积2 400m^2以下，压力4.5MPa以下	

2015年度“中国通用机械行业科技进步贡献奖”获奖名单

“科技创新突出贡献奖”获奖名单

序号	姓名	性别	职务/职称	所属单位
1	于晓昆	女	技术部副部长	沈阳鼓风机集团股份有限公司
2	董　鑫	男	工程师	沈阳鼓风机集团股份有限公司
3	刘　忠	男	工程师	陕西鼓风机(集团)有限公司
4	祁周会	男	高级工程师	陕西鼓风机(集团)有限公司
5	刘士华	男	分公司总经理	山东省章丘鼓风机股份有限公司
6	傅　晔	男	工程师	上海鼓风机厂有限公司
7	孟宪忠	男	副总工程师	河南开封高压阀门有限公司
8	孙　强	男	工程师	河南开封高压阀门有限公司
9	冯秀芹	女	技术科长	济南压缩机厂有限公司
10	侯晓冬	男	董事长	大丰丰泰流体机械科技有限公司
11	齐登业	男	厂长	莱芜天元气体有限公司
12	池雪林	男	杭氧透平公司总工	杭州制氧机集团有限公司
13	秦　燕	女	研究所副总经理	杭州制氧机集团有限公司
14	杜宏鹏	男	LNG技术总监	杭州福斯达深冷装备股份有限公司
15	董华艳	女	流程室主任	杭州福斯达深冷装备股份有限公司
16	谭晓军	男	透平设计室主任	四川空分设备(集团)有限责任公司
17	曹　峻	男	工程师	四川空分设备(集团)有限责任公司
18	王庆波	男	高级工程师	开封空分集团有限公司
19	王一峰	男	助理工程师	上海千山远东制药机械有限公司
20	龙海云	男	总经理	四川望江干燥设备有限公司

“能工巧匠突出贡献奖”获奖名单

序号	姓名	性别	职务/职称	所属单位
1	汪　龙	男	高级技师	沈阳鼓风机集团股份有限公司
2	韩立山	男	高级技师	沈阳鼓风机集团股份有限公司
3	陈胜利	男	技师	陕西鼓风机(集团)有限公司
4	邱崇义	男	工程师	陕西鼓风机(集团)有限公司
5	王　俊	男	技师	重庆通用工业(集团)有限责任公司

（续）

序号	姓名	性别	职务/职称	所属单位
6	王子杰	男	副厂长	河南开封高压阀门有限公司
7	郭山岭	男	高级技师	河南开封高压阀门有限公司
8	张汉林	男	高级技师	中国长江动力集团有限公司
9	陈　健	男	高级技工	中国长江动力集团有限公司
10	马华峰	男	高级技师	杭州制氧机集团有限公司
11	郑永新	男	高级技师	杭州制氧机集团有限公司

推进精益管理

天元气体有限公司
TIANYUAN GASES CO., LTD

水泵房

氧气球罐区域

液体槽车待充区和充装区

莱芜天元气体有限公司